Franz Borkenau

Kampfplatz Spanien

Politische und soziale Konflikte
im Spanischen Bürgerkrieg.
Ein Augenzeugenbericht

Klett-Cotta

Aus dem Englischen übersetzt von Werner Steinbeiß
Verlagsgemeinschaft Ernst Klett Verlag – J. G. Cotta'sche Buchhandlung
Alle Rechte vorbehalten
Fotomechanische Wiedergabe nur mit Genehmigung des Verlages
© Ernst Klett Verlage GmbH u. Co. KG, Stuttgart 1986
Printed in Germany
Umschlaggestaltung: Heinz Edelmann
Satz: Steffen Hahn, Kornwestheim
Druck: Wilhelm Röck, Weinsberg

CIP-Kurztitelaufnahme der Deutschen Bibliothek
Borkenau, Franz:
Kampfplatz Spanien: polit. u. soziale Konflikte im span. Bürgerkrieg;
e. Augenzeugenbericht / Franz Borkenau. [Aus d. Engl. übers. von
Werner Steinbeiss]. — Stuttgart: Klett-Cotta, 1986.
Einheitssacht.: Spanish cockpit <dt.>
ISBN 3-608-93088-4

INHALT

EINFÜHRUNG

Dieses Buch wurde mit zwei Zielsetzungen geschrieben. An erster Stelle will es eine Vorstellung von den politischen Entwicklungen im Lager der Republikanischen Regierung in Spanien vermitteln. Über diese Entwicklungen – unter den Massen wie auch unter den herrschenden Schichten – ist in der bereits umfangreichen Literatur zum spanischen Bürgerkrieg bisher wenig gesagt worden und in der Tagespresse nicht viel mehr. Die Aufmerksamkeit richtete sich fast ausschließlich auf das militärische Geschehen. Der spanische Bürgerkrieg ist jedoch kein Krieg im herkömmlichen Sinn des Wortes. Beide Armeen sind zahlenmäßig extrem schwach, ihre technische Ausstattung ist begrenzt, und ihrem jeweiligen Kommando fehlt es an militärischer Erfahrung. Die Entscheidung über den Sieg wird vor allem von den politischen Entwicklungen hinter den Frontlinien und der internationalen Situation abhängen. Dieses Buch wird sich aber nicht mit der internationalen Lage auseinandersetzen. Hauptgegenstand ist die Geschichte der spanischen Linken, ihrer verschiedenen Schattierungen, spezifischen Charakteristika, Antagonismen, Errungenschaften und Mißerfolge.

Wenn die gegenwärtige internationale Situation nicht den Schwerpunkt dieser Studie bildet, heißt das nicht, daß die spanischen Angelegenheiten von einem rein peninsularen Standpunkt aus betrachtet werden. So zielt das Buch zweitens auf eine Beschreibung der besonderen Bedingungen des spanischen Konflikts im Gegensatz zu Konflikten in anderen Ländern. Alle spanischen Parteien beanspruchen spanische Varianten internationaler Bewegungen zu sein, selbst solche wie die Anarchisten, die im Ausland kaum ein entsprechendes Gegenstück haben. Meiner Meinung nach ist diese Behauptung in den meisten Fällen gänzlich ungerechtfertigt: Selbst da, wo sie zutreffend ist (wie bei den Kommunisten und Trotzkisten), heißt dies, daß es den Bewegungen nicht gelang, in spanischem Boden tiefe Wurzeln zu schlagen. Auch ich begann meine Untersuchung in dem gängigen Irrglauben, die spanische Revolution sei einfach eine Episode im Kampf zwischen Links und Rechts, zwischen Sozialismus und Faschismus im europäischen Sinn der Worte. Durch meine Beobachtungen am Ort des Geschehens wurde ich davon überzeugt, daß dem nicht so ist. Seither habe ich versucht, hinter den äußeren Erscheinungen, der allgemeinen Form aller politischen Kämpfe in ganz Europa, die tatsächlich treibenden Kräfte zu entdecken; diese fügen sich wirklich nicht in jene konventionellen europäischen Erklärungsmuster, zu denen in der Regel gegriffen wird, um sie zu beschreiben.

Ich erwarte nicht, daß irgendeine der Parteien, die in die Auseinandersetzung verwickelt sind – sei es im rechten oder im linken Lager – mit meiner Darstellung zufrieden sein wird. Sie ist kritisch gegenüber allen Beteiligten, nicht in dem Sinne, daß sie über Recht oder Unrecht urteilt – wer könnte ein objektives und absolutes Maß für solche Urteile liefern? –, sondern weil meiner Meinung nach alle Parteien an einem scharfen Widerspruch zwischen erklärten Zielen und realen Entwicklungstrends kranken, und weil ich andererseits glaube, daß keine von ihnen eine Chance hat zu gewinnen. Im militärischen Sinne wird es am Ende gewiß einen Sieger und einen Besiegten geben. Im politischen Sinne, fürchte ich, wird es letztendlich auf dem Schauplatz nur Verlierer, aber keinen Gewinner geben. Schließlich hört keiner gern, daß er sein Ziel wahrscheinlich nicht erreichen wird. Neben den politischen Gruppierungen finden wir jedoch auf der spanischen Bühne noch einen bedeutenderen Akteur: das spanische Volk selbst, das mit keiner der Fraktionen identifizierbar ist, von denen es heute zerrissen wird. Vielleicht wird dieser größte Akteur unbesiegt und unerschüttert aus dem Kampf hervorgehen. Im Unterschied zu seinen Splittergruppen, Parteien, Zeitungen und nicht zuletzt ausländischen Alliierten und Feinden verharrt das spanische Volk jedoch in Sprachlosigkeit.

Aber der Soziologe, Politologe und Historiker sollte sich nicht allzuviel aus dem Mißfallen aller beteiligten Gruppierungen machen. Es ist eine einfache Tatsache, daß eine Partei, der es gelungen ist, im politischen Leben ihres Landes Wurzeln zu schlagen, nie ganz ohne Bedeutung sein kann; immer spiegelt sie irgendein tatsächliches Bedürfnis und Ziel irgendeiner Gesellschaftsschicht mit gewissem Gewicht wider. Aber gerade weil sie Partei ist, kann sie nur partiell rechthaben, kann sie nur einem bestimmten Aspekt des politischen und sozialen Lebens unter Ausschluß anderer Ausdruck verleihen. »Wahrheit«, sagt Hegel, »gibt es in der Realität nur als Ganzes.« Parteien geben aber per definitionem nur *Aspekte* der Realität wider. Für politische Parteien – gerade in diesen letzten Jahrzehnten – ist es Mode geworden, sich eine Theorie über das Wesen des Lebens und die Entwicklungsgesetze der Menschheit zu eigen zu machen und herauszustellen, daß sie diesem Wesen entsprechen und diesen Gesetzen genügen; Faschisten und Sozialisten aller Schattierungen haben diese Gewohnheit entwickelt. Aber der Soziologe sollte sich von vornherein solcher Behauptungen enthalten. Wenn er nicht zumindest teilweise in der Lage ist, die Beschränktheit von Parteiansichten zu überwinden und den Versuch zu machen, das Ganze dort in seiner Komplexität zu erfassen, wo Parteien nicht mehr als einen Ausschnitt sehen, dann sollte er seinen Job besser aufgeben und sich als professioneller Parteifunktionär oder Parteijournalist verdingen. Dies sind notwendige Berufe, aber etwas anderes als wissenschaftliche Forschung. Der Sozialwissenschaftler ist in der Position des Nachlaßverwalters, der sämtliche Forderungen berücksichtigen muß: Wenn ihm alle Parteien Voreingenommenheit vorwerfen, war er wohl zu allen fair. Ich habe auf den folgenden Seiten mein möglichstes getan, um diesem Anspruch gerecht zu werden – obwohl ich weiß, wie schwierig es ist, politische Vorlieben aus wissenschaftlichen Studien herauszuhalten, Vorlieben, von denen man sich im alltäglichen Leben unmöglich freimachen könnte.

Das Hauptmaterial dieses Buches sammelte ich auf zwei Reisen ins republikanische Spanien. Ich versuchte auch ins

Franco-Lager zu reisen, aber ohne Erfolg. Es ist eine neumodische, mit der fortschreitenden Entwicklung von »totalitären« Staaten zunehmende Angewohnheit, nicht nur ausgesprochenen Gegnern den Zugang zu verwehren, sondern allen Beobachtern, deren unbedingter Loyalität man nicht von vornherein sicher ist. Diese Haltung brachte meine Arbeit im Regierungslager zu einem vorzeitigen Abbruch und verhinderte von Anfang an, das Franco-Lager zu untersuchen.

Ich muß meinen Dank an viele Leute richten, Spanier wie Ausländer, einfache Menschen und hohe Amtsträger, die mir bei der Ausführung meiner Arbeit geholfen haben. Unter ihnen schulde ich Rebecca West und Dr. Audrey Richards besonderen Dank, die mir bei meiner ersten bzw. zweiten Reise halfen, nach Spanien zu gelangen. Ich fühle mich tief in der Schuld der Freunde, die einen Teil des Manuskripts und – wie es sich ergab – auch mich selbst aus den Händen einer allzu wißbegierigen Polizei retteten. Dutzende von Parteifunktionären, Angehörige von Komitees, Beamte, Offiziere und politische Kommissare taten mir den Gefallen, mich über ihre jeweiligen Aktivitäten zu informieren und manchmal, inmitten geschäftiger Unruhe, mit großer Geduld regelrechte »Verhöre« über sich ergehen zu lassen. Was immer ich herausgefunden habe, verdanke ich ihnen. Meinen besonderen Dank sage ich Señor J. Miravitlles in Barcelona, Señor A. Arias, damals in Madrid, und Señor Hidalgo Rubio in Valencia, die mir Gelegenheit verschafften, durch fast alle Regionen des republikanischen Spanien zu reisen. Schließlich will ich noch dem Fahrer und dem Wächter des Wagens, den ich in Andalusien hatte, danken – ihre Namen weiß ich nicht, aber sie riskierten ihr Leben, um mich aus dem bombardierten Dorf Cerro Muricano zu retten, obwohl ich sie in keiner Weise darum gebeten hatte. Es ist ein hervorstechendes Beispiel für das geradezu unglaubliche Ausmaß aufopfernder Gastfreundschaft, die viele ausländische Beobachter in Spanien genossen.

I
DER
HISTORISCHE
HINTERGRUND

DIE
ALTE MONARCHIE

»La Pasionaria«, eine baskische Bäuerin und Arbeiterfrau,
jetzt kommunistische Abgeordnete und genaugenommen die
Jeanne d'Arc der spanischen Revolution, bestand weitaus
nachdrücklicher als jeder der eher politischen Führer der
Bewegung auf deren engen Zusammenhang mit den heroischen Glanztaten des Volksaufstandes gegen Napoleon im
Jahre 1808. In der Tat, die Wurzeln der gegenwärtigen Bewegung reichen tief in die spanische Geschichte; sie können bis
ins 18. Jahrhundert zurückverfolgt werden, weit hinter den
Ursprung jeglicher revolutionären Bewegung im eigentlichen
Sinn des Wortes. So weit müssen wir zurückgehen, um zu verstehen, was sich gegenwärtig abspielt.

Spanien hatte, nachdem es im 16. Jahrhundert und zu
Beginn des 17. Jahrhunderts die führende Macht in Europa
gewesen war, nachdem es in der ersten Hälfte des 17. Jahrhunderts eine glanzvolle Literatur und Kunst hervorgebracht
hatte, einen raschen Niedergang erlebt und war dann zu
Beginn des 18. Jahrhunderts im spanischen Erbfolgekrieg das
Opfer der widerstreitenden Interessen der Franzosen auf der
einen und der Briten und Österreicher auf der anderen Seite
geworden. In diesem Moment erschien das spanische »Volk«,
im Gegensatz zu Adel und höherem Klerus, zum ersten Mal
seit Ende des Mittelalters auf der historischen Bühne. Spanien galt als durch und durch aristokratisches Land. Die
Mehrheit der Aristokratie und des höheren Klerus unterstützte den österreichischen Prätendenten, Erzherzog Karl,
im Kampf um den Thron. Aber er wurde besiegt. Der niedere
Klerus und die Massen waren für den französischen König,
Philip V. von Bourbon. Er setzte sich durch. Nur Katalonien,
immer in Opposition zu Kastilien und in heimlicher Revolte

seit Richelieus Zeiten, ergriff Partei für die andere Seite. 1714 wurde Barcelona nach einer heldenhaften Verteidigung von den Kastiliern eingenommen und geplündert. Zwei Hauptzüge der neueren spanischen Geschichte traten bei dieser Gelegenheit erstmals zutage: die tiefe Kluft zwischen Oberschicht und Volk sowie die überlegene Macht des letzteren in einer großen nationalen Krise; und der Antagonismus zwischen Katalonien und Kastilien als ein Hauptfaktor der spanischen Politik. Das Ergebnis erscheint um so bemerkenswerter, wenn man den internationalen Kontext einbezieht, in dem sich dies ereignete. Überall auf der Welt waren die Waffen der Koalition gegen Ludwig XIV. siegreich gewesen, nur Spanien stellte die einzige Ausnahme dar. Und das, obwohl von den Armeen, die England und Österreich Widerstand leisteten, die in Spanien operierenden sicherlich die schwächsten waren. In diesem Zustand von Niedergang und Zerfall hatte sich Spanien auf seinem eigenen Territorium als stärker erwiesen als England und Österreich zusammen. Seine gewaltige Widerstandskraft, die sich der fanatischen Begeisterung der unteren Klassen verdankt, stand in eigenartiger Weise im Gegensatz zu der Unfähigkeit des spanischen Staates zu irgendeiner positiven Aktion, welcher auch immer.

Dieser Tatsache wurde von den Regierenden der Zeit fast keinerlei Beachtung geschenkt. Nach dem Ende des nationalen Krieges ging der Zerfall des spanischen Staates weiter, mit seinen führenden Gruppen, Aristokratie, Episkopat und der dünnen Schicht einer wohlhabenden bürgerlichen Intelligenz. Kabinettskriege wurden begonnen und verloren. Frankreich nachgeahmte Reformen, einschließlich der Vertreibung der Jesuiten, wurden eingeführt, aber in Wirklichkeit nur mit sehr oberflächlichem Effekt. Goya, der berühmte Maler, imitierte die harmlosen Schäferszenen von Boucher und Fragonard. Aber als wieder eine große nationale Katastrophe ausbrach, malte Goya, der Rokoko-Schäfer, die höchst pathetischen, die unglaublich fanatischen Hinrichtungsszenen seiner großartigen Bilder im Prado. Das Zeitalter der Aufklärung war in Spanien einfach die Selbsttäuschung von ein paar Männern mit gutem Willen. Sie war nie Realität.

Mit der Französischen Revolution und Napoleon brach die moderne »bürgerliche« Welt in Spanien ein. Aber das spanische Volk wollte die Errungenschaften seines größeren Nachbarn nicht nachahmen. Moderne Verwaltung und »aufgeklärte« Prinzipien wurden dem Land gegen seinen Willen aufgezwungen, durch die Franzosen, die die vom Volk geliebten grundlegenden Einrichtungen zerstörten. Spanien reagierte mit einem gewaltigen Volksaufstand.

Die Franzosen zwangen die Spanier zuerst in eine Allianz; dann übernahmen sie die spanische Flotte und führten sie bei Trafalgar in die Vernichtung; schließlich besetzten sie das Land (unter dem Vorwand eines Feldzugs gegen das von den Engländern besetzte Portugal) und entwaffneten und demobilisierten die spanische Armee. Alle Klassen halfen ihnen dabei. Ein Teil der oberen Klassen, die *Afrancesados*, hieß die Franzosen als Träger des Zeitalters der Aufklärung willkommen. Eine andere Gruppe, die größere, haßte sie, wagte aber nicht, Widerstand zu leisten. Schließlich war es der Mob selbst, der den Thron stürzte. Erbittert über die Duldung der zunehmenden französischen Tyrannei revoltierten sie und zwangen durch die berühmte Meuterei von Aranjuez Karl IV. abzudanken und seinen allmächtigen Premierminister Godoy zurückzutreten. Der Nachfolger auf dem Thron, Fernando VII., wurde von Napoleon nicht anerkannt; Vater und Sohn wurden beide nach Bayonne beordert, um ihren Hader vor den Kaiser zu bringen, und dort verhaftet. Spanien war ohne König. Murat besetzte Madrid in der Hoffnung, die spanische Krone für sich selbst zu gewinnen. Um diesem Ziel näher zu kommen, zwang er die letzten Angehörigen der königlichen Familie, sich nach Frankreich abzusetzen.

Genau in diesem Augenblick revoltierten die Spanier wirklich. Der Mob von Madrid, unterstützt von nur drei jungen Artillerieoffizieren – die ihren Patriotismus mit dem Leben bezahlten –, erhob sich zu einem unerwarteten Aufstand, gegen den ausdrücklichen Befehl der Junta, die den König während seiner Abwesenheit vertrat. Der Aufstand von Madrid, am 2. Mai 1808, wurde in einem schrecklichen Massaker unterdrückt. Bald danach wurde Napoleons Bruder,

Joseph Bonaparte, zum König proklamiert, und alles schien vorüber zu sein. In Wirklichkeit hatte es gerade erst begonnen. Der Volksaufstand, in Madrid niedergeworfen, breitete sich über ganz Spanien aus. Bereits im Juli kam es zu einem berühmten Erfolg. Der französische General Dupont, der gegen Cádiz vorrückte, wurde auf seinem Weg nach Andalusien aufgehalten, zum Rückzug gezwungen, schließlich bei Bailén von den Bauern eingeschlossen und zur Kapitulation gezwungen. Der spanische General Castaños beanspruchte den Ruhm dieses Tages für sich. Aber in Wirklichkeit überzeugt ein Blick auf das Schlachtfeld, eine weite, offene Ebene von Olivenhainen, von der tatsächlichen Situation. Es war unmöglich, die Franzosen dort mit einer kleinen Armee einzuschließen. Nur ein Aufstand aller Dörfer konnte – wie tatsächlich geschehen – den Weg versperren. Madrid wurde im Namen des exilierten Königs Fernando von halborganisierten Kräften zurückerobert. Doch in Wirklichkeit gab es nie eine richtige Zentralregierung, weil die erste und die zweite zentrale Junta die Bewegung blockierten so gut sie konnten. Es war eine Volksbewegung, von lokalen Juntas geführt. Diese Bewegung hatte den Franzosen ihre erste Niederlage seit vielen Jahren beigebracht. Es war ein Wendepunkt der Weltgeschichte. Napoleon selbst ging nach Spanien und eroberte Madrid zurück. Aber nach seiner Abreise ging der Aufstand weiter. Die Briten griffen ein. Die spanischen Soldaten waren ihnen wirklich schlechte Verbündete, und nach einem einzigen Erlebnis weigerte sich Wellington, zutiefst erschrocken über die Inkompetenz der spanischen Generäle, jemals wieder mit ihnen zusammenzuarbeiten. Doch die Volkserhebung blieb ein entscheidender Faktor, mit ihren Guerillamethoden und solch außergewöhnlich heldenhaften Glanztaten wie der Verteidigung von Gerona und der Verteidigung von Saragossa durch Palafox.

Die Situation von 1707 wiederholte sich 1808. Es gelang den Massen, gegen den Willen der höheren Klassen einen nationalen Krieg der Verzweiflung zu beginnen. Diese scharfe Trennung zwischen den Massen und den höheren Klassen ist das wirklich entscheidende Ergebnis der nationalen Kriege von 1808 bis 1814. In der Oberschicht: Zerfall, Korruption, politische Unfähigkeit sowie völliges Fehlen schöpferischer Kräfte in jeder Hinsicht. Unten: Fanatismus, Fähigkeit zur Selbstaufopferung, Spontaneität der Aktion, aber einer Aktion in einem engen, lokalen, beschränkten Sinne, ohne konstruktive Fähigkeiten in größerem Rahmen. So war die Struktur Spaniens zu Beginn des 19. Jahrhunderts, und so ist sie bis heute geblieben. Der Inhalt der politischen Gegensätze hat sich verändert, aber die Kluft zwischen den beiden Schichten ist geblieben und breiter geworden. Diese Eigenart ist es, die Spanien von anderen Ländern unterscheidet, die sich für fortschrittlicher halten. Um es mit einem Satz zu sagen: In England, in Amerika, in Frankreich und in Deutschland ging jede Volksbewegung von höheren Gesellschaftsschichten aus und durchdrang dann die Massen. In Spanien fand in diesen letzten Jahrhunderten keine Bewegung der oberen Klassen tieferen Eingang in die Massen. Spanien ist das Land, in dem die gegen die Aristokratie, Bourgeoisie, Intelligenz und, in den letzten Dekaden, gegen den Klerus gerichtete Spontaneität des »Volkes« am auffallendsten ist. Solch ein tiefer Einschnitt zwischen dem Volk und den herrschenden Gruppen, solch eine Übernahme der Initiative durch die unterste Schicht der Gesellschaft, ist immer Symptom eines tiefen Niedergangs und Verfalls einer alten Zivilisation.

Der Sozialismus in »modernen« Ländern hat das »progressive« industrielle Erscheinungsbild der Bourgeoisie unterschiedslos akzeptiert. In Spanien revoltierten die Massen – und sie revoltieren im Grunde immer noch – gegen jegliche Art von Fortschritt und Europäisierung; und gleichzeitig übernehmen sie – in mehr als einer großen historischen Krise – die Führung der Nation als ganzer. Diese eine Tatsache zeigt den erheblichen Unterschied zwischen spanischen und europäischen Problemen. Sie macht aus Spanien ein unkonstruktives Land im europäischen Sinn des Wortes, und mancher selbstsichere Beobachter des gegenwärtigen Bürgerkriegs kam voller Schrecken über die ziellose Grausamkeit und die sinnlose Schlachterei zurück und vergaß dabei ganz, daß unsere Ziele nicht ihre Ziele sein müssen und unsere Werte nicht ihre

Werte. Spanien hörte am Ende des 17. Jahrhunderts auf, konstruktiv an der westlichen Zivilisation mitzuwirken. Spanien ist der Ast am Stamm der westlichen Zivilisation, der nach einer Periode wundervoller Blüte als erster abstarb. Unter wiederholter Einwirkung jener Länder, die nach wie vor am Fortschritt teilhaben, trat Spanien in eine Periode des Verfalls, die von ihrem Ende noch weit entfernt ist. Aber im Verlauf dieses langsamen Auflösungsprozesses wurden die ursprünglichen und spontanen Kräfte der untersten Klassen freigesetzt – von denen im fortschrittlichen Westen soviel die Rede und sowenig Realität ist –, und sie begannen zu handeln, mit unglaublicher Gewalt und mit der elementaren Reaktion, wie sie alle rückständigen Völker gegen ihren fortschrittlichen Nachbarn zeigen; die spanischen Massen haßten und hassen diese moderne Zivilisation, die ihnen aufgezwungen wird, und sie bekämpfen sie mit einer Wut, die einzig Spanier bei solchen Gelegenheiten entfalten können.

Seitdem verläuft die spanische Geschichte sozusagen auf zwei Etagen. In der oberen Etage finden wir Konservatismus, Liberalismus, Sozialismus, alle Arten von importierten europäischen Ideen, ein Auf und Ab oberflächlicher Tendenzen, oberflächlicher Siege und Niederlagen, deren Ergebnis die Auflösung der oberen Klassen, des Staates und der Verwaltung ist. Unten sind die wirklichen Volksmassen, elend, unterdrückt; sie führen ein Leben weitab von den großen historischen Weltläufen, tauchen aber immer dann plötzlich und unerwartet auf, wenn diese Kräfte versuchen, sie in ihrer traditionellen Existenz zu stören. Erfolg und Niederlage hängen in Spanien auf lange Sicht – und dies seit mehr als einem Jahrhundert – davon ab, ob es der jeweiligen politischen und sozialen Richtung gelingt, sich mit diesen Kräften aus der Tiefe zu verbinden; gelingt ihnen das nicht, sind sie nichts als Schall und Rauch.

Während des 19. Jahrhunderts und besonders im 20. Jahrhundert hat der Kapitalismus das Land langsam von außen durchdrungen; bis zu einem gewissen Grad wirkten daran die Basken und Katalanen mit (letztere bezeichnen sich stolz als die einzigen »Europäer« in Spanien), aber nur wenige der

17

eigentlichen Spanier. Die von unten ausgehenden Bewegungen mußten sich langsam und teilweise den neuen Lebensweisen anpassen, die dem Land von seinen stärkeren Nachbarn aufgezwungen wurden. Die Geschichte dieses Anpassungsprozesses ist die Geschichte der Transformation der Massenbewegungen. Aber es gibt keinen Grund zu glauben, daß die Anpassung je vollständig sein wird. Der Widerstand dagegen sitzt wirklich sehr tief, und der spanische Republikanismus, Sozialismus und Anarchismus wie auch der »Karlismus« (die besondere Form der spanischen Reaktion) sind zumindest ebensogut Versuche, den modernen Kapitalismus spanischen Ideen anzupassen, wie Versuche, Spanien an moderne Bedingungen anzugleichen.

Die dünne europäisierte Oberschicht tauchte, nachdem sie vier Jahre lang nicht mehr in Erscheinung getreten war, politisch zum erstenmal wieder 1812 auf. Bezeichnenderweise erschien sie in dem Moment, als die Massenbewegung zerfiel. Nach vier Jahren des Schreckens, die keinen Krieg oder Bürgerkrieg ihresgleichen hatten, war der spanische Bauer müde und begann, sich vom Kampf gegen die Franzosen abzuwenden. Um die Bewegung mit neuen Ideen zu inspirieren, wurden in diesem Augenblick die Cortes von Cádiz einberufen. Sie begannen das Land nach europäischen Grundsätzen zu reformieren. Ein seltsames Paradox trat zutage. Die europäischen Prinzipien, nach denen das Land reorganisiert wurde, waren die Ideen der Französischen Revolution; genau die Ideen, gegen die Bauern und Bürger 1808 revoltiert hatten. Aber die Volksbewegung – gänzlich negativ, wie sie gewesen war – hatte keinerlei Vorstellungen vom politischen Wiederaufbau des Landes hervorgebracht. Sie hatte nur ein Ziel gehabt – die Franzosen zu vertreiben. Andere Ziele konnten höchstens aus dem übrigen Europa entlehnt werden. Die Konservativen, die sogenannten *Serviles*, hatten sich durch ihre Tatenlosigkeit im kritischen Moment diskreditiert. Die Versammlung fiel in die Hände der Liberalen, die nach Herzenslust Gesetzgebung betrieben. Viele der Maßnahmen der Cádiz-Gesetzgebung, wie die administrative Aufteilung des Landes und die Besteuerung von Grund und Boden, leben bis zum heutigen Tag fort. Andere, wie die parlamentarische Regierungsform, wurden sehr bald hinweggefegt. Die beiden Grundprobleme, die Agrarfrage und die Stellung der Kirche, wurden nicht ernsthaft aufgegriffen. Die Brauchbarkeit des Systems von Cádiz als Ganzem wurde nie erprobt. 1814 fiel Joseph Bonaparte, und Fernando kam als König zurück. Er annullierte sofort die Verfassung von Cádiz und brachte alle zur Strecke, die an ihr mitgewirkt hatten.

Die folgenden fünfzig Jahre sind eine Periode ständigen Bürgerkriegs, gemeinhin als Kampf zwischen Konservativen und Liberalen beschrieben. In Wirklichkeit war es ein Ringen um die Macht zwischen der Kirche auf der einen und einer neuen sozialen Kraft, die während des anti-napoleonischen Krieges aufgetaucht war, auf der anderen Seite: der Armee. In diesem Ringen begann die Kirche sehr bald als eine geschlossene Kraft aufzutreten, und für ihr Ziel, ihre Macht aus vornapoleonischen Zeiten aufrechtzuerhalten, arbeiteten all ihre Mitglieder entschlossen zusammen. Mehrere liberale Priester waren am Reformwerk der Cádiz-Cortes beteiligt gewesen. Aber bald war von Spaniens liberalem Katholizismus nichts mehr übrig. Die Armee auf der anderen Seite war in sich gespalten. Im großen und ganzen war sie in der ersten Hälfte des 19. Jahrhunderts überwiegend liberal, aber dann verlor sie einige der fähigsten Führer, unter ihnen General Narváez, an die konservative Sache. Infolgedessen hat der spanische »Liberalismus« wenig mit jenen Überzeugungen gemein, die in Europa diesen Namen tragen. In Spanien ist er einfach ein Synonym für Antiklerikalismus. Wir brauchen hier nicht im Detail dem endlosen Auf und Ab dieses Kampfes zwischen »Liberalen« und »Konservativen« nachzugehen. Aber ein paar Worte müssen zur Entstehungsgeschichte dieser beiden führenden Institutionen, Kirche und Armee, gesagt werden. Es sind diese zwei Institutionen, die heute im Franco-Aufstand die führende Rolle spielen.

Wie im alten Römischen Reich wuchs auch in Spanien im 19. Jahrhundert die Macht der Kirche mit dem Zerfall der Verwaltung und des Staates als Ganzem. Fanatisch katholische Könige wie Philipp II. hatten gewußt, wie sie die Kirche in ihrer Gewalt halten konnten. Aber als zu Beginn des 18. Jahrhunderts und nochmals Anfang des 19. der Staat verschwand, blieb die katholische Hierarchie die einzige Ordnung, unter der sich die Massen sammeln konnten. Sie bezog ein enormes Maß an Autorität aus dieser Situation. Das ganze 19. Jahrhundert hindurch war die Macht der Kirche über die Massen absolut, jedenfalls dem Anschein nach. Ihr Einfluß auf die Massen war weitaus absoluter als ihr Einfluß auf den Staat. Der Staat – was immer das im Spanien des 19. Jahrhunderts genau bedeutete – mußte die Macht der Kirche begrenzen, um zu bestehen. 1837 versetzte ihr der Premierminister Mendizábal einen kühnen Schlag; er konfiszierte ihren ganzen Grundbesitz und gab ihn, nach dem Beispiel der Französischen Revolution, zum Verkauf frei. Die Maßnahme wurde durchgeführt und brach die Macht der »karlistischen« Rebellion. (Die Karlisten sind, wie bekannt, Partisanen des Prätendenten Carlos, des jüngeren Bruders von Königin Isabel, der Tochter von Fernando VII., und seiner Erben; sie haben ihre Hochburg in Navarra, einer Provinz, in der mittelalterliche Zustände fast unverändert weiterbestehen und aus der zweimal ein Aufstand gegen die legitime Dynastie lanciert wurde. Bezeichnenderweise war ihr Wahlspruch »König Christus und die Heilige Jungfrau«. Heute zählen die karlistischen Bataillone zu Francos besten Militärkräften.) Seither hat die spanische Kirche ihren Reichtum an Ländereien nie wiedererlangt. Daß die Kirche der größte Landbesitzer Spaniens sei, ist ein Mythos. Nur ein kleiner Teil ihres *Grundbesitzes* wurde zurückgewonnen. Als Ausgleich sammelten die Kirche und die verschiedenen Orden eine enorme Menge an *mobilem Besitz*. Die Kirche – besonders die spanischen Jesuiten – ist heute der größte Kapitalist in Spanien, nicht der größte Landbesitzer. Damit erklären sich zum Teil die finanziellen Quellen der Franco-Erhebung. Für die historische Entwicklung der Trennung der Kirche von den Massen ist dies ebenfalls ein höchst bedeutender Faktor. Niemals hätten sich die Massen von einer Kirche abgewandt, die an das Land gebunden gewesen wäre; es fiel ihnen leicht, sich von einer Kirche abzuwenden, die der reichste Aktionär im Lande war.

Die Aktion von Mendizábal war nur der Anfang; wieder und wieder versuchte der Staat, die Macht der Kirche zu beschränken, zuletzt unter dem stärksten Mann der frühen Tage des Königs Alphonso XIII., Premierminister Canalejas. In diesem Machtgerangel degenerierte die katholische Kirche. Immer mehr hörte sie auf, sich um ihre pastoralen Pflichten zu kümmern, hörte auf, sich für die Menschen zu interessieren, und fand statt dessen immer mehr Gefallen am Streit um Privilegien, vor allem wirtschaftliche Privilegien. Ein ungebildeter, unmoralischer niederer Klerus, der sich vorwiegend als Helfer der lokalen *Guardia* betätigte, und ein hochmütiges, weltliches Episkopat: so sah der spanische Klerus gemeinhin aus. Um seine gesellschaftliche Stellung zu verstehen, darf man nicht an einen modernen Katholizismus denken, wie er in Deutschland, Frankreich, England und anderen modernen Ländern existiert. Man muß an die spätmittelalterliche Kirche vor der Gegenreformation denken, der Zeit ihres größten Verfalls. Das Werk des Konzils von Trient blieb in Spanien während des 19. Jahrhunderts größtenteils unverrichtet, zumindest faktisch. Entsprechend verlor die Kirche auch ihren Einfluß auf die Massen. Zuerst war es ein schleichender Prozeß. Solange die Massen auf althergebrachte Weise weiterlebten, schien alles unverändert. Aber als während des 20. Jahrhunderts der Einfluß moderner Lebensbedingungen auf die Massen stärker wurde, der Analphabetismus zurückging, neue Probleme wie die Lage der Lohnabhängigen drängten, hatte die Kirche dazu nichts, absolut nichts zu sagen. Es gibt in unserer Zeit kaum einen schärferen Kontrast als den zwischen dem deutschen Katholizismus, der seinen ganzen Einfluß dem echten, ernsten und fähigen Interesse verdankt, das er für die modernen Sozialprobleme aufbringt, seinen mächtigen Wohlfahrtsorganisationen, seinen Kooperativen und (vor Hitler) seinen Gewerkschaften, und der spanischen Kirche, die gelegentlich versuchte, all das zu imitieren, aber nur aus dem einzigen Grund, einen besseren Wahlapparat für die Konservativen aufzubauen. Entsprechend wurden diese Versuche in Spanien erst in den letzten Jahren der Monarchie gemacht, als die Situation der Kirche kritisch geworden war.

21

Aber die Massen weigerten sich, an Aktionen teilzunehmen, die offensichtlich von keinem echten Interesse an ihren Bedürfnissen getragen waren, sondern von tagespolitischen Nützlichkeitserwägungen. Der tiefgreifende Erfolg des Katholizismus in Ländern, in denen er wenig oder keine politische Macht innehatte, als er ein aktives Interesse für die Probleme des modernen Lebens zu entwickeln begann, zeigt, daß für sein durchgängiges Scheitern in Spanien, wo er eine enorme politische Macht ausübte, niemand anders verantwortlich gemacht werden kann als die spanische katholische Hierarchie selbst. Zu Beginn des 19. Jahrhunderts besaß sie allgemein Allmacht über die Seelen der Spanier. Gegen 1930 hatte sie all ihre wirkliche Autorität verloren; außer in den Gebieten, wo der Klerus den Massen verbunden blieb: in Navarra und im Baskenland. Das eine steht heute hinter Franco, das andere hinter der Republik. Beide sind leidenschaftlich katholisch. In Navarra hatte der Klerus, der mit dem Volk das rückständige Leben einer ursprünglichen Gesellschaft von Freisassen weiterführte, keinen Grund, sich modernen Bedingungen anzupassen. Im Baskenland, das heute das stärkste Industriezentrum Spaniens ist, blieb der Klerus seit jeher in der traditionellen Verteidigung der baskischen Sprache gegen die kastilische Zentralisation den Massen verbunden. Auf dieser Grundlage schuf die baskische Kirche eine echte Kooperativen- und Gewerkschaftsbewegung und echte Wohlfahrtseinrichtungen. Als Ergebnis bewahrte sich der baskische Klerus die wahre Treue seiner Herde durch alle politischen Unruhen, und das in einem Ausmaß, daß Sozialismus, Kommunismus und Anarchismus niemals festen Einfluß in Bilbao, dem Zentrum der spanischen Metallindustrie, gewinnen konnten. Dies macht deutlich, was aus dem spanischen Katholizismus hätte werden können, wenn er sich seinen Aufgaben gestellt hätte oder zumindest den simpelsten Pflichten seines seelsorgerischen Amtes nachgekommen wäre.

Die spanischen Massen haben sich von der spanischen Kirche abgewandt, nicht weil sie die traditionelle religiöse Leidenschaft des spanischen Volkes verloren hätten, sondern weil die Kirche sie verloren hat. Der Wunsch nach fanatischem Glauben, ohne den die spanische Seele anscheinend lebensunfähig ist, hat sich andere Kanäle gesucht, hauptsächlich in Gestalt des Anarchismus. Die spanische Kirche ihrerseits ist weitgehend zu einem Vorwand für politische Aktionen in den Händen von Offizieren ohne tiefen Glauben geworden; sicherlich nicht die große Mehrheit von ihnen, keineswegs. Die Gier nach Reichtum und Macht ist der Kirche jedoch weiterhin geblieben, und bestimmte Konflikte zwischen Franco und den Karlisten werfen bereits den Schatten zukünftiger Kämpfe zwischen Kirche und Militärdiktatur voraus. Damit ist natürlich nicht gesagt, daß die Kirche ihr Schicksal an das des Karlismus geheftet habe. Es steht auch nicht im Gegensatz dazu, daß unter den Massen eine gute Portion des instinktiven traditionellen Katholizismus überlebt hat, wie man im folgenden Tagebuch sehen wird. Aber deren instinktiver Glaube ist unendlich stärker auf Bilder und andere religiöse Objekte bezogen als auf die Person des Priesters. Die Kirche, die letzte Kraft des alten Spanien, die noch nach den napoleonischen Kriegen aufrecht stand, ist nun im Zerfall begriffen. Dies bedeutet unvermeidlich einen enormen Machtzuwachs für die Armee.

Die Armee ihrerseits ist eine eher moderne Kraft. Es gibt in ihren Reihen viele Aristokraten, sie ist aber ihrem Wesen nach nicht aristokratisch geprägt. Nicht nur in der Armee der Aufständischen sind wenige der führenden Männer Aristokraten. Das ganze 19. Jahrhundert hindurch kam ein hoher Prozentsatz der Generäle, die zu politischer Macht gelangten, aus den unteren Schichten. Prim, der stärkste der »Caudillos« (der militärische Führer einer politischen Gruppe), konnte kaum lesen und schreiben.

Die Funktion der Armee im politischen Leben ist kein ausgesprochen spanisches Phänomen. Das Übergewicht der Armee und der offene Kampf zwischen rivalisierenden Generälen um die Herrschaft im Staat ist ein gemeinsamer Zug aller niedergehenden Zivilisationen, die in ihrer Vergangenheit eine starke Regierung hervorgebracht hatten, welche später zur Beute von Abenteurern wurde. Rivalisierende Generäle beherrschten das alte Rom in den Zeiten seines Niedergangs; sie beherrschen heute das sich auflösende China. Mehr als ein Jahrhundert lang waren die meisten der alten spanischen und portugiesischen Kolonien in der Neuen Welt ihre Spielwiese. Sie lenkten die Umgestaltung der Türkei. Sie waren ein Jahrhundert lang die Herren von Portugal und, bis in jüngster Zeit, die wahren Herrscher Spaniens. Ihr Anspruch, die eigentlichen Träger des Geistes und die wachsamsten Hüter des nationalen Wohlstands zu sein, ist gänzlich unbegründet. Ihre Vorherrschaft ist leicht zu erklären. Keine Armee wird jemals auf den Gedanken kommen, die Macht von einem fest etablierten Regime mit einer funktionierenden Verwaltung und einer allgemein anerkannten sozialen Hierarchie übernehmen zu können. Sie weiß auch, daß sich dann trotz ihrer technischen Überlegenheit die ganze Nation geschlossen gegen sie richten würde. Wenn aber die Verwaltung aufhört, ihre Aufgaben zu erfüllen, wenn das Regime zerfällt, wenn es niemanden mehr gibt, der allgemeine Anerkennung als etablierte Autorität gewinnen kann: dann wird die Armee zur obersten Instanz. Dann ist sie in der Lage, die Herrschaft über das Land zu fordern, weil sie ihre in besseren Tagen gebildeten materiellen und technischen Ressourcen physischer Gewalt mehr oder weniger intakt gehalten hat, während die feineren Fäden zivilen Regierens und freiwilliger Gefolgschaft zu reißen beginnen. Es ist in der Geschichte der Zivilisation eine auffallende und immer wieder zu beobachtende Tatsache, daß die militärische Organisation einer höherentwickelten Gesellschaft eines der Dinge ist, die sich vom rückständigen Nachbarn am einfachsten kopieren lassen. Die Türkei und Rußland hatten, vom westlichen Standpunkt aus betrachtet, halbwegs moderne Armeen, glichen aber ansonsten den westlichen Ländern in anderen Bereichen nicht annähernd. Genauso ist die militärische Organisation eines der Elemente, die in Zeiten des Zerfalls am längsten intakt bleiben. Dies gilt jedoch nur relativ: Chinesische Soldaten sind europäischen Truppen bekanntermaßen von vornherein unterlegen; aber sie haben sich als stark genug erwiesen, die anderen politischen Kräfte ihres eigenen Landes zu unterdrücken. Deutsche wie Italiener im Franco-Lager und viele ausländische Berater verschiedener Nationalität im Valencia-Lager beklagen sich über die Inkompetenz, die Ausbildungsmängel und manchmal über die schlichte Mutlosigkeit des spanischen Offiziers. Aber der spanische Offizier brauchte über mehr als ein Jahrhundert hinweg nicht seine Fähigkeit unter Beweis stellen, gegen ausländische Truppen kämpfen zu können, sondern nur die, seine spanischen Kollegen und die Zivilbevölkerung zu bekämpfen. Er war seiner Aufgabe gewachsen. 1921 jedoch waren ihm sogar die Marokkaner gewachsen.

Die Armee wurde neben der Kirche zur zweiten entscheidenden Macht im Staat, als sich während der Napoleonischen Kriege jede andere Autorität auflöste. Und dies setzte sich auch nach den Napoleonischen Kriegen fort; denn die anderen Autoritäten, Krone, Verwaltung, Aristokratie, wurden zwar formal wiederhergestellt, aber keine von ihnen konnte ihr Prestige zurückgewinnen. Die einzige Kraft, die sich ihr altes Ansehen bewahrt hatte, war die Kirche; daraus entstand im Gegenzug ein oberflächlicher Liberalismus in der Armee. Ein Charakteristikum dieses Liberalismus war, daß er sich gegen die große Mehrheit der Bevölkerung richtete. Die Karlisten kämpften bei ihren Aufständen mit nur wenigen Berufssoldaten, aber mit weitreichender Unterstützung der Bevölkerung und einer glänzenden Gruppe populärer Guerilla-Führer, wie z. B. Cabrera. Die Liberalen bekamen für irgendeines ihrer *Pronunciamientos* nie die breite Unterstützung des Volkes. Darüber hinaus zeigte die Armee einen weiteren, für Militärdiktaturen charakteristischen Zug. Wo ein Militärprätendent auftaucht, gibt es immer mehrere. Hat es sich erst einmal durchgesetzt, sich einzig auf die nackte Gewalt der Waffen zu stützen, gibt es immer einige konkurrierende Generäle, die glauben, genausoviel Recht auf die Herrschaft zu haben wie ihr glücklicher Kollege. Folglich bekriegen sich die militärischen Thronfolger. Bezeichnenderweise trat diese militärische *Fronde* gegen die liberalen Führer der Armee nicht der karlistischen Volksbewegung bei. Sie selbst stellten sich in Form einer gemäßigten Gruppe gegen die Liberalen. So war die Kirche in der glücklichen Lage, abwechselnd zwei Trümpfe spielen zu können: Die Karlisten und die gemäßigten Generäle. Die Geschichte Spaniens von 1814 bis 1868 ist die Geschichte eines Wechselspiels, des endlosen und fruchtlosen Hin und Her dieser Kräfte.

Währenddessen veränderte sich langsam das soziale Gefüge des Landes. Ausländisches Kapital brachte die Eisenbahn ins Land. Katalonien modernisierte seit den vierziger Jahren seine Textilindustrie. Der Export einiger Agrarprodukte stieg an. Ein paar Basken gründeten mit spanischem Kapital Banken. Diese neu aufkommenden, an Europa orientierten Kräfte förderten den Liberalismus und veränderten die Lage zu seinen Gunsten. Königin Isabel trug mit ihrem zügellosen Leben ihren Teil dadurch bei, daß sie das frühere Gleichgewicht durcheinander brachte. Sie zog ihre Günstlinge den führenden Armee-Generälen vor, die sich im kritischen Augenblick gegen sie zusammenschlossen. 1868 stürzten die vereinten Kräfte der Linken den Thron. General Prim, der Führer der revolutionären Armee, machte sich zum Herrn von Madrid.

Die Situation erwies sich bald als für alle Beteiligten katastrophal. Nun existierte nicht einmal mehr der formale Schein einer festen Ordnung, und eine andere an ihre Stelle zu setzen, stellte sich als unmöglich heraus. Die Armee wollte alles andere als eine Republik. Aber die Generäle konnten sich drei Jahre lang auf keinen neuen Kandidaten für den Thron einigen. Schließlich riefen sie einen italienischen Prinzen herbei, der aber wurde bei seiner Ankunft sofort in Intrigen und Komplotte hineingezogen. Genau am Tag seiner Landung fiel Marschall Prim dem Attentat eines Revolutionärs zum Opfer. Es war symptomatisch: Ein neues Element, eine wirklich revolutionäre Schicht, hatte im Fahrwasser der streitenden Generäle Eingang in die spanische Politik gefunden. Nach einer Herrschaft von weniger als zwei Jahren war der italienische Prinz von diesem Durcheinander restlos angewidert. Er verließ das Land und ließ es ohne Monarchen zurück. Eine Republik wurde proklamiert, aber nicht weil irgendeine der politischen Gruppen (mit Ausnahme einer dünnen Schicht von »Progressiven«) sie wirklich wollte, sondern weil es keine Alternative gab. Sie ist offiziell als die »Erste Republik« bekannt und dauerte, wie die Regierungszeit des Prinzen, keine zwei Jahre.

Mit der Proklamation stürzte das Land ins Chaos. Im Norden nützten die Karlisten die Gelegenheit und erhoben sich. Aber – weitaus folgenreicher – im Süden, in Andalusien und in der Provinz Murcia, revoltierten die Anarchisten. Es war ihr erster Auftritt in der spanischen Geschichte, und er hatte unmittelbare und weitreichende Folgen.

Der sogenannte andalusische Bauer, in Wirklichkeit seit spätrömischen Zeiten ein an die Scholle gebundener Leibeigener, litt im 18. Jahrhundert vielleicht nicht weniger als im 19., aber er erhob sich im 19. Jahrhundert zur Revolte, während er seine Leiden im 18. Jahrhundert schweigend erduldet hatte. Aber das stimmt vielleicht nicht ganz. Im 18. Jahrhundert äußerte sich die Empörung des andalusischen Leibeigenen in Form eines verstreuten und unbezwingbaren Räuberwesens, welches die aktivsten Elemente der Bauernschaft einschloß und von den Massen nicht als kriminell, sondern im Gegenteil als beneidenswerter, ehrenvoller und sogar bewundernswerter Beruf angesehen wurde. Einiges von dieser Brigantentradition haftete für immer an der spanischen revolutionären Bewegung, nicht in dem im modernen Europa damit assoziierten Sinn, sondern wie man das Wort in der Tradition von Robin Hood gebrauchen würde. Das Verbindungsglied zwischen dem alten und dem neuen Geist findet sich bei Bakunin, dem Begründer des Anarchismus, der den revolutionären Räuber als Rächer der Unterdrückten und wahren Hüter des Geistes der Revolte pries. Auf dieser Interpretation muß bestanden werden, weil ohne sie das bedeutende Problem des spanischen *Lumpenproletariats* nicht verstanden werden kann. Es ist eine Tatsache, daß eine nicht unbedeutende Zahl dieser »lumpenproletarischen« Elemente der anarchistischen Bewegung beigetreten ist und einen Teil ihrer gefürchteten Terrororganisationen ausmacht. In Spanien sind diese Elemente nicht mit der Schmach behaftet, die ihnen in westlich zivilisierten Ländern anhaften würde; ebensowenig wie der revolutionäre Brigant in China geächtet ist oder es im zaristischen Rußland war. Aus der Sicht der einfachen Bauernschaft gibt es einen wesentlichen Unterschied zwischen dem, der die Solidarität der Bauerngemeinschaft selbst durch kriminelle Akte bricht, und dem, der sich durch Räuberei und Mord sein eigenes Recht gegen die Reichen und Mächtigen verschafft und so der gemeinsamen Sache der Unterdrückten hilft. Ersterer, der Dieb oder Mörder, der einen Bauern getötet oder ausgeraubt hat, würde unverzüglich der Polizei ausgeliefert, oder die Geschädigten machten selbst kurzen Prozeß mit ihm. Der letztere fände bei den Armen seiner ganzen Umgebung Zuflucht. So war es zumindest bis weit ins 19. Jahrhundert hinein. Das Räuberwesen hat seitdem nachgelassen, aber andere Formen von Gewalt – mit eher städtischem Charakter – wie Attentate und Enteignungen sind an seine Stelle getreten. Der durchschnittliche spanische Bauer und Arbeiter hat nicht jenen Respekt gegenüber Leben und Eigentum seines Gegners entwickelt, wie er für die westlichen Länder typisch ist, wo die öffentliche Hand alle Bereiche unter Kontrolle hat. Diese Mentalität konnte man sogar noch in der Miliz von 1936 spüren. Dieselben Männer, die ohne zu zögern einen Mann erschossen hätten, der einem Kameraden ein paar Stiefel gestohlen hatte, sahen nichts Schlechtes darin, das Haus eines Faschisten rücksichtslos zu plündern, und sie hatten nichts dagegen (ich weiß von einigen aktuellen Fällen), wenn Milizionäre das Geld, das sie dort gefunden hatten, in ihre eigene Tasche steckten. Aber dieser Vorwurf trifft nicht nur die Armen. Auch der Guardia fehlte es an eindeutigem Respekt vor dem Eigentum und sogar vor dem Leben ihrer Feinde, eben jenen wirklich Ärmsten der Armen, die von ihr wiederum deshalb verfolgt wurden, weil sie mangelnden Respekt vor den etablierten Eigentumsrechten zeigten.

Es würde sich lohnen zu untersuchen, warum zu einem bestimmten Zeitpunkt das alte Räuberwesen à la Robin Hood in einen Aufstand von Dörfern gegen ihre Grundherren umschlug. Dieser Wechsel geht auf die vierziger Jahre zurück und steht wahrscheinlich einerseits in Zusammenhang mit der Verschlechterung der Arbeitsbedingungen und der Aneig-

nung von Gemeindeland durch die Aristokratie – eine Folge
des Wechsels von der Bedarfsdeckungs- zur Exportwirtschaft
– und andererseits mit der Gründung der Guardia in den vierziger Jahren. Die »Guardia Civil« ist ein höchst wichtiges Element in der spanischen Politik, vielleicht die wichtigste administrative Errungenschaft Spaniens im 19. Jahrhundert. Sie
wird auf Basis einer strengen Auswahl rekrutiert und von der
Bevölkerung ihres Dienstbereichs systematisch ferngehalten.
(*Guardistas* dienen nie in ihren Heimatgebieten, dürfen nicht
in dem Distrikt heiraten, in dem sie Dienst tun, und leben
grundsätzlich in Kasernen.) Damit sicherte sich der Staat, der
auf seine Armee nicht zählen konnte, zumindest eine verläß-
liche Kraft, die ihrem Dienstherrn beständig und uneingeschränkt zur Verfügung stand. Gleichzeitig war sie eine sehr
effiziente Polizeitruppe. Aber, wie aus alldem folgt, sie war
von der Bevölkerung isoliert, wurde von den Massen gehaßt,
und Gegenhaß war nur eine natürliche Reaktion; es läßt sich
kein tieferer Abgrund vorstellen, kein tödlicherer oder bestän-
digerer Krieg als den, der permanent, Tag für Tag zwischen
dem Dorf – besonders in Andalusien – und der Guardia tobte.
Trotz allem: Die Guardia machte dem Räuberwesen ein Ende;
der Staat wurde dafür allerdings mit Aufständen konfrontiert.

Diese Aufstände hungernder, faktisch leibeigener Andalusier, die seit den vierziger Jahren andauerten, erreichten 1873
einen Höhepunkt, als die Macht des Staates vollkommen
paralysiert war. Die Angelegenheit war sehr ernst, weil die bis
zu diesem Zeitpunkt lokale, verstreute, spontane und unge-
ordnete Bauernbewegung in diesem Augenblick mit der
»Ersten Internationale« in Kontakt kam, besonders mit den ihr
angehörenden Anarchisten. Dies bedeutete, daß die Bauernbewegung mit der aufkommenden Bewegung des städtischen
Proletariats zu einer Volksbewegung verschmolz. Dies war die
dritte Erhebung des spanischen Volkes als ganzem. Aber während sich das Volk 1707 und 1808 gegen die oberen Klassen
erhoben hatte, um Kirche und nationale Dynastie zu verteidigen, erhob es sich diesmal zwar immer noch gegen die oberen
Klassen, jetzt aber zur Verteidigung seiner eigenen unmittelbaren Interessen – eine Folge des immer weiter fortge-

schrittenen Verfalls der oberen Klassen und des Staates während der letzten fünf Jahrzehnte. Dieser Aufstand bezeichnet den Beginn einer neuen Ära der spanischen Geschichte. Es ist wichtig, die Hintergründe zu verstehen.

Joaquín Maurín*, der später von einem Franco-Kommando offenbar exekutierte Führer und Theoretiker der spanischen Trotzkisten, vertrat die Theorie (seitdem immer wieder von Leuten unkritisch reproduziert, die mit dem Trotzkismus überhaupt nichts gemeinsam haben), daß die Vorherrschaft des Anarchismus in Spanien ganz einfach das Übergewicht der elenden andalusischen Leibeigenen über die modernen katalanischen Arbeiter widerspiegelte. Obwohl dieser Gedanke nicht ganz ohne reale Basis ist, stellt er doch eine starke Übertreibung dar. In Wirklichkeit hatte der Anarchismus bereits in Barcelona Fuß gefaßt, ehe er je mit den analphabetischen Leibeigenen Andalusiens in Berührung kam. Die Arbeiterbewegung, die zunächst als Genossenschafts-, dann als halbpolitische und schließlich als Gewerkschaftsbewegung auftrat, ging in Barcelona auf die vierziger Jahre zurück. Sie entwickelte sich, gegen den starken Widerstand der Autoritäten, ohne über eine klare eigenständige Theorie zu verfügen; aber als sie dann in den sechziger Jahren mit der neugegründeten Internationale und deren anarchistischer Fraktion in Kontakt kam, nahm sie Bakunins Lehre sofort mit Leidenschaft und Begeisterung auf. Das neue Evangelium (denn das war es im buchstäblichen Sinne, da es direkt an die Stelle des alten katholischen Volksglaubens trat) erreichte Andalusien erst über die gemeinsame Beteiligung an den Volksaufständen der frühen siebziger Jahre. Seitdem hat der spanische Anarchismus zwei Wurzeln, die eine bäuerlich und andalusisch, die andere proletarisch und katalanisch. Es gibt keinen Grund, der einen mehr Bedeutung beizumessen als

---

* Es wurde zunächst angenommen, daß Joaquín Maurín (1896–1973) wie alle Abgeordneten der Volksfront, die auf nationalistischem Territorium gefangengenommen wurden, hingerichtet worden sei. Maurín gelang es jedoch, seine Identität zu verbergen und auf diese Weise seinen Feinden zu entgehen. Er ging nach dem Bürgerkrieg ins Exil (Anm. der Red.).

der anderen. Das Charakteristikum der politischen Situation Spaniens und der spanischen Arbeiterbewegung liegt genau in der engen Verbindung dieser beiden Elemente, so weit sie in anderer Hinsicht auch auseinanderliegen mögen.

Marxisten verschiedener Schattierungen, denen allen das Übergewicht der Anarchisten in der spanischen Arbeiterbewegung ein Dorn im Auge ist, haben verschiedene Erklärungen für die Tatsache angeboten, daß der Anarchismus als Massenphänomen in Spanien bereits seit der ersten Republik bestanden hat, also mindestens 30 Jahre bevor die sozialistische Massenbewegung begann, und daß er trotz unzähliger Anstrengungen, ihn zu verdrängen, 1936 zu Beginn des Bürgerkrieges immer noch vorherrschend war. Alle diese Erklärungen sind zugleich herabwürdigend. Fast alle ausländischen Beobachter behandeln die Anarchisten besonders unfair. Marxisten aller Couleur kommen gewöhnlich mit tiefverwurzelten Vorurteilen, und die meisten versuchen nicht einmal, mit den Anarchisten in Kontakt zu treten, sondern übernehmen lieber völlig kritiklos alles, was ihnen die spanischen Gegner der Anarchisten erzählen. Nichtsozialistische Beobachter haben natürlich Vorurteile gegen diese rücksichtsloseste und grausamste Gruppe der revolutionären Bewegung. Die folgende Erklärung ist nicht als »Verteidigung« gegen diese Interpretation gedacht. Es ist nicht Sache des Soziologen, anzuklagen oder zu verteidigen; man kann das nicht oft genug wiederholen. Er muß verstehen. Der Anarchismus hat sich als unfähig erwiesen, mit den entscheidenden Problemen der spanischen Situation fertigzuwerden, aus Gründen, die gleich diskutiert werden sollen; das ist eine Tatsache. (Der Sozialismus seinerseits war ebensowenig dazu in der Lage; das ist gleichfalls eine Tatsache.) Dennoch, ein angemessenes Verständnis der spanischen Ereignisse hängt weitgehend von einem angemessenem Verständnis des Anarchismus ab.

Ich denke, man braucht keine weithergeholten Erklärungen zu suchen: Der Anarchismus sagt selbst ziemlich offen, was es mit ihm auf sich hat. In den Debatten mit den Marxisten sind die anarchistischen Überzeugungen ausgiebig dargelegt worden. Der springende Punkt dieser Debatten besteht darin, daß Bakunin zwar die atheistische Haltung der Marxisten akzeptierte, nicht aber ihre materialistische Interpretation der Geschichte. Was heißt das? Marx verstand soziale Revolution und Sozialismus als unausweichliches Resultat der ökonomischen Entwicklung des Kapitalismus. Er identifizierte sich folglich gänzlich mit dem »progressiven Kapitalismus« und all seinen Implikationen, einschließlich parlamentarischer und politischer Aktionen innerhalb kapitalistischer Rahmenbedingungen. Bakunin für seinen Teil sah soziale Revolution und Sozialismus als Ergebnis der revolutionären Aktion von Menschen, angetrieben durch die moralische Überzeugung von der Amoralität, Scheußlichkeit und menschlichen Unannehmbarkeit der kapitalistischen Welt. Der eine wartete darauf, daß industrielle Entwicklung und demokratische Aktion (ohne auf revolutionäre Mittel zu verzichten) die Stunde der sozialen Revolution näherbringen würden. Der andere hielt den Sozialismus zu jeder Zeit für möglich, vorausgesetzt, revolutionäre Überzeugung und Entschlossenheit waren vorhanden. Aber diese Überzeugung und Entschlossenheit konnten nach Bakunins Vorstellung den Massen nicht einfach durch eine kleine Gruppe von Berufsrevolutionären aufgedrängt werden; sie müßten aus einem revolutionären Geist im Volk selbst entstehen. Eine eng verschworene Gruppe von selbstaufopfernden Revolutionären wäre nötig, um die Bewegung anzufachen, bliebe aber ohne ein revolutionäres Volk fruchtlos.

Warum wurden die Spanier von dieser Theorie angezogen? Vor allem, weil der spontane revolutionäre Geist der Volksmassen in ihrem Mittelpunkt stand. Dieser Geist war unter den fortschrittlichen Nationen nicht zu finden, wo das Proletariat nach Bakunin nett, schicklich und zahm geworden war und selbst die Segnungen des modernen Kapitalismus bewunderte; in diesen Ländern war die Revolution zu einem bloßen politischen Prinzip verkommen. Sie hatte die Herzen der Menschen verlassen und lebte nur noch in ihren Köpfen. Für die englischen Gewerkschaften hatte Bakunin nur ein Achselzucken übrig. Aber mit seiner scharfsinnigen Einschätzung psychologischer Realitäten mißtraute er ebenso der deutschen Arbeiterbewegung mit ihren frühen Erfolgen auf den Gebieten des Wahlrechts und der Organisation; die Deutschen, meinte er, wären von Natur aus Sklaven. Er kannte sie von 1848 her, und sein revolutionärer Instinkt blieb unbeeindruckt. Revolutionär aus Leib und Seele waren nach Bakunin zuallererst die Nationen, die den Segnungen der Zivilisation nicht nachhingen, nicht in materiellen Fortschritt verliebt waren und in denen die Massen noch nicht von religiösem Respekt vor dem Eigentum des einzelnen Bourgeois durchdrungen waren; revolutionär waren die Länder, in denen die Menschen Freiheit höher schätzten als Wohlstand, in denen sie noch nicht vom kapitalistischen Geist durchdrungen waren; besonders sein eigenes Volk, die Russen, und in einem noch höheren Maße die Spanier. Wie hätten sich die spanischen Arbeiter und Bauern der Lehre eines Mannes entziehen können, der glaubte, daß die spezifische Mentalität der spanischen Unterschichten das Modell für die Arbeiterbewegungen der ganzen Welt sein sollte?

Ich will damit nicht sagen, daß Bakunin die spanischen Revolutionäre für seine Sache gewann, indem er an ihre nationalistischen Gefühle appellierte, obwohl zweifellos niemals ein Ausländer liebevoller von den Spaniern sprach. Die meisten seiner Ansichten über Spanien enthielten einen wahren Kern, und hier war der Berührungspunkt. (Übrigens, in dieser speziellen Frage, die von höchster Bedeutung ist, hatte Bakunin – wie die historische Erfahrung seither gezeigt hat – im Gegensatz zu Marx vollkommen recht. Nicht nach England oder Deutschland kam die Revolution, sondern nach Rußland und Spanien.) Die Rebellion der spanischen Massen war kein Kampf für bessere Bedingungen innerhalb eines fortschrittlichen kapitalistischen Systems, das sie bewundert hätten; es war ein Kampf gegen die ersten Vorboten des von ihnen so gehaßten Kapitalismus selbst. Die spanische Volksbewegung zielt nicht auf eine Überwindung des Kapitalismus in der Zukunft, nach und als Resultat seiner endgültigen Entfaltung, sondern gegen seine bloße Existenz auf jeder Stufe seiner möglichen Entwicklung in Spanien. Welche Zugeständnisse spätere Dekaden auch immer an die unangenehmen Tatsachen wachsender industrieller Entwicklung gemacht haben mögen, der spanische Arbeiter hat sich nie und nimmer mit der Selbstverständlichkeit seines deutschen und englischen Kollegen dem Schicksal des Industriearbeiters unterworfen. Die materialistische Vorstellung von Geschichte, die auf dem Glauben an den Fortschritt basiert, sagte ihm deshalb nichts; denn der spanische Arbeiter ist nicht besonders fortschrittlich. Hier liegt der Grund, warum der Maschinist aus Barcelona sich mit dem andalusischen Bauern eins fühlen konnte. In Spanien hat die amerikanische Mentalität, hohe materielle Ansprüche als Tugend zu betrachten, keinen Einzug gehalten. (Noch 1936 pries mir ein junger Sozialist als die höchste Eigenschaft des kastilischen Arbeiters, »von fast nichts leben zu können«.) Der Kampf gegen Unterdrückung, die Mentalität des Briganten, der sein Dorf verläßt, um frei zu sein, ist immer noch viel stärker als die Mentalität des Gewerkschaftlers, der schwere Monate des Streiks auf sich nimmt, um wohlhabend zu werden. Folglich wird weder der Gewalt anderer ausgewichen noch wird sie abgelehnt, wenn man sie den spanischen Massen vorschlägt. Eine friedliche Gewerkschaftsaktion ist dagegen verdächtig. Mit einem Wort, der spanischen Arbeiterbewegung liegt eine Mentalität zugrunde, die sich gegen die Einführung des Kapitalismus überhaupt, nicht nur gegen sein unbestimmtes Weiterbestehen richtet. Und dies erklärt meiner Meinung nach das Übergewicht des Anarchismus in Spanien.

Daher ist »Freiheit« das zentrale Element der anarchistischen Ideologie. Ihr »Libertarianismus« (dieses Monster von einem Wort stammt von den Anarchisten selbst) ist abwechselnd dem »Individualismus« als ein Zug des spanischen Nationalcharakters und einer falschverstandenen Übertreibung von Liberalismus zugeordnet worden. Was das letztere betrifft, sollte man keine Wortspielerei betreiben. Liberale Ideologie hängt zutiefst mit der spezifisch bürgerlichen und konkreter mit der puritanischen Ideologie zusammen und ist vom Anarchismus Welten entfernt. Was das erstere betrifft, existiert er nicht in dem Sinn, wie er als Erklärung für den

Anarchismus verwendet wird. Weder sind die Spanier einfach Individualisten – sie besitzen im Gegenteil einen ausgeprägten Sinn sowohl für Kooperation als auch für Hierarchie – noch sind die Anarchisten gegen kollektive Aktionen, die im Gegenteil eine der Hauptstützen in ihrem Programm sind. Die herausragende Stellung der Freiheit im anarchistischen Programm erklärt sich höchst einfach aus der Tatsache, daß in einer Bewegung, die sich relativ wenig um materielle Errungenschaften kümmert, der Vorwurf der Tyrannei der Haupteinwand gegen das moderne industrielle System genauso wie den gegen die Leibeigenschaft darstellt.

In dieser besonderen Form des Anti-Kapitalismus, die dem Anarchismus eignet, wurzelt darüber hinaus ein Element, das unvoreingenommene Beobachter besonders hervorheben: seine seltsame Haltung gegenüber Moral und Gesetz. Es besteht nicht der geringste Zweifel, daß die Anarchisten nicht wenige kriminelle Elemente in ihren Reihen haben und daß darüber kaum jemand erschrickt. Auffallender noch stellt der Anarchismus jeden Beobachter vor ein Rätsel: ein Durcheinander von Leuten, die offensichtlich vom höchsten Idealismus beseelt und bereit sind, nicht nur Leben, sondern auch Glück für ihre Sache zu opfern, und Elementen, die weder zu kontrollieren sind noch irgendeine Art von Selbstkontrolle besitzen. Um es auf eine andere Formel zu bringen: Es gibt sicherlich keine Gruppe der europäischen Arbeiterbewegung, in der moralische Fragen so ernst genommen, in der solch echte und ernsthafte Versuche unternommen werden, Aktionen mit Überzeugungen in Einklang zu bringen, und doch hat diese Bewegung sicherlich einen höheren Prozentsatz an Kriminellen in ihren Reihen als jede andere politische Partei. Es ist bezeichnend, daß die Anarchisten ihren Führern hartnäckig eine regelmäßige Bezahlung verweigerten und sie zwangen, entweder von ihrer Hände Arbeit zu leben oder von der freundschaftlichen Hilfe, die ihnen von ihren Kameraden zuteil wurde; dieselbe Bewegung schreckt oder zumindest schreckte nicht vor Enteignungen zurück. Aber hier fangen wir an, auf des Rätsels Lösung zu stoßen. Der Anarchismus *ist* eine religiöse Bewegung, aber in einem vollkommen anderen

Sinn als für die Arbeiterbewegungen der fortschrittlichen Länder. Der Anarchismus glaubt nicht an die Schaffung einer neuen Welt durch die Verbesserung der materiellen Bedingungen der unteren Klassen, sondern an die Schaffung einer neuen Welt aus der moralischen Empörung jener Klassen, die noch nicht vom Geist des Mammons und der Gier angesteckt wurden. Gleichzeitig ist der Anarchismus weit davon entfernt, wohlanständig oder gewaltlos zu sein; er hat all die Robin-Hood-Traditionen früherer Generationen in seiner Mentalität integriert und glaubt ausdrücklich an die Gewalt; nicht nur im organisierten Konflikt, sondern im Kampf als einem alltäglichen Mittel zur Regelung der Meinungsverschiedenheiten zwischen einfachen Leuten und ihren Herren. Ein Ergebnis dieses besonderen Typs von anarchistischem Antikapitalismus ist sein ausdrücklicher Glaube an die direkte Aktion, was meistens, wenn auch nicht immer, gewaltsame Aktion bedeutet.

Zwei Andekdoten illustrieren vielleicht den Kontrast zwischen Anarchismus und europäischem Sozialismus. Vor Jahren sprach ich mit einem englischen Kommunisten, einem hohen Funktionär seiner Partei; er pries die Haltung des englischen Arbeiters, der keinerlei Art von Gewalt tolerieren würde. Er erzählte mir, wenn ausländische Seeleute – was selten vorkam – versucht hätten, bei Krawallen Gewalt anzuwenden, dann wären diese grundsätzlich von den englischen Hafenarbeitern selbst niedergemacht worden. Ich stimmte mit ihm überein, daß dies ein angenehmer Zug wäre, wagte aber zu fragen, ob dies ganz mit der Ausrichtung auf eine gewaltsame Revolution, der sich seine Partei verschrieben hätte, zu vereinbaren sei. Er sagte, er sei überzeugt, daß es in einem »organisierten Kampf« anders wäre. Ich glaube, daß er sich irrte. Jahre später saß ein Freund mit einer Gruppe spanischer Arbeiter in einem Café in Toulouse, als sie die Nachricht vom Ausbruch des Aufstandes in Asturien erreichte. Die Spanier waren entzückt darüber und begannen einigen französischen Kollegen zu erklären: »Seht ihr, das ist der Unterschied zwischen euch und uns. Ihr stammt von bürgerlichen Handwerkern ab; unsere Vorfahren waren Räuber.« Und sie meinten damit die Fähigkeit der Spanier, sich in bewaffneter Revolte gegen etablierte Autoritäten zu erheben. Ob diese spanischen Arbeiter gerade Anarchisten waren, weiß ich nicht. Aber der ganze Unterschied zwischen der europäischen und der spanischen Arbeiterbewegung und die ganze Erklärung des Anarchismus liegt in der Gegensätzlichkeit dieser beiden Anekdoten.

»Rückständige Mentalität, die notwendigerweise mit der weiteren Entwicklung des Kapitalismus in Spanien überwunden wird«, werden sowohl Liberale als auch Marxisten sagen; beide vertrauen auf den industriellen Fortschritt. Aber die Mehrheit der unteren Volksschichten in Spanien kümmert sich wenig darum, ob die Europäer ihre Ansichten rückständig finden. Sie spüren, selbst wenn sie es vielleicht nicht wissen, daß ihre Ansichten nicht die Rückständigkeit der Fabriken widerspiegeln, in denen sie arbeiten – so die Lieblingserklärung für den Anarchismus in den marxistischen Lagern –, sondern einfach ein Element im Widerstand der ganzen Nation gegen die industrielle Entwicklungsstufe der westlichen Zivilisation sind. Spanien koppelte sich gegen Ende des 17. Jahrhunderts vom Fortschritt der westlichen Zivilisation ab, und das spanische Volk lehnte ganz einfach alles, was seither getan wurde, zutiefst und instinktiv ab. Dieser Widerwille wird spürbar in der Abneigung gegen Arbeit in modernen Unternehmen, in der Abneigung gegen Arbeit in ihrer modernen Form der intensiven Nutzung, in der Unfähigkeit, mit moderner Maschinerie umzugehen, sei es in technischer, administrativer, militärischer oder irgendeiner anderen Hinsicht; er wird spürbar im hartnäckigen Widerstand der Verwaltung, des grundbesitzenden hohen und niederen Adels und sogar der meisten Fabrikbesitzer wie auch der Arbeiter gegen Innovationen; er wird spürbar im aristokratischen Konservatismus, im Karlismus, im Anarchismus, in den meisten politischen Bewegungen Spaniens also. Und der Glaube an die vorherbestimmte Überlegenheit des Kapitalismus in dieser Auseinandersetzung ist vollkommen unbegründet. Der Widerstand Spaniens gegen das moderne Leben ist tief verwurzelt. Es ist zweifelhaft, ob die Kräfte des Kapitalismus, oder anders ausgedrückt, der modernen industriellen Version der westlichen Zivilisation, expandieren werden, und wahrscheinlich sind sie auch nicht unbegrenzt. Das Ergebnis dieser Auseinandersetzung steht nicht von vornherein fest. Wieder und wieder werden wir in unserer Untersuchung dieser Problematik begegnen und ihren ungewissen Ausgang erkennen müssen. Hier liegt das zentrale Problem Spaniens.

Anarchismus ist nur die besondere Erscheinungsform, die dieses Problem in den unteren Gesellschaftsschichten angenommen hat. Gäbe es überhaupt kein Eindringen des Kapitalismus, dann gäbe es auch keinen Anarchismus. Hätte der Geist des Kapitalismus die Nation ganz durchdrungen, wäre der Anarchismus am Ende. Er entspricht dem Widerstand der spanischen unteren Klassen gegen das Eindringen des Kapitalismus. Dieser Widerstand, der in anderen Ländern nur gelegentlich, instinktiv und ohne organisierenden Impuls auftaucht, hat in Spanien eine mächtige Bewegung hervorgebracht. Dies allein ist schon ein Hinweis darauf, daß das Ergebnis des Versuchs, Spanien zu modernisieren, auf jeden Fall sehr fragwürdig sein wird.

Nur eins bleibt noch zu klären. Im allgemeinen haben sich sowohl Katalonien als auch das Baskenland einer Europäisierung weniger widersetzt als der Rest Spaniens. Woher kommt es dann, daß die katalanische Arbeiterbewegung durch und durch anarchistisch ist? Ich glaube, die Antwort läßt sich in einer genaueren Betrachtung der besonderen politischen Bedingungen Kataloniens finden. Katalonien entwickelte in seinem jahrhundertelangen Kampf gegen die kastilische Vorherrschaft einen tiefen Haß gegen die einzig vorhandene Autorität: den spanischen Staat. Die Autorität des katalanischen Bürgertums, die sich seit Mitte des 19. Jahrhunderts langsam entwickelte, war nicht annähernd groß genug, um bei den Massen Fuß zu fassen. Deshalb lebten die unteren Klassen in Katalonien jahrhundertelang in einem Zustand des selbstverständlichen Anti-Autoritarismus. Der besonders brennende revolutionäre Geist, die ausgeprägte Vorliebe der katalanischen Arbeiter für eher gewaltsame als legale Mittel der Aktion ist meiner Meinung nach einfach ein Spiegelbild des jahrhundertelangen Kampfes der katalanischen Region gegen die spanische Verwaltung und Polizei. Auch der katalanische Bourgeois unterwirft sich aus demselben Grund keiner Autorität. Und es ist bezeichnend, daß in Katalonien als ganzem innerhalb einer einzigen Generation, zwischen 1870 und 1900, das Übergewicht von den Karlisten auf die Anarchisten überging. Jede Art gewaltsamer Opposition gegen den Staat war bei der Bevölkerung willkommen.

Aber wir müssen bis 1873 zurückgehen. Die republikanische Regierung war zwischen der karlistischen Erhebung im Norden und der anarchistischen im Süden eingezwängt. Sie beschloß, zuerst die soziale Revolution niederzuschlagen und die karlistische Frage später zu erledigen. Hätte sie anders entschieden, wäre 1873 aus Spanien das geworden, was es 1936 wurde. So wie sie entschied, entschied sie das Schicksal der Republik. Angesichts der drohenden Sozialrevolution begrub die Armee sofort ihren oberflächlichen Widerstand gegen die Kirche. Beide taten sich zusammen, und nachdem sie Andalusien in Blut und Tränen erstickt hatten, proklamierten sie Anfang des Jahres 1874 beim *Pronunciamiento* von Murcia die Monarchie mit der alten Dynastie und König Alphonso XII. als König. Es folgten einige Gefechte mit den Karlisten. Aber die Hauptsache war erledigt, und die karlistische Erhebung wurde durch eine ehrenvolle Kapitulation beendet. Was offiziell das Zeitalter der Restauration genannt wird, hatte begonnen.

DIE
RESTAURATIONSZEIT

28 Jahre lang, von 1874 bis 1902, waren die Zeiten ruhig: während der Regentschaft Alphonsos XII. und solange Alphonso XIII. noch unmündig war. Angesichts der Bedrohung aus den Tiefen der Gesellschaft sammelten sich die herrschenden Klassen – Kirche, Aristokratie und Armee – unter einer Krone, deren Träger ein ehrbarer Herr und ihr einendes Moment war, um die bestehende Ordnung zu verteidigen.

Jetzt gab es keine *Pronunciamientos* mehr. Die Generäle waren nicht mehr allein auf dem Feld: es gab jetzt die Volksmassen, die niedergehalten werden mußten. Der politische Ausdruck dieser Union war die völlige Dominanz der »Konservativen« Partei unter der geschickten Führung von Cánovas. Sie vereinigte die alten Gemäßigten mit vielen der alten Karlisten und den meisten der alten Liberalen. Die Republikaner von 1873, eine kleine Gruppe ohne wirkliche soziale Verankerung in irgendeinem Teil der Bevölkerung, hatten sich in zwei Gruppen gespalten. Eine Gruppe unter Sagasta, die sich jetzt die »Liberalen« nannten, wurde reuevoll wieder monarchistisch und bekam durch die Gnade der Konservativen gelegentlich ein Ministeramt. Die andere Gruppe unter Castelar demonstrierte nach außen ihre Treue zu den republikanischen Prinzipien, beteiligte sich auch nie an der Regierung, hütete sich aber, auch nur den Versuch zu unternehmen, ihr republikanisches Programm in die Praxis umzusetzen. Diese Vereinigung aller aktiven Klassen – die Armen waren ins Dunkel zurückgetreten – brachte ein friedliche Zeit; so konnten sich moderne Handels- und Industrieunternehmen entwickeln. Ausländer, Basken und Katalanen ergriffen ihre Chance. So erzeugte der Friede selbst die Bedingungen, die auf seinen Bruch durch neue soziale Kräfte hinarbeiteten.

Diese neuen Kräfte waren im Gegensatz zu jenen, die bis 1808 im Vordergrund gestanden hatten, wirklich europäisch und arbeiteten für die Modernisierung des Landes im westlichen Sinn. Die erste Kraft war die katalanische Bourgeoisie. Sie hatte während der Revolution eine zögernde und erfolglose Rolle gespielt, jedoch in den Jahren des Chaos eines erreicht: die Bildung der später »Fomento del Trabajo Nacional« genannten katalanischen Union der Fabrikbesitzer. Sie rettete diese Errungenschaft umsichtig und erfolgreich über die Jahre der Restauration der Macht von Kirche und Armee. Sie war gut beraten, die Union vorerst nicht zur Förderung einer regionalistischen Politik einzusetzen. Die katalanische Bourgeoisie stellte sich in der Restaurationszeit als ein weiteres Element des Friedens und der Ordnung dar. Aber sie wurde auch im Tausch für diesen wichtigen Dienst gewaltig belohnt: Spanien wechselte vom Freihandel zu Schutzzöllen sowohl für Weizen als auch für Textilien. Es war ein Kompromiß zwischen den Forderungen der katalanischen Bourgeoisie und den kastilischen und andalusischen Grundbesitzern. Das wichtigste politische Ergebnis davon war, daß das katalanische Großbürgertum nie rückhaltlos auf der Seite des katalanischen Nationalismus stand. In den neunziger Jahren jedoch erschien die Sache der Industriebourgeoisie als etwas speziell katalanisches: Es gab kaum Industrie außerhalb Kataloniens. Gegen Ende des Jahrhunderts fühlten sich die katalanischen Textilfabrikanten stark genug, Teilhabe an der Regierung des Landes zu fordern. Das »Fomento« begann, ein aktives Interesse an politischen Fragen zu nehmen, und bald tauchte die katalanische *Lliga* auf, die Partei des katalanischen Großbürgertums. Sie forderte regionale Autonomie, aber keine Unabhängigkeit für Katalonien und arbeitete ständig mit den führenden kastilischen Parteien zusammen. Als Repräsentant dieser Politik und als Führer der spanischen Bourgeoisie insgesamt stieg Francisco Cambó seit Beginn dieses Jahrhunderts allmählich zur Position des führenden Staatsmannes in Spanien empor. Er war Präsident sowohl des Fomento als auch der Lliga und darüber hinaus Präsident der CHADE (Compañia Hispano-Americana de Electricidad), der kapitalkräftigsten Gesellschaft Spaniens, und einige Male Kabinettsminister. Aber obwohl er wiederholt als Kandidat für den Posten des Premierministers aufgestellt wurde, erhielt er diese Position nie, weil er als Katalane für die Kastilier nicht akzeptabel war. Es ist das Unglück der spanischen Bourgeoisie, daß ihre stärkste Gruppe einer unzufriedenen Grenzregion angehört und nicht dem Zentrum des Landes. Kein anderer Faktor trug soviel zur Schwäche der spanischen Bourgeoisie bei; hier liegt die tragische Bedeutung des katalanischen Problems. Aber was ist dies anders als ein weiterer Aspekt des antikapitalistischen Charakters Spaniens insgesamt? Die einzige Region, deren führende Klassen immer uneingeschränkt für die Europäisierung des Landes waren, war immer ein am Rande liegendes und beargwöhntes Gebiet.

Später als Katalonien wurde die Nordküste von Modernisierungsbestrebungen erfaßt. Seit Beginn dieses Jahrhunderts tauchten im Norden neue Parteien auf, dieses Mal wirklich europäisierte Parteien, und nicht solche, die sich wie die alten Liberalen unberechtigterweise Europa zugehörig fühlten. Unter ihnen waren die »Reformisten«, mit Melquíades Alvarez an der Spitze, Vertreter der Bourgeoisie von Bilbao und anderer industrieller Zentren des Nordens. In ihrem Programm unterschieden sie sich von der katalanischen Lliga im wesentlichen so, wie sich Zentralisten eben von Regionalisten unterscheiden. Etwas früher tauchten die Sozialisten unter Pablo Iglesias auf und mit ihnen eine Gewerkschaftsorganisation des europäisch-friedfertigen Typs, die UGT (Unión General de Trabajadores). Charakteristischerweise hatten auch die Sozialisten ihre Hochburg im Norden, hauptsächlich in Asturien, d. h. in einer Region, die für europäische Einflüsse sehr offen ist. Die Sozialisten waren nicht nur friedfertig sondern sogar zaghaft. Sie waren in jeder Hinsicht das Gegenteil der Anarchisten. Und das ist nur natürlich. Die Sozialisten und die UGT waren nicht gegen, sondern für die Entwicklung des Kapitalismus. Und was außer zaghaft konnte ein Proletariat sein, wenn es so schwach, ungebildet, unerfahren und arm war wie die spanischen Arbeiter – es sei denn rücksichtslos und gewalttätig? Die UGT gewann die Mehrheit der spanischen Bergarbeiter für sich. Die Sozialisten beschränkten ihre Kampagnen hauptsächlich auf die wichtige Aufgabe der Kandidatur bei Wahlen, die seit jeher von der Verwaltung und den lokalen Granden, den »Kaziken«, schamlos manipuliert worden waren. Sie versuchten, den Wahlen ihren ursprünglichen Sinn zu geben, um eine Basis für parlamentarisches Vorgehen herzustellen.

Dabei wurden sie sowohl von den »Reformisten« als auch der Lliga tatkräftig unterstützt; beide sahen es als Vorbedingung ihrer eigenen Herrschaft im Staat an, die Macht des Priesters, des Chefs der Guardia und des Großgrundbesitzers zu brechen. Bald tauchte mit der verjüngten Republikanischen Partei ein neuer Bundesgenosse auf. Sie hatte sich nun Führern vom Typ Castelars entledigt und begann sich unter dem Einfluß der Freimaurer und des *Ateneo* (eine freie Universität), geführt von Francisco Giner de los Ríos, zu einer kämpferischen Kraft zu wandeln. Sie wurde hauptsächlich von einem Teil der Madrider Intelligenz getragen, die darauf aus war, das zerfallende Land nach europäischen Grundsätzen zu erneuern. Diese neue Konstellation, die Wiedergeburt des Republikanismus, hing eng mit der Wiederbelebung der spanischen Literatur um die Jahrhundertwende zusammen, die durch Persönlichkeiten wie Unamuno, Blasco Ibáñez, Joaquín Costa und viele andere verkörpert wurde.

Aber die Bourgeoisie konnte mit ökonomischen Reformen gekauft werden, die Sozialisten waren zaghaft und friedfertig, und die jungen republikanischen Schriftsteller waren keine Kraft, vor der man sich fürchten mußte. Hätten sich die Massen nicht ein zweites Mal eingeschaltet, wäre die Koalition der fortschrittlichen Kräfte möglicherweise zunichte gemacht geworden. Aber das Jahr 1902 markiert ein Wiederaufleben der Massenbewegung, das nicht wieder enden sollte. Die Erhebung der Massen von 1873 war ein Ergebnis der Auflösung des alten Regimes gewesen. Als das Regime reorganisiert war, waren sie leicht zu unterdrücken. Mit dem Anwachsen der modernen Industrie, von Wissen und Bildung entwickelten sie sich zu einer eigenständigen Kraft und waren auch in der Lage, die wachsende Bewegung für Reformen zu nutzen.

Das alte Regime, das durch die lokalen Granden, die Priester, die Guardia und mit gelegentlicher Hilfe der Juristen zu regieren pflegte, kannte nur ein Mittel, mit ernsthaften Problemen umzugehen: Patronen. Die Unfähigkeit, überhaupt etwas Konstruktives zu unternehmen, um die Notlage der Massen zu lindern, die Unfähigkeit des Regimes, die Bourgeoisie für sich zu gewinnen, und schließlich die Unfähigkeit, für die dringendsten nationalen Bedürfnisse zu sorgen, machten Patronen natürlich zu einem zumindest unangemessenen Mittel, um die Aufgaben zu bewältigen, mit denen die Regierung konfrontiert war. Dies wurde 1898 nach der Niederlage Spaniens im Krieg gegen die USA und dem Verlust Kubas, Puerto Ricos und der Philippinen offensichtlich. Das Regime zerfiel in einem langsamen Auflösungsprozeß, und sein allmählicher Machtverlust wurde nur durch die blutigen Massaker des Militärs unterbrochen bzw. verdeutlicht.

Eine Serie von Generalstreiks und Revolten von jedesmal größerem Ausmaß schüttelte das Land. 1902 gab es in Barcelona einen Generalstreik, 1906 einen weiteren, 1909 den nächsten, noch viel umfassenderen. Die Regierung hatte jegliche Glaubwürdigkeit verspielt; sie war nicht in der Lage gewesen, die Unterwerfung der Rif-Kabylen in Marokko zu bewerkstelligen. Sie war gezwungen, Wehrpflichtige zu den Waffen zu rufen, weil die Friedensstärke der Armee ihrer Aufgabe in Marokko nicht gewachsen war. War es die Idee kastilischer Politiker, lieber Katalanen als Kastilier im mörderischen Krieg von Marokko zu opfern, oder war es lediglich das Versehen einer nachlässigen Verwaltung? Auf jeden Fall wurden nur katalanische Reservisten zu den Fahnen gerufen. Ganz Katalonien erhob sich zur Revolte. Die Rekrutierung mußte aufgegeben werden, aber dann wurde die Revolte im Blut erstickt. Francisco Ferrer, ein anarchistischer Pädagoge, der so gut wie nichts mit der Bewegung zu tun hatte, aber vom Klerus gehaßt wurde, weil er dessen Schulmonopol angriff, wurde in Barcelonas Festung, dem Montjuich, exekutiert. Ein Aufschrei ging durch ganz Europa, und die Massenbewegung hatte ihren Märtyrer. Die Gewohnheit, Kirchen in Brand zu stecken, in früheren Aufständen schon gelegentlich geübt, wurde nach der Hinrichtung von Ferrer zu einer normalen Begleiterscheinung jeder Volkserhebung in Katalonien.

Das alte Regime fühlte sich schwach. Es wurde zunehmend schwieriger, die städtische Wählerschaft bei Wahlen zu kontrollieren. Unter dem Druck der anwachsenden Kräfte der Massenbewegung begannen sich die alten Parteien aufzulösen und zu zersplittern. Die neuen Parteien riefen immer hartnäckiger nach Reformen. Nach der Niederlage auf den Westindischen Inseln wurden politische Attentate zum normalen Bestandteil der Politik. Cánovas wurde ermordet, der König entkam nur knapp. Man versuchte, Reformen einzuführen. Canalejas, eine Persönlichkeit mit sehr viel Ähnlichkeit mit seinem russischen Zeitgenossen Stolypin, ein entschiedener Gegner der Demokratie, aber ein Befürworter der Modernisierung des Landes, übernahm das Ruder, wurde aber durch den Widerstand der Kirche gelähmt und fiel schließlich dem Attentat eines Anarchisten zum Opfer. Das Regime wurde zu verzweifelten Methoden getrieben. Um die katalanische Bourgeoisie in Schrecken zu versetzen und sie so zur Unterwerfung zu zwingen, arbeitete die Polizei von Barcelona wirklich mit Banden von *Pistoleros* zusammen, die sich mehr oder weniger als Revolutionäre verstanden; die Polizei selbst leitete und begünstigte eine ganze Kampagne von Meuchelmorden, deren Opfer führende Männer der katalanischen Industrie und der Lliga waren. Gleichzeitig versuchte das Regime sowohl gegen Katalanismus als auch Anarchismus einen Damm zu errichten, indem sie Alejandro Lerroux's »Radikale Partei« förderte. Lerroux gebärdete sich als wilder republikanischer Revolutionär, begrenzte aber seine frühen Aktivitäten auf Barcelona, wo er gewaltsam gegen die katalanische Nationalbewegung opponierte, die zu der Zeit die eigentliche Gefahr für das Regime war. Er blieb einem großen Teil der spanischen Öffentlichkeit immer verdächtig, weil man von ihm glaubte, daß er während seiner »revolutionären« Phase in Wirklichkeit mit der spanischen Polizei zusammengearbeitet habe. Einst nannte man ihn »König des Paralelo« (der Hauptschlagader der Unterschichtsviertel von Barcelona), aber nach Ausbruch des Krieges wurde sein Einfluß durch die steigende Flut des Anarchismus gebrochen. So wurde das Eindringen des modernen Wirtschaftslebens in eine Gesellschaft, die nicht in der Lage war, dies zu verdauen, in allen Bereichen zu einem zusätzlichen Desintegrationsfaktor.

Der Krieg* machte die Auflösungserscheinungen zu einer offenen Tatsache, genaugenommen, weil er der wirtschaftlichen Entwicklung des Landes einen starken Impuls gab. Als neutrales Land profitierte Spanien ungeheuer vom Krieg. Nie zuvor gingen die Geschäfte besser. Folglich wurden sowohl Bourgeoisie als auch Arbeiter immer hartnäckiger mit ihren Forderungen. Das Regime beging überdies den erschreckenden Fehler, mit den Deutschen zu sympathisieren, denen es aus einem Zusammengehörigkeitsgefühl der einen konservativen Macht mit der anderen jede nur erdenkliche Hilfe zukommen ließ. Die Alliierten begrüßten folglich das Anwachsen der oppositionellen Bewegungen in Spanien. Der unterdrückte Konflikt brach offen aus und erreichte durch eine Krise in der Armee einen Höhepunkt. Einige Offiziere hatten einen Karikaturisten mißhandelt, der sich über die Armee lustig gemacht hatte. Der Kriegsminister versuchte, die üblichen Disziplinarmaßnahmen gegen die Urheber dieses Gewaltaktes einzuleiten. Er stieß auf den Widerstand einer offiziell nicht anerkannten Vereinigung, der »Juntas de Defensa«. Diese waren eine Art geheime Offiziersgewerkschaft, die lange vor der Nase des militärischen Oberkommandos oder mit dessen stillschweigender Duldung existiert hatte und sich nun für einen Kollegen einsetzte, der der Justiz übergeben werden sollte. Es wurde plötzlich offensichtlich, daß die Armee durch den restaurativen Kompromiß den zivilen Autoritäten nur oberflächlich untergeordnet worden war; daß sie geschlossen und direkt gegen das Ministerium agieren konnte; daß die Regierung keinen Exekutivapparat besaß, dem sie trauen konnte. Das Problem der Armee, das während eines Vierteljahrhunderts vordergründigen »Fortschritts«

*Gemeint ist der Erste Weltkrieg (Anm. d. Red.).

gelöst schien, tauchte in seiner alten Gestalt völlig unverändert wieder auf. Die »Juntas« wurden formell aufgelöst. Aber sie bekamen, was sie wollten; zuerst den Rücktritt des Kriegsministers, dann eine große Kabinettskrise und ein neues Kabinett ganz nach ihrem Herzen. Dies ereignete sich zu Beginn des Jahres 1917. Die Geheimorganisationen des Offizierskorps haben seitdem unter verschiedenen Namen nicht mehr aufgehört zu existieren, bis sie zuletzt als geheime »Unión Militar« den Aufstand von 1936 vorbereiteten.

Die Anmaßung der Juntas de Defensa von 1917 ging den politischen Parteien zu weit. Der Ruf nach großangelegten Reformen, nach Unterordnung der Armee unter die zivile Verwaltung, nach Einführung einer parlamentarischen Regierung und einer verfassungsgebenden Versammlung wurde laut. Die Regierung weigerte sich, die verfassungsgebende Versammlung einzuberufen, was gleichbedeutend mit dem Beginn einer neuen Revolution gewesen wäre. Mehr als siebzig Abgeordnete des Parlaments, die meisten von ihnen Repräsentanten der katalanischen Bourgeoisie, versammelten sich dennoch in Barcelona als Rumpf-*Constituante* und wurden von den Stadtverwaltungen der größeren Städte Spaniens begeistert begrüßt. Einen Monat später erreichten die Dinge ihren Höhepunkt. Die Massen erhoben sich im ersten landesweiten Generalstreik. Er dauerte drei Tage und wurde sowohl von Sozialisten als auch Anarchisten geführt, zwar nicht gemeinsam, aber mit der gleichen Ausrichtung und dem Ziel der Proklamierung einer Republik. Aber die Bourgeoisie, verschreckt durch die Vorstellung einer sozialen Revolution, hielt still. Es mußte sich noch einiges ändern, bevor eine geschlossene Front der unteren Mittelklassen und der Arbeiter zustande kommen sollte, die stark genug war, die Monarchie zu stürzen. Für den Augenblick hatte die revolutionäre Bewegung ihren Höhepunkt erreicht und überschritten. Der Streik von 1917 wurde wie seine Vorgänger im Blut ertränkt. Die Probleme, die auf revolutionärem Wege keine Lösung gefunden hatten, drängten zu einer Lösung mit den Mitteln einer konterrevolutionären Diktatur.

Aber selbst wenn das unmittelbare praktische Ergebnis der

Bewegung von 1917 gleich Null war, hatte sie für die Haltung der Massen und ihre Organisationen einen immensen Effekt. Zunächst hatte das Jahr 1917 die Mehrheit des Landes eindeutig in den Wirkungskreis der revolutionären Bewegung gebracht. Der Zersetzungsprozeß der alten Hierarchie, die Entwertung der alten autoritären Normen war fast abgeschlossen. Das spanische Volk, während der ersten Republik mit Ausnahme der Erhebungen in Andalusien vollkommen im Abseits, hatte sich diesmal eingeschaltet. Es konnte nicht länger an das System des alten Regimes gefesselt werden. Ein neues Regime, sei es faschistisch, republikanisch oder sozialistisch, mußte kommen. Sodann hatten die politischen Parteien ihren Charakter während der Krise und der unmittelbar auf sie folgenden Jahre gründlich geändert. Die Republikaner hatten gekämpft und waren bereit, wieder zu kämpfen. Die Sozialisten hatten in ihrer Zusammenarbeit mit den aktiveren und entschiedeneren Republikanern teilweise ihre friedfertige Zurückhaltung überwunden. Aber die tiefgreifendsten Umwälzungen vollzogen sich in den Reihen der katalanischen Nationalisten und der Anarchisten.

Ihre Inaktivität in der Bewegung von 1917 machte die Lliga ein für allemal zu einer regierungsfreundlichen Kraft. Cambó begann alsbald seine Karriere als Finanzminister. Aber gleichzeitig verlor die Lliga ihren Einfluß auf die katalanischen Massen. Sie wurde als Agent Madrids betrachtet und entsprechend behandelt. Sie trat in ein Stadium der akuten Zersetzung; jahrelang schossen neue katalanische nationalistische Gruppen wie Pilze aus dem Boden, alle fortschrittlicher als die Lliga; einige forderten sogar eine unabhängige katalanische Republik. Katalonien fiel nach 1917 ein Jahrzehnt lang ins politische Chaos zurück. Aus diesem Chaos tauchte langsam die katalanische »Esquerra« (die »Linke«) auf, unter der Führung des Obersten Maciá. Sie schlug sowohl Cambó als auch Lerroux und machte Fortschritte bei der Organisation der gesamten unteren Mittelklasse Kataloniens. Auf der Rechten blieb eine dünne Schicht von Industriellen Cambó und der Lliga treu, die zunehmend pro-kastilisch und zunehmend klerikal wurde und sich immer mehr den Haß der Intelligenz Barcelonas zuzog. Auf der Linken geriet das ganze Proletariat unter den Einfluß der Anarchisten. Das flache Land blieb zumindest im Augenblick inaktiv. Während der Diktatur Primo de Riveras, ab 1923, versuchte Maciá in Katalonien mehr als einen *Coup de main*. Zunächst blieb er erfolglos, aber allmählich erwarb er sich das Prestige, das ihn zum Führer der katalanischen Nation machen sollte. An diesen Antagonismen zwischen der Lliga und der »Esquerra« und am letztlichen Erfolg der Esquerra zeigte sich, daß es für eine Industrieregion wie Katalonien mit all ihren Absatzmärkten in ganz Spanien unvereinbar war, gleichzeitig regionalistisch zu sein und seiner Bourgeoisie die Führung zu überlassen. Das Dilemma wurde zugunsten des katalanischen Nationalismus gelöst, gegen die Interessen der ökonomischen Entwicklung der Region. Damit wurde die spanische Bourgeoisie selbst in ihrer Hochburg geschlagen und mit ihr die Sache der Modernisierung Spaniens.

Der Anarchismus andererseits entwickelte sich in fast die entgegengesetzte Richtung. Aus den wiederholten Niederlagen lernten die Anarchisten, daß sie sich in den industrialisierten Gebieten Spaniens zu einem gewissen Grad an die Lebensbedingungen eines modernen Industrieproletariats anpassen mußten. Aus diesem Anpassungsprozeß ging der Anarchismus in seiner heutigen Gestalt hervor; er ist inzwischen weder einfach die alte Bakuninsche Liga für die Zerstörung der sündigen Welt des Kapitalismus noch eine Arbeiterbewegung unter anderen, die innerhalb der modernen Lebensbedingungen agiert, ohne sie in Frage zu stellen. Bakunins Grundüberzeugungen lebten im Kern des spanischen Anarchismus immer fort und führten während des Bürgerkriegs von 1936/37 zu Aktionen wie dem Inbrandstecken zahlloser Kirchen, dem Verbrennen von Landbesitzurkunden, der Ablehnung militärischer Disziplin und Bildung einer Miliz nach Robin-Hood-Manier (in den frühen Tagen) sowie den Versuchen, den »Staat abzuschaffen« (ebenfalls in den frühen Tagen), und nicht zuletzt schließlich zu dem unbarmherzigen anarchistischen Terrorismus, der alles Korrupte von der Erdoberfläche zu fegen versuchte. (In diesem Zusammenhang fallen alle Mitglieder rechter Parteien, alle Vermögenden, alle Priester und noch andere unter das »Korrupte«.) Aber neben dieser nach wie vor bestehenden, vagen ursprünglichen Überzeugung tauchten neue Richtungen auf, hauptsächlich unter der Führung von zwei starken Persönlichkeiten mit einem scharfsichtigen Verständnis des politischen Lebens: Salvador Saguí und Angel Pestaña. Seguí, ein bedingungsloser Verfechter der Idee, wurde 1923 im Gefängnis ohne Prozeß oder Untersuchung getötet. Pestaña, ein weniger selbstloser Mensch, verdarb sich eine glänzende Karriere, indem er zu früh und zu weit den Weg der Anpassung an die europäische Arbeiterbewegung ging. Er selbst war gänzlich von den ursprünglichen anarchistischen Überzeugungen abgerückt und versuchte in den frühen dreißiger Jahren, die anarchistische Bewegung in eine politische Partei umzuformen, mit dem Ziel, sich an Wahlen zu beteiligen. Er brachte eine kleine Splittergruppe hervor, blieb aber letztlich isoliert und stellt heute kaum mehr als einen unbedeutenden Satelliten der Republikaner dar. Aber dise beiden Männer machten den Anarchismus – mit Hilfe von anderen – während der ersten Jahrzehnte des Jahrhunderts zu einer Kraft, die in der Lage war, innerhalb der Rahmenbedingungen einer modernen Industriegesellschaft zu agieren. Nach dem Scheitern des Aufstands und des Generalstreiks von 1909 bildeten sie die CNT (Confederación Nacional de Trabajo), ein anarchistisches Gewerkschaftszentrum als Gegenstück zur sozialistischen UGT. Streiks – für politische wie ökonomische Ziele – hatte die Bewegung schon vorher gekannt, aber eher als Begleiterscheinung ihrer wichtigeren Aktivitäten: Aufstände und Attentate. Jetzt wurden ökonomische Streiks regulärer Bestandteil anarchistischer Politik und trugen beträchtlich dazu bei, daß sich bestimmte Gruppen des Proletariats von Barcelona zu den bestbezahlten Arbeitern Spaniens entwikkelten. Aber trotz allem war die CNT nie eine gewöhnliche Gewerkschaft im europäischen Sinn. Nicht nur weil der anarchistische Glaube unter den Mitgliedern immer am Leben blieb, sondern auch wegen ihrer besonderen Methoden. Die CNT, im Gegensatz zur UGT, lehnte jede Art sozialer Absicherung ab; sie unterhielt nicht einmal Streikfonds, sondern vertraute bei Streiks auf die Solidarität jener Gruppen der Bewegung, die nicht beteiligt waren, oder auf die Sympathie der Öffentlichkeit überhaupt. Folglich mußten die Streiks kurz sein, und um kurz zu sein, mußten sie gewaltsam sein. Und das waren sie. Barcelona hat nie die friedliche Form von Streik kennengelernt, wie sie in Europa die Regel ist. Streik war immer verbunden mit Bombenwerfen oder mit Krawallen an den Fabriktoren oder mit solchen Zwischenfällen, wie sie während des letzten Straßenbahner-Streiks in Barcelona vorkamen, als Streikende die Waggons in Brand setzten und sie brennend die Straßen hinunterrollen ließen – und damit den Streik gewannen! Des weiteren lehnte die CNT jede Art von Übereinkunft mit den Unternehmern ab. Streiks mußten – so ihre Vorstellung von gewerkschaftlicher Arbeit – direkt dazu führen, daß die Unternehmer *de facto* in höhere Löhne und kürzere Arbeitszeiten einwilligten, ohne daß irgendeine Verpflichtung seitens der Arbeiter bestand, sich für eine bestimmte Zeit an Abmachungen zu halten. Der Kriegszustand zwischen Arbeitgebern und Lohnabhängigen durfte nicht abreißen. Diese Gedanken sind mehr oder weniger direkt den Lehren des französischen Begründers des »Syndikalismus«, George Sorel, entlehnt, der sich – überraschend genug – nie in seinem Leben bewußt wurde, daß seine Theorie in Spanien in die Praxis umgesetzt worden waren. Mit der Bildung der CNT, mit der Ablehnung ausschließlich negativer Destruktivität, mit der Bejahung gewerkschaftlicher Organisation und ihrer Disziplin wandelte sich der spanische Anarchismus zum »Anarcho-Syndikalismus«. Das seltsamste dabei ist, daß er unter diesen Bedingungen weiterhin erfolgreich blieb. Andere Arbeiterbewegungen, zum Beispiel in Norwegen, haben dieselben Versuche unternommen, eine Gewerkschaftsbewegung auf Grundlage syndikalistischer Ideen aufzubauen; aber immer fielen die Gewerkschaften nach gewisser Zeit in die typische Gewerkschaftsmentalität zurück, schlossen geregelte Übereinkünfte mit den Arbeitgebern, richteten Streik- und Sozialversicherungsfonds ein, beschränkten sich auf vollkommen gewaltlose Aktionsformen. Nur Spanien stellt eine Ausnahme dar. Die spanische CNT ist vielleicht die einzige genuin revolutionäre Gewerkschaftsbewegung großen Ausmaßes in der Welt. Sie ist stolz darauf – zu Recht oder zu Unrecht. Wie auch immer, sie wäre nicht erfolgreich gewesen, wenn das spanische Proletariat jemals den Prozeß der »Verbürgerlichung« mitgemacht hätte, wie er für das industrielle Proletariat in der ganzen Welt charakteristisch ist. Aber die spanische Welt ist nicht bürgerlich, und das spanische Proletariat kann es folglich auch nicht sein.

Als Ergebnis der Erfahrungen aus dem Generalstreik von 1917 brachte das Jahr 1919 einen neuen Schritt vorwärts auf dem Weg der Anpassung an die modernen industriellen Bedingungen: die Bildung der *Sindicatos únicos*. Das sind einfach Industriegewerkschaften im Unterschied zu einzelnen berufsständischen Gewerkschaften, und der Unterschied zwischen der neuen und der alten Organisation der CNT entspricht genau dem, was heute in den USA zwischen Green's American Federation of Labour und Lewis' Committee of Industrial Organisation ausgefochten wird. Die Sache wurde in Spanien jedoch dadurch erschwert, daß der Föderalismus, das Recht der kleinstmöglichen Einheit, ihr Geschick zu bestimmen, eines der Allheilmittel des Anarchismus ist. Und da kam nun der Vorschlag, Monstergewerkschaften mit eiserner Disziplin zu bilden. Aber wiederum setzten sich die Neuerer mit ihren Vorschlägen durch, und wieder hatte das nicht im geringsten den Effekt, die Bewegung der UGT anzunähern, Reformismus und Gewaltlosigkeit also. Die *Sindicatos únicos* wurden ganz im Gegenteil zum Schrecken der spanischen Bourgeoisie. In der Tradition der anarchistischen Bewegung griffen sie weiterhin zu gewaltsamen Mitteln und kombinierten zum Beispiel Streik und Mordanschläge; aber da sie stärker waren als die alten berufsständischen Gewerkschaften, setzten sie diese Mittel effizienter ein. Auf Jahre hinaus wurde Barcelona in ein Durcheinander von Mordanschlägen gestürzt, nicht ohne Mitwirkung der Geheimpolizei, die ihre Augen je nach den Interessen der Regierung abwechselnd vor den Mordanschlägen auf bürgerliche oder auf anarchistische Führer verschloß. Die Terrorkampagne brachte auf seiten der

Revolutionäre Männer reinsten Herzens wie Durutti und Ascaso und professionelle *Pistoleros* zusammen, eine Verbindung, die einer der schwächsten Punkte des Anarchismus geblieben, aber im Rahmen der Bakuninschen Grundüberzeugung ganz selbstverständlich ist. Nach all diesen Kämpfen war die CNT am Ende der Verwaltung überlegen.

Im gleichen Zeitraum reifte auch das politische Programm des Anarchismus. Bakunins absolute Verdammung des Staats als solchem war immer eher ein demagogisches Mittel der Rhetorik als eine ernste politische Überzeugung gewesen. Ihre praktische Bedeutung lag in der ausdrücklichen Ablehnung jeglicher Teilnahme am parlamentarischen Leben, was, wie er und seine Anhänger glaubten, unvermeidlich zur »Verbürgerlichung« der Politiker führen müßte. Und doch hatte Bakunin die Pariser Kommune von 1871 begrüßt, die trotz allem eine zentrale Staatsorganisation darstellte, und die spanischen Anarchisten hatten 1873 in Murcia, Alcoy und Cartagena Kommunen nach dem Beispiel von Paris gebildet, die den regulären Truppen monatelang Widerstand leisteten. Aber all diese eher vagen und unsteten Meinungen über den Staat verschmolzen unter dem Eindruck der Russischen Revolution von 1917 zu einem Ganzen. In ihrem ersten Stadium, dem der Räte, als die Diktatur der Kommunistischen Partei über die Räte noch nicht sichtbar war, als die anderen Sozialistischen Parteien noch nicht terrorisiert wurden, die GPU noch nicht existierte, begrüßten die spanischen Anarchisten begeistert die bolschewistische Revolution und machten sich das Programm der Räte zu eigen. Sie beobachteten die Entwicklung der Russischen Revolution, die Gegensätze zwischen den Räten und der Parteidiktatur und schlugen sich auf die Seite der russischen Anarchisten mit Machno und den Kronstädter-Matrosen und hatten folgendes Programm: Räte ohne politische Parteien, Räte ohne Kommunisten. Die Tradition der Räte selbst kommt dem Empfinden des spanischen Volkes sehr entgegen. Sie hat ihr Gegenstück in der nationalen Tradition der »Juntas« oder lokalen revolutionären »Komitees«, die in Spanien in jeder revolutionären Notlage entstanden sind. Solch ein Netz von »Komitees« entstand im Juli 1936 im ganzen Land, und die Anarchisten beabsichtigten, die Komitees zur politisch herrschenden Macht in Spanien zu machen.

1925 schließlich, nach dem Tod von Seguí, als Pestaña die Tendenz zeigte, mit dem Diktator Primo de Rivera zusammenzuarbeiten, wurde die FAI (Federación Anarquista Ibérica) gegründet, um möglichen reformistischen Tendenzen in der Bewegung gegenzusteuern und sie an ihre ursprünglichen rebellischen Überzeugungen zu binden. Seitdem können nur Mitglieder der FAI Vertrauenspositionen in der CNT einnehmen. Die FAI selbst spiegelt genau das eigenartige Phänomen wider, das der spanische Anarcho-Syndikalismus insgesamt darstellt. Gegründet, um all jene Elemente zu versammeln, die sich nicht einfach als CNT-Gewerkschaftler verstehen, sondern als überzeugte und aktive Anarchisten, vereinigt sie einerseits die Elite der anarchistischen Bewegung in ihren Reihen, die aktive Garde, die unzählige Kämpfe, Gefängnisaufenthalte, Emigration und Todesurteile überstanden hatte und heute zweifellos eine der idealistischsten Erscheinungen auf der Welt darstellt; andererseits gehören ihr zweifelhafte Elemente an, bei denen andere Gruppen zögern würden, sie überhaupt als Mitglieder zu akzeptieren, geschweige denn, sie mit verantwortungsvollen Positionen zu betrauen. Aber das ist das Wesen des spanischen Anarchismus. Er ist ein moralisches und politisches Gebilde, Welten entfernt von der modernen europäischen Szene; und alle hier gerade beschriebenen Wandlungen des Anarchismus in der letzten Generation haben nur eine oberflächliche Anpassung an das *Milieu* der modernen Fabrik zustandegebracht, ohne daß der alte Geist der Volksrebellion aufgebrachter Bauern gegen ihre Unterdrücker transformiert worden wäre. In Wirklichkeit ist die moderne Fabrik selbst nur oberflächlich in die spanische Gesellschaft eingebunden. Die Maschinen sind zwar faktisch da, aber die Mentalität, die sie hervorgebracht hat, ist dem durchschnittlichen Spanier fremd – und die dazugehörige soziale und politische Ordnung ebenso. Gerade wegen der nur schwachen Anpassung an den modernen Industrialismus hat sich der Anarchismus seinen Platz im Herzen des spanischen

Volkes bewahrt; und er ist der deutlichste Ausdruck der Haltung der unteren Klassen zum gegenwärtigen Zeitpunkt. Und solange er sich nur mit spanischen Feinden auseinandersetzen mußte, sei es im Wettstreit um die Anhängerschaft der Massen oder im Kampf gegen die Armee, die Guardia oder die Regierung, war er unbesiegbar. Aber er war zum Niedergang verurteilt, sobald er mit Flugzeugen, Panzern und Kanonen in Berührung kam, die nicht von Spaniern, sondern von Europäern gehandhabt wurden.

Aber wir müssen für einen Augenblick zu den Nachwirkungen der Krise von 1917 zurückkehren. Der Anpassungsprozeß, dem sich alle oppositionellen Gruppen nach ihrer Niederlage unterzogen, würde es der Regierung weit schwerer machen, die nächste Runde zu gewinnen. Diese aber sollte nicht allzubald eingeläutet werden. Erst einmal durchliefen alle Regierungsgegner ein Stadium der Schwäche. Gerade während dieser Periode spielte die Persönlichkeit des Königs Alphonso XIII. eine bedeutende Rolle. Auf persönliche Macht erpicht, war ihm diese Desintegration willkommen, die ihm die günstige Gelegenheit bot, zu teilen und zu herrschen. Gerissen diskreditierte er eine schwache Parlamentskoalition nach der anderen, spielte mit seinen Kabinetten, umschmeichelte die Armee als die einzige wirkliche Kraft im Land. Er war auf dem besten Wege zu einem auf seine Person konzentrierten Regime, als 1921 eine Katastrophe dazwischenkam. Der König hatte einen der in Marokko kommandierenden Generäle bei einem Feldzug unterstützt, der gegen den ausdrücklichen Befehl des Oberkommandos durchgeführt worden war. Aber er hatte die Marokkaner unterschätzt. Sie waren nicht mehr die isolierten Rif-Kabylen von 1909, sondern nun unter dem Kommando von Abd-el-Krim vereint, einem Führer mit ganz außergewöhnlichen Talenten. Abd-el-Krim nutzte seinen Vorteil, überraschte den General, der, dem Rat des Königs folgend, mit viel Risiko aber wenig Umsicht vorgegangen war, und schlug ihn vernichtend. In wenigen Stunden verlor die spanische Armee ihre Ehre, zehntausend Mann, einen enormen Troß und alle Eroberungen aus anderthalb Jahrzehnten. Ein nicht zu überhörender Schrei der Entrüstung ging durch Spanien. Und die persönliche Verantwortlichkeit des Königs klang darin mit. Er selbst hatte General Silvestre veranlaßt, die Anordnungen seiner Vorgesetzten zu ignorieren.

Von diesem Augenblick an verwandelte sich das politische Leben Spaniens in ein Netzwerk von Intrigen, in dem die politischen Parteien und jetzt sogar wichtige Teile der Konservativen versuchten, eine Einheit herzustellen, um den König und das Regime zur Rechenschaft zu ziehen, während der König wiederum sie zu spalten versuchte, um sich dem zu entziehen. Die Agrarkrise, in die Spanien durch die Verbesserung der Wein-, Orangen- und Olivenkultur in anderen Ländern schlitterte, kam ihm zu Hilfe. Unter dem Druck dieser Krise zerbrach die *Entente* zwischen den Textilfabrikanten und den Großgrundbesitzern zur gegenseitigen Zustimmung zu den Schutzzöllen. Die Großgrundbesitzer versuchten ihre politische Überlegenheit auszuspielen, um günstige Handelsvereinbarungen auf Kosten der Industriellen zu erzielen. Die *Entente* zwischen Konservativen, Liberalen, Lliga und Reformisten gegen den König scheiterte. In dem Augenblick, als das Komitee, das zur Untersuchung des Marokko-Desasters gebildet worden war, seine Vorbereitungen für einen Bericht an die Cortes abschloß, gelang es dem König, das parlamentarische System außer Kraft zu setzen. Mit seiner gewohnten Geschicklichkeit zog er sich nun in den Hintergrund zurück und überließ die Bühne dem von ihm auserwählten Militärdiktator. Primo de Rivera übernahm seinen Posten und löste das Parlament auf, ohne auf den geringsten Versuch des Widerstands zu treffen.

DIE
PRIMO-DIKTATUR

Es war offensichtlich, daß die Dinge nicht mehr so weitergehen konnten, da die marokkanische Wunde noch immer eiterte, aber auch aus anderen Gründen. Der revolutionäre Versuch, die Nation zu regenerieren, war 1917 gescheitert, der konstitutionelle Weg zwischen 1917 und 1923. Für eine erneute Erhebung der revolutionären Kräfte waren die Dinge noch nicht reif. Offensichtlich blieb deshalb die Diktatur der einzige Weg aus der Krise. Nachdem die Armee ihre primäre Pflicht der Verteidigung des Territoriums der Krone nicht erfüllt hatte, die Verwaltung auf ein solches Niveau herabgesunken war, daß sie mit professionellen Gangstern gegen harmlose Bürger kooperierte, und die politischen Parteien ihr ganzes Prestige in einem Meer von üblen und nutzlosen Intrigen verloren hatten, begrüßte jeder die Diktatur. Selbst in den Reihen der CNT gab es – und das zum ersten Mal – Unschlüssigkeit, und die Reaktion darauf führte zur Bildung der FAI. Primo de Rivera begann seine Arbeit als Diktator unter den günstigsten Vorzeichen, die je eine Diktatur eingeleitet hatten. Sein Programm war in zwei Sätzen enthalten: die alten politischen Parteien zerstören; den Staat durch eine Modernisierung des Landes reorganisieren. In den sechs Jahren seiner Diktatur tat er soviel für das Erreichen des letzteren Zieles, wie man überhaupt nur erwarten konnte. Was in Spanien heute an Elementen modernen europäischen Lebens vorhanden ist, geht zumeist auf Primos Zeit zurück; die Republikaner sind nicht willens, dies anzuerkennen. Aber wo immer es eine ausgezeichnete Straße gibt (und es gibt deren viele), ein modernes Gasthaus in einer kleinen Stadt, einen neuen Wellenbrecher in irgendeinem wichtigen Hafen, eine neue Kaserne oder ein modernes Gefängnis – in neun von zehn Fällen geht der Bau auf Primos Regierung zurück. Die Diktatur war in der Lage, die für diese Aufbauarbeit nötigen ausländischen Anleihen herbeizuschaffen. Und vor allem wurde sie von der Industriebourgeoisie begeistert unterstützt. (Cambó war tief in den Komplott verwickelt gewesen, der den *Coup d'état* vorbereitet hatte.) Genausowenig übersah der Diktator die Notwendigkeit, für das städtische Proletariat etwas mehr als Gefängnisse und Patronen übrig zu haben, um es zur Zusammenarbeit zu bewegen. Zum ersten Mal in der spanischen Geschichte wurde eine konstruktive Anstrengung unternommen, die »soziale Frage« zu lösen. Obligatorische Tarifverhandlungen wurden eingeführt, um den Arbeitern annehmbare Löhne zu sichern. Die UGT war nur allzu bereit, dieses unerwartete Geschenk anzunehmen; sie war als Partner in den Tarifverhandlungen offiziell anerkannt, und während alle anderen Parteien verfolgt wurden, waren die Sozialisten geduldet. Caballero, nach Iglesias' Tod deren anerkannter Führer und zu dieser Zeit keineswegs ein Revolutionär, trat in den Dienst des Arbeitsministeriums. 1925 wurde das Marokko-Problem gelöst. Abd-el-Krim wurde besiegt (zusammen mit den Franzosen), dann wurden Straßen durch die Berge angelegt und das Land gründlich befriedet. Insgesamt war dies der größte je unternommene Versuch, aus Spanien ein modernes Land zu machen, nur mit dem Versuch Kemal Atatürks in der Türkei vergleichbar.

Für den Augenblick war jeder erleichtert. Aber bald war es gerade der moderne Charakter des Regimes, der gewaltsame Opposition aufkommen und Primo scheitern ließ. Selbst eine starke und – im ganzen gesehen – wohlwollende Diktatur war nicht in der Lage, die eingefleischte Abscheu des Spaniers gegen die moderne Version der westlichen Zivilisation zu überwinden. Und Primo verfügte nicht – wie sowohl Kemal als auch Mussolini – über die Macht, die ihm geholfen hätte, den Widerstand der Kräfte der alten Welt zu überwinden.

War Primos Regime faschistisch? Hatte oder hätte es die für den Faschismus charakteristische totalitäre Macht sammeln können? Auf keinen Fall! Erstens hatte Primo weder eine faschistische Bewegung noch eine breite und begeisterte

Partei aller Klassen hinter sich. Solange er an der Macht war, wurde er passiv von einer Bevölkerung toleriert, die zwar eine gute Regierung schätzte, aber keinen Grund sah, ihr zu helfen. Darüber hinaus war Primos Regime nicht nur machtlos gegen die tiefe spanische Apathie, die jeder konstruktiven Anstrengung entgegensteht, und enthielt in sich selbst Elemente, die mit dem Gewinnen der Massenunterstützung nicht zu vereinbaren waren. Eine fortschrittliche Diktatur dieser Art ist vorrangig auf die Bourgeoisie und die fortschrittliche Intelligenz angewiesen. Aber Primo war gezwungen, sich mit deren natürlichen Feinden, der Armee und der Kirche, zu verbinden. Er war ein Produkt der Armee, hatte seinen *Coup d'état* mit Hilfe der Armee durchgeführt und konnte ohne sie nicht existieren; schlimmer noch, er hatte nicht als anerkannter Führer der Armee gehandelt oder wie ein mit Ruhm und Autorität überhäufter General gehandelt hätte. Er war einfach der Kommandeur der Garnison von Barcelona gewesen und hatte für seinen *Coup d'état* die *Zustimmung* der anderen Generäle erhalten, nicht ohne deren Zögern. Aus der Sicht der Armee war er einfach in der Position unzähliger Vorgänger, die erfolgreiche Armee-*Pronunciamientos* unternommen hatten. Unter diesen Bedingungen genoß er die Loyalität seiner Armeekollegen. Unter anderen Bedingungen konnte er sie verlieren – und er verlor sie tatsächlich. Er war nie stark genug, um die Armee wirklich zu unterwerfen. Ungehorsam und die Bildung von geheimen politischen Gruppen zur Verfolgung partikularer Interessen gab es in den höheren wie niederen Rängen des Offizierskorps. Dieses alte Krebsgeschwür der politischen Kultur Spaniens wucherte unter Primo weiter, nicht anders als vor und nach seiner Zeit. Deshalb mußte Primo der Armee schmeicheln. Aber er konnte die Armee und die Bourgeoisie nicht gleichzeitig hofieren. Um sich den Rückhalt der ersten zu bewahren, mußte er die zweite vor den Kopf stoßen. Es brachte ihm nichts, das Finanzministerium einem höchst begabten jungen Mann aus der spanischen Bourgeoisie, Calvo Sotelo, anzuvertrauen; es war nutzlos, Subventionen in die Wirtschaft zu pumpen. Es blieb ihm nichts anderes übrig, als die politische Stellung der Bourgeoisie zu untergraben, und die Bourgeoisie tat gut daran, nicht ganz auf ihre eigene Macht zu verzichten, um sich nicht in die Hände eines dieser zahlreichen Generäle zu begeben. Der Gegensatz trat in der katalanischen Frage offen zutage. Die Armee war leidenschaftlich kastilisch, antikatalanisch, zentralistisch. (Es gab sehr wenig katalanische Offiziere.) Die Diktatur war stärker als jedes vorangegangene Regime. Folglich wurde der katalanische Regionalismus rücksichtsloser denn je zuvor verfolgt. Dies ging so weit, daß katalanische Nationaltänze und -lieder verboten wurden; Unterricht in Katalanisch war strikt untersagt; die Universität von Barcelona war ruiniert. Aber katalanischer Regionalismus war das einzig denkbare politische Programm der Lliga, der stärksten Gruppe der spanischen Bourgeoisie. Ohne ihn war keine Unterstützung der spanischen Massen denkbar. In diesem Dilemma kühlte sich die Begeisterung Cambós und seiner Anhänger für Primo ab. Gefangen zwischen ihren industriellen Interessen, die mit denen der Diktatur übereinstimmten, und ihren politischen Interessen, die denen der Armee absolut zuwiderliefen, schwankte und zögerte die Lliga und brach schließlich mit dem Regime, aber erst nachdem sie den letzten Rest Glaubwürdigkeit bei den katalanischen Massen verspielt hatte. Wichtigstes Ergebnis des Primo-Regimes war somit die politische Entwurzelung der stärksten Gruppe der spanischen Bourgeoisie bei deren gleichzeitiger wirtschaftlicher Förderung. Und selbst diese Industriepolitik wurde durch die Eifersucht der Kastilier und folglich auch der Armee auf jede Hilfe für Katalonien behindert.

Aber schlimmer noch lagen die Dinge bei der fortschrittlichen Intelligenz. In Katalonien wurde sie aufgrund der Verfolgung alles Katalanischen automatisch in die Position wütender Opposition getrieben; von dieser Politik profitierte nur die Esquerra. In Madrid war es aber kaum besser. Die Diktatur war auf den Todfeind der fortschrittlichen Intelligenz, die Kirche, angewiesen. Sie mußte auf Konformität bestehen, zumindest zeitweise. Jegliches Zulassen freier Diskussion hätte das Wiederaufleben der äußerlich aufgelösten alten Parteien und damit das Ende der Diktatur bedeutet.

Aber einem Regime, das auf der Armee, der Unterstützung der Krone und der Verhinderung einer Revolution basierte, war es unmöglich, ideologische Konformität gegen die Kirche zu erzwingen; so mußte diese im Sinne der Kirche erzwungen werden. Mit anderen Worten, man mußte den Universitäten einen Maulkorb verpassen. Das Ateneo wurde zum ersten Mal seit seinem Bestehen geschlossen. Die führenden Intellektuellen stellten sich wütend gegen die Regierung, viele von ihnen zogen ein freiwilliges Exil einem Leben in Spanien vor. Und von Paris aus begann Unamuno seine respekteinflößende Kampagne gegen den Diktator.

Als die Kluft sich erst einmal aufgetan hatte, verbreitete sie sich automatisch. Die Regierung war gezwungen, die alten illegalen und untragbaren Methoden polizeilicher Verfolgung anzuwenden. Die ins Exil Geflohenen brachten diese Methoden an die Öffentlichkeit; eine zunehmend effizientere Organisation verbreitete ihre Schriften in der Heimat; unter den gebildeten Schichten wuchs die Empörung. Der festen Unterstützung der Bourgeoisie nicht sicher und zu schwach, um in direkter Opposition gegen sie zu herrschen, mußte die Regierung versuchen, sie durch Zugeständnisse zu gewinnen; aber diese Konzessionen waren mit den Versprechen, die man den Gewerkschaften gegeben hatte, unvereinbar. Am Ende wurde die Situation derart verworren, daß die Regierung das Mißtrauen der Arbeitgeber erweckte und gleichzeitig innerhalb der UGT die Opposition gegen jede Zusammenarbeit mit der Regierung wuchs. Ihrem Plan moderner Reformen folgend und um den konservativen Kräften etwas entgegenzusetzen (denen das Regime mißfiel, das ihre politische Organisation zerstört hatte), machte das Regime einen sehr bescheidenen Versuch einer Agrarreform. Die Großgrundbesitzer verspürten nicht im geringsten Lust, auch nur einen Bruchteil ihres Wohlstandes zu opfern. Sie starteten eine *Fronde* gegen die Regierung, indem sie ihre weitreichenden persönlichen Beziehungen sowohl zur Kirche als auch zur Armee voll ausspielten. Die Armee selbst begann unzuverlässig zu werden. Das war der Anfang vom Ende. Sánchez Guerra, der Führer der Konservativen, der freiwillig ins Exil gegangen war, landete in Valencia und versuchte einen *Coup de main*. Er wurde verhaftet, vor ein Kriegsgericht gestellt – und freigesprochen. Die Regierung mußte einsehen, daß sie die Armee gegen sich hatte, und resignierte. Das Ende Primos, der als ernsthafter Erneuerer des Landes angetreten war, unterschied sich kaum vom Ende vieler anderer *Caudillos*, die mit Hilfe der Armee hochgekommen waren und von derselben Armee wieder gestürzt wurden.

Ein Vergleich mit Italien und der Türkei, die beide das Problem lösten, an dem Primo scheiterte, wirft vielleicht etwas Licht auf die Gründe seines Scheiterns. In Italien beruhte Mussolinis Erfolg darauf, daß er eine ausreichend starke Massenbewegung und eine ausreichend starke Gruppe der Bourgeoisie und der fortschrittlichen Intelligenz hinter sich hatte und somit in der Lage war, die Kräfte der alten Grundbesitzer, der Armee und der Kirche in den Hintergrund zu drängen. In der Türkei bestand Kemals Erfolg darin, daß die Armee keinen Konkurrenten hatte und, erst einmal aus reinem Patriotismus auf Reformkurs gebracht, konnte sie ihn ohne ernsten Widerstand durchsetzen. In Spanien war Primo zwischen den widerstreitenden Kräften von Armee und Kirche einerseits und Bourgeoisie und Intelligenz andererseits gefangen. In Spanien mußte gegen die Kirche und die Armee ein Reformprogramm durchgeführt werden, wie in Italien auch, aber ohne die Kräfte, die Mussolini zur Verfügung standen. Mit einem Wort, Primo versuchte eine neue Ordnung der Dinge mit den unveränderten Kräften der alten Ordnung zu schaffen und scheiterte natürlich. Die stärksten Kräfte, Armee und Kirche zusammen mit der Aristokratie, waren nicht willens, den Staat zu reorganisieren. Die Kräfte, die bereit waren, das Land zu europäisieren – Bourgeoisie und Teile der Intelligenz –, waren zu schwach, um das Vorhaben auszuführen. Folglich konnte die Aufgabe nicht zu Ende gebracht werden. Das Land fiel in seine traditionelle Lebensweise zurück, und da diese keinen Bestand mehr hatte, bewegte es sich in Richtung Revolution.

Die gravierendste Folge des Primo-Regimes war der Ruin des spanischen Bürgertums. Während der letzten zwei Jahre der Diktatur war die Währung abgewertet worden, der Staatshaushalt war unausgeglichen, das Produktionsniveau begann zu sinken; die Weltwirtschaftskrise besorgte den Rest. Sie traf Spanien härter als jedes andere Land. Doch weit schlimmer, die politische Struktur des Bürgertums war ebenso zerrüttet wie die alten politischen Parteien der Aristokratie. Der »Pakt von San Sebastian« war der Lohn dieser Politik.

Im Herbst 1930 trafen die sozialistischen Führer in San Sebastian mit den Republikanern und den linken katalanischen Gruppen, vor allem der Esquerra, zusammen und einigten sich dort auf ein revolutionäres Aktionsprogramm. Man spürte, daß der König – tief diskreditiert durch seine fragwürdige Parlamentspolitik, das Marokko-Desaster und den Untergang der Diktatur, die er protegiert hatte – von niemandem verteidigt werden würde. Deshalb sollte der nächste revolutionäre Umbruch direkt zur Bildung einer demokratischen und parlamentarischen Republik führen. Die Führer der UGT versprachen für den Fall, daß ein Generalstreik notwendig wäre, ihre Gewerkschaften unter den Befehl von vereinigten Komitees aller revolutionären Parteien zu stellen. Die anderen Parteien akzeptierten die Forderungen der UGT nach Sozialgesetzgebung und Säkularisierung des Staates. Den Katalanen wurde regionale Autonomie versprochen.

Von diesem Augenblick an gab es keinen wirklichen Widerstand mehr gegen den republikanischen Druck. Niemand wollte die Monarchie länger verteidigen. Sánchez Guerra, Führer der aristokratischen Konservativen, war darauf bedacht, in dieser Auseinandersetzung nicht Partei zu ergreifen. Das Militär lag danieder. Die Disziplin war aber stark genug, eine kleine republikanische Erhebung im Dezember 1930 zu unterdrücken. Aber politisch gab es keinen Ausweg mehr. Der Monarchie blieb nichts anderes, als zu konstitutionellen Gepflogenheiten zurückzukehren, aber die linken Parteien weigerten sich, unter der Monarchie an Wahlen für neue Cortes teilzunehmen. Als Kompromiß organisierte die letzte monarchistische Regierung Kommunalwahlen, an denen teilzunehmen die linken Parteien sich einverstanden erklärten. Diese fanden am 12. April 1931 statt.

Die Wahlen demonstrierten eine Reihe von Tatsachen, die für die Zukunft außerordentlich wichtig waren. Die revolutionäre Bewegung hatte bis jetzt kaum die ländlichen Gebiete erreicht; der Bauer hatte keinen Kontakt mit ihr; was zumindest bedeutet, daß die Bewegung in Spanien insgesamt nicht tief verwurzelt war. Auf dem Land gehorchte man noch immer den *Caciques* und den Aristokraten und wählte monarchistisch. Aber andererseits hatte sowohl die Regierung als auch das Bürgertum jeglichen Einfluß auf das flache Land verloren. Mit zwei oder drei Ausnahmen stimmten alle Provinzhauptstädte für die Einheitsliste der Parteienkoalition, die den Pakt von San Sebastian unterzeichnet hatte. Die Monarchie war optimistisch gewesen; das Ergebnis wirkte als fürchterlicher Schock. Die Resultate in Barcelona waren entscheidend. Jeder hatte dort einen Erfolg der Lliga erwartet; die *Esquerra* ging mit einer überwältigenden Mehrheit aus der Wahlen hervor. Wenige Stunden später proklamierte Maciá die unabhängige katalanische Republik. Die einzig denkbare Hilfe lag beim Militär. Aber die Generäle sahen keine Veranlassung, Alphonso, den sie hassen gelernt hatten, zu verteidigen. Viele von ihnen, Franco, Goded, Cabanellas, die meisten Führer der Revolte von 1936, gehörten mehr oder weniger zum republikanischen Lager, spürten die Schwäche der Monarchie und witterten glänzende Aussichten auf eine Herrschaft des Säbels in der kommenden Republik. Nach der Wahl ging General Sanjurjo, der Kommandeur der Guardia, zum König, um ihm mitzuteilen, daß die Guardia nicht auf das Volk schießen würde. Niemand war mehr da, den König zu verteidigen. In einer pathetischen Proklamation erklärte er, daß er abdanke, um seinem Land einen Bürgerkrieg zu ersparen. In Wirklichkeit war er nicht der Mann, dem Land überhaupt etwas zu ersparen; nur hätte er nicht eine einzige Einheit gefunden, die ihn verteidigt hätte. Das republikanische Komitee übernahm am 14. April 1931 automatisch und ohne Blutvergießen die Regierung; Azaña, der Chef der Republikaner, wurde Premierminister; die Sozialisten traten der Regierung bei, der mehrere Katalanen angehörten. Wenige Monate später erhielten die Parteien des Pakts von San Sebastian bei den

Wahlen zu den konstituierenden Cortes eine überwältigende Mehrheit.

DIE
ZWEITE REPUBLIK

Das neue Regime war von sich aus schwach. Auf der Rechten hatte es sowohl Aristokratie als auch Bürgertum gegen sich. Auf der Linken hatte es die CNT gegen sich, die stärkste Organisation der unteren Klassen, die die Gelegenheit benutzen wollte, um auf die soziale Revolution zuzusteuern. Gestützt wurde es nur von den radikalen Intellektuellen und den schwächeren und gemäßigteren Gruppen der Arbeiterbewegung. Das neue Regime hatte nicht durch seine eigene Stärke gewonnen wie die großen revolutionären Bewegungen in England, Frankreich und Rußland, nicht durch das Wagnis eines Aufstands und den Sieg auf den Barrikaden, sondern ganz einfach durch die Handlungsunfähigkeit der Kräfte der alten Ordnung, durch die völlige Zerstörung aller Verbindungen, die Armee, Verwaltung und Monarchie zusammengehalten hatten. Sowohl die Armee als auch die Beamtenschaft und vielleicht sogar, nach einigem Zögern, die Kirche und die Aristokratie hätten die Republik toleriert, wenn sie außer der Regierungsform nichts geändert hätte. Unglücklicherweise war es unmöglich, alles beim alten zu belassen. Die Republik war aus einer tiefen Krise und untragbaren Zuständen heraus entstanden. Es mußte etwas getan werden, um den Zerfall des wirtschaftlichen Lebens und der Verwaltung zu überwinden. Im übrigen steckten die radikalen Intellektuellen voller Ideale, und die Massen drängten im Hintergrund.

Vom ersten Tag an wurde die Republik von gegensätzlichen Tendenzen zerrissen. So wie sich die Progressiven in der ersten Republik lächerlich gemacht hatten, taten es die Republikaner in der zweiten. Eine völlige Verjüngung des Landes sollte es werden, aber, um Gottes willen, kein tiefgreifender Umbruch. Intellektuelle wie Señor Ortega y Gasset hielten

66

eindrucksvolle Reden in den Cortes und klagten Menschheit und Schicksal an, daß diese Reden wenig Wirkung zeigten. Das Grundproblem Spaniens jedoch, die Agrarfrage, wurde gleichzeitig mit unentschuldbarer Zurückhaltung behandelt. Dies war das Verderben der Republikaner, 1931 wie 1873.

Die Republikaner waren keine Sozialisten, genausowenig wie diejenigen, die sich »Sozialisten« nannten; sie waren unter Caballeros Führung für den Augenblick voll mit der demokratischen Republik und Sozialreform zufrieden. Es könnte vieles gesagt werden, um zu zeigen, daß ihre Haltung vernünftig war. Aber wenn eine demokratische Republik bestehen sollte, mußte sie sich zuerst von der Eigenständigkeit und dem Machtanspruch der Kirche und der Armee befreien, und dies konnte sie nur erreichen, wenn sie die Macht der Grundbesitz-Aristokraten brechen und die echte Unterstützung der noch nicht berührten Bauernschaft gewinnen würde. Abschaffung von *de-facto*-Leibeigenschaft, Aufteilung der Latifundien im Süden und im Zentrum, eine Gesetzgebung, die humane Pachtbedingungen für die Pachtbauern im Norden und im Osten garantieren würde, und eine entscheidende Verringerung der Grundpachten wären ein Minimalprogramm gewesen, um der Republik einen soliden Rückhalt auf dem Land zu verschaffen. Das Bürgertum, obwohl von diesen Maßnahmen nicht direkt betroffen, würde sich wahrscheinlich mit der Aristokratie dagegen zusammentun, aus Angst, daß Enteignungen auch auf industrielles Eigentum ausgedehnt würden. Aber die Regierung – vorausgesetzt, daß sie stark ist – brauchte eine solche Ausweitung nicht zuzulassen; und stark wäre sie, wenn sie die Unterstützung einer großen Bauernschaft hätte, die durch eine Agrarreform zu individuellen Eigentümern würde. Die Republikaner wären in der Lage gewesen, die Agrarreform im Schwung der ersten Monate ohne viel Widerstand durchzusetzen. Einmal eingeführt, hätten die Reformen eine solide Basis für eine demokratische Republik geschaffen, weit entfernt von sozialistischen Tendenzen, ähnlich wie sie einem solchen Regime in Frankreich zu einer soliden Basis verholfen haben. Später hätte das Bürgertum – nachdem es sich seines Eigentums wieder sicher gewesen wäre – dazu bewegt werden können, mit der Republik zusammenzuarbeiten. Im Gegensatz dazu wäre die Regierung unvermeidlich zwischen der Skylla der CNT und der Charybdis der Armee gefangen, solange sie sich nicht durch eine gründliche Agrarreform festen Rückhalt verschaffte und damit gleichzeitig eine gründliche Europäisierung des Landes einleitete. Hier bot sich einmal mehr die Gelegenheit, Spanien der von seinen führenden Intellektuellen so bewunderten modernen westlichen Zivilisation anzugleichen. Wieder wurde die Chance verspielt.

Anstatt die Agrarreform vor alles andere zu stellen, geriet die Regierung sofort in einen Streit mit der Kirche über religiöse Angelegenheiten. Die Bildung eines säkularen Staates war die Lieblingsidee der radikalen Intellektuellen und gleichzeitig ein einfacher Weg, sich im Augenblick vor den dringenden Probleme von Wirtschaft und Verwaltung zu drücken. Darüber hinaus wütete die CNT in den Städten und steckte Kirchen in Brand. Die Regierung leitete eine Gesetzgebung zur Trennung von Kirche und Staat ein. Als sich die Regierung viele Monate später, nachdem die Kirchenfrage eine Regierungskrise, eine Spaltung im republikanischen Lager und den Versuch eines bewaffneten Aufstands in Navarra hervorgerufen hatte, schließlich der Agrarreform zuwandte, hatte sich die Reaktion schon wieder gesammelt. Jetzt konnte das Agrarproblem, das man im April und Mai noch friedlich hätte lösen können, nur noch mit Feuer und Schwert durchgesetzt werden. Die Beamtenschaft, eng mit den Interessen der großen Landbesitzer verflochten, sabotierte die Reform, und der einzige Ausweg, sie durchzusetzen, hätte darin bestanden, die Bauern aufzurufen, ihre Forderungen selbst in die Hand zu nehmen; das wäre auf eine soziale Revolution hinausgelaufen. Die Republikaner wollten alles andere als das. Genau wie 1873, nur mit mehr Gewalt, hatte die Republik die Massen der Bauern aufgeweckt, die, ohne von der Regierung dazu aufgefordert worden zu sein, die Dinge zu beschleunigen versuchten, indem sie gegen Guardia und Grundbesitzer revoltierten. Durch das ganze Land lief eine Welle von Bauernerhebungen. In beunruhigender Weise verschmolzen sie mit proletarischen Erhebungen in allen größeren Städten Spaniens. Auch die Arbeiter hatten von der Republik die Einführung eines neuen, für sie vorteilhaften Regimes erwartet, und nachdem sie kampflos nichts bekamen, versuchten sie ihre Sache selbst in die Hand zu nehmen. Unter der Führung der CNT wurde Spanien von gemeinsamen Aufständen der Arbeiter und Bauern überzogen. Die Regierung zögerte nicht lange mit der Entscheidung, wie dem entgegenzutreten sei; sie rief Guardia und Armee zu Hilfe und begab sich damit in deren Hände. Die Dinge hatten denselben Punkt erreicht wie 1874, mit dem einen Unterschied, daß die Bewegung der Linken jetzt viel stärker und Kirche und Aristokratie viel schwächer waren als damals.

Die Republikaner, zusammen mit den Sozialisten, trieben die Dinge zu einem Höhepunkt, indem sie die Kräfte der alten Ordnung gerade dann erzürnten, als sie sich in deren Schutz begeben mußten. Durch ihre Kirchengesetze hatten sie sie erzürnt. Sie kamen nach endlosem Streit nicht umhin, Katalonien regionale Autonomie einzuräumen (wie in San Sebastian versprochen), aber das erzürnte wiederum die Armee, die Guardia, die Beamtenschaft, die Aristokratie, die Kirche und überhaupt die Anhänger der alten Ordnung. Ohne jedes Gespür für angemessene Taktik begannen sie ausgerechnet im Augenblick ihrer größten Schwäche auf diese Verärgerung zu reagieren, indem sie eine Reform sowohl der Armee als auch der Beamtenschaft einleiteten. Es traf sicherlich zu, daß die Mißstände in beiden zum Himmel schrien, daß es dreimal soviel Offiziere und Beamte wie nötig gab, daß Armee wie Verwaltung unfähig waren, die einfachsten Ansprüche an Effektivität zu erfüllen; es war trotzdem eine seltsame Politik, Gesetze zur Pensionierung und Entlassung Tausender von Offizieren und Beamten zu einem Zeitpunkt zu erlassen, in dem die Republik für ihre Verteidigung gegen die Erhebungen der Bauern und Arbeiter auf deren Gnade angewiesen war. Im Sommer 1932 erhob sich General Sanjurjo, der den friedlichen Übergang zur Republik gesichert hatte, in Sevilla gegen diese. Der Aufstand scheiterte, vor allem auf Grund mangelnder Vorbereitung, aber die Regierung war nicht stark genug, eine ernsthafte Verurteilung des schuldigen Generals durchzusetzen.

In der Zwischenzeit warteten die Opportunisten auf den rechten Augenblick. Lerroux hatte sich natürlich Anfang 1931 für die Republik begeistert. Als sich das Blatt wendete, ging er mit seinen »Radikalen« in die Opposition. Gleichzeitig unternahm die Rechte ernsthafte Anstrengungen, sich neu zu organisieren. Unter der Führung von Gil Robles wurde die *Acción Popular* gegründet, eine Partei, die die deutsche katholische Partei* zu imitieren versuchte und nicht ausschließlich die Partei des Klerus, der Armee, der Kaziken, der Aristokratie und des Bürgertums sein wollte, sondern soweit wie möglich auch die Partei der katholischen Massen. Robles verschmolz seine neue Partei mit anderen Gruppen der Rechten zu einem Wahlblock, der CEDA (Confederación Española de Derechas Autónomas) und gewann mit ihm glorreich die Wahlen vom Herbst 1933. Die Zeit der Vorherrschaft der Linken war vorbei. Die Rechte brauchte keinen *Coup d'état* zur Machtübernahme. Sie gewann durch die legale Methode die Wahlen.

Die Wahlen offenbarten die inneren Schwächen der republikanischen Kräfte. Ihr Erfolg von 1931 war weitgehend der Überraschung und dem ausbleibenden Widerstand der Rechten zuzuschreiben. Bis 1933 waren die Bauernmassen durch die Agrargesetzgebung der Regierung und die Guardia-Massaker entmutigt worden. Die ländlichen Regionen, die nach der Proklamation der Republik einen Moment lang politisch erwacht waren und sich stürmisch auf die Seite der Linken geschlagen hatten, waren in Apathie zurückgefallen und folgten wieder der Führung der lokalen *Caciques*, die ihnen die CEDA zu wählen befahlen. In den Städten war das Proletariat von der Republik tief enttäuscht. Der Aufruf der CNT zur Stimmenthaltung fand breitesten Anklang. Aufgrund des anarchistischen Wahlboykotts gewann sogar in Barcelona die Lliga gegen die Esquerra. Große Gruppen von Kleineigentümern in den Städten und eine beträchtliche Zahl von Beamten und Intellektuellen, die 1931 für Lerroux als Parteigänger

* Gemeint ist »das Zentrum« (Anm. d. Red.).

der Linken gestimmt hatten, wählten ihn jetzt als Parteigänger der Rechten. Die Einführung des Frauenwahlrechts besorgte den Rest. Die Frauen waren fast alle Analphabeten und standen stärker unter dem Bann der Priester als die männlichen Wähler. Das Wahlergebnis markierte den vollständigen Zusammenbruch eines eher künstlichen und zufälligen Gebildes. Die spanische Republik schien am Ende. Nach der Diktatur hatten die Kräfte der Linken versucht, das Land neu zu organisieren, und sich als kläglich unfähig erwiesen.

Aber die jetzt durch die Wahlen zustandegekommene Alternative erwies sich gleichermaßen als fruchtlos. Sie war wirklich die schlimmste aller möglichen Alternativen. Gil Robles und seine CEDA machten im Gegensatz zu Primo de Rivera nicht einmal einen ernsthaften Versuch, das Land mit dem angemessenen Respekt vor den Kräften der Vergangenheit zu reformieren. Sie repräsentierten einfach nur die Union all jener Kräfte, die die alte Ordnung unverändert und unreformiert aufrechterhalten wollten. Das bißchen modern klingende Geschwätz galt nur den Wählerohren. Die wirklichen Kräfte hinter Robles waren jene, die Spanien vor Primo, sogar vor 1917 beherrscht hatten, die, nachdem sie sowohl den unangenehmen Stachel des fortschrittlichen Diktators als auch der fortschrittlichen Linken losgeworden waren, mit Vergnügen zum alten Klüngel, zur alten Korruption, zur alten Ineffektivität und Starrheit zurückkehrten. Die Politik der Rechtskoalition bestand einfach darin, alles abzuschaffen, was die Linke geschaffen hatte, und es dann dabei zu belassen. Die Trennung von Kirche und Staat wurde wieder aufgehoben, ebenso die Gesetze zur Verwaltungsreform. Die Reduzierung des Offizierskorps der Armee wurde ins Gegenteil verkehrt, die Armee vergrößert und praktisch unabhängig von jeder anderen Kraft gemacht. Die Agrarreform, die nie, nicht einmal in der extrem gemäßigten, 1932 verabschiedeten Form, Gültigkeit erlangt hatte, wurde in einer Weise revidiert, daß nur noch eine Illusion davon übrigblieb. Damit blieb nur noch die katalanische Autonomie, die trotz des Erfolges der Lliga einen so starken Rückhalt in der katalanischen Region hatte, daß sie zunächst unantastbar war.

Die neuen Cortes begannen mit einer Regierung unter Lerroux und der Radikalen Partei allein, unterstützt von der CEDA. Es war bekannt, daß eine offen katholische Regierung einen großen Aufruhr hätte bedeuten können, und die Reaktion wollte erst ihre Stellung festigen, bevor sie einem solchen ins Auge blickte. Robles war gerissener als Azaña, wenn es darum ging, im richtigen Augenblick das Richtige zu tun. Im September 1934 fühlte er sich stark genug, der Regierung beizutreten und das Kriegsministerium selbst zu übernehmen. Dies war das Signal für die Abschaffung aller Errungenschaften der Republik. Die republikanischen Parteien entschlossen sich zum Widerstand. Im Oktober 1934 erhoben sie sich in einer Revolte, scheiterten aber. Dies war der berühmte Aufstand von Asturien, der von herausragender Bedeutung für die weitere spanische Geschichte war. Um ihn zu erklären, müssen wir einige Monate zurückgehen und die Veränderungen untersuchen, die sich in der spanischen Linken nach ihrem Scheitern in der Regierung des Landes vollzogen hatten.

Unter den Republikanern beschränkten sich diese Veränderungen auf die endgültige Allianz des Señor Lerroux und seiner »Radikalen« Partei mit Robles (Lerroux hat sich seitdem zum Franco-Lager bekannt) und auf eine kleine Spaltung innerhalb der Radikalen Partei, wodurch Señor Martínez Barrio (jetzt Präsident der Cortes) und seine Unión Republicana zur Linken zurückkehrten. Aber die Veränderungen auf seiten der Arbeiterschaft waren von grundlegenderer und tiefgreifenderer Bedeutung.

Von allem Anfang an hatte die CNT die UGT als höchst unwillkommenen Konkurrenten betrachtet, als Gefahr für die revolutionäre Reinheit der Arbeiterbewegung, und durch die Spaltung innerhalb der Arbeiterbewegung sah sie deren Macht gefährdet. Genaugenommen war die Arbeiterklasse Barcelonas auf der Seite der Anarchisten, die Bergarbeiter und einige Maschinisten von der Nordküste, von Asturien und Bilbao, waren dagegen auf der Seite der UGT. Die UGT war in Madrid stärker als die CNT, während die CNT mehr oder weniger die Arbeiterbewegung im Osten und in Andalusien sowie in Barcelona beherrschte. Die Kräfte waren nicht gleich verteilt – die CNT war wahrscheinlich etwas stärker –, aber die UGT war stark genug, um gemeinsame Aktionen des Proletariats in ganz Spanien von ihrem Einverständnis abhängig zu machen. Dieses Einverständnis war aber nie erreichbar. Wie es für ein rückständiges Land mit einem rückständigen Proletariat natürlich ist, gab es keinen Mittelweg zwischen Gewalt und Zurückhaltung. Der extreme Reformismus der UGT war der CNT zuwider, genauso wie das, was die Sozialisten »anarchistische kriminelle Methoden« nannten, der UGT zuwider war. Die Kluft zwischen den beiden Richtungen der Arbeiterbewegung hatte sich seit 1926 weiter vertieft, als Caballero Amtsträger der Primo-Diktatur wurde und versuchte, die der UGT von Primo zugesicherten legalen Privilegien dazu zu benutzen, einzelne Anarchisten in den Fabriken mit allen möglichen Formen direkten oder indirekten Drucks zu schikanieren. Vom Gesichtspunkt der Einheit der Arbeiterklasse aus gesehen, liefen die Dinge zwischen Primos Fall und der Proklamation der Republik ein wenig besser. Sobald die Republik ausgerufen war, wurde es schlimmer denn je. Die Sozialisten verteidigten jetzt und forderten manchmal selbst den Einsatz der Guardia gegen Streikende und aufständische Bauern, die meist von Anarchisten angeführt wurden, und von denselben Anarchisten wurden die Sozialisten für all das Blutvergießen bei der Unterdrückung der Massenbewegungen von 1931 und 1932 verantwortlich gemacht. Das Ergebnis von alledem war, daß der Kontakt zwischen Sozialisten und Anarchisten vollkommen abbrach, als die Sozialisten nach den Wahlen von 1933 ihre Ämter verloren. Die Anarchisten – ohne sich auch nur im geringsten um die Unterstützung der Sozialisten zu bemühen – erhoben sich im Dezember 1933 in einem bewaffneten Aufstand gegen die neu gebildete Regierung Lerroux. Sie wurden ohne Schwierigkeiten geschlagen, zogen sich, angewidert von allen Parteien von Robles bis Caballero, von der politischen Szene zurück und fühlten sich mehr denn je in ihrem anti-politischen Glauben an die »direkte Aktion« bestärkt. In der Zwischenzeit fand bei den Sozialisten eine starke Wendung nach links statt. Sie erkannten, daß Robles nur darauf wartete, an die Macht zu kommen, um dann zu versuchen, sie vollständig zu vernichten, sei es per Gesetz oder mit Gewalt. Unter dem Einfluß des zweimaligen Fehlschlags, den zuerst Primo und dann Azaña und die Republik erlitten, sowie unter dem Einfluß der tiefen Unzufriedenheit an der Basis der Bewegung, der verhängnisvollen Folgen der Kapitulation der deutschen Sozialdemokraten im März 1933 vor der Gewalt, gegen die zu kämpfen sie sich weigerten, und nicht zuletzt stimuliert vom Beispiel (obwohl kaum weniger verhängnisvoll) der sozialistischen Erhebung in Österreich im Februar 1934 wechselte Caballero plötzlich seine Meinung. Er kam zu der Überzeugung, daß am marxistischen Revolutionismus trotz allem etwas zu sein schien. Er erhielt die leidenschaftliche Zustimmung der Basis, als er nachdrücklich und in aller Form die alte Politik der Allianz mit den linken »bürgerlichen« Parteien aufkündigte und die Sozialisten auf den Weg der Vorbereitung des gewaltsamen Widerstandes gegen einen Angriff der Rechten führte. Die parteipolitische Wende verlief unter ihren Führern nicht ohne ernsthafte Meinungsverschiedenheiten, die noch durch die bittere Feindschaft zwischen Caballero und seinem Stellvertreter Indalecio Prieto verstärkt wurden. Aber schließlich erfolgte der Wechsel, der von Prieto noch nicht einmal völlig abgelehnt wurde. Dies ist bezeichnend für die wirkliche spanische Situation.

Die Hinwendung der spanischen Sozialisten zum Revolutionismus ist mit ähnlichen Entwicklungen in anderen Ländern, besonders in Österreich, verglichen worden. In Wirklichkeit aber, so glaube ich, ist sie einzigartig. In Österreich kämpfte im Februar 1934 eine Gruppe von einigen Hundert oder höchstens einigen Tausend *Schutzbündlern*, das heißt Angehörigen der militärischen Verteidigungstruppe der Sozialisten, die überhaupt nicht in der Lage waren, die Massen des österreichischen Proletariats wenigstens zu einem Generalstreik zu bewegen, geschweige denn zu einem bewaffneten Kampf. In Spanien dagegen fand die Parole vom bewaffneten Widerstand sogleich ein Echo, nicht nur in den Worten, sondern in den Herzen eines großen Teils der Arbeiterklasse, und ermunterte sie zu einer handfesten Antwort. Dieser

Unterschied läßt sich nicht auf eine bessere wirtschaftliche Stellung der spanischen Arbeiter zurückführen. Im Gegenteil, wenn überhaupt etwas von der Weltwirtschaftskrise noch schlimmer getroffen wurde als Wien, dann waren es die spanischen Eisen- und Kupferbergwerke, die Hochburgen des spanischen Sozialismus. Genausowenig liegt der Unterschied in einer besseren Vorbereitung. Wer Spanien kennt, weiß, daß »gute Vorbereitung« ein begrifflicher Widerspruch ist, wenn im Zusammenhang mit dem Wort »Spanien« gebraucht; in Wirklichkeit waren die Österreicher sehr gut auf eine Erhebung vorbereitet, während die Spanier so gut wie gar nicht vorbereitet waren. Auch die Bedrohung war für die spanische Arbeiterbewegung nicht größer als die, mit der sowohl die Deutschen als auch die Österreicher konfrontiert waren; im Gegenteil, das drohende Robles-Regime war für die Sozialisten weit weniger unerträglich als das Hitler-Regime. Bleibt nur der eine Unterschied, daß die Spanier das Schicksal der deutschen und österreichischen Bewegung vor Augen hatten. Dies beeinflußte in der Tat die Anführer; man würde jedoch den internationalen Horizont des durchschnittlichen spanischen Bergarbeiters überschätzen, wenn man die leidenschaftliche Aufnahme des politischen Kurswechsels der Führer an der Basis auf ausländische Beispiele zurückführen wollte.

In dem offensichtlich sehr plötzlich vollzogenen Wechsel des spanischen Sozialismus vom extremen Reformismus zu einer Politik bewaffneter Aggressivität spiegelt sich dieselbe eigentümliche nationale Mentalität der Spanier wider, die in etwas anderer Form auch im Anarchismus wiederzufinden ist. Waffengewalt ist ein traditionelles Mittel in der spanischen Politik; der Kodex gesetzmäßiger und friedlicher Beilegung von inneren Auseinandersetzungen war niemals wirklich ins Bewußtsein des spanischen Volkes gedrungen. In der sozialistischen Bewegung war dies weniger auffallend gewesen als im Anarchismus, zum Teil weil sie die weniger gewaltsamen Elemente versammelt hatte, zum Teil weil Intellektuelle und Gewerkschaftssekretäre in der sozialistischen Partei eine größere Rolle spielten und zum Teil weil sie in solchen Gebieten dominierte, die aufgrund ihrer geographischen Lage für europäische Einflüsse am durchlässigsten waren. Trotzdem, in der entscheidenden Stunde war der spanische sozialistische Arbeiter ebenso wie sein anarchistischer Kollege bereit, die Sache mit der Waffe in der Hand zu regeln; und das ohne sich um die Tatsache zu kümmern, daß sowohl die ursprüngliche Lerroux-Regierung als auch die spätere Lerroux-Robles-Koalitionsregierung über eine klare und feste legale Mehrheit in den Cortes verfügten. Und zwar waren dies Cortes, die nicht durch manipulierte Wahlen zustandegekommen waren, denn diese Wahlen, die die Rechten an die Macht brachten, waren unter einer Regierung der Linken abgehalten worden. Im Grunde also hatten die Sozialisten ebensowenig eine legalistische Einstellung wie die Anarchisten. Ihre ursprünglich zögernde Haltung hatten sie mit ihrem plötzlichen und überwältigenden Aufstieg im letzten Jahrzehnt überwunden, und nun waren sie erbittert über den Verlust der Macht, die sie so großartig erobert und eine Zeitlang freudig ausgeübt hatten.

Die Sozialisten versuchten alle Kräfte der Linken mit dem Ziel eines Aufstandes zu vereinigen. Aber der Versuch schlug fehl. Azaña und die Republikaner lehnten rundweg ab. Die Anarchisten, verbittert über die bisherige Politik der Sozialisten und über ihre eigenen Niederlagen, waren in ein engstirniges Sektierertum zurückgefallen. Die einzige bedeutende Gruppe, die bereit war, mitzumachen, war die katalanische Esquerra, die nach dem Tod von Maciá jetzt von Companys geführt wurde. Auch die kleine kommunistische Partei, die bisher mehr oder weniger mit den Anarchisten zusammengearbeitet hatte, unterstützte den sozialistischen Versuch.

Kurz nachdem Robles der Regierung beigetreten war, begannen die Sozialisten in den ersten Oktobertagen des Jahres 1934 den Aufstand. Aber die Niederlage stand von der ersten Stunde an fest, weil der Aufstand in Madrid und in Barcelona kläglich scheiterte. In Madrid stand die Arbeiterbewegung unter der persönlichen Führung von Caballero, und die Madrider UGT versuchte sicherlich, ihr Bestes zu geben. Aber Madrid war nie ein Zentrum der Arbeiterklasse: Madrid ist die Stadt der radikalen Intelligenz. Da die Republikaner die

Bewegung nicht unterstützten, wurde sie sofort unterdrückt. In Barcelona erhob sich die katalanische Esquerra, die sich wenig darum kümmerte, ob die Regierung in Madrid legal war, solange sie Katalonien feindlich gesinnt war – was sicher zutraf. Aber die Anarchisten hielten die Arbeiter zurück – hinterher erklärten sie, daß sie Grund gehabt hätten zu glauben, die Esquerra würde sofort die Anarchisten niedermachen, sobald sie die Kastilier besiegt hätte. Ohne anarchistische Unterstützung brach die Revolte zusammen, fast ohne Widerstand. Companys wurde verhaftet und zum Tode verurteilt, die Strafe später in lebenslange Haft umgewandelt. Die katalanische Regionalautonomie wurde abgeschafft. In den anderen Zentren, wo die Unterschichten meist republikanisch waren und die Arbeiterklasse anarchistisch, wurde nicht einmal der Versuch einer Erhebung unternommen, ebensowenig wie in Bilbao und im Baskenland, wo die baskischen katholischen Regionalisten immer noch hofften, von den Parteien der Rechten regionale Autonomie zu erhalten.

Blieb noch Asturien, wo die UGT vorherrschte und sich zu einer Revolte erhob, die heldenhafter war als jeder Aufstand der Arbeiterklasse seit den Tagen der Pariser Kommune. So groß war die Gewalt dieser Revolte, daß sich nicht nur die Kommunisten, sondern sogar die lokalen Anarchisten anschlossen. Lokale Führer, außerhalb ihrer Umgebung unbekannt, erlangten plötzlich nationale Bedeutung, unter ihnen Dolores Ibarruri, genannt La Pasionaria. Zwei Wochen lang hielt sich die Provinz gegen die Regierung. Sie regierte sich selbst mit einer Art Räte-System. Die Robles-Regierung konnte keine verläßlichen und leistungsfähigen spanischen Truppen aufbieten und unterdrückte die Erhebung schließlich mit Marokkanern, Fremdenlegionären und durch Bombenangriffe aus der Luft. Die sozialistische Partei wurde geschlagen. Aber ihr imposanter Widerstand in ihren Hochburgen machte diese Niederlage zu einer von denen, die den Keim für zukünftige Siege legen. Militärisch gesehen hatte die Robles-Regierung gewonnen. Aber sie war borniert genug zu übersehen, daß die Ereignisse in Asturien ihren Gegnern eine Tradition verschafft hatten, in der sich der Stolz einer Armee auf den militärischen Ruhm vergangener Heldentaten mit dem Stolz einer Kirche auf ihre religiösen Märtyrer verband. Überdies wurden ein paar wenige Greueltaten der Roten mit einer Welle von Greueltaten der Reaktion gerächt. Und da die Handlanger der Reaktion vor Ort zumeist Marokkaner und Fremdenlegionäre waren, zog die »nationalistische« Regierung neben der sozialen auch die nationale Wut der unteren Klassen auf sich. Und schließlich blieb in den folgenden 18 Monaten, während derer 30 000 Gefangene ohne Hoffnung auf Freilassung im Gefängnis gehalten wurden, der Geist des asturischen Aufstandes auch unter allen Armen und Unterdrückten Spaniens lebendig.

Die Regierung der Rechten hätte dem asturischen Aufstand etwas sehr Überzeugendes und Konstruktives entgegensetzen müssen, um ihn vergessen zu machen. Statt dessen betrachtete sie die Angelegenheit als erledigt und tat nichts anderes, als die Gesetzgebung der ersten zwei Jahre der Republik systematisch rückgängig zu machen sowie die an ihrem Zustandekommen Beteiligten zu verfolgen und einzukerkern. Außerdem waren die letzten Jahre für die Oberschicht etwas mager ausgefallen; es wurde wieder Zeit für fette Jahre. Die Lerroux-Robles-Koalition behandelte den Staat als Milchkuh für die regierende Clique, die »radikale« Gruppe von Lerroux noch mehr als die katholische von Robles. Jedenfalls war die Korruption schlimmer als unter der Herrschaft der Linken – das will schon was heißen – und führte zu ekelhaften öffentlichen Skandalen. Wie bei spanischen Regierungen üblich, war die Koalition der Rechten schwach und allzu selbstsicher zugleich. Als sie durch eine unbedeutende Regierungskrise gezwungen war, zu den Urnen zu rufen, trat sie mehr mit Drohungen als mit Argumenten vor die Wählerschaft.

Die andere Seite erfuhr wirklich erhebliche Veränderungen. Asturien hatte aus den Sozialisten etwas ganz anderes gemacht, als sie vorher gewesen waren. Mit dem bewaffneten Aufstand und der anschließenden Verfolgung war der Prozeß abgeschlossen, der durch den formellen Verzicht auf eine Beteiligung an der Regierung ausgelöst worden war. Die Karrieristen, diese Blutsauger jeder parlamentarischen Partei in

Spanien, hatten die Sozialisten verlassen, die nun keine aussichtsreichen Posten mehr zu vergeben hatten. Außerdem wurde die Einheit der Linken – vor Asturien unerreichbar – immer mehr Wirklichkeit. Die Republikaner, die sich geweigert hatten, den Aufstand mitzumachen, erklärten sich natürlich bereit, am Wahlkampf gegen die Rechten teilzunehmen. Aber sie gingen noch weiter und identifizierten sich mit der sozialistischen Politik der letzten zwei Jahre so weit, daß sie auf gemeinsamen Listen mit den Sozialisten auftauchten; dieses Wahlbündnis zwischen den Sozialisten und den Republikanern hieß die *Frente popular*, die Volksfront. Allen war klar, daß die an diesem Bündnis beteiligten einzelnen Parteien und Gruppierungen wieder frei sein würden, wenn die Wahlen einmal vorbei waren. Auch die Kommunisten schlossen sich an. Es war ihr zweiter Schritt nach rechts und entsprach der allgemeinen Rechtswendung der Kommunistischen Internationale seit Mitte 1934. Zuerst waren sie von der Zusammenarbeit mit den Anarchisten zu der mit den Sozialisten übergegangen, und nun akzeptierten sie ungeachtet ihrer ehemaligen Prinzipien sogar eine Zusammenarbeit mit den Republikanern. Von ihrem Standpunkt aus schien das sicherlich eine vernünftige Politik. Aber sie waren bis jetzt noch zu unbedeutend, als daß ihre Wendung ins Gewicht gefallen wäre; die Volksfront hätte auch ohne sie gewonnen, und ihr Anspruch, die Volksfront in Spanien »gegründet« zu haben, ist gegenstandslos.

Eine andere Veränderung hatte weiterreichende Bedeutung. Die Anarchisten legten zögernd ihre sektiererische Haltung ab und erklärten dabei, daß sich nichts geändert habe; aber in Wirklichkeit war das eine sehr große Veränderung. Der Erfolg der Rechten von 1933 war zum großen Teil auf den Wahlboykott der Anarchisten zurückzuführen. Nun, unter dem Druck der asturischen Tradition, der lautstarken Forderung der Massen nach geschlossenem Handeln und außerdem durch die Überlegung angetrieben, daß ihre zahlreichen eigenen Kameraden im Gefängnis nur durch einen Erfolg der Linken befreit werden könnten, erklärten sie sich bereit, die Parole vom Wahlboykott fallenzulassen und – ohne selbst Parlamentskandidaten aufzustellen – ihre Anhänger dazu zu bringen, für die Volksfront zu stimmen.

In Madrid schienen Rechte und Linke nahezu gleichauf zu liegen, aber das Ergebnis erwies sich dann als überwältigender Sieg der Linken. Madrid war fast seit Beginn des Jahrhunderts eine traditionell republikanische Stadt und hatte nur 1933 katholisch gewählt, im Augenblick des tiefsten Zerfalls der Linken. Der Sieg der Sozialisten in Asturien war eine ausgemachte Sache. Aber ihr Erfolg in zwei der vier Provinzen Galiziens, einer durch und durch reaktionären Region, war eine große Überraschung. Die baskischen Provinzen stimmten natürlich für die baskischen Regionalisten, was zunächst wie ein Erfolg der Rechten aussah, sich bald jedoch als Erfolg der Linken herausstellte. Die Rechte hatte während der zwei Jahre ihrer Regierungszeit genau jene Regionen verloren, in denen sie früher nicht nur die administrative Macht zur Manipulation von Wahlen, sondern echte Massenunterstützung besessen hatte. Aber der Sieg der Linken auf ganzer Linie wurde dadurch entschieden, daß die Anarchisten ihren Wahlboykott aufgaben. Er brachte der Linken eine Mehrheit in allen katalanischen und einer aragonischen Provinz, in allen Provinzen der Region von Valencia und im weitaus größeren Teil Andalusiens. Die Rechte behielt ihren Einfluß nur in den Distrikten, wo die Wahlen noch von der Verwaltung und den Kaziken »gemacht« werden konnten: Estremadura, Altkastilien, La Mancha und die Teile Andalusiens, die vom anarchistischen Einfluß noch nicht durchdrungen waren, vor allem die Provinz Jaén. Einige dieser Gebiete zeigten später beim wütenden Widerstand der Bauern gegen Franco, was ihr Wahlergebnis wert gewesen war.

Der 16. Februar 1936, der Tag der Wahlen, bedeutete wiederum eine tiefgreifende Veränderung sowohl für die Linke als auch für die Rechte und für Spanien als Ganzes. Die Rechte, die so kläglich versagt hatte, aus ihrem Erfolg von 1933 etwas zu machen, versuchte nun ernsthaft, sich neu zu organisieren. Sie akzeptierte keinen Augenblick lang das Verdikt der Wahlen, genausowenig wie die Sozialisten, als 1933 die Urnen gegen sie entschieden hatten. Sie erwog einen *Coup de main*, entschloß sich dann aber zu warten, weil einem Umsturz ihre Reorganisation vorausgehen mußte. Als Konsequenz wurde Gil Robles aus der Führung der CEDA entfernt und Calvo Sotelo, Primos ehemaliger Finanzminister, übernahm das Amt und verfolgte konsequent die politische Linie, alle Elemente der Rechten unter seiner Führung zu verschmelzen und zu festigen. Darin hatte er beachtlichen Erfolg. Die Armee bereitete sofort einen Aufstand vor und verhandelte wegen ausländischer Hilfe. Auf der politischen Ebene begann die junge faschistische Gruppe *Falange Española* unter der Führung von Primos Sohn zu erstarken; sie schien eine Wiederbelebung der Rechten zu versprechen, während die Partei von Robles nur eine schwächliche Kopie der konservativen Partei des *Ancien régime* gewesen war.

Die Linke kam wieder zu Amt und Würden. Aber sie war nicht mehr dieselbe Linke. Viele der Elemente, die sich ihr 1931 angeschlossen hatten, darunter Intellektuelle mit weltweitem Ansehen wie Unamuno oder Ortega y Gasset, hatten sich entweder aus der Politik zurückgezogen oder waren zur Rechten übergelaufen. Das republikanische Lager war jetzt kleiner, da sich die sozialistische Partei weigerte, der Regierung beizutreten. Dies ging nicht ohne Auseinandersetzung zwischen dem rechten Parteiflügel unter Prieto und dem linken unter Caballero ab. (Prieto brachte durch zwei seiner Stellvertreter die asturische Organisation hinter sich, während sich Caballero auf Madrid stützte.) Aber schließlich setzte sich die zu neuem Leben erweckte marxistische Orthodoxie Caballeros durch. Die Republikaner mußten die Geschäfte allein führen, mit Azaña als Präsidenten und Casares Quiroga als Premierminister. Für sie war die Aufgabe der Revolution durch die Gesetze von 1931 und 1932 über die Säkularisierung des Staates, über die katalanische Regionalautonomie und über die Reform von Verwaltung und Armee größtenteils erfüllt. Sofort setzten sie diese Gesetze wieder in Kraft. Aber dieses Mal wurde es ihnen nicht so leicht gemacht. 1931 hatten sich nur die Anarchisten gegen dieses beschränkte Programm gewehrt, die Sozialisten sich an den Repressionen der Regierung beteiligt. In der Zwischenzeit hatten nicht nur die

Anarchisten, sondern auch die Sozialisten mit der Waffe in der Hand gekämpft. Die Regierung mußte etwas unternehmen, um die gärenden Massen zufriedenzustellen. Aber sie versuchte es wiederum mit der hinhaltenden Politik von 1931: Wieder wurde die Agrarreform hinausgeschoben, wieder begann die Guardia auf aufrührerische Bauern zu schießen. Nur war der Widerstand des Volkes jetzt viel stärker, die Gefühle bitterer, die Forderungen entschiedener. In bestimmten Gegenden begannen die Bauern das Gesetz selber in die Hand zu nehmen und die großen Landgüter der Aristokraten unter sich aufzuteilen.

Es ist schwierig vorauszusagen, was passiert wäre, wenn alles so weitergegangen wäre. Es besteht einiger Grund zu der Annahme, daß sich nichts herausragend Wichtiges ereignet hätte. Die Republikaner hatten sich überhaupt nicht verändert: viele Worte, wenig Taten. Casares Quiroga, der in dem Ruf stand, ein »starker Mann« zu sein, und im Juli sich dann als sehr schwach erwies, hatte zusammen mit dem Amt des Premier auch das Kriegsministerium übernommen, um die Armee von allen entweder unfähigen oder subversiven Offizieren zu säubern. Er leugnete jede akute Gefahr – vielleicht nicht aus tiefer Überzeugung –, auf jeden Fall aber tat er nichts, um der zwischen Februar und Juli aufkommenden Gefahr einer Militärrevolte zu begegnen. Er hatte General Franco, der im Februar fast öffentlich einen *Coup d'état* gegen die neue Regierung vorbereitet hatte, als Kommandeur auf die Kanarischen Inseln versetzt. Die Republikaner wollten keine durchgreifende Agrarreform und waren unfähig, eine durchgreifende Verwaltungs- und Militärreform einzuleiten. Die Sozialisten, obwohl radikaler, waren bislang auch nicht aktiver dafür eingetreten. Sie versteiften sich auf die Haltung, sich »prinzipiell« herauszuhalten, stützten zwar die Regierung bei den Abstimmungen, weigerten sich aber, ihr beizutreten. Sicher würden sie es immer noch ablehnen, sich an die Spitze einer Massenbewegung gegen die Republikaner zu stellen, und wären wahrscheinlich auch nicht in der Lage, die Regierung in die Offensive zu drängen, weder von außen noch von innen. Die sich erhebenden Massen könnten dann nur noch bei den Anarchisten Unterstützung finden, allerdings auch nicht mehr Unterstützung als 1931. Die Anarchisten waren seit 1931 zugegebenermaßen etwas weniger doktrinär geworden, aber wie die Ereignisse seit Juli klar erwiesen haben, reichte dies mit Sicherheit nicht aus, um die Sozialisten in revolutionäre Massenbewegungen irgendeiner Art mit einzubeziehen. Zwar wären diese Massenbewegungen wohl gewaltsamer als 1931, würden am Ende aber wahrscheinlich mangels adäquater Führung und aufgrund lokaler und regionaler Isolation scheitern.

Im Februar 1936 wie im Oktober 1934 und im April 1931 hatten sich die Massen gegen etwas zusammengetan: gegen das alte Regime, das ihnen als Tyrannei verhaßt war. Aber jetzt wie damals fehlte es an Ansätzen für eine konstruktive Politik; dieser Mangel war jetzt sogar noch offensichtlicher als unter Primo. Die Republik hatte es nicht geschafft, das Land zu europäisieren. Sie war dabei sogar einen Schritt hinter das von Primo Erreichte zurückgefallen. Linke wie Rechte hatten an diesem Rückschritt mitgewirkt. Es gab keinen Grund zu der Annahme, daß sich die Dinge in den letzten zwei Jahren grundsätzlich geändert hätten.

Aber all dies sollte nicht auf die Probe gestellt werden. Statt dessen spitzte sich der mit großer Bitterkeit weitergeführte politische Kampf in einer Serie von Attentaten zu. Als Vergeltung für die Ermordung eines republikanischen Polizeioffiziers tötete ein Polizeistoßtrupp Calvo Sotelo, der zum Führer des Aufstands der Rechten bestimmt war. Dies beschleunigte die Ereignisse. Die Generäle bekamen Angst, daß – obwohl die Regierung sie mit Glacéhandschuhen anfaßte – unkontrollierbare Elemente aus der Masse des Volkes sie nicht mehr lange genug am Leben lassen könnten, um sich gegen die Republik zu erheben. Sie beschlossen, sofort zu putschen, obwohl die Änderung des Zeitpunkts ihre ganze Vorbereitung durcheinanderbrachte. Am 17. und 18. Juli erhoben sie sich, vom sofortigen Erfolg überzeugt.

Sie erlebten eine böse Überraschung. Obwohl die Linke in starker Aufsplitterung begriffen war, regierte sie unbehelligt weiter. Aber sobald die Regierung der Linken, auf die Arbeiter, Bauern und die »kleinen Leute« überhaupt ihre Hoffnungen gesetzt hatten, mit Waffengewalt angegriffen wurde, erhob sich das Volk wie seit 1707 und 1808 nicht mehr. Die regierende Gruppe fiel sofort auseinander. Casares Quiroga fiel aus. Martínez Barrio übernahm das Amt und sah sich vor die Wahl gestellt, entweder die Arbeiter zu bewaffnen oder vor den Generälen zu kapitulieren. Er und sein Innenminister, Sánchez Román, verweigerten den Gewerkschaften resolut die Waffen, was soviel hieß wie sich Franco auszuliefern. Die Sozialisten aber, die in den letzten fünf Monaten zu keinem einzigen konstruktiven Schritt fähig gewesen waren, wußten noch zu kämpfen. Mit der Drohung eines sofortigen Aufstands der Straße zwangen sie Martínez Barrio zurückzutreten. Ein nahezu unbekannter Republikaner, Giral, übernahm das Amt, der dritte Premierminister an einem Tag, dem 19. Juli. Der Premierminister war im Augenblick nicht sehr wichtig. Die UGT bekam in Madrid Waffen, und damit wurde das Proletariat zur einzig wirklichen Macht. Dabei kam ihm die Haltung des Militärs sehr entgegen. General Fanjul, Kommandeur in Madrid, war an der Verschwörung des Militärs beteiligt, hielt es aber für besser, abzuwarten und zu sehen, wohin sich die Dinge entwickeln würden. Durch dieses doppelte Spiel zwischen Freund und Feind schenkte er den Arbeitern die wenigen Stunden, die sie brauchten, um sich zu bewaffnen. Sie nützten ihre Zeit gut, umzingelten dann die Militärkasernen, griffen sie an und nahmen sie ein. General Fanjul wurde gefangengenommen und einige Wochen nach dem Todesurteil durch ein Revolutionsgericht hingerichtet.

In Barcelona machte das Militär unter der Führung des sehr fähigen General Goded eine bessere Figur, stieß aber in dieser stürmisch linksgerichteten Stadt auf hartnäckigen Widerstand. Die katalanischen Regionalisten waren 1934, als sie allein standen, größtenteils davongelaufen. Mit der CNT vereint, kämpften sie 1936 heldenhaft. Die Guardia, die im restlichen Spanien zu den Rebellen übergelaufen war, wo immer sie konnte, blieb in Barcelona standhaft, ebenso die republikanischen Polizeieinheiten, die *Asaltos* und die *Mozos de Escuadra* wie auch die Luftwaffe. Die Polizeieinheiten gaben den ungeübten Arbeitern Rückhalt und kompetente Führung; beide zusammen schlugen in zweitägigem Straßenkampf die Revolte nieder, nahmen Goded gefangen (der später wie Fanjul erschossen wurde) und eroberten die Stadt. Die wirkliche Macht fiel sofort in die Hände der CNT. In den folgenden zwei Tagen wurde halb Spanien den Aufständischen wieder abgenommen. Weder die Anarchisten noch die Sozialisten übernahmen ein Regierungsamt. Aber sie allein hielten in ihren jeweiligen Hochburgen die wirkliche Macht und dehnten sie durch die in den Tagen des Straßenkampfes gebildeten Verteidigungskomitees weiter aus.

Der Aufstand der Generäle hatte erreicht, was Sozialisten und Anarchisten selbst nie zustandegebracht hätten: In halb Spanien und in sechs der sieben größten Städte hatte er die Macht in die Hände des revolutionären Proletariats gespielt. Die Frage war: Konnten sie sie halten? Was konnten sie damit anfangen? Würden sie in der Lage sein, eine konstruktive Lösung für die Probleme zu finden, die Spanien ein Jahrhundert lang gequält hatten, eine konstruktivere Lösung als ihre Vorgänger?

II
EIN TAGEBUCH
DER REVOLUTION,
1936

Das folgende Tagebuch stellt die Übertragung von stichwortartigen Notizen, die ich während meiner ersten Reise durchs republikanische Spanien gesammelt und in verschiedene Notizbücher gekritzelt habe, in einen vergleichsweise lesbaren Text dar. Das Verfahren, die Transkription der Originalnotizen direkt zu präsentieren und nur die notwendigste Überarbeitung für deren Publikation vorzunehmen, war nicht von ästhetischen Überlegungen bestimmt, weit davon entfernt. Unter dem Gesichtspunkt literarischer Attraktivität wäre die Umarbeitung der Notizen zu einem kontinuierlichen Reisebericht, einer Art reiseschriftstellerischem Buch, sicherlich vorzuziehen gewesen. Es gab nur eine Überlegung, die für die hier verwendete Methode sprach, aber die war entscheidend: In einer so kontroversen Angelegenheit wie dem spanischen Bürgerkrieg würde jede Darstellung, die sich von den beobachteten Tatsachen selbst, zu welch geringem Grad auch immer, entfernt, dem Zweifel Tür und Tor öffnen. Die Form eines Tagebuchs, das meine täglichen Beobachtungen wiedergibt, bot am ehesten die Chance, sich möglichst eng an die wirklichen Tatsachen zu halten. Aus diesem Grund wurde nichts unternommen, um Widersprüchlichkeiten zu bereinigen. Wenn ich einander widersprechende Ereignisse beobachtete, habe ich sie so wiedergegeben, wie ich sie gesehen hatte.

Von der Veröffentlichung wurden in diesem Tagebuch solche Originalnotizen ausgeschlossen, die rein persönlicher Natur waren, Vorfälle ohne weitere Bedeutung, die den Leser nur gelangweilt hätten, und vertrauliche Informationen, die zu veröffentlichen ich kein Recht hatte; gelegentlich habe ich Wiederholungen identischer Beobachtungen in meinen Notizen an einer Stelle zusammengefaßt, um unnötige Weitschweifigkeiten zu vermeiden.

Reine Tatsachenfehler, die durch spätere und genauere Information berichtigt wurden, habe ich natürlich nicht wiedergegeben. Irrtümlich vorgenommene Verallgemeinerungen wurden dagegen nicht getilgt. Davon gibt es in diesem Tagebuch eine ganze Reihe. Ich habe mich bemüht, diese Verallgemeinerungen, wo immer sie auftauchten, von den Tatsachenbeschreibungen klar zu unterscheiden. Sie weichen ziemlich von meinen eigenen abschließenden Schlußfolgerungen aus den gegenwärtigen spanischen Problemen ab, welche zum Teil in der Erzählung meiner zweiten Reise und zum Teil im einführenden und abschließenden Kapitel enthalten sind. Die in diesem Tagebuch vorgenommenen Generalisierungen sind also manchmal in sich widersprüchlich. Sie geben einfach den Eindruck wieder, den der Autor in einem bestimmten Augenblick von der Situation hatte. Für sich genommen sind solche Eindrücke außer für den Autor sicherlich für niemanden interessant. Trotzdem beschloß ich, derartige Notizen nicht auszulassen. Erstens vermitteln sie eine bessere Vorstellung davon, unter welchem Gesichtspunkt das hier enthaltene Material gesammelt wurde. Niemand würde bei einem Ereignis wie dem spanischen Bürgerkrieg einfach Tatsachen sammeln, ohne Schlüsse zu ziehen, etwa über den wahrscheinlichen Verlauf der Dinge, Stärken und Schwächen der widerstreitenden Parteien und ähnliches. Aber sobald er Meinungen bildet, ergreift der Beobachter unvermeidlich Partei, wie unvoreingenommen auch immer. Diese Meinungen nicht als solche kenntlich zu machen, hieße eine Objektivität zu beanspruchen, die niemand erreichen kann, und den Leser irrezuführen anstatt ihm die Möglichkeit zu belassen, für sich selbst zu urteilen. Letzteres Ziel läßt sich am ehesten erreichen, wenn man die Tatsachendarstellung klar von der Darstellung der Meinung des Autors trennt.

Aber damit allein ist es noch nicht getan. Wie bereits bemerkt, haben sich die Eindrücke des Autors – und ich glaube, das ging jedem Beobachter so – im Verlauf der Ereignisse verändert, da diese Ereignisse allmählich die wirklich treibenden Kräfte hinter ihnen enthüllten. Diese sich verändernden Eindrücke spiegeln folglich Hoffnungen, Illusionen und Enttäuschungen wider, die durch die alltägliche Oberfläche der Ereignisse selbst hervorgerufen wurden. Weniger als irgendeine andere soziale Situation kann eine Revolution allein aus der Beschreibung nüchterner Fakten verstanden werden; zur Hälfte liegt ihre Bedeutung in der allgemeinen Stimmung und Atmosphäre, in der sie sich vollzieht. Diese Atmosphäre kann am besten durch das Medium dieser Eindrücke, Hoffnungen, Fehler und Enttäuschungen, die sie im mitfühlenden Beobachter weckt, wiedergegeben werden – es sei denn, sie wird durch die schöpferische Kraft eines Künstlers eingefangen, die aber unglücklicherweise des Künstlers Subjektivität miteinschließt. Ich würde sogar so weit gehen zu behaupten, daß Entstehung, Veränderung und Niedergang dieser Illusionen die halbe Geschichte der Revolution selbst ist.

5. August, 18 h, im Zug von Port Bou nach Barcelona Trotz vieler gegenteiliger Gerüchte passierte der französische Zug wie gewöhnlich die Grenze und fuhr weiter nach Port Bou. Und dort waren die Dinge – weit davon entfernt, unerfreulich zu sein, wie jeder vorausgesagt hatte – auf fast absurde Weise friedlich.

Im Zug von Toulouse hatte ich die Bekanntschaft eines Engländers gemacht, der als Delegierter einer der britischen sozialistischen Organisationen nach Spanien fuhr. Er konnte kein Spanisch, also bot ich ihm an, für ihn zu dolmetschen, und wir beschlossen, die Reise gemeinsam fortzusetzen. Am Bahnhof von Port Bou wurden wir nicht von einem bewaffneten Wachtposten empfangen, der uns sein Bajonett auf die Brust setzte – wie ich das nach all den dummen Gerüchten in London und Paris eigentlich schon erwartet hätte –, sondern von einem Gepäckträger, der uns seine Dienste mit ebensoviel Höflichkeit anbot und in deren Ausführung dann ebensoviel Faulheit an den Tag legte, wie sie in Friedenszeiten von einem spanischen Gepäckträger vermutlich auch nicht anders zu erwarten waren. Wir mußten stundenlang warten, was für mich, der ich das Land aus normalen Zeiten kannte, auch keine neue Erfahrung war; und in der Halle, in der wir warteten, saßen Dutzende von Bäuerinnen, die friedlich miteinander schwatzten und die Revolution nicht einmal erwähnten. Neben den üblichen bewaffneten Guardias waren dort zusätzlich noch ein paar bewaffnete Arbeiter – junge Burschen in Zivilkleidern. Einer von ihnen unterhielt sich gerade mit uns, als er weggerufen wurde, nicht um irgendeine besonders revolutionäre

Aufgabe zu erledigen, sondern ganz einfach um für ein schreiendes Baby etwas zu trinken aufzutreiben.

Doch es gab auch Zeichen von bedenklichen Ereignissen und von politischen wie auch sozialen Problemen. Von einer früheren Reise nach Katalonien wußte ich, daß die Katalanen es haßten, spanisch zu sprechen, obwohl sie normalerweise das übliche »Spanisch« (in Wirklichkeit der Dialekt Kastiliens) ganz gut beherrschen. Wenn sie von Ausländern auf Spanisch angesprochen wurden, pflegten sie auf Französisch – oder was sie für Französisch hielten – zu antworten, oder schlimmer noch, mit einem katalanischen Fluch, den kein Ausländer versteht. So war es unter Primo gewesen. Jetzt bekam jede Frage auf Spanisch eine Antwort auf Spanisch; ich fragte mehrmals Leute auf dem Bahnhof, wie es käme, daß sie nun ohne zu zögern Kastilisch sprächen, und ich bekam einheitlich die Antwort, daß sie nun keinen Grund mehr hätten, es zu hassen, da Katalonien 1931 von der Republik seine Rechte zugesprochen bekommen hätte.

Eine andere, bedeutendere Veränderung stammt aus neuerer Zeit. Bei der Prüfung unserer Pässe wurden wir mit einer sonderbaren Verteilung der administrativen Macht konfrontiert, einer praktischen Folge des Bürgerkriegs. Wie man uns schon auf der französischen Seite der Grenze gesagt hatte, hatte die Polizei von Barcelona die Grenzpolizei in Port Bou angewiesen, keinerlei Ausländer hereinzulassen, nicht einmal mit regulären Visa. Ich kannte die Beamten, die in Port Bou die Pässe kontrollierten, von früheren Übergängen; sie waren seit vielen Jahren auf ihrem Posten, zuerst unter dem Madrider Innenministerium und nun, seit dem 19. Juli 1936, unter der katalanischen Regionalregierung, der »Generalitat«. Denn mit der Niederlage des spanischen Militärs in den Straßen von Barcelona war die Exekutivmacht der Madrider Regierung in Katalonien verschwunden und sämtliche administrative Macht der Madrider Zentralregierung, einschließlich der Kontrolle der spanischen Grenze, automatisch in die Hände der katalanischen Regionalregierung übergegangen. Aber damit noch nicht genug der Veränderungen. Selbst die katalanische »Generalitat« hatte offensichtlich nicht die

Macht, ihre Anweisungen durchzusetzen. Mein englischer Begleiter hatte seine Dokumente als Delegierter einer sozialistischen Organisation und ich war im Besitz eines Empfehlungsschreibens eines recht bekannten spanischen Sozialisten. Als uns die Beamten an der Paßkontrolle sagten, daß sie uns nicht hereinlassen könnten, zeigten wir ihnen diese Papiere, woraufhin die Polizeibeamten sofort erklärten, daß sie für unseren Fall nicht zuständig seien. Wir mußten zum »Komitee« gehen, das die wirkliche Entscheidungsgewalt für Fälle mit politischem Charakter innezuhaben schien.

In Wirklichkeit gab es zwei Komitees in Port Bou, eines für die Eisenbahnstation, das andere für die Stadt. Das erste setzte sich paritätisch aus Vertretern der CNT- (anarchistisch) und der UGT-Eisenbahnergewerkschaft (sozialistisch) zusammen; das zweite bestand dementsprechend aus je einem Vertreter aller in der Stadt vorhandenen Parteien, die auf seiten der Regierung standen. Diese Zusammensetzung der Komitees auf der Basis vollständiger Parität zwischen den betroffenen Parteien ging auf einen Erlaß der katalanischen Generalitat zurück, der inhaltlich mit einer Anordnung der Madrider Regierung identisch war. Er wurde äußerst gewissenhaft befolgt; die Zusammensetzung der Komitees gab folglich keinerlei Hinweis auf die Machtverteilung der einzelnen politischen Parteien am Ort.

Wir gingen zum Büro des Stadtkomitees, das sich im Gebäude des *Ayuntamiento* (dem Rathaus) eingerichtet hatte, wo es Seite an Seite mit den alten Kommunalbeamten und der alten Ortspolizei amtierte. Draußen wehte eine große rote Flagge mit Hammer und Sichel. Auch drinnen war die Atmosphäre nicht sehr aufgeheizt. Wieder einige Bäuerinnen, die ruhig auf etwas warteten. Viel Geplapper, wenig Aufregung. Nach fünf Minuten traten wir vor den Vorsitzenden des Komitees (offensichtlich einen Arbeiter), legten unsere Empfehlungsschreiben vor, bekamen seine Erlaubnis zum Grenzübertritt und gingen damit ausgerüstet zur Bahnhofspolizei zurück, die mit sauren Gesichtern unsere Pässe abstempelte. Das Komitee war stärker als die Polizei gewesen. Dann starteten wir in das Land der Revolution, in einem der friedlichsten

Züge, der mir je begegnete, mit erster Klasse und Speisewagen, Abfahrt und Weiterfahrt genau nach Fahrplan. Einige
bewaffnete Milizionäre und Guardias begleiteten den Zug,
und einige patrouillierten auf den Bahnhöfen. Das Land
schien friedlich, die Fabriken waren meist in Betrieb.

Im Zug gab es jedenfalls erregte politische Gespräche. Die
Guardias waren freilich sehr zurückhaltend – sie konnten sich
nur mühsam mit der Situation anfreunden, in die sie geraten
waren, nämlich zusammen mit bewaffneten Arbeitern gegen
das Militär zu kämpfen. Ich fragte einen von ihnen, wie es
käme, daß die Guardia sich auf die Seite der Linken gestellt
hatte, und bekam die bezeichnende Antwort: »Wir hatten
unsere Befehle, wissen Sie, und wir von der Guardia sind
keine politischen Leute.« Die Zivilisten waren weitaus gesprächiger. In unserem Abteil war eine Gruppe von vier Leuten,
die uns Ausländern eifrig von den Tagen der Kämpfe und der
gegenwärtigen Situation erzählten. Einer von ihnen war ein
Sekretär der Esquerra, ein anderer ein aktiver Sozialist. Ihre
Ansichten jedoch waren nicht zu unterscheiden. Sie schienen
hauptsächlich mit einer Sache beschäftigt zu sein, der Gefahr
von seiten der Anarchisten. »Kriminelle Elemente, plündern
und brandstiften.« Offenbar hatten sie nicht die Absicht, die
Dinge Ausländern gegenüber zu verharmlosen. Bald, so
behaupteten sie, würde es zu einem bewaffneten Zusammenstoß zwischen den Anarchisten und der Generalitat (in anderen Worten, der nationalistischen Esquerra) kommen. Und
das wäre gefährlich, weil die Anarchisten stark seien. Von den
Eisenbahnern hatten sie nach Schätzung unserer Begleiter so
etwa 50 Prozent hinter sich. (Ich fragte mich, ob 50 Prozent der
Eisenbahner Kriminelle wären.) Sie schienen ziemlich aus
dem Gleichgewicht gebracht, als sie über Dinge sprachen, die
noch kommen sollten. Dagegen leuchteten ihre Augen, wenn
sie vom 19. Juli und vom Glanz ihres Sieges über die Generäle
erzählten. Was zu einem solch raschen Erfolg geführt habe,
wollten wir wissen. Zum Teil die Tatsache, daß General
Goded zu einem sehr frühen Augenblick der Revolte gefangengenommen worden war und eingewilligt hatte, seinen
Truppen über Funk die Kapitulation zu befehlen. Aber ein gro-

ßer Teil dieser Truppen hatte auch ohne Befehl einfach die Waffen weggeworfen und war nach Hause gegangen, sobald klar wurde, daß ihre Offiziere nicht unter dem Kommando der Regierung handelten, sondern gegen sie revoltierten. Auf jeden Fall schien das Abfallen der Truppen, sei es spontan oder durch das Kommando des General Goded veranlaßt, der Hauptfaktor bei der Niederschlagung des Aufstandes gewesen zu sein.

Barcelona

23^h Wieder eine friedliche Ankunft. Keine Taxis, dafür aber
alte Pferdedroschken, die uns in die Stadt brachten. Nur
wenig Leute auf dem Paseo de Colón. Und dann, als wir um
die Ecke in die Ramblas (die Hauptverkehrsader Barcelonas)
einbogen, kam eine gewaltige Überraschung: schlagartig breitete sich die Revolution vor unseren Augen aus. Es war überwältigend. Es war, als wären wir auf einem Kontinent gelan-
det, der sich von allem unterschied, was ich bisher gesehen
hatte.

Der erste Eindruck: bewaffnete Arbeiter mit geschulterten
Gewehren, aber in ihrer Zivilkleidung. Vielleicht 30 Prozent
der Männer auf den Ramblas trugen Gewehre, obgleich keine
Polizei und kein reguläres Militär zugegen war. Waffen, Waffen und nochmals Waffen. Sehr wenige dieser bewaffneten
Proletarier trugen die neue dunkelblaue schmucke Milizuni-
form. Sie saßen auf Bänken oder spazierten auf den Gehsteigen die Ramblas entlang, das Gewehr über der rechten Schul-
ter und oft ihr Mädchen im linken Arm. Sie zogen gruppen-
weise los, um in weiter außen liegenden Distrikten zu
patrouillieren. Sie standen als Wachtposten vor den Eingängen der Hotels, Verwaltungsgebäude und größeren Kaufhäu-
ser. Sie kauerten hinter den wenigen noch stehenden Barrikaden, die fachgerecht aus Steinen und Sandsäcken errichtet
worden waren (die meisten Barrikaden waren bereits wieder
weggeräumt worden und die zerstörten Gehsteige schnellstens wiederhergestellt). Sie rasten in unzähligen eleganten
Wagen herum, die sie konfisziert und in weißer Farbe mit den
Initialen ihrer jeweiligen Organisation übermalt hatten: CNT-
FAI, UGT, PSUC (vereinigte sozialistisch-kommunistische
Partei von Katalonien), POUM (Trotzkisten), oder mit all die-

sen Initialen zugleich, um ihre Loyalität zur Bewegung als ganzer zu demonstrieren. Einige der Autos trugen ganz einfach nur die Buchstaben UHP (Vereinigt Euch, proletarische Brüder!), die Parole, die beim Aufstand in Asturien von 1934 berühmt geworden war. Die Tatsache, daß all diese bewaffneten Männer in ihrer Alltagskleidung herumliefen, -marschierten und -fuhren, machte die Sache nur noch eindrucksvoller, zeigte sie doch deutlich die Macht der Fabrikarbeiter. Die Anarchisten, erkennbar an den Abzeichen und Anstecknadeln in Rot und Schwarz, waren offensichtlich in der überwältigenden Überzahl. Und keinerlei »Bourgeoisie«! Keine gut gekleideten jungen Frauen und elegante Señoritos mehr auf den Ramblas! Nur Arbeiter und Arbeiterinnen; nicht einmal Hüte! Die Generalitat hatte den Leuten über Rundfunk geraten, keine zu tragen, denn dies könnte »bourgeois« aussehen und einen schlechten Eindruck machen. Die Ramblas sind nicht weniger bunt als vorher, denn es gibt eine unendliche Vielfalt von blau, rot und schwarz bei den Parteiabzeichen, Halstüchern, schmucken Miliziuniformen. Aber welch ein Kontrast zu den hübsch leuchtenden Farben der Mädchen aus der katalanischen Oberschicht in früheren Zeiten!

Das Ausmaß der Enteignungen in den wenigen Tagen seit dem 19. Juli ist schier unglaublich. Die größten Hotels sind mit ein oder zwei Ausnahmen alle von Organisationen der Arbeiterklasse requiriert worden (nicht in Brand gesteckt, wie in vielen Zeitungen berichtet worden war). Dasselbe geschah mit den meisten größeren Kaufhäusern. Viele Banken sind geschlossen, andere mit Aufschriften versehen, die erklären, daß sie unter Kontrolle der Generalitat stehen. Praktisch alle Fabrikbesitzer, wurde uns gesagt, waren entweder geflohen oder umgebracht und ihre Fabriken von den Arbeitern übernommen worden. Überall verweisen große Plakate an den Fronten eindrucksvoller Gebäude auf deren Enteignung und erklären entweder, daß die Leitung nun in den Händen der CNT liege, oder daß irgendeine bestimmte Organisation dieses Gebäude für ihre Organisationsarbeit in Beschlag genommen habe.

In vieler Hinsicht jedoch war das Leben weit weniger

gestört, als ich nach den ausländischen Zeitungsberichten erwartet hätte. Straßenbahnen und Busse waren in Betrieb, Wasser und Licht funktionierten. An der Tür zum Hotel Continental stand ein anarchistischer Wachtposten; und eine beträchtliche Zahl von Milizionären war in den Zimmern einquartiert. Unser Fahrer erklärte mit einer Geste des Bedauerns, daß dies offenbar kein Hotel mehr sei, sondern eine Milizkaserne, aber der Geschäftsführer und die anarchistischen Posten entgegneten sofort, daß nicht alle Räume von der Miliz belegt wären und daß wir dableiben könnten, zu etwas niedrigeren Preisen. Das taten wir, und in bezug auf Essen und Service war man sehr um uns besorgt.

Alle Kirchen waren in Brand gesteckt worden, mit Ausnahme der Kathedrale mit ihren unermeßlichen Kunstschätzen, die von der Generalität gerettet werden konnte. Die Mauern der Kirchen stehen noch, aber das Innere wurde bei allen vollkommen zerstört. Einige Kirchen qualmen noch. Das Gebäude der Cosulich-Linie (der italienischen Dampfschifffahrtsgesellschaft) an der Ecke der Ramblas zum Paseo de Colón ist nur noch eine Ruine; italienische Heckenschützen – so wurde uns erzählt – hatten sich darin verschanzt, und das Gebäude war von den Arbeitern gestürmt und angezündet worden. Aber außer bei den Kirchen und diesem einen weltlichen Gebäude sind keine Brandstiftungen vorgekommen.

Dies waren die ersten Eindrücke. Nach einem hastigen Abendessen ging ich trotz der Warnungen, daß die Straßen bei Dunkelheit nicht sicher wären, nochmals aus. Ich sah keinerlei Bestätigung dafür. Wie in Barcelona üblich, brodelte das Leben nach neun Uhr abends nur noch stärker. Aber man muß zugeben, daß das Getümmel früher als in Friedenszeiten nachließ, und lange vor Mitternacht waren die Straßen leer.

Als ich jetzt ausging, waren die Straßen voll von angeregt sich unterhaltenden Gruppen junger bewaffneter Männer und auch nicht weniger Frauen in Waffen; letztere bewegten sich mit einem Selbstbewußtsein, das für spanische Frauen in der Öffentlichkeit ungewöhnlich ist (und es wäre früher für ein spanisches Mädchen undenkbar gewesen, in Hosen zu erscheinen, wie dies die Milizmädchen durchwegs tun), wenn auch alles mit dem gehörigen Anstand. Besonders zahlreiche Gruppen sammelten sich vor den eleganten, jetzt als Parteizentren requirierten Gebäuden. Das gewaltige Hotel Colón, das die prächtige Plaza de Cataluña beherrscht, war von der PSUC übernommen worden. Die Anarchisten haben – nicht ohne Sinn für augenfällige Kontraste – die Büros des Fomento del Trabajo Nacional in der eleganten Calle Layetana enteignet. Die Trotzkisten ließen sich im Hotel Falcon an den Ramblas nieder. Ein gewaltiger Pulk von Autos und Lastwagen samt ein oder zwei Panzerwagen stand vor der Tür ihrer neu erworbenen Büros, daneben eine Gruppe bewaffneter junger Leute, die aufgeregt und eifrig diskutierten.

Ich verstehe kein Katalanisch. Ich war froh, jemanden Deutsch sprechen zu hören. In dieser Atmosphäre allgemeiner Begeisterung gibt es keinerlei Schwierigkeit, irgend jemanden anzusprechen. Ich entdecke bald, daß eine der Milizionärinnen in der Gruppe die Frau eines Schweizer Zeitungskorrespondenten ist; und nun kann ich anfangen »Geschichten« zu sammeln. Die Mühe, herauszufinden, ob diese wahr oder falsch sind, werden wir uns später machen. Hören wir lieber, was die Leute sagen wollen.

Ein großer Teil ihres Gesprächs dreht sich um die Grausamkeit der Aufständischen, die alle ihre Gefangenen erschießen. Ist dies nur die Gewohnheit der Aufständischen, frage ich mich, oder kommt dies bei der Regierungsmiliz ebenfalls vor?

Ein zweiter Punkt, der mit einer überraschenden Offenheit und *naïveté* diskutiert wurde, ist das Problem der Auslandshilfe. In der Gruppe, mit der ich mich unterhalte, gibt es bereits viele ausländische Freiwillige, die nach Spanien gekommen sind, um ihre Chance wahrzunehmen, mit der Waffe in der Hand den Faschismus zu bekämpfen, nachdem sie in ihren jeweiligen Ländern seinen widerstandslosen Erfolg miterlebt oder seinen Triumph über einen großen Teil Europas beobachtet hatten. Unter dieser POUM-Gruppe, genau wie unter den jungen Leuten, die vor der Tür des Colón (des sozialistisch-kommunistischen Partei-Zentrums) zusammenstanden, sind Deutsche, Italiener, Schweizer, Österreicher, Holländer, Engländer, einige wenige Amerikaner und eine beachtliche Zahl junger Frauen all dieser Nationalitäten; letztere fallen gegenüber ihren spanischen Schwestern – selbst wenn diese Waffen tragen – besonders durch ihr ungezwungenes Verhalten und das Fehlen einer männlichen Begleitung auf. Alle Sprachen werden gesprochen, und es herrscht eine unbeschreibliche Atmosphäre, getragen von politischer Begeisterung und Vergnügen am Abenteuer des Krieges; alle sind sie überzeugt, daß die erniedrigenden Jahre der Emigration vorüber sind, und vertrauen bedingungslos auf den raschen Erfolg. Und jeder ist innerhalb einer Minute des andern Freund, denn man weiß, daß man sich in 24 oder 48 Stunden wieder trennen muß, wenn die nächsten Transporte an die Front die Leute in die verschiedensten Abschnitte schickt. Die Frage, die in dieser Menge diskutiert wird, ist nicht, ob Saragossa, das nächste Ziel der katalanischen Truppen, eingenommen wird, sondern wann es eingenommen wird. Doch etwas wie ein Schatten schien in den letzten ein oder zwei Tagen auf die Freiwilligeneinheiten gefallen zu sein. Die Franzosen, erklären sie mit der offenen *naïveté*, die für die ganze Atmosphäre bezeichnend ist, hatten Flugzeuge versprochen, und mit Hilfe dieser Flugzeuge sollte in den nächsten paar Tagen ein großer Angriff auf Saragossa in Gang gesetzt werden. Aber in der Zwischenzeit haben die Franzosen das Prinzip der Nicht-Einmischung akzeptiert. (Mir war dies natürlich auch zu Ohren gekommen, ich glaubte aber nicht, daß sie dies im Ernst akzeptiert hätten. Und nun, erklären sie mit äußerster Unbedarftheit im Umgang mit militärischen Geheimnissen, sind die Flugzeuge nicht angekommen. Die Dinge liegen jetzt viel, sehr viel schwieriger.

Es ist interessant zu hören, was diese Marxisten über die Anarchisten sagen. Unmittelbar nach der Niederlage des Militärs, erklären sie, gab es in den Ramblas unter dem Deckmantel anarchistischer Aktionen eine Menge Plündereien. Dann schaltete sich die CNT ein und lehnte jede Verantwortung für diese Akte ab; das erste, was einem jetzt an den Hauswänden ins Auge springt, sind große anarchistische Plakate, die jedem Plünderer die Hinrichtung an Ort und Stelle androhen. Aber man erzählte sich auch anderes, noch überraschenderes.

Beim Plündern und Brandschatzen der Kirchen machte die Miliz natürlich eine ansehnliche Beute an Geld und wertvollen Gegenständen. Diese Beute sollte eigentlich an die CNT übergehen. Dazu kam es jedoch nicht; vielmehr zog die anarchistische Basis es für sich vor, das ganze Zeug einschließlich Banknoten zu verbrennen, um jeden Verdacht des Raubs von vornherein abzuwenden. Die Frage der anarchistischen Kriminalität, die von unseren Freunden von der Esquerra und der PSUC im Zug so pauschal behandelt wurde, scheint wirklich ziemlich komplex zu sein.

Auf meinem Nachhauseweg sah ich zu, wie eine Kirche niedergebrannt wurde, und wieder war es eine große Überraschung für mich. Ich stellte mir vor, daß dies die Tat eines fast dämonisch erregten Mobs sein müßte, dabei stellte es sich als eine Verwaltungsangelegenheit heraus. Die brennende Kirche stand an einer Ecke der großen Plaza de Cataluña. Die Flammen verzehrten sie rasch. Eine kleine Gruppe von Leuten stand herum (es war ungefähr 23 h) und schaute schweigend zu; sicherlich bedauerten sie das Niederbrennen nicht, genausowenig fanden sie die Angelegenheit aber besonders aufregend. Die Feuerwehr versah am Ort ihren Dienst, begrenzte die Flammen sorgfältig auf die Kirche und schützte die umliegenden Gebäude; um Unfälle zu vermeiden, durfte niemand in die Nähe der brennenden Kirche kommen – und die Leute hielten sich überraschend fügsam an diese Anordnung. Frühere Kirchenbrandschatzungen müssen leidenschaftlicher vor sich gegangen sein, nehme ich an.

6. August Es ist unter den gegenwärtigen Bedingungen natürlich unmöglich, mit spanischen Anhängern der Aufständischen in Berührung zu kommen oder mit Angehörigen der Ausländerkolonien, die mit ihnen sympathisieren, vor allem Deutschen und Italienern. Letztere haben, wenn sie keine mit den Republikanern sympathisierende Flüchtlinge sind, das Land verlassen; nicht wenige sind in den Kämpfen getötet worden. Aber es gibt unter den Mitgliedern der neutralen Ausländerkolonien eine ganze Menge Sympathisanten der Rebellen, die ziemlich offen sprechen. Heute morgen traf ich einen solchen Mann, und es war sehr aufschlußreich, auch die andere Seite der Medaille zu sehen.

Seine ersten Worte drehten sich um den Terrorismus. Hinrichtungen, Hinrichtungen, Hinrichtungen: dies scheint das einzige zu sein, was in den Köpfen der Reichen, der Katholiken, der Rechten in diesen Tagen vorgeht, und es macht sie fast verrückt. »Die Spanier sind absolut in Panik«, sagte mir dieser Ausländer. Er hat eine Menge spanischer Freunde, die wie er selbst alle mehr oder weniger Geschäftsleute sind. Das Schaudern über die Massaker dieser letzten Tage klingt noch in seiner Stimme. »Die Ausländer sind ziemlich sicher«, sagt er, »aber die Spanier, die Spanier« – wobei er mit Spanier natürlich jene Gruppe von Spaniern meint, mit denen er Kontakt hat, die Leute um das Fomento und die Lliga –, »Hunderte und Tausende wurden in den ersten Tagen umgebracht. Unmittelbar nach der Niederlage des Militärs begannen die Arbeiter *persönliche Abrechnungen* vorzunehmen.« Diesen Ausdruck hatte ich bereits schon einmal gehört und drängte darauf, exakte Tatsachen zu erfahren. Dabei stellte sich heraus, daß die Abrechnungen, die vorgenommen wurden, vielleicht gar nicht so ganz persönlich waren. In der Tat waren anscheinend wirklich Priester umgebracht worden, nicht weil sie als Person jemandem verhaßt waren (nur *das* kann meiner Meinung nach als eine persönliche Abrechnung bezeichnet werden), sondern weil sie Priester waren; die Fabrikbesitzer, vor allem der Textilzentren um Barcelona, wurden von ihren Arbeitern getötet, wenn ihnen nicht rechtzeitig die Flucht gelang. Direktoren großer Gesellschaften, wie etwa der Straßenbahngesellschaft von Barcelona, bekannt als Gegner der Arbeiterbewegung, wurden von Streikposten der entsprechenden Gewerkschaft getötet, und die führenden Politiker der Rechten von speziellen anarchistischen Streikposten. Es ist ganz natürlich, daß meinen Gesprächspartner, der bei diesem Massaker Freunde verloren hat, vielleicht sogar enge Freunde, das Entsetzen packt. Vielleicht ist es ebenso natürlich, daß er offenbar jeden Sinn für die Proportionen verloren hat. »Wie schrecklich«, stößt er hervor, »ohne Gerichtsverfahren, ohne überhaupt eines Verbrechens angeklagt zu sein, nur aufgrund der einfachen Kenntnis ihrer Identität werden Leute von ihren persönlichen Feinden umgebracht – wegen nichts anderem als ihrer sozialen Position und ihres politischen und religiösen Glaubens! Diese Anarchisten! Diese POUM-Leute! Diese Gangster! Die Sozialisten und Kommunisten sind besser, das stimmt, und die Generalitat mit der Esquerra wird selbst terrorisiert und in Angst und Schrecken versetzt.« Ich weise ihn vorsichtig darauf hin, daß solche Massaker vielleicht keine besondere Eigenart der Anarchisten allein wären. Die britische Presse und besonders die Korrespondenten, die mit den Faschisten sympathisieren, haben darüber berichtet, daß im Franco-Lager vom ersten Tag an alle Republikaner, Sozialisten, Kommunisten und Anarchisten systematisch getötet wurden. Ich wage die Vermutung, daß es vielleicht nicht so sehr eine anarchistische als vielmehr eine spanische Gewohnheit wäre, seine Feinde reihenweise zu massakrieren. Aber obwohl er die Tatsachen aus dem anderen Lager nicht leugnet, ist er für dieses Argument vollkommen unzugänglich.

Seine Informationen erlauben eine Verallgemeinerung meiner gestrigen Beobachtungen in Port Bou: Das »Doppelregime« aus regulärer Verwaltung und Komitees, das ich dort vorfand, existiert auch in Barcelona und scheint in ganz Spanien zu existieren. In Barcelona regiert neben der alten Regionalverwaltung der katalanischen Generalitat das neue Comité Central de Milicias (Zentralkomitee der Miliz), das auf paritätischer Basis aller politischen Anti-Franco-Parteien und Gewerkschaften zusammengesetzt ist, in Wirklichkeit aber unter dem vorherrschenden Einfluß der Anarchisten steht. Sein Präsident, dies ist Tatsache, ist kein Anarchist; es ist Señor Jaume Miravitlles, ein junger Mann von 28 Jahren, Mitglied der Esquerra, früher Adjutant Maciás bei einigen seiner Staatsstreichversuchen, aber ursprünglich ein Anarchist, der als junger Bursche an anarchistischem Terror beteiligt gewesen war. »Aber es gibt nur eine wirkliche Macht in Barcelona«, sagt mein ausländischer Gesprächspartner, »die CNT.« Dies geht soweit, daß nur von der regulären Verwaltung unterzeichnete Dokumente wertlos sind. Man tut gut daran, neben irgendwelchen Papieren der Generalitat entweder eine

Empfehlung vom CNT-Hauptquartier oder, noch besser, einen von der Generalitat ausgestellten Paß, der sowohl von der CNT als auch der UGT gegengezeichnet ist, mit sich zu tragen. Es gibt keine Autorität, die den Gewerkschaften gleich käme, und in Barcelona ist die anarchistische CNT die weitaus stärkste unter den Gewerkschaftsorganisationen.

Zu meiner größten Überraschung höre ich, daß mein Gesprächspartner von Francos Sieg überzeugt ist und daß andere einflußreiche ausländische Beobachter der gleichen Ansicht seien; am Nachmittag sollte ich erfahren, daß dies mehr oder weniger die vorherrschende Meinung unter all jenen Ausländern zu sein scheint, die nicht unbedingt mit der Revolution sympathisieren. Ihre Prognosen gründen sich offensichtlich auf ihre Sympathien – was mein Gesprächspartner ohne zu zögern zugibt, obwohl er in der Politik seines eigenen Landes kaum ein Faschist ist –, aber er führt ernsthafte Gründe für seine Meinung an. Eine tiefe Kluft trennt die Generalitat und die Anarchisten; hinzu kommt, daß die neugebildete Miliz, die an die Front geschickt wird, undiszipliniert und unausgebildet ist und über keine kompetenten Offiziere verfügt. Schließlich besteht die ausländische Unterstützung für die Aufständischen nicht nur aus einzelnen ausländischen Freiwilligen – wie im linken Lager der Fall –, sondern auch aus modernem Kriegsgerät. Nicht weniger als sechzig deutsche und italienische Flugzeuge sind einem Gerücht zufolge in diesen letzten paar Tagen im Franco-Lager eingetroffen. Wie weit diese Einschätzungen und die der jungen Freiwilligen auseinanderliegen! Und beide Seiten sind gleichermaßen von ihrem unvermeidlichen und baldigen Erfolg überzeugt! Genau wie 1914! Einige Ausländer gehen bei der Konkretisierung ihrer Vorstellungen noch weiter. In meinem Hotel logiert ein charmanter Engländer, ein vornehmer alter Gentleman, für den die Ereignisse ein einziger Schrecken sind und der die Anarchisten und die Revolution ganz allgemein verabscheut, vor allem aber um das Schicksal des unglücklichen Landes besorgt ist, in dem er viele Jahre verbracht hat und das er innig liebt: Was wird passieren, wenn Francos Truppen in Barcelona eindringen? (Er scheint nicht daran zu

zweifeln, daß sie kommen werden, ziemlich bald schon.)
Welch ein Massaker wird das geben! Es wird schlimmer sein
als das vor zwei Wochen. Und die Anarchisten werden eher
die ganze Stadt anzünden als zulassen, daß die Faschisten sie
einnehmen!

Zwischen den naiven und begeisterten Freiwilligen, ob
Männer oder Mädchen, Katalanen oder Ausländer, einerseits
und den weniger naiven Leuten der Geschäftswelt, die mit
Schrecken oder mit Freude den Einmarsch Francos erwarten,
andererseits steht die Generalitat anscheinend ziemlich hilflos da; nicht so hilflos jedoch, daß sie die kriegsübliche
Lügenpolitik vernachlässigen würde. Nachrichtenmeldungen
und Rundfunkberichten zufolge fiel gestern Córdoba, was sich
heute als freie Erfindung herausstellte. Heute ist es die
Wende von Cádiz, die keine ernsthafte Aufmerksamkeit verdient. Die Leute auf den Straßen aber und, mit noch mehr
Begeisterung, die in unserem Hotel einquartierten Milizionäre glauben daran, ohne sich jedoch wirklich darum zu kümmern; Córdoba und Cádiz liegen so weit entfernt, daß sie für
die Katalanen fast nichts bedeuten. »Wichtig ist Saragossa«,
hörte ich die Leute sagen, als sie die erfundene Nachricht vom
Fall Córdobas diskutierten. Welch *naïveté* wiederum! Niemand scheint zu glauben, daß die Landung der Marokkaner
im Süden eine ernste Angelegenheit sein könnte. Die englischen Zeitungen waren vor meiner Abreise voll davon, aber
ausländische Zeitungen sind hier kaum erhältlich, und die
lokale Presse erwähnt die Sache nicht einmal.

Am Nachmittag hatte ich mein erstes Interview mit der
PSUC, der vereinigten sozialistisch-kommunistischen Partei.
Das »Colón«, ihr Hauptquartier, gleicht einem Bienenstock,
und im Erdgeschoß ist ein Rekrutierungsbüro untergebracht,
was das Durcheinander noch verschlimmert. Doch nach einiger Zeit finden wir das Auslandspressebüro der Partei. Alles
befindet sich in einem Zustand zwischen Chaos und Werden.
Dieses spezielle Büro ist gerade aufgebaut worden; mein englischer sozialistischer Begleiter und ich sind die ersten Besucher, was uns natürlich sehr zugute kommt.

Die Partei ist aus der Vereinigung von vier politischen Gruppen entstanden, von denen die katalanischen Sozialisten und Kommunisten (die im restlichen Spanien ihre unabhängige Parteiorganisation beibehalten haben) die wichtigsten sind. Diese Vereinigung wurde schon vor der Revolte vorbereitet und unmittelbar danach vollzogen. Sie ist ein wichtiges Indiz dafür, wie sehr sich der Antagonismus zwischen Sozialisten und Kommunisten verringert hat, nicht nur in Katalonien und nicht nur allein in Spanien; denn ohne die Zustimmung der Kommunistischen Internationale könnte nichts getan werden. Ganz allgemein scheinen die Kommunisten bei den Verhandlungen besser weggekommen zu sein als die Sozialisten. Sie besaßen bei weitem die schwächere Organisation, haben aber die Aufnahme der vereinigten Partei in die Kommunistische Internationale gesichert. Die wirkliche Stärke der PSUC beruht aber weder auf der früheren sozialistischen noch der früheren kommunistischen Mitgliedschaft, sie gründet sich vielmehr auf die Eingliederung der UGT, der sozialistischen Gewerkschaften. Ich befrage meine Informanten im Pressebüro nach den Gruppen, die in Barcelona von der UGT kontrolliert werden. Zu ihrer Anhängerschaft zählen etwa die Hälfte der Eisenbahner, der Bankangestellten und ein sehr hoher Prozentsatz der Staats- und Kommunalangestellten, wird mir gesagt; vor einigen Tagen kam die CADZI dazu, die Zentralgewerkschaft der privaten Angestellten. Meine PSUC-Informanten geben offen zu, daß unter den Arbeitern die CNT das weitaus stärkere Element ist.

Dann berühren wir kurz die im Augenblick brennendsten Fragen. Überall gibt es politischen Komitees und Milizkomitees, in denen die Parteien und Gewerkschaften vertreten sind. Wie kommt es, frage ich, daß es keine richtigen Räte gibt (wie 1934 in Asturien), die sich aus direkt von den Arbeitern in den Fabriken gewählten Vertretern zusammensetzen? »Das ist so, weil sich alles um militärische Probleme dreht«, ist die Antwort, die für mich nicht sehr überzeugend klingt. Ein einziges Gespräch, sei es mit einem Milizionär oder einem Reaktionär, wird jeden Beobachter überzeugen, daß sich die Dinge in Barcelona bei weitem nicht nur um militärische Angelegenheiten drehen. Oder handelte es sich bei den Massakern an

Priestern und Arbeitgebern oder den Kirchenbränden um »militärische Angelegenheiten«? Der PSUC wäre es vielleicht recht, wenn die Dinge sich so auf militärische Angelegenheiten konzentrieren würden, der CNT aber offensichtlich nicht. Also bleiben mir eben nur Rückschlüsse. Es ist die CNT, die aufgrund ihrer Position entscheidet, ob Räte gebildet werden sollen oder nicht. Wenn es keine Räte gibt, dann wahrscheinlich, weil die CNT keine will. Wenn sie sie wollte, könnte die UGT sie nicht verhindern. Ich überlege, ob die Haltung der CNT letztlich durch die Tatsache zu erklären ist, daß sie durch ihre mächtige Gewerkschaftsorganisation die Fabriken beherrscht und daß Räte-Wahlen nichts zu ihrer Macht beitragen könnten, aber jeder anderen Partei unvermeidlich die Chance eröffnen würden, ihre Stärke in den Fabriken auf die Probe zu stellen. Auch in Rußland verloren 1917 die Kommunisten das Interesse an den Sowjets immer mehr, nachdem sie als *Partei* das Land fest im Griff hatten.

Was passiert auf dem flachen Land? Meinen Informanten zufolge scheinen die Dinge dort weit weniger ruhig zu verlaufen, als man bei der Durchfahrt mit dem Zug den Eindruck hat. Es gab dort offensichtlich dieselben Massaker, hauptsächlich an Grundbesitzern oder, falls diese woanders lebten, an ihren Vertretern vor Ort. »Was hat man mit ihrem Land gemacht?« frage ich. Wie beim Problem der Räte bleibt die Antwort unverbindlich. Wie es scheint, hat jede Partei ihre eigene Politik, was den Grundbesitz angeht, und sicher ist nur eines: Die Großgrundbesitzer und ganz allgemein die Parteigänger des Militäraufstandes sind enteignet worden. Die Anarchisten, so scheint es, favorisieren die Bildung von landwirtschaftlichen Kollektiven, irgendwie in Anlehnung an das Modell der russischen *Kolchosen*; die Dörfer sollten sowohl den früheren Großgrundbesitz wie auch das den Bauern gehörende Land gemeinschaftlich bearbeiten und den Ertrag von kommunalen Vorratsspeichern aus verteilen. Ihre Praxis wäre sicherlich »enthusiastischer« als in Rußland, eher ein Himmelreich auf Erden; denn überall wo die Anarchisten in den Dörfern das Sagen haben, versuchen sie das Geld abzuschaffen und sich über den direkten Austausch mit den städtischen

Gewerkschaften die Erzeugnisse der Außenwelt zu verschaffen. Dies ist natürlich ein Ideal, und die Anarchisten haben es auch nur in einigen Fällen in die Tat umgesetzt. Die PSUC-Leute dagegen schätzen derartige Utopia-Spielereien nicht. Sie selbst begünstigen bäuerliches Privateigentum, und überall wo sie die Dinge in der Hand haben, versuchen sie die reicheren Bauern zu überreden, einen Teil ihres Landes an die Armen abzugeben, um eine größere Gleichheit an Grundbesitz herzustellen. Dieses Ideal ist auch nur in wenigen Fällen realisiert worden. Mir scheint dies zwar sehr christlich, aber ich frage mich, welche Art von »Überredung« reiche Bauern veranlassen könnte, einen Teil ihres Landes an die Armen abzugeben; das kommt mir zumindest genauso utopisch vor wie das anarchistische Allheilmittel der Abschaffung des Geldes. »Warum«, frage ich, »gibt es keinen zentralen Erlaß, der die ganze Angelegenheit regelt?« Die Madrider Regierung stellt sich dagegen, und die Enteignungen passieren *de facto*, ist die Antwort. Das befriedigt mich wieder nicht. Die Madrider Regierung hat in Katalonien praktisch nichts zu sagen, wo bereits 1932 unabhängige Verordnungen über die eigenen Agrarprobleme erlassen wurden. Wenn es keine allgemeingültige Gesetzgebung gibt, dann deswegen, weil die Generalitat, nicht die Madrider Regierung, keine Gesetze über die Sache verabschieden will. Und das ist ganz verständlich. Warum Gesetze erlassen, wenn es keine Macht gibt, sie durchzusetzen? Die Anarchisten ihrerseits fühlen sich vielleicht nicht stark genug, ihre Ideale allen katalonischen Dörfern aufzuerlegen. So läßt man den Dingen ihren Lauf.

Nächste Frage: Wie wird die Miliz organisiert werden? An diesem Punkt, der im Augenblick wirklich das entscheidende politische Problem ist, treten die Gegensätze zwischen PSUC und Anarchisten offen zu Tage. Die Anarchisten favorisieren das »Milizsystem«. Dies bedeutet, erklärt mir mein PSUC-Mann, daß sie Kolonnen aus ihren Mitgliedern und Sympathisanten organisieren, die von den anarchistischen Organisationen politisch kontrolliert und hauptsächlich von anarchistisch kontrollierten Fabriken bezahlt werden; diese Kolonnen werden von gewählten politischen Kommissaren kommandiert, die ihre eigenen Offiziere, der Stellung nach rein technische Berater, ernennen. In dieser Form muß die Miliz, denke ich folglich, ein gewaltiges Instrument der stärksten politischen Gruppe sein, was unter gegenwärtigen Umständen die Anarchisten sind. Jetzt kommen mir einige zufällige Bemerkungen reaktionärer Ausländer in Erinnerung. Sie sprachen davon, daß die Anarchisten nicht nur Tausende von Gewehren gehortet hätten, sondern sogar Geschütze, die sie in den Kasernen des Militärs erobert hatten, und für einen Notfall im Laufe der Revolution außerhalb der Stadt aufbewahrten. Und jeder schien einen zweiten anarchistischen Coup zu erwarten, dieses Mal nicht gegen die Faschisten, sondern gegen die Esquerra gerichtet, mit der sich die PSUC mehr oder weniger einig zu sein scheint; jedenfalls ließen sie vor zwei Tagen drei ihrer Mitglieder der Generalitat beitreten, während die CNT und die Trotzkisten sich weiterhin einer Teilnahme an der legalen Regierung enthalten.

Die PSUC dagegen, wird mir in deren Auslandspressebüro gesagt, tritt für das dem »Milizsystem« entgegengesetzte »Armeesystem« ein, worin sie sich mit der Generalitat wie mit der offiziellen Madrider Regierung einig ist. Was das Armeesystem ist, braucht nicht eigens gesagt werden: Eine reguläre Armee mit kommandierenden Offizieren und politischen Kommissaren, die in politischen Fragen nur beratende Funktion haben; die Offiziere werden nicht gewählt, sondern vom höheren Kommando ernannt; die Einheiten werden nicht aus Männern derselben politischen Überzeugung zusammengestellt, sondern nach ausschließlich militärischen Überlegungen; das Ganze steht unter dem Befehl der legalen Regierung, der Generalitat. Mit einem Wort, die PSUC will eine Armee unter der Regie der Regierung, an der sie teilhat, während die Anarchisten eine Armee unter eigener Regie wollen. Die Vorstellung der PSUC spiegelt die Tendenz zur Zentralisierung sowohl der Kommunisten als auch der Sozialisten wider, während die Anarchisten ihren libertären Idealen folgen. Die Formierung einer »Armee« würde wahrscheinlich die Effektivität der republikanischen Kräfte steigern. Die Formierung einer »Miliz«, obwohl von Nachteil für den Kampf gegen Franco,

würde den nächsten Schritt in Richtung Sozialrevolution
begünstigen. Dieses Mal ist die Sache im Gegensatz zu allen
vorher diskutierten Problemen klar.

Die tiefen Gegensätze zwischen Esquerra und PSUC einerseits und CNT und POUM andererseits werden verständlich.
Am Abend brachten die Zeitungen ganz überraschend die
Nachricht, daß die drei PSUC-Generalitat-Mitglieder zurückgetreten sind und die Esquerra mit der Verantwortung wieder
allein gelassen haben. Was war passiert? Ein Konflikt zwischen Esquerra und PSUC? Ich konnte es nicht glauben. Aber
was hätte man sonst vermuten können?

Verwirrt ging ich wieder hinaus auf die Straße; es brodelte
wie immer. Vor einer der Kirchen an den Ramblas, inzwischen
nur noch Ruine, plauderte eine Gruppe von Milizionären mit
einigen Frauen; sie machten sich über die Kirche und den Klerus lustig. Die Unterhaltung wird auf Katalanisch geführt,
doch bekomme ich mit, worum es geht. Es sind zwei Haupt-
themen, die diese besondere Art von Gelächter hervorrufen,
das sowohl Haß als auch Verachtung ausdrückt. Das eine ist
die Gier des Klerus: Die Kirche der Armen, die Kirche, deren
Reich nicht von dieser Welt ist, bewies viel Geschick, sich die
größten Annehmlichkeiten dieser Welt zu verschaffen. Das
zweite Thema, natürlich mit noch stärkerem Gelächter
bedacht, war das angeblich widerwärtige Verhalten der Priester, die – würde man ihnen glauben – Meister der Keuschheit
sind. Die Unterhaltung ist weder originell, noch läßt sie meiner Ansicht nach in irgendeiner Weise etwas über die tieferen
Motive der Kirchenbrandschatzungen erkennen. Aber es ist
interessant zu beobachten, wie der spanische Anarchismus bei
seinen Angriffen auf die Kirche alle jene Argumente, die von
den protestantischen Pamphleteschreibern des 16. Jahrhunderts gegen die katholische Kirche benutzt wurden, übernommen und seinem eigenen Gebrauch angepaßt hat. Gleicht die
spanische Kirche der englischen und deutschen katholischen
Kirche der Reformationszeit? Ein junger amerikanischer
Geschäftsmann, dessen Bekanntschaft ich am späten Nachmittag machte und dessen Sympathien überraschenderweise
in hohem Maße den Anarchisten gehören – wahrhaftig, er lebt

schon so lange in Barcelona, daß er ein halber Katalane ist –, sagt Dinge, die auf dasselbe hinauslaufen, wenn er den spanischen Klerus sehr zu dessen Nachteil mit seinen französischen Brüdern vergleicht; letztere kultiviert, fromm, offen und aufrichtig, und erstere, sagt er, im Durchschnitt genau das Gegenteil.

Dieser junge Amerikaner ist in verschiedener Hinsicht eine interessante Persönlichkeit, vor allem weil er durch seine eigene Haltung ausstrahlt, wie sehr die Revolution die Herzen von Menschen erobert hat, von denen man nie erwartet hätte, daß sie derart vom revolutionären Geist erfaßt würden. Das Geschäft dieses jungen Mannes ist ruiniert, sagt er. Es ist ihm ziemlich gut gegangen, und innerhalb weniger Tage hat er praktisch seinen ganzen Reichtum verloren, so daß er sich gerade noch so recht und schlecht durchschlagen kann. Er war bisher nie in Politik verwickelt. Man sollte annehmen, daß er den Revolutionären nur Wut und Haß entgegenbringen kann. Nichts dergleichen. Er könnte von einem Tag auf den anderen weggehen und als erstklassiger Fachmann, der er auf seinem Gebiet ist, zu Hause ein neues Leben beginnen. Aber das will er nicht. Er liebt dieses Land und dieses Volk; der Verlust seines Eigentums macht ihm nichts aus, sagt er, vorausgesetzt, daß auf die alte Ordnung der Dinge ein besseres, edleres und glücklicheres Gemeinwesen folgen wird.

Er ist voller Bewunderung für die Anarchisten, die für manche offenbar nichts Geringeres als Erlöser und für andere nichts Geringeres als Teufel sind. Am sympathischsten an ihnen findet er offensichtlich ihre Verachtung des Geldes. Die Kommunisten, sagt er, setzten gleich am ersten Tag nach dem Sieg auf ökonomische Forderungen wie Abfindungen für die Witwen der für die Verteidigung der Republik Gefallenen. Die Anarchisten verloren kein einziges Wort über Abfindungen, Löhne oder Arbeitsstunden. Sie bestehen einfach darauf, daß zur Unterstützung der Revolution jedes Opfer gebracht werden muß, auch ohne Belohnung. Unumstößliche Tatsache ist jedenfalls, daß die Löhne seit dem 19. Juli kaum irgendwo gestiegen sind, schon gar nicht in all den Fabriken, die von der CNT betrieben werden.

Ich erzähle ihm von bitteren Beschwerden, die ich vor einigen Stunden im PSUC-Hauptquartier gehört habe, dem Mangel an Disziplin und organisatorischen Fähigkeiten der Anarchisten, und er leugnet die Vorwürfe nicht. Es ist wahr, gibt er
zu, das ist ihr Hauptfehler. Aber er hebt dafür um so mehr ihre
selbstaufopfernde Begeisterung hervor. Es scheint, daß dies
der Grund seiner Bewunderung für sie ist. »Ich hielt nie viel
von den Katalanen als Kämpfern«, sagt er, »normalerweise
rennen sie beim ersten Schuß davon; jedenfalls taten sie das
zu ihrer Schande im Oktober 1934.« Dieses Mal passierte zu
jedermanns Überraschung genau das Gegenteil. Die Offiziere
der Aufständischen waren die ersten, die die Kampfkraft der
Menschen in Barcelona verkannten, und deshalb wurden sie
so rasch geschlagen. Der ganze Unterschied zwischen 1934
und heute liegt darin, erklärt er, daß damals die Anarchisten
sich zurückhielten und diesmal am Kampf teilnahmen oder,
genauer, eigentlich die waren, die wirklich kämpften. (Ich
persönlich frage mich, ob es nur die Anarchisten waren, die
kämpften. Die unglaubliche Energie des Volkswiderstandes
gegen das Militär am 19. Juli – die keiner in Zweifel zieht –
muß eher der Tatsache zugeschrieben werden, daß dies ein
vereinter Kampf aller Bevölkerungsgruppen gegen den Erz-
feind, die kastilischen Generäle war; davor hatten immer nur
Teile gekämpft, isoliert vom Rest der Bevölkerung; einmal die
Anarchisten, ein anderes Mal die Esquerra, und als isolierte
Gruppen wurden sie ausnahmslos besiegt. Ohne Zweifel, die
Anarchisten hatten diesmal den größten Anteil am Kampf und
ziehen ihre gegenwärtige Autorität aus ihrem selbstaufopfernden Heroismus.)

Er führt mich zu seinem Balkon und beschreibt eine Szene,
die er am 19. Juli selbst beobachtete. An der Ecke seiner Straße
stand ein Artilleriekommando mit zwei Geschützen, die die
ganze breite Straße, an der sein Haus liegt, beherrschten. Auf
dieser schnurgeraden Straße näherte sich ein von einem
Asalto-Offizier geführtes Kommando bewaffneter Arbeiter
den Kanonen der Aufständischen, die jene mit einer einzigen
Granate hätten wegfegen können. Aber den Arbeitern gelang
ein Überraschungserfolg. Sie rannten auf die Geschütze zu,

ihre Gewehre mit der Mündung nach oben, so daß es unmöglich war, sie einzusetzen. Die Artillerieleute, verblüfft von diesem inoffensiven Verhalten, warteten erst einmal ab, was passieren würde. Aber bevor überhaupt ein Kommando gegeben werden konnte, hatten die Arbeiter die Soldaten schon erreicht und fingen an, mit leidenschaftlichen Worten auf sie einzureden, nicht auf das Volk zu schießen, nicht an einem Aufstand gegen die Republik und gegen ihre eigenen Väter und Mütter teilzunehmen, kehrtzumachen und ihre Offiziere zu verhaften. Und so geschah es. Die Soldaten drehten sich sofort um. Der ganzen Garnison von Barcelona war gesagt worden, daß sie unter dem Befehl der Regierung stünden, um eine anarchistische Erhebung zu unterdrücken. Als ihnen klar wurde, daß man sie irreführte, warfen sie ihre Gewehre weg oder richteten sie gegen ihre Offiziere, die sie in den Kampf getrieben hatten. In diesem besonderen Fall, erklärt mir mein amerikanischer Freund, entkamen einige der Offiziere gerade noch, andere wurden von ihren Leuten auf der Stelle umgebracht; die Geschütze wurden sofort umgedreht und beherrschten die Straße nun in entgegengesetzter Richtung. Nicht immer liefen die Dinge auf so relativ friedliche Weise ab, schloß mein Freund seine Erklärung. An vielen Stellen waren heftige Kämpfe notwendig, bevor die Soldaten ihren Offizieren den Rücken kehrten; so aber endete die Geschichte jedesmal.

Am Abend besuchte ich ein Treffen der POUM, mit Nin und Gorkín als Sprechern. Ein Treffen voller Begeisterung, aber nicht gerade überfüllt; die POUM ist schwach. Die Reden waren nicht sehr interessant. Auf meinem Heimweg erklärte mir ein junger Intellektueller der POUM, ein deutscher Flüchtling mit einer guten marxistischen Bildung: »Siehst Du, es ist ganz offensichtlich, daß weder die Generalitat noch Madrid gewinnen will; Beweis dafür ist der Stillstand an der Saragossa-Front, die Weigerung Madrids, auch nur ein einziges Flugzeug zur Bombardierung Saragossas zu schicken, die Unentschlossenheit zur Bombardierung von Oviedo. Sie fürchten, daß die Revolution mit den militärischen Erfolgen wächst. Sie werden versuchen, den Bürgerkrieg scheitern zu lassen, um mit Franco ein Abkommen zu treffen, auf Kosten der Arbeiter.« Dies ist keine offizielle POUM-Meinung, es gibt nur ungefähr die Richtung der Vorstellungen innerhalb der POUM wieder. Daß die Sozialisten, Kommunisten und Republikaner vor neuen anarchistischen Erhebungen Angst haben, ist offensichtlich, aber daß sie einen Kompromiß mit Franco vorziehen sollen, scheint mir mehr als zweifelhaft.

Ich aß mit einer Milizgruppe zu Abend, die über ihre militärische Ausbildung sprach, und erschrak, als ich erfuhr, daß alles, was ihnen vor ihrem Fronteinsatz beigebracht wurde, die Benutzung ihrer Gewehre war; keine Ausbildung im Gelände, im Ausheben von Schützengräben etc. Junge Leute unter diesen Bedingungen loszuschicken, heißt sie ins Schlachthaus schicken. Während wir uns unterhielten, fuhren einige Lastwagen mit Freiwilligen, die an die Front gingen, vorbei; kein Singen, kein Rufen war zu hören; ihre Lippen waren in beredtes Schweigen gehüllt.

7. August Ich verbrachte den ganzen Vormittag mit dem vergeblichen Versuch, Pässe für meinen englischen Begleiter und mich zu bekommen. Die Unordnung in den Büros der Regierung ist kein angenehmer Anblick. Niemand scheint über irgend etwas Bescheid zu wissen, und wenn man zufällig den zuständigen Beamten findet, dauert es eine Stunde, um ein Dokument zu bekommen, das aus einigen maschinegeschriebenen Zeilen besteht. So vieler Inkompetenz überdrüssig, gelang es mir, am Nachmittag ein Interview bei der deutschen Sektion der CNT zu bekommen. (Die CNT, oder genauer die AIT, ihre internationale Organisation, hat in den meisten europäischen Ländern Sektionen.) Sie haben ihren Sitz im palastartigen Gebäude des Fomento de Trabajo Nacional, in dem Cambó seine Privatgemächer wie auch seine Büros hatte; sie halten diese Gebäude in vorbildlicher Sauberkeit und Ordnung. Der Empfang ist sehr höflich, sogar freundlich, aber in ihrem Verhalten ist viel mehr von der traditionellen *grandeza* des spanischen Adels zu entdecken, als es bei der PSUC der Fall war. In jedem Wort, das sie sagen, schwingt bei diesen Leuten vom CNT-Hauptquartier die Überzeugung mit, daß sie nun die wirklichen Herren des Landes sind, daß es ihre eigene freie Entscheidung ist, nicht auch schon offiziell die Herren zu sein, und daß sie sich folglich den Luxus von Freundlichkeit leisten können, ohne jemanden hofieren zu müssen.

Der junge Deutsche, mit dem ich spreche, scheint nicht an die Regeln politischer Diplomatie gewöhnt zu sein; er sagt mit der für so viele Leute dieser Tage charakteristischen *naïveté*, was er denkt; er ist gesprächiger, als er unter Propagandagesichtspunkten sein sollte. Seine Informationen konzentrierten sich auf zwei Aspekte, von denen der eine die Vergangenheit betraf, der andere die Zukunft. Um ehrlich zu sein, ich war es, der ihm die Diskussion über die Vergangenheit aufzwang. In diesen zwei Tagen Aufenthalt in Barcelona war bei mir die Überzeugung gewachsen, daß der Wechsel in der anarchistischen Politik innerhalb nur weniger Jahre doch sehr erheblich war, und ich wollte wissen, was die Anarchisten selbst davon hielten. Wie kam das, fragte ich meinen jungen Mann, daß die Anarchisten, Antiparlamentaristen und Gegner jeder Art von Regierung im Februar 1936 keine Wahlboykottparolen ausgaben und im Juli sich an der bewaffneten Verteidigung der Esquerra-Regierung beteiligten. Eine peinliche Frage für ihn, und die Antwort fiel ähnlich stereotyp aus, wie man das von anderen Arbeiterbewegungen schon allzugut kennt. Es scheint, daß Sozialismus und Anarchismus mit dem Katholizismus eines gemeinsam haben, daß, wie immer sich ihre Haltung in der Praxis verändert, das Dogma sich nie ändern darf. Mein deutscher Anarcho-Syndikalist stritt nicht ab, daß die von mir angeführten Tatsachen wahr wären, und er versuchte nicht zu leugnen, daß Neuerungen stattgefunden hätten. Aber natürlich waren es Neuerungen, die den alten Prinzipien des Anarchismus entsprachen. Im Februar hatten sie ihre Anhänger die Volksfront wählen lassen, um ihre eigenen Kameraden aus dem Gefängnis zu befreien; und im Juli hatten sie nicht gekämpft, um die legale Regierung zu verteidigen, sondern vielmehr um rasch der Abschaffung des Staates näherzukommen. Dieser sterile Scholastizismus wurde mit netten Gesten echter Überzeugung vorgebracht. Ich gab das

Thema auf, meinerseits überzeugt, daß es unnütz sei, mit einem Gläubigen über sein Dogma zu sprechen, ohne seinen Glauben zu teilen. Die Diskussion über die Zukunft versprach interessanter zu werden.

Und so war es, weil dabei alles, was ich von den Absichten der Anarchisten gehört hatte, voll bestätigt und zugleich in einen verständlichen Zusammenhang gestellt wurde. Die Blicke der CNT-Führer sind auf die Saragossa-Front fixiert. Sie machen ihre Politik von der Wende abhängig, die die Dinge dort unten nehmen werden. Solange Saragossa in den Händen der Aufständischen ist, wollen sie offenbar keinen Versuch unternehmen, das Regime zu ändern; sobald Saragossa genommen ist, wird alles anders sein. Gegenwärtig, erklärt er, erwägen die Anarchisten nicht die gänzliche Abschaffung des Privateigentums. Sie haben den *Comunismo libertario*, d. h. volle Gütergemeinschaft und Abschaffung des Geldwesens, in bestimmten Dörfern eingeführt, in denen sie das Sagen haben, beabsichtigen aber nicht, ihn zur jetzigen Zeit den Bauern aufzuzwingen. Genausowenig haben sie vor, die Industrie ganz zu sozialisieren. Im Gegenteil, überall wo die Besitzer der Fabriken und Geschäfte noch da sind, zwingen sie diese, ihre Geschäfte weiter zu betreiben. Dies fällt bei den großen Fabriken, deren Besitzer im allgemeinen nicht mehr zur Verfügung stehen, nicht sehr ins Gewicht, dagegen aber sehr – was jeder Blick auf die Straße bestätigt – bei den kleineren Geschäften und Betrieben. Auch versuchen die Anarchisten zur Zeit nicht, die Generalitat zu verdrängen und an ihrer Stelle ein ausschließlich auf den Komitees basierendes Regime zu bilden. Im Augenblick tun sie nichts anderes, als Vorbereitungen für spätere tiefgreifende Veränderungen zu treffen. Diese Vorbereitungen bestehen in der lokalen Einführung des *Comunismo libertario* dort, wo es keinen Widerstand gibt, in der Managementorganisation durch die CNT in jenen Fabriken, wo es keine Besitzer mehr gibt, in der Entwicklung der Kontrolle der CNT in den anderen Fabriken, in der Bildung und Ausweitung der Miliz und nicht zuletzt in der Stärkung der politischen Komitees und der allmählichen Ausweitung ihrer Einflußsphäre, um sie in die Lage zu versetzen, in der entscheidenden Stunde ohne viel Schwierigkeiten die Macht zu übernehmen. Und mir wird zu verstehen gegeben, daß der Fall Saragossas – der für ihn unmittelbar bevorsteht – die entscheidende Stunde herbeiführen wird. »Dann«, erklärt er, »werden wir eine Politik ins Auge fassen, die sich der Verwirklichung unseres Maximalprogramms annähert, d. h. der vollständigen Abschaffung des Staates [er meint damit, die Generalitat durch die Komitees zu ersetzen], selbst wenn sich andere Parteien uns in den Weg stellen sollten.« Mit einem Wort: bis zum Fall Saragossas nur vorbereitende Schritte; danach eine Revolution zur Abschaffung des Doppelregimes und Vorherrschaft der CNT. Überraschend daran ist die Begrenzung des Blickfeldes auf Katalonien. Diese Leute wissen, daß zum jetzigen Zeitpunkt eine zweite Revolution sie von Madrid abschneiden würde und sie zwischen Madrid, Franco und ausländischer Intervention gefangen wären. Aber warum in aller Welt der Fall Saragossas alles verändern soll, kann ich nicht verstehen.

Wie steht es mit dem Rücktritt der drei PSUC-Mitglieder der Generalitat? Es scheint, daß sie zum Rücktritt gezwungen wurden, da ihr Versuch, der Regierung beizutreten, vom Wunsch beseelt war, genau diese soeben von meinem Informanten erwähnten »vorbereitenden Schritte« der CNT zu verhindern. Die PSUC wollte die Generalitat von dem Stigma befreien, nur eine Regierung »bürgerlicher Nationalisten« zu sein, und der CNT den Anspruch streitig machen, der einzig legitime Vertreter der Arbeiterklasse in Opposition zur bürgerlichen Regierung zu sein. Einmal der Generalitat beigetreten, könnte sie diese als vereinte Regierung der nationalistischen Esquerra *und* der Gewerkschaften proklamieren. Das ist genau der Grund, warum die Anarchisten in Form eines Ultimatums den sofortigen Rücktritt der PSUC-Minister forderten und drohten, das Zentralkomitee der Miliz zu verlassen, wenn ihre Forderungen nicht erfüllt würden. Dieser letztere Schritt hätte den sofortigen Bürgerkrieg in den Straßen Barcelonas bedeutet; die Generalitat konnte nicht ohne das Einverständnis der Anarchisten regieren, wie es sich in der Mitarbeit innerhalb des Miliz-Komitees ausdrückt, das wiederum mit der Generalitat zusammenarbeitet. Und da die PSUC aus Gewerkschaftlern besteht, aber weitaus schwächer ist als die Anarchisten und nicht mit Überzeugung behaupten kann, die Arbeiterklasse von Barcelona zu vertreten, mußten die PSUC-Minister sich diesem Druck beugen und zurücktreten. Nichts kann zur Zeit ohne die Zustimmung der CNT getan werden.

8. August Heute morgen besuchte ich eine der kollektivierten Fabriken, die Werkstätten der öffentlichen Busgesellschaft. Erfolg oder Mißerfolg der Revolution werden in hohem Maße von der Fähigkeit der Gewerkschaften abhängen, die enteigneten Fabriken zu betreiben. In Rußland war Sozialisierung zunächst, und noch für lange Zeit, mehr oder weniger gleichbedeutend mit dem Niedergang der ganzen Industrie gewesen. Wie ist die Situation in Spanien?

Die Fabrik, die ich besuchte, ist ein großer Erfolg für die CNT, man kann es nicht leugnen. Nur drei Wochen nach Beginn des Bürgerkrieges und zwei Wochen nach dem Ende des Generalstreiks scheint sie so reibungslos zu laufen, als ob nichts passiert wäre. Ich besuchte die Männer an ihren Maschinen. Die Räume machten einen sauberen Eindruck und die Arbeit wurde in der gewohnten Weise verrichtet. Seit ihrer Sozialisierung hat diese Fabrik zwei Busse repariert, einen bereits begonnenen fertiggestellt und einen weiteren neuen gebaut. Letzterer trug die Aufschrift »Unter Kontrolle der Arbeiter gebaut«. Er wurde, wie das Management behauptet, in fünf Tagen fertiggestellt, während man unter dem früheren Management im Durchschnitt sieben Tage brauchte. Ein voller Erfolg also.

Es handelt sich um eine große Fabrik, und es wäre nicht ohne weiteres möglich gewesen, dem Besucher einen vorteilhaften Eindruck vorzutäuschen, wenn in Wirklichkeit ein übles Durcheinander geherrscht hätte. Auch glaube ich nicht, daß für meinen Besuch irgendwelche Vorbereitungen getroffen wurden. Doch darf man diese eine Erfahrung sicherlich nicht verallgemeinern. Es sprechen sicher viele Tatsachen dafür, daß dies ein Ausnahmefall ist. Erstens und ganz allgemein gesagt, ist Katalonien nicht Spanien; die Katalanen als Ganzes sind ein Volk mit einem ausgeprägten Geschäftssinn, und das Leitungskomitee (das sich vollständig aus früheren Arbeitern zusammensetzt) diskutierte mit mir die verschiedenen Aspekte finanziellen Managements mit einem für die Katalanen typischen Interesse, das für echte Kastilier aber befremdend wäre. Diese katalanischen Arbeiter begannen ihr Management doch tatsächlich damit, die Ausgaben zu kürzen, und es gibt nichts, worauf sie mehr stolz sind. Zweitens wird diese Fabrik von Mechanikern betrieben, die in der ganzen Welt als eine der intelligentesten Sektionen der Arbeiterklasse bekannt sind. Was würde wohl in den Textilfabriken in Katalonien geschehen?[1] Drittens wählte die CNT, nur mein Bestes wollend, sorgfältig eine durch und durch anarchistische Fabrik aus, in der es keine Konkurrenz zwischen UGT und CNT gab. Das neue Management wurde von den Arbeitern formal gewählt, als der Betrieb wiederaufgenommen wurde; aber de facto schien es das alte Fabrikkomitee der CNT zu sein, das unter den Männern schon lange vor dem Bürgerkrieg eine anerkannte Autorität war. Einem solchen Management muß es ein Leichtes sein, für Gehorsam zu sorgen. Die technische Seite der Arbeit in der Busgesellschaft ist einfach. Schließlich besteht in Barcelona kein dringender Bedarf an neuen Bussen, und die Hauptarbeit besteht aus einfachen Reparaturen; die Mechaniker, ob CNT oder Esquerra, sind bereit, zusammenzuarbeiten, und folglich stellt sich für die Fabrik nicht das Problem, das in Rußland so katastrophal war: die Obstruktion durch das höhere technische Personal. Da sie in erster Linie eine Reparaturwerkstatt ist, braucht diese spezielle Fabrik wenig Rohmaterial und ist somit der für die katalanische Industrie momentan größten Schwierigkeit enthoben. In der Stadt wird viel von ernsten Rohstoffproblemen in den meisten Fabriken gesprochen. Schließlich ist die Busgesellschaft auch in finanzieller Hinsicht in einer privilegierten

---

[1] Zurück in London hörte ich bittere Beschwerden über die Mißwirtschaft in der Textilindustrie und die Zerstörung ihrer Maschinen. Hier sollte man wahrscheinlich auch wieder von voreiligen Verallgemeinerungen absehen.

Situation. Ihre Einnahmen bestehen aus den Fahrgeldern, die fast genauso wie in Friedenszeiten eingehen. Es gibt keine Probleme, ihr Produkt zu vermarkten.

Wenn es auch voreilig wäre, den günstigen Eindruck gerade dieser Fabrik zu verallgemeinern, eine Tatsache bleibt: Es ist eine außergewöhnliche Leistung für eine Gruppe von Arbeitern, eine Fabrik zu übernehmen – unter welch günstigen Bedingungen auch immer –, und innerhalb weniger Tage zu erreichen, daß ihr Betrieb absolut regelmäßig läuft. Sie ist ein überzeugender Beweis für den allgemeinen Leistungsstandard der katalanischen Arbeiter und die organisatorischen Fähigkeiten der Gewerkschaften. Denn man darf nicht vergessen, daß diese Firma ihr ganzes Managementpersonal verloren hat. Ich hatte die Gelegenheit, einen Blick auf die Lohn- und Gehaltslisten zu werfen, aus denen man ersehen konnte, daß der Präsident, die Direktoren, der Chefingenieur und der zweite Ingenieur alle »verschwunden« waren (eine sanfte Umschreibung dafür, daß sie umgebracht wurden). Es bedeute Einsparungen für die Fabrik, erklärten Angehörige des Komitees gelassen, genauso wie die Einstellung von Pensionszahlungen an private Freunde des früheren Managements und die Festlegung eines Höchstlohnes von 1000 Peseten im Monat (die Löhne der Arbeiter waren seit der Sozialisierung nicht gestiegen). Rücksichtslose Grausamkeit im Bürgerkrieg gingen bei diesen Leuten Hand in Hand mit einem ausgeprägten Geschäftssinn – eine für den Katalanen charakteristische Haltung.

Am Nachmittag half ich als Dolmetscher bei einer vertraulichen Unterredung meines britischen Freundes mit einem Führer der PSUC. Soviel kann gesagt werden: Die Führer der PSUC sind sich völlig darüber im klaren, was die Anarchisten nach dem Fall von Saragossa vorhaben, und die Aussicht beunruhigt sie nicht wenig. Ihre Geringschätzung für die Anarchisten ist mindestens genauso groß wie die der Anarchisten für sie und auf keinen Fall eine Folge der Ereignisse dieser letzten Tage. Die anarchistische Vorherrschaft in der Gewerkschaftsbewegung von Barcelona zu brechen, scheint ihr Hauptziel zu sein. Mittlerweile scheinen sich die Bedingungen ziemlich verschlechtert zu haben. Vor einigen Tagen wurden die drei Führer der UGT-Minderheit unter den Hafenarbeitern von den Anarchisten getötet, und obwohl die CNT offiziell jede Verantwortung abgelehnt und das Verbrechen verurteilt hat, gibt es keinerlei Gewißheit, daß solche Dinge nicht wieder passieren werden.

Anarchistische Gewalt beschränkt sich nicht auf ihre speziellen Feinde. Gestern war die POUM Ziel eines anarchistischen Anschlags. Eine Gruppe der POUM-Miliz hatte sich mit ihren Waffen in einem Gebäude zu einem ihrer regelmäßigen Treffen versammelt, als anarchistische Lastwagen ankamen, Maschinengewehre vor den Türen der POUM-Veranstaltung aufgestellt und die Teilnehmer unter dieser Drohung entwaffnet wurden; die Anarchisten erklärten offen, daß sie keinen Grund sähen, warum die POUM ihre Bewaffnung verstärken und damit die Vorherrschaft der CNT bedrohen dürfe. Die POUM legte beim Zentralkomitee der Miliz Protest ein, aber das *fait accompli* war nicht mehr rückgängig zu machen.

9. August Diesen Sonntagmorgen hörte ich einer anarchistischen Massenveranstaltung im »Olympia« zu. Ich war etwas spät dran und kam nicht mehr in das Gebäude; Tausende von Leuten standen draußen und hörten den Rednern über Lautsprecher zu. Es herrschte keine helle Begeisterung, sondern stille und konzentrierte Aufmerksamkeit mit gelegentlichen Ausdrücken der Zustimmung. Die Sprecher protestierten eindringlich gegen den Plan der Madrider Regierung, die alte Armee neu zu organisieren, und verteidigten das anarchistische »Milizsystem«. Sie lehnten ausdrücklich das autoritäre russische System ab; Spanien sollte nicht die Russische Revolution nachahmen. García Oliver, der eigentliche Führer der Organisation in Barcelona, gab den Stillstand an der Saragossa-Front zu, entschuldigte ihn zunächst damit, daß der Wiederaufbau der Industrie zur Produktion von Munition notwendigerweise viel Zeit beanspruche, aber fuhr dann fort: »Kameraden, sprechen wir jetzt nicht vom 6-Stunden-Tag oder vom 8-Stunden-Tag oder von welcher festgesetzten Zahl von Arbeitsstunden auch immer. Wie viele Stunden müssen wir jetzt arbeiten? Soviel wie für den Sieg der Revolution nötig sind.« Es herrschte Todesstille, als diese Worte fielen, und es ist schwer zu sagen, ob diese Stille Unterstützung oder Widerstand signalisierte. Ganz bestimmt versteht es Oliver, den Massen unangenehme Wahrheiten zu sagen. Aber die *Solidaridad Obrera*, die anarchistische Tageszeitung, wiederholte den Satz in ihrem Bericht über die Veranstaltung nicht. Am Nachmittag ging ich zum Tibidabo, einem vorstädtischen Erholungsgebiet, der in den ersten Tagen Schauplatz vieler nächtlicher Exekutionen war und wahrscheinlich immer noch ist. Aber an diesem Sonntagnachmittag war er voll von friedlichen Leuten, die sich, offenbar ohne an die Schrecken des Krieges oder der Revolution zu denken, vergnügten. Unterhalb davon, in und außerhalb des Hafens, lagen Kriegsschiffe aus vier Nationen vor ihren Augen.

10. August Ich verbrachte den ganzen Tag in verschiedenen Büros, aber schließlich konnte ich mir doch Dokumente und einen Wagen verschaffen, der mich an die Front bringen sollte.

11. August In einer engen Straße manövrierte ein Wagen hektisch inmitten einer aufgebrachten Menge. Drinnen saßen vier bewaffnete Milizionäre und ein fünfter Mann in Hemdsärmeln, ohne Kragen, todesbleich; einer der Milizionäre hielt ihm einen Revolver an den Kopf. Offensichtlich ein Festgenommener, der die Hinrichtung zu erwarten hatte.

Ich ging in eines der besseren Geschäfte an den Ramblas, um mir einige Toilettenartikel zu kaufen, aber der Inhaber erklärt mir, daß er diese aus ganz bestimmten Gründen Montag morgens nicht verkaufen darf. »Aber ich werde an die Front gehen«, sage ich ihm, und sofort verkauft er mir mit einem echten Ausdruck der Begeisterung, was ich brauche. Doch all diese Läden an den Ramblas haben schwer unter der Revolution gelitten.

KATALONIEN
UND DIE ARAGON-FRONT

Nach Tagen des Wartens und Aufschiebens fuhr ich heute nachmittag um 13 Uhr zur Front los, in einem Wagen des Zentralkomitees der Miliz mit einem bewaffneten Fahrer und einem bewaffneten Wächter. Wir sind zu dritt, der Vertreter der *Paris Flèche* in Barcelona, Mr. John Cornford, ein junger britischer Kommunist, und ich.

Das ländliche Katalonien ist wirklich nicht so ruhig, wie es durch die Eisenbahnfenster ausgesehen hatte. Die Zufahrten zu den meisten Dörfern sind verbarrikadiert und Tag und Nacht schwer bewacht. Die Wachtposten sehen malerisch aus, als ob sie aus einem Goya-Gemälde herausgeschnitten wären: Bauernkleidung, meist nicht allzu sauber, aber mit roten oder rot-schwarzen Halstüchern geschmückt; sie unterscheiden sich von gewöhnlichen Sterblichen durch rote Anstecknadeln mit dem Zeichen ihrer Organisation oder des lokalen Komitees; prall gefüllte Patronengurte halten ihre Jacken zusammen. So sitzen sie auf der Straße oder kauern meistens hinter den geschickt gebauten Sandsackbarrikaden, haben ihre Gewehre auf das Auto gerichtet oder fuchteln wild damit herum. Diese Schießprügel sind das Beste an ihnen. Die modernsten müssen aus den Napoleonischen Kriegen stammen und als Familienschatz aufbewahrt worden sein. Ob sie im Notfall wirklich losgehen, kann ich nicht sagen. Der Wachtposten hält jedesmal das Auto an, und dann beginnt die Prozedur der Ausweisüberprüfung: der »Paß« für das Auto, die Pässe der Insassen, die Erlaubnis, Waffen zu tragen, die Presseausweise der Journalisten; und manchmal verlangen sie sogar den Parteiausweis des Wächters und des Fahrers. Mehr als zwanzig Mal am Tag diese Prozedur durchzumachen, ist nervenaufreibend, aber sie wird anständig durch-

geführt und in den meisten Fällen ohne unnötige Verzögerung. Die Dorfbewohner sind es anscheinend noch nicht
müde, dieser Pflicht viele Wochen hindurch nachzukommen,
in Dörfern mit Industrie allerdings sorgfältiger als in bäuerlichen Gemeinden. Letztere sind manchmal nicht verbarrikadiert oder sogar unbewacht.

In praktisch jedem Dorf gibt es ein politisches Komitee, das
ausnahmslos nach der Regelung der Generalitat zusammengesetzt ist, die eine Parität der Vertreter aller politischen Parteien und Gewerkschaften vorschreibt. In der Provinz Barcelona erfreuen sich die Anarchisten der größten Massenunterstützung, während in der Provinz Lérida die POUM die bei
weitem stärkste Partei ist. Dies ist auf die Tatsache zurückzuführen, daß Lérida die Heimat ihres populärsten Führers,
Maurín, ist.

Alle Dörfer und kleinen Städte, die wir passiert haben,
bewachen zwar mit Hingabe ihr eigenes Territorium, haben
aber keinen einzigen Mann an die Front geschickt. Die Rekrutierung für die Miliz findet vorwiegend in Barcelona statt.

In dem alten zerfallenden Städtchen Cervera hatte ein theo-
logisches Seminar existiert. Ich frage einen der Dorfposten,
einen gutaussehenden Jungen von sicherlich nicht mehr als
16 Jahren, danach, und er antwortet mit dem glücklichsten
Lächeln im Gesicht, »Oh! Sie sind gegangen – und wie sie
gegangen sind!« Die Kirchen sind ohne eine einzige Ausnahme niedergebrannt; nur ihre Mauern stehen noch. Dies ist
meist auf Anweisung der CNT oder der durchziehenden
Milizkolonnen geschehen. Fast nirgendwo in dieser Gegend
hat es wirkliche Kämpfe zwischen den Rebellen und den Partisanen der Generalitat gegeben.

Es gibt überraschend wenig Anzeichen, daß wir uns der
Front nähern. Die Straßen sind intakt, nur der Verkehr ist
geringer als in Friedenszeiten. Nur wenig Lastwagen mit Verpflegung und noch weniger mit Munition bewegen sich in
Richtung Front, andere kommen leer zurück. Wir trafen auf
keinen einzigen Krankenwagen.

Lérida, den Knotenpunkt aller Straßen, die den südlichen
Teil der Saragossa-Front versorgen, stellte ich mir als Zen-

trum aller möglichen Aktivitäten vor. Aber davon ist kaum etwas zu bemerken. Dreißig oder vierzig Autos und Lastwagen parken auf der *Plaza*, und in der Stadt sind einige Milizionäre zu sehen; alle zusammen können nicht mehr als ein paar Hundert sein. Viele von ihnen drängen sich in die Büros des Zivilgouverneurs und reden dort aufgeregt und begeistert von Buenaventuri Durutti, dem anarchistischen Führer, und seiner Kolonne; er und seine Männer sind die Volkshelden des katalanischen Krieges, zum Nachteil aller anderen katalanischen Kolonnen. Durutti steht im Ruf, eine Art Racheengel der Armen zu sein. Seine Kolonne ist dafür bekannt, daß sie rücksichtsloser als alle anderen Faschisten, Reiche und Priester in den Dörfern erschießt; und vom Glanz ihres selbstaufopfernden Vormarsches auf Saragossa, ungeachtet schwerer Verluste, spricht die ganze katalanische Miliz. Einige der Wachtposten im Büro des Gouverneurs haben unter ihm gedient. Mit einem naiven Lächeln, das nichts Sadistisches an sich hat, sondern eher eine kindliche Zufriedenheit nach einem lustigen Streich ausdrückt, zeigen sie mir ihre Dum-Dum-Geschosse, die sie aus normalen Patronen durch einen Einschnitt an der Spitze gemacht haben. »Prisionerossssss.....«, sagt mir ein Mann und meint damit, daß für jeden Gefangenen schon eine Patrone bereit ist. Das ist Bürgerkrieg in Spanien. Ich gehe davon aus, daß es im Franco-Lager nicht anders ist. Nur, auf beiden Seiten müssen neutrale Korrespondenten schweigen, wenn sie sich nicht in ernsthafte Schwierigkeiten bringen wollen.

Es ist nicht einfach, an ein Abendessen zu kommen, da die Verpflegung rationiert ist; das ist wirklich das erste Zeichen, daß wir uns der Front nähern.

Bei unserer erfolglosen Suche nach Essen treffen wir eine Gesellschaft, die vor einem Café sitzt und Tortillas ißt. Offenbar Ausländer, die uns netterweise einladen, ihr Mahl mit ihnen zu teilen. Sie zögern, ihre Nationalität preiszugeben, aber als ich mich zu ihnen setze, erkenne ich einen von ihnen von Zeitungsphotos als russischen Pressekorrespondenten. Selbst wenn sein Photo nicht in den Zeitungen gewesen wäre, hätte ihm seine Geheimnistuerei nicht viel genützt; jeder hätte

124

ihn an seinem Akzent und den wenigen russischen Worten, die er gelegentlich mit seinen Begleitern wechselte, als Russe erkannt. Aber er scheint sich dem Irrtum hinzugeben, daß außerhalb Rußlands niemand eine Ahnung von Rußland hat. Aus irgendwelchen mir nicht ersichtlichen Gründen scheint er der Meinung zu sein, daß diese Geheimnistuerei in allen Situationen zum Job eines Revolutionärs gehört. Unsere Unterhaltung dreht sich wieder um das anarchistische Problem. Wir stimmen überein, daß die Anarchisten allmählich von ihrem antiautoritären Dogma abrücken und sich in Richtung revolutionärer Diktatur bewegen. »Aber dann«, sagt er, »müssen sie ihre Organisation verlassen und sich den Kommunisten anschließen.« Er kann sich offensichtlich nicht die Möglichkeit vorstellen, daß die Anarchisten – ob Führung oder Basis – eine neue Haltung entwickeln, ohne gleich in den Schoß der Kommunistischen Internationale zu fallen.

Wir fahren weiter durch die Nacht und nähern uns schnell der Front. Es gibt jetzt weniger Dörfer und folglich weniger Wachtposten. Wenn eine feindliche Patrouille durch die vorderen Posten dringen würde, könnte sie die Verbindungen abschneiden und den Verkehr widerstandslos abfangen. In Fraga – bereits in Aragonien – machen wir halt, um zu übernachten.

12. August In Fraga verbrachten wir die Nacht im selben Hotel wie Major Farras, der stellvertretende Kommandeur der katalanischen Streitkräfte. Er ist ein regulärer Armeeoffizier, der 1933 von der Robles-Regierung entlassen und dann von der Generalitat zum Befehlshaber der *Mozos de escuadra* ernannt worden war. Die *Mozos de escuadra* sind ein Polizeikorps, das eigens für den Schutz der katalanischen Regierung ausgewählt wurde. An ihrer Spitze kämpfte Farras im katalanischen Aufstand gegen Madrid im Oktober 1934 und wurde nach der Niederlage zum Tode verurteilt, eine Strafe, die nachher in lebenslängliche Haft umgewandelt wurde. Im Februar 1936 wurde er freigelassen, erneut zum Kommandeur der *Mozos* ernannt, kämpfte im Juli 1936 in Barcelona und übernahm dann seine jetzige Aufgabe. Er gehört zur katalanischen Esquerra und steht in seiner Popularität gleich neben Durutti. In der Unterhaltung erklärt er den Stillstand an der Front: »Aber wir sind mitten in einer Sozialrevolution.« Dieses offene Eingeständnis einer tatsächlichen Sozialrevolution ist außerhalb der anarchistischen Reihen keine übliche Haltung. Nach einigen wenigen Worten gab er die Unterhaltung auf und fing an, lautstark nach dem Essen zu rufen, obwohl dieses unmöglich schon fertig sein konnte. Bei ihm sind eine Reihe von Adjutanten. Sie sitzen alle an einem Tisch und unterhalten sich fröhlich, aber offenbar hat dieser nicht unwichtige Teil des katalanischen Stabs während des ganzen Abends und der Nacht keine Verbindung mit der Front, weder über Telefon noch durch Boten. Wäre irgend etwas vorgefallen, Farras wäre wahrscheinlich stundenlang uninformiert geblieben. Aber er macht den Eindruck eines körperlich äußerst kühnen Mannes.

In Fraga sind wir direkt hinter der Frontlinie; sämtliche Nahrungsmittel sind streng rationiert, die Unterkünfte ebenfalls. Farras mußte sich einschalten (wozu er sich höflich bereit erklärte), um für jeden von uns Essen und ein Bett gegen den wütenden Widerstand des Gastwirts zu verschaffen, der offensichtlich unter den vielen unbezahlten Einquartierungen litt. Er wurde zugänglicher, als er bemerkte, daß wir für unsere Unterkunft zu bezahlen gewillt waren.

Die Dorfkneipe ist voller Bauern. Das Auftauchen von drei Ausländern ist natürlich ein großes Ereignis. Sie beginnen sofort, uns stolz von ihren Bravourstücken zu erzählen. Die meisten von ihnen sind Anarchisten. Einer der Männer erzählt uns mit einer markanten Gestik seiner Finger an der Kehle, daß sie 38 »Faschisten« in ihrem Dorf umgebracht hätten; sie hatten anscheinend viel Spaß dabei. (Das Dorf hat nur ungefähr tausend Einwohner.) Sie hatten keine Frauen und Kinder umgebracht, nur den Priester und sein aktivstes Gefolge, den Rechtsanwalt und seinen Sohn, den Gutsherrn und eine Reihe von reicheren Bauern! Zuerst hielt ich die Zahl 38 für Prahlerei, aber am nächsten Morgen bestätigte sie sich in einer Unterhaltung mit anderen Bauern, von denen einige von dem Massaker überhaupt nicht begeistert waren. Von ihnen erfuhr ich Einzelheiten über das, was passiert war. Nicht die Dorfbewohner selbst hatten die Exekutionen organisiert, sondern die Durutti-Kolonne, die als erste durch das Dorf kam. Sie hatten alle verhaftet, die reaktionärer Aktivitäten verdächtig waren, sie auf einem Lastwagen ins Gefängnis gebracht und erschossen. Sie schickten den Sohn des Rechtsanwalts nach Hause, aber er wollte lieber mit seinem Vater sterben. Auf dieses Massaker hin rebellierten die reichen Leute und die Katholiken des nächsten Dorfes; der Alcalde vermittelte, eine Milizkolonne besetzte das Dorf und erschoß wieder 24 ihrer Widersacher.

Was war mit dem Eigentum der Hingerichteten geschehen? Die Häuser hatte sich natürlich das Komitee angeeignet, die Nahrungsmittel- und Weinvorräte wurden zur Verpflegung der Miliz verwendet. Ich versäumte zu fragen, was aus dem Geld geworden sei. Aber das große Problem waren das Land und die Pachtzinsen, die die Grundherrn bislang von ihren Pächtern erhalten hatten. Zu meiner größten Überraschung war über diese Sache noch keine Entscheidung getroffen worden, obwohl seit den Hinrichtungen schon mehr als zwei Wochen vergangen waren. Sicher war bloß, daß das Land der Hingerichteten genauso wie früher bearbeitet wurde; das Pachtland wurde nach wie vor von den früheren Pächtern bearbeitet; und was vorher Güter waren und von Landarbeitern kultiviert wurde, funktionierte immer noch auf diese Weise; nur daß es statt des Gutsherrn jetzt das Komitee war, das die notwendigen Arbeiten vergab. Alles weitere wurde nur vage angedeutet: Das Komitee würde letzten Endes 50 Prozent der alten Pachtzinsen erhalten, die andere Hälfte erlassen werden; die Hälfte des enteigneten Landes würde unter den ärmsten Bauern aufgeteilt, die andere vom Komitee als Kollektiveigentum des Dorfes betrieben werden. Anscheinend war die Agrarrevolution in diesem Dorf nicht das Ergebnis eines leidenschaftlichen Kampfes der Bauern selbst gewesen, sondern eine fast automatische Folge der Hinrichtungen, die wiederum nichts als Zwischenfälle im Bürgerkrieg waren. Die meisten Bauern waren jetzt von der neuen Situation verwirrt. Einer von ihnen, unter vielen anderen, sagte ganz einfach: »Was weiß ich? Sie werden eine Anordnung darüber treffen.« Ich fragte: »Wer wird etwas anordnen?« »Oh, woher soll ich das wissen? Es wird irgendeine Regierung geben«, entgegnete er. Dies warf ein neues Licht auf die vagen Antworten, die ich Tags zuvor in anderen Dörfern erhalten hatte, als ich Nachforschungen über die Landenteignung und die Abschaffung der Pacht anstellte.

Wir fuhren nordwärts, zum Luftwaffenlager der Saragossa-Front, das ich zweimal besuchte, mittags und am Abend. Es gab keine Luftabwehrwaffen, und als ich danach fragte, war es selbst für einige Piloten überraschend, daß die Rebellen es bisher aus unerfindlichen Gründen versäumt haben, das Lager zu bombardieren. Nachts sah ich Feindsignale, die nicht weit von hier hinter der Frontlinie abgegeben wurden. In meiner Gegenwart diskutierten die Männer darüber, wie ungeschickt es wäre, daß diese zwar jede Nacht auftauchten, aber niemand auf den Gedanken käme, eine Patrouille loszuschicken, um ihnen nachzugehen. Eine kleine, gerade zusammengestellte Miliztruppe kam heute abend in ausgelassenster Stimmung an; sie wurde schnell und ohne Umstände in Zelten auf dem Flugplatz sehr ordentlich untergebracht. Für die meisten dieser Jungen war es die erste romantische Erfahrung eines Zeltlagers, und sie dachten kaum an die ernsteren Seiten des Feldzugs, die möglicherweise noch folgen werden.

Warum war die Luftwaffe im Gegensatz zu allen anderen Truppen weiterhin der Regierung treugeblieben? Die Piloten wurden nach ein paar Jahren Dienst im gewöhnlichen Regiment einzeln für die Flugausbildung ausgewählt, und so zerrissen die Bindungen der Regimentskameradschaft, die die Grundlage für so viele geschlossene Erhebungen des spanischen Militärs gegen verschiedene Regierungen war. Außerdem, wie einer der Piloten betonte, wurden sie nach ihren technischen Fähigkeiten ausgesucht, und dies scheint oft mit einer Linksorientierung Hand in Hand zu gehen. Schießlich ist der moderne Industrialismus schwer mit dem spanischen Typ katholischer Erziehung zu vereinbaren, und eine Begeisterung für Maschinen muß in Spanien, vor allem unter den routinegeplagten Offizieren, immer noch etwas fast Revolutionäres sein. Dieser Pilot war ein liberaler Patriot ohne sozialistische Neigungen, und ich fragte ihn, was er über die sozialen Umwälzungen um ihn herum dächte. »Das wird schon so sein müssen«, war seine Antwort, »jetzt kämpfen wir gemeinsam gegen die Faschisten.« Aber einer seiner Kameraden antwortete bei einer anderen Gelegenheit auf dieselbe Frage schlichtweg: »Führt ins Verderben.« Seine Kumpel besänftigten ihn, obwohl sie gleicher Meinung zu sein schienen. Anscheinend sind diese liberalen Offiziere zwischen ihrer Treue zur Republik und ihrer Abneigung gegen die Anarchisten hin und her gerissen und verzweifeln schier darüber.

Und dann kamen wir zur wirklichen Front. Wir verfehlten sie fast, so klein war sie. Als wir auf der Landstraße nach Huesca nordwärts fuhren, wurden wir im letzten Moment von einem Wachtposten auf der Straße gestoppt; wir wären sonst in das Land der Aufständischen gefahren, ohne es zu bemerken. Wir stiegen den Hügel zum Dorf Alcalá de Obispo hoch und fanden uns zu unserer Überraschung mitten in der Frontlinie wieder. Noch eine Meile davor hatte nichts auf ihre Existenz schließen lassen; dann hatten wir in einiger Entfernung eine Granate explodieren sehen, aber nicht einen Ton gehört. Da war auch keine »Front« mit Schützengräben oder einer ausgedehnten Truppenlinie. Die »Front« bestand aus einer Konzentration von vielleicht dreihundert Mann im Dorf Alcalá mit ein paar Vorposten einen knappen Kilometer voraus. Es gab keinen Kontakt mit der nächsten Milizkolonne, die in einem benachbarten Dorf ein paar Kilometer weiter stationiert war. Dieser Anblick erinnerte mich mit gewissem Vergnügen an die Berichte der ausländischen Zeitungen von blutigen Schlachten, bei denen wir uns Gefechte zwischen Zehntausenden von Mann vorstellten.

Ich brauchte einige Zeit, bis mir klar wurde, daß ich wirklich im Schußfeld der Artillerie war. Aber als der Ruf »in Deckung« erscholl, bemerkte ich, daß etwas passierte. Vom Monte Aragón, einer der Hauptstellungen von Huesca, feuerten die Rebellen auf das, was sie für katalanische Stellungen hielten. Glücklicherweise hatten sie eine vollkommen irrige Vorstellung von der Position dieser Stellungen und zielten mit äußerster Präzision auf eine etwa einen knappen Kilometer von Alcalá entfernte Stelle, an der es – wie die Offiziere erklärten – nichts als Spatzen gab. Eine große Gruppe von Regierungssoldaten stand aufrecht an der ungeschützten Seite des Dorfes und beobachtete den Spaß. Jedesmal wenn wir das Pfeifen einer Granate hörten, wichen wir ein paar Schritte zurück, wurden aber sofort wieder aufs neue beruhigt, wenn sie an der falschen Stelle explodierte.

Tags zuvor hatten die katalanischen Truppen das Dorf Siétamo unter einem wohllancierten Artillerieangriff evakuieren müssen, aber Erkundung scheint nicht die Stärke der Aufständischen zu sein; bis jetzt haben sie die neuen Stellungen noch nicht herausgefunden. Auf katalanischer Seite ist die Artillerieerkundung kaum besser. Ungefähr sechs leichte Feldgeschütze waren vor dem Dorf aufgestellt und feuerten gelegentlich in irgendeine Richtung; zwei Haubitzen standen hinter dem Dorf, aber der Beobachter stand – höchst ungeschickt – auf dem Kirchturm fast direkt vor den Kanonen, und ich glaube nicht, daß der Beschuß dem Feind viel Schaden zufügte. In dieser Kolonne gab es an diesem Tag trotz ganztägigen Bombardements kein einziges Opfer.

Unglücklicherweise wurde meine Besichtigung unterbrochen, weil unser französischer Begleiter fotografierte und sich hierfür nur die Erlaubnis eines Offiziers eingeholt hatte, ohne das politische Komitee der Kolonne zu konsultieren. Die Folge davon war, daß wir nur ein Fünf-Minuten-Interview bekamen und dann sofort weggeschickt wurden. Ich konnte lediglich in Erfahrung bringen, daß diese Kolonne hauptsächlich aus POUM-Miliz bestand, aber teilweise auch aus regulären Offizieren und Mannschaften, die der Regierung treu geblieben waren. Man konnte sie von der Miliz an ihren Uniformen und ihrer starken und offensichtlichen Gleichgültigkeit der ganzen Sache gegenüber unterscheiden. Im Gegensatz zur Miliz hatten sie keine politischen Kommissare, sondern waren durch ihren Kommandeur im Komitee der Kolonne vertreten. Wie mir in Barcelona gesagt worden war, fungieren die Offiziere in den katalanischen Kolonnen nur als technische Berater des Komitees, das die letzte Entscheidungsgewalt innehat.

Wir versuchten, eine andere Kolonne zu finden, bei der wir etwas wohlwollender aufgenommen werden würden, aber wir hatten eine Autopanne und blieben in dem Dorf Seriñena hängen.

13. August Wir sind vierundzwanzig Stunden lang nicht aus Seriñena weggekommen, zuerst zu meinem Ärger und dann zu meiner immer größeren Zufriedenheit. Es war ein richtiger Kampf, die *vales* (Gutscheine) für Essen und Unterkunft zu bekommen, jede Mahlzeit mußte beim lokalen Komitee einzeln beantragt werden. Regelmäßige Verpflegung wird nur für die Bewohner und die Miliz bereitgestellt, aber nach einiger Diskussion wurden wir in den gemeinsamen Speiseraum der Miliz eingeladen, und auf diese Weise lernten wir viele von ihnen kennen.

Nach einer angenehmen Plauderei mit dem Kopf des örtlichen Komitees, einem anarchistischen Bäcker, verließen wir spät nachts den Speisesaal, um uns auf den Weg zu unserer *fonda* zu machen. Als wir gingen, flüsterte der Wachtposten am Eingang dem Präsidenten des Komitees etwas zu, woraufhin dieser uns einlud, mit ihm zur Plaza zu kommen, an der vor ein paar Tagen die Kirche niedergebrannt worden war. Wie überall hatten auch in Seriñena Hinrichtungen stattgefunden. Unter den insgesamt etwa ein Dutzend Opfern hatte sich der öffentliche Notar befunden, in dessen Haus und Büro direkt hinter der Plaza alle Dokumente über Grundbesitz und viele andere finanzielle Angelegenheiten aufbewahrt worden waren. Jetzt wurden diese Papiere mit allen anderen, die man noch in seinem Büro gefunden hatte, in einem riesigen Freudenfeuer mitten auf der Plaza verbrannt, so daß kein gültiger schriftlicher Beweis für die früheren Eigentumsrechte überdauern wird. Die Flammen stiegen bis über das Kirchendach, und junge Anarchisten brachten ununterbrochen Akten aus dem Haus des Notars und warfen sie mit triumphierenden Gesten ins Feuer. Eine Anzahl von Leuten starrte schweigend in die Flammen. Es war auf keinen Fall bloß eine prosaische Vernichtung von ein paar unliebsamen Dokumenten, sondern ein Akt, dem die Teilnehmer eine tiefe Bedeutung beimaßen, weil er als Symbol der Zerstörung der alten ökonomischen Ordnung verstanden wurde.

Wie verhält sich die Realität zu diesem symbolischen Akt? Das Verbrennen von Grundbesitzurkunden hätte logischerweise nur dann konkrete Bedeutung, wenn gleichzeitig der Privatbesitz an solchem Eigentum selbst abgeschafft würde. Nichts dergleichen wurde getan. Das örtliche Komitee unter anarchistischer Führung schaffte die Pacht ab und enteignete vier große Güter mit den dazugehörigen landwirtschaftlichen Maschinen. Bäuerliches Eigentum mit Ausnahme des Besitzes von Hingerichteten blieb unberührt, aber viele Urkunden des Notars mußten sich darauf beziehen. Etwas anderes wurde jedoch erreicht! Im Gegensatz zu Fraga standen die Bauern nicht nur verblüfft vor den Errungenschaften der Revolution, sondern hatten Gebrauch von ihnen gemacht. In der Unterhaltung wurden immer wieder die enteigneten Maschinen erwähnt.

Ich war gegenüber dem vielen Gerede über die Agrarrevolution mißtrauisch geworden und zweifelte daran, daß die Bauern die Maschinen wirklich benutzten, wie einige von ihnen versicherten oder zumindest vage vorhatten. Aber ich konnte mich mit eigenen Augen von der Realität des Fortschritts überzeugen. Am Morgen schnappte ich mir die ersten zwei anarchistischen Burschen, die ich auf der Straße traf, und bat sie, mir die Dreschmaschinen zu zeigen. Sie führten mich zu einer Gruppe von Kornsilos außerhalb des Dorfes. Davor standen vier der enteigneten Maschinen und droschen riesige Berge von Weizen. An jeder von ihnen war eine Gruppe von etwa zehn Bauern am Werk. Man konnte schon an ihrer Kleidung sehen, und in der Unterhaltung bestätigte sich dies, daß sie alle Bauern waren (keine besitzlosen Landarbeiter); gemeinsam droschen sie jeweils den Weizen für einen von ihnen; am nächsten Tag würden sie die Maschine dann zu einem anderen Kornspeicher bringen, um den Weizen des nächsten Gruppenmitglieds zu dreschen. Die Arbeit lief rasch von der Hand, die Gesichter strahlten, und soweit ich das beurteilen konnte, wurden die Maschinen fachmännisch gehandhabt. Ein Mechaniker aus dem Dorf stand für Reparaturen zur Verfügung. Alles deutete darauf hin, daß die Übereinkunft, die enteigneten Maschinen kollektiv zu nutzen, ohne jeden Zwang zustandegekommen war; es gab andere Getreidespeicher, in denen Leute mit ihren veralteten Geräten arbeiteten und offen eingestanden, daß sie die Arbeit nicht den Maschinen überlassen wollten; die meisten von ihnen gehörten zur älteren Generation. Das Komitee beabsichtigte, mit den Maschinen die Ernte der enteigneten Güter zu dreschen, sobald die Bauernkollektive mit ihrer Arbeit fertig waren; diese Ernte sollte dann als Weizenvorrat für die Miliz verwendet und in der Kirche gelagert werden.

Um es zusammenzufassen: Wie in Fraga gab es auch in Seriñena ein starkes politisch indifferentes Element und einen aktiven anarchistischen Kern, meistens aus der jüngeren Generation. In Fraga hatte dieser Kern unter dem Einfluß der Kolonne Durutti an der Tötung einer beachtlichen Zahl von Leuten aus dem Dorf mitgewirkt, aber sonst nichts erreicht. In Seriñena gab es ebenfalls einen harten Kern, doch waren diese Leute den eigenen Einfällen überlassen, denn vor dem Dorf lag nicht eine anarchistische, sondern eine POUM-Kolonne, und das Verhältnis zwischen dem anarchistischen Dorf und der POUM-Miliz war alles andere als gut. Dessen ungeachtet hatte der anarchistische Kern aber mit viel weniger Blutvergießen beträchtliche Verbesserungen für die Bauern erzielt und war dennoch klug genug, den zögernden Teil des Dorfes nicht zur Umkehr zwingen zu wollen, sondern abzuwarten, bis das Beispiel der anderen Schule machen würde.

Als wichtige Folge davon war das Verhältnis der Bauern zu einem Teil der Dorfintelligenz ausgesprochen gut. In den Straßen von Seriñena traf ich zum erstenmal seit vielen Tagen einen »bourgeois« gekleideten Mann; er war von einer großen Gruppe Bauern umgeben und sprach freundlich und angeregt mit ihnen. Er machte den Eindruck eines höheren katalanischen Beamten, stellte sich aber als der Tierarzt des Dorfes heraus. Offenbar hatte er keine Angst davor, seine bourgeoise Erscheinung beizubehalten. Später traf ich seine Tochter; sie arbeitete als Schwester in dem für die Miliz im Dorf improvisierten Krankenhaus. Ganz offensichtlich leistete sie dort kompetentere Arbeit als die freiwilligen Schwestern aus Barcelona und war sehr stolz auf ihren Beitrag für die Revolution. Es scheint viele Intellektuelle zu geben, die trotz ihrer katalanisch-nationalistisch politischen Gesinnung aus ganzem Herzen mit den Anarchisten zusammenarbeiten; andere, etwa die Luftwaffenangehörigen, die ich traf, sind zurückhaltender.

Für einen improvisierten Betrieb machte das Krankenhaus einen recht anständigen Eindruck. Es unterlag der Verantwortung des örtlichen Arztes, aber als ich es besichtigte, waren nur vier von sechzehn Betten mit kranken Patienten belegt. Das angrenzende Verwundetenlazarett hatte nur einen zu behandeln. Dieser Krieg fordert jedenfalls nicht viele Opfer; nur die Massaker im Hinterland tun das.

14. August Gegen Nachmittag des 13. August war unser Auto endlich wieder vollständig repariert, und wir erreichten Leciñana, das Zentrum der größeren der zwei POUM-Kolonnen an der Saragossa-Front. Wir wurden mit äußerster Freundlichkeit von ihrem Führer, Grossi, empfangen, und man bot uns sämtliche Möglichkeiten, die Ereignisse zu beobachten. Die Situation ist hier dieselbe wie in Alcalá; ein paar Hundert im Dorf zusammengedrängte Milizionäre, einige Vorposten weiter vorn, aber kein Kontakt mit dem nächsten, von katalanischen Truppen besetzten Dorf. Grossi nahm uns sofort mit zu den Vorposten. Sie waren etwa einen knappen Kilometer außerhalb des Dorfes auf einer Hügelgruppe postiert. Die Stabsoffiziere wollten in der Nachmittagshitze nicht zu Fuß gehen. Ich dachte bei mir, daß dies sicherer gewesen wäre, als zu den Vorposten hinaufzufahren, aber wir fuhren in zwei Autos durch die offene staubige Ebene, und die Front war so ruhig, daß selbst unter den Augen des Feindes nicht die geringste Gefahr bestand, obwohl er das nächste Dorf hält und uns leicht sehen könnte. Einige der Vorposten sind hinter Felsen versteckt, ein paar haben sich selbst flache Schützengräben ausgehoben; kein Stacheldraht. Jeder Posten hat ein mit Zweigen getarntes Maschinengewehr. Sie waren seit fünf Tagen (!) nicht mehr abgelöst worden, aber so unbequem war ihr Leben gar nicht; sie hatten die Gräben mit ihren Matratzen gepolstert! Leciñana war letzte Woche in einem nächtlichen Überraschungsangriff genommen worden, und seitdem wurde sehr wenig gekämpft.

Zurück in Leciñana, veranlaßte Grossi die Ablösung der Vorposten. Die ganze aus vier *Centurias* (Hundertschaften) bestehende Kolonne wurde auf die Plaza gerufen, und Grossi wandte sich mit einer kurzen Rede von einem Balkon aus an sie; sagte ihnen, daß die Dinge besser geordnet werden müßten und daß die Vorposten jetzt abgelöst werden sollten. Eine Stunde später leitete er die Ablösung selber und blieb die ganze Nacht draußen bei ihnen. Die Versammlung auf der Plaza machte einen eher pittoresken als militärischen Eindruck. Nicht das leiseste Anzeichen militärischer Disziplin war zu entdecken, nicht einmal der Versuch, geordnete Reihen zu bilden. Nur sehr wenige Uniformen waren in dem vielfarbigen Mosaik der verschiedensten Kostüme auszumachen, die einen erfreulichen Anblick für einen Künstler boten, aber einen weniger reizenden für einen Offizier. Schlimmer ist, daß offensichtlich nicht der geringste Versuch unternommen wird, diesen zusammengewürfelten Haufen zu organisieren, zu disziplinieren und auszubilden. Es gäbe reichlich Gelegenheit dazu, denn der Bereich hinter der Front bietet sich als ideales Übungsgelände an, und die Milizionäre haben in den langen Zeiträumen zwischen den Operationen nichts zu tun und langweilen sich zu Tode. Grossi ist ein etwas rauher Typ, aber im Grunde findet man Gefallen an ihm, und sicher erfreut er sich der persönlichen Loyalität seiner Kolonne. Zweifellos ist er mutig, als asturischer Bergarbeiter ein alter Routinier in Sachen Revolution und er weiß, wie man mit den Massen psychologisch umgeht. Aber als Organisator ist er unzulänglich, und er macht sich vom Job des Kriegführens keine Vorstellung. Zwischen ihm und seinem militärischen Berater besteht offene Rivalität. Ein derartiger Zustand ist durchaus üblich und führt natürlich zu beträchtlicher Unordnung. Die Soldaten hockten mangels vernünftiger Beschäftigung in den Tavernen herum.

Hier unter den Milizionären trafen wir die einzige Frau der

Kolonne. Sie war nicht aus Barcelona, sondern kam aus Galizien, war mit einem *Asalto* verheiratet gewesen, von dem sie sich dann getrennt hatte, und nun ihrem Geliebten an die Front gefolgt. Obwohl sie sehr gut aussah, schenkten ihr die Milizionäre keine besondere Aufmerksamkeit, da alle wußten, daß sie zu ihrem Liebsten gehörte, und eine solche Verbindung ist unter den Revolutionären mit einer Ehe gleichbedeutend. Jeder einzelne Mann in der Miliz war jedoch sichtlich stolz auf sie, denn sie hatte anscheinend sehr viel Mut bewiesen, als sie stundenlang unter Beschuß auf einem vorgeschobenen Posten mit nur zwei Begleitern aushielt. »War das eine sehr unangenehme Erfahrung?« fragte ich sie. »No, solo me da entusiasmo« (»Nein, mich hat das bloß begeistert«), antwortete das Mädchen mit leuchtenden Augen: Und ihrer ganzen Ausstrahlung nach glaubte ich ihr auch. An ihrer Position unter den Männern fand niemand etwas Außergewöhnliches. Einer von ihnen spielte Akkordeon und stimmte *La Cucaracha* an; sie fiel sofort in die entsprechenden Tanzbewegungen und die anderen stimmten mit in das Lied ein. Nach diesem Zwischenspiel war sie einfach wieder Kamerad unter anderen. Die ganze Situation dieses einzigen Mädchens unter einem Haufen von Männern war um so bemerkenswerter, da die Milizionäre von den Dorfmädchen, die der strengen spanischen Tradition gemäß sich weigerten, mit Fremden auch nur ein Wort zu wechseln, vollkommen isoliert waren. Einige der Krankenschwestern waren in ihren moralischen Grundsätzen weniger strikt.

Ich verbrachte die Nacht zusammen mit einigen ausländischen Freiwilligen in einem leerstehenden Haus eines Feindes. Das Haus war in einem schrecklichen Zustand. Alle Schränke waren aufgebrochen und ihr Inhalt – Tücher, Bücher, Kleider, religiöse Gegenstände, Kinderspielzeug – willkürlich auf dem Boden im ganzen Haus verstreut, was den Eindruck vermittelte, als wäre es ausgeraubt worden, obwohl es nicht wirklich geplündert worden zu sein schien. Es war für die Milizionäre selbst unbequem, aber sie taten nichts, um etwas Ordnung hinein zu bringen. Diese mangelnde Ordnung in ihren Quartieren muß etwas Demoralisierendes sein.

Der Morgen war ziemlich aufregend. Zuerst wurde auf einen Milizionär geschossen, und es begann eine nervöse Sucherei in einem Teil des Dorfes. Der Milizionär glaubte – zu Recht oder Unrecht –, daß ein versteckter »Faschist« auf ihn geschossen hätte. Dann flogen drei feindliche Flugzeuge über uns hinweg, und die ganze Kolonne drängte sich zusammen mit dem halben Dorf sinnvollerweise auf die Plaza, um sie zu beobachten. Grossi, gerade von seiner Nachtwache zurück, befahl, die Maschinengewehre aufzustellen, für die es aber nichts zu tun gab, da die Rebellen zum erstenmal seit vielen Tagen das Dorf nur überflogen, ohne es zu bombardieren. Soweit ich ausmachen konnte, waren ihre bisherigen täglichen Bombardements äußerst wirkungslos gewesen. Im Dorf gab es nur Spuren eines einzigen Treffers zu entdecken; das Loch war so flach, daß man es nicht als Hinterlassenschaft einer Bombe erkannt hätte, wäre man nicht darauf aufmerksam gemacht worden. Offensichtlich war das feindliche Bombenmaterial von recht bescheidener Qualität. Aber vor einigen Tagen war ein Bauer von einer Bombe getötet worden, als er im Niemandsland in aller Ruhe seiner Ernte nachging; die Frau weinte immer noch: »Oh, Señor, dieser schreckliche Krieg. Sie haben einen unserer Männer auf dem Feld getötet.« Dies war der einzige Vorfall, der sich in Leciñana seit vielen Tagen ereignet hatte.

In Leciñana gab es eine Gruppe von Deserteuren aus dem Lager der Aufständischen. Es waren lauter reguläre Soldaten, die von der Revolte während ihres Militärdienstes überrascht worden waren, und alle waren sie Sozialisten oder Anarchisten gewesen, bevor man sie zu Soldaten machte. An der ganzen Front schien es viele solcher Deserteure zu geben, die alle früher irgendeiner revolutionären Organisation angehört hatten. Gewöhnliche Gefangene werden überall sofort erschossen. Die Deserteure mußten dieses Risiko eingehen, um ihrer politischen Überzeugung gemäß zu leben; als sie in den Stellungen der Regierung ankamen, mußten sie ihre Identität als Mitglied einer antifaschistischen Organisation nachweisen. Die Deserteure sprachen ausführlich darüber, daß die Rebellenführer den regulären Soldaten mißtrauen und zögern, sie in Frontstellungen einzusetzen. Indes scheint im Rebellenlager kein Druck ausgeübt zu werden, um Soldaten zur Teilnahme an Gottesdiensten zu zwingen.

Auf dem Rückweg kamen wir durch das Dorf Alcubierre, das von den Katalanen eingenommen worden war, von den Aufständischen zurückerobert und wieder von den Regierungsstreitkräften genommen wurde. Die Aufständischen hatten nach der Rückeroberung, so wurde mir gesagt, die aktivsten Anarchisten und Sozialisten umgebracht – acht bis zehn insgesamt. Es war ungefähr die Zahl, die von den Regierungstruppen während ihrer Besetzung hingerichtet worden war.

Wir kamen spät nachts in Barcelona an, mit Ausnahme von Mr. J. Cornford, der sich in Leciñana als Freiwilliger gemeldet hatte.

15. August Mein englischer sozialistischer Begleiter besuchte die Front zur selben Zeit, nur mit einer anderen Gruppe, und war unter anderem in Tardienta gewesen, wo die PSUC-Kolonne ihr Hauptquartier hat. Er hörte dort eine Horrorgeschichte, die schwer zu glauben, aber trotzdem wahr zu sein scheint. Als die PSUC-Miliz Tardienta erobert hatte und die übliche Säuberung von »Faschisten« vornahm, fiel ihnen eine beträchtliche Menge an Geld, Juwelen und anderen Wertgegenständen in die Hände. Sie schickten ein gut bewachtes Auto mit diesen Gegenständen nach Barcelona, um sie den Behörden auszuliefern. Die Wachtposten, so scheint es, hatten nur ihre persönlichen Dokumente mit sich, aber keinerlei Bescheinigung über die mitgeführten Schätze. Wie auch immer, an der nächsten Kreuzung wurden sie von einem POUM-Posten angehalten, ihr Auto durchsucht, die Erklärung der Wachen über den Inhalt nicht akzeptiert, die Wachen der nächsten POUM-Kolonne ausgeliefert und allesamt als Räuber erschossen. Die Särge wurden – um den Schrecken noch abzurunden – nach Tardienta zurückgeschickt, wo sie ein feierliches Begräbnis bekamen. Trotzkisten gegen Stalinisten!

Mein Begleiter, nicht unbedingt ein Freund der Anarchisten, hatte die Kolonne Durutti besucht und kam aufs äußerste angeekelt zurück. Es ist nicht zu leugnen, daß sie ohne Rücksicht auf das eigene Leben und im blinden Vertrauen auf den unbegrenzten Nachschub an Rekruten aus dem anarchistischen Proletariat Barcelonas weiter in Richtung Saragossa vorgedrungen waren als jede andere Kolonne. Schließlich wurden sie vom zentralen Kommando unter Oberst Villalba aufgerufen, damit aufzuhören, menschliches Leben sinnlos zu opfern, und nach einigem Hin und Her wurde Durutti dazu bewegt, nicht weiter vorzudringen. Soweit die Erzählung meines sozialistischen Freundes. Ich kann mir nicht helfen, aber seinen Schlüssen gegenüber bin ich skeptisch. Nach dem, was ich an der Front gesehen hatte, waren die anderen Kolonnen nicht vom übertriebenen Wunsch beseelt, sich aufzuopfern, und es gab praktisch keinerlei Verluste. Auf diese Weise würden die Katalanen nie nach Saragossa hineinkommen. Möglicherweise hat Durutti im anderen Extrem gesündigt, aber dann wäre es notwendig, einen mittleren Weg zwischen sinnloser Aufopferung und ineffektiver Furchtsamkeit zu finden. Vom Blickpunkt der ganzen Front aus gesehen, wäre der fanatische Stoß der Kolonne Durutti sicher ein Gewinn, wenn er richtig genutzt würde.

Aber was mein Begleiter über die *Politik* der Kolonne Durutti zu sagen hatte, war wirklich unangenehm. Es scheint, als hätten sie mitten im Begeisterungssturm der Bauern für die republikanische Sache das eigenartige Geheimnis entdeckt, wie sie den Haß auf sich ziehen können. Das Dorf Pina mußten sie aus keinem anderen Grund verlassen als dem unterschwelligen Widerstand der Bauern, den zu überwinden. sie nicht in der Lage waren. Anscheinend waren sie sowohl mit Requirierungen für die Miliz als auch mit Hinrichtungen von echten und angeblichen »Faschisten« derart rücksichtslos, daß sie fast eine Rebellion des Dorfes provoziert hätten. Die Hinrichtungen dauern auch immer noch an. Sie gehören, so sagt man, zu den mehr oder weniger regelmäßigen Aktivitäten von Duruttis Leuten. Mein Freund wurde eingeladen, einer solchen zuzusehen – als ob das ein angenehmer Anblick wäre.

Nachdem ich die Front gesehen habe, bin ich überrascht von

dem Mangel an Realitätssinn bei den Überlegungen aller politischen Gruppen. Sie gründen sich alle auf den nahenden Fall Saragossas, während in Wirklichkeit nichts ferner liegt als gerade das. Folglich scheint es mir unfair von der POUM, in privaten Gesprächen die Regierung zu beschuldigen, sie würde in verräterischer Absicht die Operationen behindern. Ginge es um die Angst vor dem, was die Anarchisten nach dem berühmten Fall von Saragossa möglicherweise machen werden, wäre das nur verständlich. Aber es ist offensichtlich, daß nichts dergleichen passieren wird; nicht wegen Verrat auf höheren Ebenen, sondern aus reiner Ineffizienz und Inkompetenz auf der ganzen Linie. Es bedürfte schon der heroischen Anstrengungen einer Gruppe von sehr fähigen Offizieren und Politikern, um all die offen zutage liegenden Mängel der Miliz zu überwinden; aber solche Offiziere und Politiker stehen nicht zur Verfügung. Aber wenn sowohl das Mißtrauen der POUM als auch die Begeisterung der Anarchisten ungerechtfertigt sind, dann sind es auch die Ängste der PSUC und der Republikaner, die gleichermaßen von großen Erfolgen in naher Zukunft ausgehen. Das Gegenteil wird eintreten, wenn nichts getan wird, um bestehende Mängel zu beheben. Um sie zu überwinden, müssen alle Parteien zusammenarbeiten. Aber bevor dies soweit ist, müssen die Anarchisten und die Sozialisten ihren gegenseitigen Haß überwinden, und die Anarchisten müssen von ihrem antiautoritären Dogma lassen. Wird so etwas passieren? Vielleicht unter dem Druck offenkundiger Fehlschläge; die Anarchisten haben sich bereits sehr verändert.

16. August Ein Sonntag am Strand, überfüllt mit gutgelaunten Menschen, die nicht im geringsten an das denken, was sich um sie herum abspielt. Nur haben diese einst so schicken Orte all ihr früheres Gepräge verloren, das Milieu ist durch und durch proletarisch geworden.

17. August Die Leute können einen manchmal wirklich verblüffen. Maßgebliche Mitglieder der PSUC äußern die Meinung, daß in Spanien überhaupt keine Revolution stattfindet; und diese Männer (mit denen ich eine ziemlich lange Diskussion führte) sind nicht – wie man vermuten würde – alte katalanische Sozialisten, sondern ausländische Kommunisten. Spanien sei, erklären sie, mit einer einzigartigen Situation konfrontiert: die Regierung kämpfe gegen ihre eigene Armee. Und das sei alles. Ich verwies auf die Tatsache, daß die Arbeiter bewaffnet seien, daß die Verwaltung in die Hände revolutionärer Komitees gefallen sei, daß Menschen zu Tausenden ohne Gerichtsverfahren hingerichtet würden, daß Fabriken wie Landgüter enteignet und von ihren früheren Arbeitern betrieben würden. Was hieße Revolution, wenn nicht das? Ich wurde belehrt, daß ich einem Irrtum unterläge, all dies habe keine politische Bedeutung; das seien alles nur Notstandsmaßnahmen ohne politischen Gehalt. Ich spielte auf die Haltung des kommunistischen Hauptquartiers in Madrid an, das die gegenwärtige Bewegung als »bürgerliche Revolution« beschrieb; zumindest ein Zeichen, daß es eine Revolution sei. Aber meine PSUC-Kommunisten zögerten nicht, ihr Hauptquartier zu verleugnen. Ich frage mich, wie es sein kann, daß Kommunisten, die seit fünfzehn Jahren auf der ganzen Welt revolutionäre Situationen entdeckt haben, wo keine waren, und damit gewaltiges Unheil angerichtet haben, jetzt keine Revolution erkennen, wenn in Europa zum erstenmal seit der russischen Revolution von 1917 wirklich eine stattfindet. Genau betrachtet, wird die PSUC genauso viele ihrer seltsamen Vorstellungen aufgeben müssen wie die Anarchisten, bevor eine Verständigung möglich sein wird. Erfolg oder Mißerfolg einer solchen Verständigung wird jedoch das Schicksal der Revolution entscheiden. Die spanische Revolution, ganz anders als die französische oder die russische, kann ihre Probleme nicht durch den bewaffneten Kampf zwischen den revolutionären Flügeln austragen, zumindest nicht im gegenwärtigen Augenblick. Dafür ist Franco zu stark, und jeder offene Bruch im revolutionären Lager würde ihm den sofortigen Sieg in die Hände spielen. Das ist es, was zur Zeit antagonistische Gruppen wie die PSUC und die Anarchisten zusammenhält. Aber sie tun ihr möglichstes, um ein Chaos heraufzubeschwören.

Ein kommunistischer Abgeordneter und Mitglied des Zentralkomitees der Partei in Madrid, Jesús Hernández, hatte einer französischen nicht-sozialistischen Zeitung (*Paris Midi*, wenn ich mich nicht irre) ein Interview gegeben, in dem er mit Schimpf und Schande über die Anarchisten herzog, offen aussprach, daß die Kommunisten nach der Niederlage Francos mit den Anarchisten kurzen Prozeß machen würden (obwohl bei den gegenwärtigen Kräfteverhältnissen das genaue Gegenteil wahrscheinlicher ist) und sie anklagte, sich hinter der Front zu halten und unschuldige Leute umzubringen usw. usw. Einer der Anarchisten in meinem Hotel, ein Franzose, professioneller Terrorist und nicht gerade ein angenehmer Typ, begann, als er die Neuigkeit hörte, mit blutrünstiger Stimme auf einen Journalisten einzureden: »Cet homme qui a écrit ces saloperies ne doit pas vivre, ne va pas vivre; où qu'il aille on va savoir le trouver. Nous allons nous débarrasser de ces salauds«*, und vieles mehr im selben Ton und mit einem Ausdruck in den Augen, der keinen Zweifel an seiner Entschlossenheit ließ.

18., 19. und 20. August Ich fühlte mich erschöpft und machte ein paar Tage Ferien in Sitges, früher der eleganteste katalanische Strand, jetzt aber ein ziemlich verlassener Ort. In gewöhnlichen Zeiten lebt Sitges hauptsächlich von reichen Touristen; seine Weinberge sind durch Schädlingsplagen verwüstet worden. Die Atmosphäre war dementsprechend angespannt, weit unangenehmer, als ich sie in allen anderen Dörfern empfunden hatte, obwohl die Dinge an der Oberfläche wirklich sehr ruhig wirkten. Ein paar Wochen vor dem Bürgerkrieg hatte die Generalitat eine neue öffentliche Bibliothek in einem netten öffentlichen Gebäude eingerichtet, und der Leseraum war jetzt mit lesebegierigen jungen Leuten überfüllt, sowohl Jungen als auch Mädchen und offenbar Kinder des weniger wohlhabenden Teils der Bevölkerung, die

---

* »Dieser Mensch, der diese Schweinereien geschrieben hat, darf nicht mehr leben, wird nicht mehr leben. Wo immer er hingeht, wir werden ihn finden. Wir werden uns diese Schweine schon vom Halse schaffen« (Übers. d. Red.).

heftig gegen die Störung protestierten, die meine paar Worte wegen einer Auskunft von der Aufsicht in den Raum brachten. Aber dies waren Überbleibsel einer glücklicheren Vergangenheit.

Dutzende von Villen waren enteignet worden und stehen verlassen da. Was war aus den Eigentümern geworden? Nach meiner Rückkehr nach Barcelona erfuhr ich, daß man ihre Frauen zur Verrichtung von niederen Arbeiten zwang, etwa der Miliz die Wäsche zu besorgen; ein Vorgehen, so glaube ich, das in ganz Spanien einzigartig ist. Man muß es den Spaniern hoch anrechnen, daß sie die Frauen von Männern, die eingesperrt oder erschossen wurden, kaum jemals belästigten. Hier war es anders.

Ich persönlich hatte während meines Aufenthaltes keine Schwierigkeiten, aber als ich abreiste, wurde mein Gepäck am Bahnhof von einer Frau der Miliz in einer eindeutig feindlichen Haltung durchsucht; sie schien meine Sachen soweit sie nur konnte beschädigen zu wollen. Aber um es nochmals zu sagen, im ganzen restlichen Katalonien hatte man die Maßnahme, auf den Bahnhöfen das Gepäck zu durchsuchen, nach den ersten Tagen aufgegeben.

Eines Nachmittags wurden am Strand religiöse Gegenstände verbrannt – wiederum ein trauriges Schauspiel. Das Komitee hatte angeordnet, daß jeder seine Devotionalien wie Bilder, Heiligenfiguren, Meßbücher, Talismänner ausliefern sollte, um sie öffentlich zu verbrennen. Da gingen nun die Frauen hin mit ihren niedlichen kleinen Sachen, die sie so verehrten; die meisten von ihnen mit offensichtlichem Widerwillen, manche nahmen gar noch mit traurigem Blick einen letzten Abschied von dem, was vielleicht weniger ein Gegenstand von religiösem Wert gewesen war als der Stolz der Familie, ein Teil des Familienalltags. Ich konnte überhaupt nicht erkennen, daß irgend jemand Spaß daran hatte, mit Ausnahme der Kinder. Sie betrachteten das alles als großen Spaß, schnitten den Figuren die Nasen ab, bevor sie sie ins Feuer warfen, und stellten allerlei Unfug an. Es war abstoßend und offensichtlich höchst unpolitisch. Ein solcher Akt erweckt eher die Treue der Menschen zu ihrem katholischen Glauben, als daß

143

er sie auf diese Weise zerstört. Ich glaube nicht, daß alle revolutionären Komitees Dekrete über Haushalts-Devotionalien erlassen.

Eines Nachts war aus Richtung Mallorca deutlich der Lärm von schwerem Beschuß zu hören. Aber am Strand herumstehende Fischer weigerten sich zuzugeben, daß sie irgend etwas gehört hatten, da sie offensichtlich Angst hatten, durch ein unüberlegtes Wort in Schwierigkeiten zu kommen. Also wurden wohl nicht nur die Reichen, sondern auch die Armen terrorisiert. Und das Schlimmste war, daß für die Armen kaum etwas besser zu werden schien. Diese Fischer mußten immer noch ihren Herren dienen; im Fischhandel hatte sich nichts verändert. Die Arbeit des Komitees schien sich in allen möglichen Arten von kleinen Tyranneien zu erschöpfen. Meiner Ansicht nach ist dies ein Ausnahmefall, der auf die Tatsache zurückzuführen ist, daß in einem Ort wie Sitges die Revolution unter der Mehrheit der Bevölkerung keine Unterstützung finden kann und unvermeidlich in die Hände einer Gruppe von Leuten zweifelhafter Integrität oder Fähigkeit fallen muß.

21. August Verbrachte den Vormittag in Barcelona. Eine englische Milizionärin der POUM erzählt mir von Tosas, einem anderen Erholungsort am Meer, wo sie einige Zeit vor und während des Bürgerkriegs verbracht hatte. Wie in Sitges wurden auch dort auf Betreiben des Komitees eines benachbarten Dorfes Verbrennungen von religiösen Gegenständen durchgeführt. Sie hatte den Eindruck, daß die Bäuerinnen sich sehr ungern von ihren religiösen Gegenständen trennten, aber hinterher gingen sie mit der Überzeugung weg, daß der Katholizismus nun an sein Ende gelangt war; sie hörte sie Dinge sagen wie: »San José ha muerto« (»Der hl. Josef ist tot«). Am nächsten Tag schaffte das Dorf selbst den Gruß »Adiós« (mit Gott) ab – »Weil es jetzt keinen Gott mehr im Himmel gibt.« Es gab zwei Priester im Dorf, der eine fanatisch und streng, der andere lax in jeder Hinsicht und besonders bei den Mädchen des Dorfes. Letzterer war seit Beginn der Revolution vom Dorf versteckt worden, während der im ganzen Dorf als Verbündeter der Reaktionäre verhaßte »gute« Priester zu fliehen versuchte und sich beim Sturz von einem Felsen das Genick brach. Wie in anderen Orten wußten auch in Tosas die Bauern mit dem Land der hingerichteten Regierungsfeinde nichts anzufangen.

Am Nachmittag fuhr ich mit einem regulären Zug nach Valencia; er führte erste und zweite Klasse sowie einen Speisewagen und kam pünktlich an.

Zwei Tage in Valencia Dies ist die Geschichte des Aufstands in Valencia: Der örtliche Kommandeur, General Monje, nahm eine zögernde Haltung ein und wartete das Ergebnis des Aufstands in anderen Orten ab, bevor er übergab. Die Madrider Regierung sandte eine aus drei Mitgliedern bestehende *Junta delegada* nach Valencia unter der Führung von Martínez Barrio, dem Präsidenten der Cortes und einem der Chefs des rechten Flügels der Volksfront; sie sollte die Verwaltung übernehmen. Martínez Barrio versuchte zuerst mit General Monje zu verhandeln, ohne die lokale UGT und CNT mit in die Verhandlungen einzuschalten. Monje und Martínez Barrio hatten eine Gemeinsamkeit; beide waren sie Freimaurer, und Martínez Barrio rechnete dies für die Verhandlungen als einen Pluspunkt für sich. Aber Monje ebenso. Valencia war bereits von Gebieten umgeben, die den Aufstand unterdrückt hatten; Monje hatte kaum Chancen, einen militärischen Kampf zu gewinnen, und Verhandlungen lagen zu diesem Zeitpunkt mehr in seinem Interesse als in dem seiner Gegner. Nach einigen Tagen fuhr Martínez Barrio mit den Monje vorgeschlagenen Bedingungen für ein Abkommen in der Tasche nach Madrid zurück. Anstatt den General sofort zum Gehorsam zu rufen, hatte man ihn behandelt, als wäre er berechtigt, seinerseits zu verhandeln. Was waren die Bedingungen, die er der Regierung stellte? Sie sind nicht veröffentlicht worden, aber einer Version zufolge zielten sie auf nichts Geringeres als den Rücktritt der gegenwärtigen Regierung und die Bildung einer neuen, die zwischen Franco und der Republik vermitteln sollte und der Monje (ein General, der immerhin in den Militärputsch verwickelt war) und, dieser Version zufolge, Martínez Barrio angehören sollten. Ob dies die von Martínez Barrio nach Madrid überbrachten Vorschläge waren oder nicht, es kam jedenfalls zu nichts dergleichen. Die Verhandlungen zwischen Madrid und General Monje zogen sich hin, und in der Zwischenzeit nahm die revolutionäre Bewegung in der Stadt eine rasche Entwicklung. CNT, UGT und die lokalen Republikaner bildeten ein *Comité Ejecutivo Popular*, stellten eine Arbeitermiliz auf und weigerten sich, zunächst die Verhandlungen und später dann jegliche Order von Madrid zur Kenntnis zu nehmen. Als Martínez Barrio nach Valencia zurückkehrte, fand er eine vollkommen veränderte Situation vor. Das Comité Ejecutivo Popular lehnte es offen ab, seine Autorität anzuerkennen. Während er wiederum versuchte, ein friedliches Abkommen zu erzielen, stellte das Comité den Truppen ein Ultimatum. Nach Ablauf erlaubte man einigen Truppen, ihre Kasernen zu verlassen und nach Hause zu gehen, und der Rest der Garnison wurde nach einigen weiteren Auseinandersetzungen von der Miliz mit Gewalt besiegt. Sie stürmten die Kasernen, die Besatzung leistete kaum oder keinen Widerstand, die meisten Offiziere wurden massakriert. Martínez Barrio mußte Valencia verlassen und ging nach Albacete, einer kleinen Stadt zwischen Valencia und Madrid, die einige Tage vorher von den Republikanern zurückerobert worden war. In Barcelona spricht man jetzt von Valencia als der »Stadt, in der die Arbeiter regieren«. Es scheint, daß dort eine Art lokaler proletarischer Diktatur existiert, die sich aus dem Bruch zwischen dem lokalen Komitee und der Zentralregierung in Madrid ergeben hat.

22. August Die Vorstellung, die ich in Barcelona über die Situation in Valencia gewonnen hatte, war vollkommen falsch. Konstitutionell könnte Valencia heute fast schon eine unabhängige Sowjetrepublik sein. Aber in sozialer Hinsicht ist Valencia weitaus weniger »sowjetisch« als Barcelona und bleibt eine durch und durch »kleinbürgerliche« Stadt. Es gibt weit weniger bewaffnete Miliz als in Barcelona, weniger Enteignungen und Arbeiterkontrolle über die Geschäfte, seltener rote Flaggen und dafür häufiger Banner in den Farben Spaniens und Valencias. Die Autos gehören häufiger irgendeiner regulären staatlichen Behörde als den Arbeiterkomitees und Gewerkschaften. In den Straßen sieht man mehr elegante, gut gekleidete Leute und gleichzeitig auffallend viele Bettler, während es in Barcelona aufgrund der neugebildeten Hilfskomitees fast keine gibt. Valencia hat keinen solchen sozialen Aufruhr erlebt wie Barcelona, sondern nur einen kurzen Kampf mit der Garnison, der aus lokalpolitischen Gründen zu einer Art regionaler Unabhängigkeit geführt hat. Und das ist alles.

Was sind die lokalen Kräfte der revolutionären Bewegung? Sie scheinen in jeder Hinsicht schwächer zu sein als in Barcelona. Nur in Valencia kann man, im Vergleich, die Bedeutung des katalanischen Nationalismus, der Esquerra, verstehen. In Katalonien sind die Angehörigen der unteren Mittelklassen, die Ladenbesitzer, Handwerker, Intellektuellen über die Esquerra an der Bewegung beteiligt; für sie ist der Kampf gegen Franco der Kampf der Katalanen für ihre nationalen Forderungen. In Valencia gibt es ebenfalls eine regionale Bewegung, die eine Verwaltungsautonomie für die drei Provincen der Region Valencia und die Gleichberechtigung zwischen dem dortigen Dialekt und der kastilischen Sprache fordert. Aber sie ist eine schwache Bewegung. Folglich bleibt die ganze Schicht der Kaufleute aller Art (die in einer Stadt wie Valencia, in der es viel Handel, aber keine eigentliche Industrie gibt, von höchster Bedeutung sind) gleichgültig oder feindselig. In der reichen *Huerta de Valencia*, mit ihren Orangenplantagen und Reisfeldern, ihrem wohlorganisierten Bewässerungssystem – einem Erbe aus den Zeiten der Araber – und mit ihren reichen Bauern scheint die Lage für die Revolutionäre sogar noch schlimmer zu sein. Die *Huerta* wird nicht von einer elenden Bevölkerung faktischer Leibeigener bewohnt, die unter der Knute von ein paar Kaziken steht; noch in den Februarwahlen stimmten viele Dörfer für die Rechten, und von dem Achselzucken, mit dem Fragen über die *Huerta* beantwortet werden, bekommt man den Eindruck, daß sie ein immer noch unzuverlässiges Gebiet ist.

Von den Elementen, die die revolutionäre Bewegung unterstützen, sind die Anarchisten zweifellos das stärkste. Sie

147

beherrschen den Hafen, haben aber ebenso unter den Transportarbeitern, Bauarbeitern und den Arbeitern allgemein das Übergewicht. Die UGT kontrolliert wie in Barcelona das »Stehkragenproletariat« und mit Sicherheit auch die Eisenbahn. Sozialisten und Kommunisten haben hier getrennte Organisationen; das steht zwar im Gegensatz zu ihrem Abkommen in Katalonien, stimmt mit dem restlichen Spanien aber überein. Aber sowohl die Kommunisten als auch ihre trotzkistischen Gegenspieler, die POUM, sind schwach. Die UGT-Mitglieder, soweit sie an Politik interessiert sind, folgen der sozialistischen Führung. Die Republikaner sind zu einem gewissen Maß in der unteren Mittelschicht verankert, aber in spanische Zentralisten und zwei Gruppen Valencia-Regionalisten gespalten.

Das bei weitem schwierigste lokale Problem ist die Haltung der Kommunisten. Alle anderen Sektionen der Bewegung arbeiten ganz gut zusammen. Die Anarchisten sind hier gemäßigter als in Barcelona, und obwohl sie jeden Gedanken an ein Verschmelzen mit den Sozialisten vermeiden, sind sie doch bereit, mit ihnen zusammenzuarbeiten. Die Sozialisten stehen sehr weit links, und selbst die Republikaner scheinen mit den Anarchisten gut auszukommen. Ich besuchte die meisten Parteizentralen und verfolgte eine große öffentliche Veranstaltung aller Volksfrontparteien; es war deutlich, daß sie alle mit der Partido Communista uneins waren.

Als ich zum kommunistischen Hauptquartier ging und das Sekretariat betrat, stach mir sofort ein riesiges Stalinbild und ein kleineres von Kirov ins Auge. Danben hingen zwei Plakate mit den Parolen »Achte das Eigentum des kleinen Bauern« und »Achte das Eigentum des kleinen Unternehmers«. Der Sekretär begann sofort, sich über die Haltung aller im Exekutiv-Komitee vertretenen Parteien – außer seiner eigenen – zu beschweren. »Die Junta delegada«, sagt er, »war eine vom Präsidenten der Republik ernannte Autorität, und die Anarchisten wollen nicht verstehen, daß sie sich unterordnen müssen; sie wollen regionale Unabhängigkeit.« Die Sozialisten wären nicht so schlimm, wenn es nur die Anhänger von Prieto (dem Führer des rechten Flügels) gäbe, aber unglücklicherweise gebe es jetzt Caballero und seine Gruppe; und diese Leute hätten sich nun, nachdem sie viele Jahre lang Reformisten gewesen wären, in wilde Revolutionäre verwandelt, die in ihren Zielen keine Grenzen kannten. »Aber trotz allem werdet ihr bei den Republikanern feste Unterstützung finden?«, frage ich. »Glaub' das nicht«, kommt als Antwort, »sie bewegen sich immer weiter auf die Anarchisten zu; aber wir haben uns jetzt eingeschaltet, und an der Stelle des früheren Vertreters sitzt im Exekutiv-Komitee jetzt ein Mann, der ihnen gegenüber strikt ist.« »Dann habt ihr überhaupt keine Unterstützung?« »Ich sag' Dir, es gab Augenblicke, in denen wir hier ganz allein dastanden, um die Anordnungen aus Madrid zu verteidigen.« Während unseres Gesprächs stürmt ein Mann herein und verkündet, daß die Anarchisten gerade gewaltsam einen Lastwagen requiriert hätten, der den Kommunisten gehört. Der Sekretär wirft sich ans Telefon, ruft das anarchistische Hauptquartier an und beginnt eine aufgeregte Auseinandersetzung, die unserer Unterhaltung ein Ende setzt. Wie in Barcelona frage ich mich wieder, was die Kommunisten so weit nach rechts getrieben hat, warum sie gemäßigter sind als die Republikaner und sich allein mit Martínez Barrio einig sind, der doch nur mehr oder weniger zufällig zur Volksfront gestoßen ist.

Während sie in den Städten schwach sind, scheinen die Kommunisten unter den Bauern einige Unterstützung gefunden zu haben, weil sie das individuelle Eigentum der Bauern gegen anarchistische Versuche der Kollektivierung schützen. Das kommunistische Regionalkomitee stellte mir die Reisbauernkooperative vor. Nichts hat sich an dieser Organisation (die für alle Reisbauern Spaniens gesetzlich vorgeschrieben ist) verändert, außer daß das frühere Komitee entfernt und ein Sozialist an die Spitze des neuen gestellt wurde. Sie hoffen bessere Bedingungen für den Verkauf von Reis zu erhalten, jetzt, da alle Reismühlen, dreiunddreißig an der Zahl, von den Gewerkschaften enteignet wurden; mit ihnen werden sich die Verhandlungen leichter führen lassen als mit den vorherigen Mühlenbesitzern. Während die Mühlenbesitzer zur Seite geschoben wurden, liegen die Dinge bei den wohlhabenden

Bauern anders. Sie selbst sagen mir, daß die kleineren Bauern zögern, den reicheren die Stirn zu bieten, da letztere die Verantwortung für die Verwaltung der Bewässerungskooperativen tragen, und diese komplexe Organisation zu stürzen, würde letzten Endes eine Katastrophe bedeuten.

Der Eindruck, den ich bei der Unterhaltung mit dem Komitee der Reiskooperative gewonnen hatte, wurde am nächsten Tag bei einer Fahrt in die *Huerta* unter anarchistischer Führung voll bestätigt. Von allen dort existierenden politischen Organisationen sind die Anarchisten zweifellos am aktivsten. Aber es ist zu sehen, daß sie sich nicht die Unterstützung eines größeren Teils der Dorfbevölkerung sichern können. Es herrscht hier weit mehr politische Unentschlossenheit (unter der sich wahrscheinlich politische Antipathie verbirgt) als in den katalanischen und auch aragonesischen Dörfern. Viele Hinrichtungen haben stattgefunden, aber hier in diesem wohlhabenden Gebiet wäre allein schon der Gedanke, *alle* reichen Bauern zu erschießen, absurd. Es gibt keinen Zweifel, daß die Bauern hier nicht die anarchistischen Kollektivierungsbestrebungen teilen. In dem Dorf Silla entbrannte über dieses Thema in meiner Gegenwart eine Diskussion zwischen Angehörigen des lokalen Komitees und meinen Begleitern vom anarchistischen regionalen Hauptquartier; sie betrachteten es nicht nur als Selbstverständlichkeit, daß das Land der Bauern unangetastet blieb, sondern meinten sogar, das enteignete Land der hingerichten Faschisten solle nicht kollektiviert, sondern unter den Bauern aufgeteilt werden. Wo immer ich darüber Nachforschungen anstellte, bestätigte sich, daß in Wirklichkeit über das Land der Regierungsfeinde noch nichts entschieden war und die Bauern der Angelegenheit genauso unsicher – und fast genauso unentschlossen – gegenüberstanden wie in Aragonien. Währenddessen kümmert sich die UGT, die bei den landwirtschaftlichen Arbeitern etwas Zulauf hat, um die Bearbeitung des enteigneten Landes, ohne den Tagelöhnern für ihre Arbeit höhere Löhne als vorher zu bezahlen. Aber zumindest, sagte ein junger Kommunist, würden heute die Verträge mit den Arbeitern eingehalten, und das veränderte die Sache schon vollkommen.

Die Kluft zwischen Ideal und Wirklichkeit ist in Spanien manchmal grotesk, und die Leute sind mit ihren guten Absichten vollkommen zufrieden, ohne sich um deren Verwirklichung Sorgen zu machen. In den Dorfkomitees schienen die Anarchisten in der Regel die Führung übernommen zu haben, und sie brüsteten sich neben anderen Errungenschaften mit der Abschaffung der privaten Vermarktung der Ernten. Der ganze Ertrag würde jetzt direkt an die Gewerkschaften verkauft, erfuhr ich und war schon dabei, diese außergewöhnliche organisatorische Leistung zu bewundern. Meine Neugier ging in einem Fall so weit, daß ich um ein Interview mit dem Mann bat, der für die Abwicklung des Handels mit der wichtigsten Feldfrucht – in diesem Beispiel Weizen – verantwortlich war. Und dann kam die Enttäuschung. Es gab keinen solchen Mann; so konnte ich nur in die sichtlich bestürzten Gesichter der Komiteemitglieder blicken, als ich den Mann sehen wollte, der nicht existierte. Nach ein paar Minuten entschlossen sie sich zuzugeben, daß das Getreide exakt wie vorher von privaten Händlern vertrieben werde. Das Problem der Exportabwicklung für Früchte wie zum Beispiel die Orangen aus Valencia liegt in Wirklichkeit weit außerhalb der Möglichkeiten kleinerer Dörfer. Aber wenn die Ideale des *Comunismo libertario* schon nicht in die Praxis umgesetzt werden konnten, war es doch zumindest ganz nett, darüber zu reden.

In dem Städtchen Gandía wurde mir zum erstenmal in Spanien mit meiner Hinrichtung gedroht. Ich diskutierte gerade mit dem lokalen Sekretär der UGT, als ein Bote hereinkam und mich zu einigen draußen wartenden Herren bat. Sie waren zu viert und trugen eine mir unbekannte Art Uniform mit Streifen an den Ärmeln. Sie nahmen mich nach Polizeimanier sofort in ein Kreuzverhör über meine Absichten, und als ich erklärte, daß ich an gerade diesem Ort die Agrarrevolution studieren wollte, erwiderten sie, daß es in Spanien keine Agrarrevolution gäbe, daß meine Nachforschungen gefährlich seien, daß Spanien jetzt nicht daran interessiert sei, von Ausländern ausgeforscht zu werden, und wenn ich Nachrichten mit nach Hause bringen wollte, würde es ausreichen, England mitzuteilen, das ganze Volk stünde zusammen und befolge die Befehle der Regierung; ich sollte Gandía sofort verlassen, falls ich nicht »eliminiert« werden wollte. Ich sagte ihnen, daß ich mit einem Auto der Presseabteilung des Comité Regional Ejecutivo hier sei und ob es ihnen etwas ausmachen würde, mit mir zu kommen, um meine Abreise zu überwachen? Es war sehr weise von ihnen, dies nicht zu wollen. Und ich verließ auch nicht die Stadt. Ich fand bald heraus, daß diese Leute zur *Seguridad* gehörten, mit anderen Worten, zur regulären Polizei des alten Regimes, und natürlich hatten sie auf eigene Verantwortung gehandelt. Aber es war schwierig, meine anarchistischen Begleiter davon zu überzeugen; sie glaubten fest, daß nur Kommunisten sich so widerwärtig verhalten könnten. Selbst meine Beobachtung, daß kommunistische Milizionäre keine Streifen tragen würden, überzeugte sie nicht; Kommunisten, sagten sie, würden mit Begeisterung jede Art militärischer Dekoration imitieren. Ich glaube nicht, daß dem so ist, aber es war charakteristisch für den gegenseitigen Haß zwischen Kommunisten und Anarchisten.

Am Nachmittag besuchte ich in Valencia eine Massenveranstaltung der Volksfront (zu der weder die Anarchisten noch die POUM gehören). Es waren etwa 50 000 begeisterte Menschen da. Als La Pasionaria auf der Rednertribüne erschien, erreichte die Begeisterung ihren Höhepunkt. Sie ist die einzige kommunistische Führerfigur, die bei den Massen bekannt ist und von ihnen geliebt wird; aber dafür gibt es auch keine andere Persönlichkeit im Regierungslager, die so verehrt und bewundert wird. Und sie verdient ihren Ruhm. Nicht daß sie politisch gesinnt wäre. Im Gegenteil, das Ansprechende an ihr ist gerade, daß sie nicht der Welt der politischen Intrige angehört, es ist der einfache, selbstaufopfernde Glaube, der von jedem Wort ausgeht, das sie spricht. Anrührender noch ist ihre Einfachheit und Bescheidenheit. In schlichtes Schwarz gekleidet, sauber und sorgfältig, ohne den geringsten Versuch, sich angenehm darzustellen, spricht sie einfach, direkt und ohne Rhetorik, ohne sich um theatralische Effekte zu kümmern, ohne politische *sous-entendus* in ihre Rede zu mischen, wie es all die anderen Sprecher dieses Tages machten. Am Ende ihrer Rede kam ein ergreifender Augenblick. Ermüdet von den endlosen Ansprachen auf großen Veranstaltungen seit Beginn des Bürgerkriegs, versagte ihr die Stimme. Und sie setzte sich mit einer traurig wirkenden Gestik ihrer Hände, die ausdrücken wollte: »Es nützt nichts, es ist nichts zu machen, ich kann nichts mehr sagen; es tut mir leid.« Und dies hatte nicht im geringsten etwas Gespieltes an sich, nur das Bedauern, der Versammlung nicht mehr das sagen zu können, was sie hätte sagen wollen. Diese Geste tiefer Einfachheit, Offenheit und überzeugenden persönlichen Desinteresses hinsichtlich Erfolg oder Mißerfolg als Rednerin berührte einen tiefer als ihre ganze Rede. Diese Frau, die mit ihren 40 Jahren aussieht wie 50, die mit jedem Wort und mit jeder Geste eine tiefe Mütterlichkeit ausstrahlt (sie hat selbst fünf Kinder, und eine ihrer Töchter begleitete sie zur Veranstaltung), hat etwas eines mittelalterlichen Asketen, einer religiösen Persönlichkeit an sich. Die Massen beten sie an, nicht wegen ihres Intellekts, sondern als eine Art Heilige, die sie in den Tagen der Prüfung und der Versuchung führen soll.

24. August. Im Zug von Valencia nach Madrid Im Gang des Waggons traf ich zwei junge Anarchisten, die ich aus Barcelona kannte. Sie waren auf einer Dienstreise für ihre Organisation. Ich reiste dritter Klasse, während sie erster Klasse fuhren, mit einem Freiticket, das die anarchistische Organisation besorgt hatte. Wir aßen zusammen im Speisewagen, und sie luden mich anschließend in ihr Erste-Klasse-Abteil ein. Ich konnte mir eine Bemerkung über die Veränderung ihrer gesellschaftlichen Stellung nicht unterdrücken, aber sie lachten nur über meine Kritik an ihrer »bourgeoisen« Entwicklung. Weit sind die Veränderungen eigentlich auch noch nicht gediehen. Obwohl sie im Erste-Klasse-Abteil sitzen, tragen sie immer noch ihre Arbeiterkleidung, und einer von ihnen hatte sein Gewehr dabei, das er ins Gepäcknetz legte. Gegenüber saß ein Paar ganz anderen Schlags als meine Begleiter, das offensichtlich nicht auf einem Freiticket reiste; sie waren vermutlich gutsituierte Ladenbesitzer aus Valencia; die Frau war über diesen Umgang mit dem Gewehr zu Tode erschrocken, obwohl wirklich überhaupt keine Gefahr bestand. Als der junge Mann ihre Nervosität bemerkte, begann er kindisch sein Gewehr vorzuführen, und während er es lud und entlud, wurde das Paar auf der gegenüberliegenden Bank immer nervöser. Aber es herrschte keine wirkliche Feindschaft zwischen den beiden Lagern, der alten und der neuen Oberklasse, die sich hier auf komische und amüsante Weise begegneten.

Wir näherten uns Madrid von Süden her, durch die dürre Ebene der Mancha. Die Arbeit an der Weizenernte, die normalerweise im Juli beendet wäre, ist auf den Feldern noch voll im Gange. Wir sprachen über die miserablen Bedingungen der Bauern der Mancha, als plötzlich nicht weit entfernt im Nordosten ein blauer Gebirgsrücken auftauchte. »Ist das die Guadarrama?« fragte ich, und man bestätigt mich. Wie ein Blitz fuhr es mir durch den Kopf, daß Madrid ständig in akuter Gefahr ist, daß es jeden Tag eingenommen werden kann, wenn die Aufständischen die Guadarrama-Front durchbrechen.

MADRID

25. August Über unsere Ankunft am Bahnhof Atocha gestern am späten Nachmittag gibt es nichts Erwähnenswertes zu berichten. Genau wie in Barcelona keine Taxis, aber wie überall im revolutionären Spanien Gepäckträger. Und die U-Bahn und andere öffentliche Transportgesellschaften arbeiten wie gewohnt. Aber das Problem der Nahrungsmittelversorgung ist hier ganz offensichtlich ernster als an anderen Orten; und die Hoteliers sind aus diesem oder anderen Gründen viel nervöser als anderswo. Meine ersten Versuche, eine annehmbare Pension zu finden, waren vergeblich; offensichtlich war es für die Geschäftsführer schwierig, für Neuankömmlinge Essen aufzutreiben, und sie wollten auch keine Neuankömmlinge aufnehmen, die sie nicht kannten. Aber schließlich fand ich ein zufriedenstellendes Zimmer in einer Schweizer Pension. Der Geschäftsführer bekommt – obwohl er sich endlos über alle möglichen Schwierigkeiten beschwerte – für seine Gäste Essen so gut und reichlich, wie man es sich nur wünschen kann.

Die Straßen hier machen einen ganz anderen Eindruck als in Barcelona, aber zwischen Valencia und Madrid besteht nur ein gradueller Unterschied. In Barcelona gab es praktisch keine Bettler mehr; in Valencia sah man sie; in Madrid stachen sie ins Auge; in dieser Hinsicht scheint sich nichts verändert zu haben. Das Betteln vieler Kinder in den Cafés ist besonders abstoßend. Dies scheint nicht eine Folge der Not des Bürgerkriegs zu sein, sondern ganz einfach eine eingefleischte Gewohnheit. Man könnte einem Jungen gelegentlich sagen, daß es jetzt Stellen für alle armen Leute gibt, wo er umsonst ein Essen bekommt, aber er würde nichts darauf geben und weiterbetteln. Ist es mit dem Betteln beim alten geblieben, so zu einem gewissen Ausmaß auch mit seinem Gegenstück, dem Luxus. Sicherlich gibt es weniger gut gekleidete Leute als in gewöhnlichen Zeiten, aber immer noch sieht man sie in großer Zahl, besonders Frauen, die ihre guten Kleider in den Straßen und Cafés ohne Zögern oder Furcht zur Schau tragen, ganz im Gegensatz zum durch und durch proletarischen Barcelona. Wegen der schillernden Farben des besser gekleideten weiblichen Teils der Stadt vermittelt Madrid einen weit weniger traurigen Eindruck als sogar die Ramblas in Barcelona. Die Cafés sind in Madrid wie in Barcelona voll, aber es herrscht hier ein anderer Typ von Leuten vor, Journalisten, Beamte, alle möglichen Intellektuellen; das Element der Arbeiterklasse ist immer noch in der Minderheit.

Einer der auffallendsten Züge ist die stärkere Militarisierung der bewaffneten Kräfte. Arbeiter mit Gewehren, aber in gewöhnlicher Zivilkleidung sind hier die Ausnahme. Die Straßen und Cafés sind voll mit Milizionären, die alle in ihre *Monos* gekleidet sind, die neuen dunkelblauen Uniformen; die meisten von ihnen tragen keinerlei Partei-Initialen an ihren Mützen. Wir sind im Bannkreis der liberalen Madrider Regierung, die sich für das Armee-System einsetzt und gegen das von Barcelona und den Anarchisten begünstigte Milizsystem opponiert. Die Initialen an den Uniformen demonstrieren im allgemeinen weniger die Anhängerschaft zur einen oder anderen Partei, sondern die Mitgliedschaft zu einem bestimmten Gewerkschaftszweig. Die Anarchisten tragen natürlich ihr CNT-FAI an den Mützen, aber aus diesem »Buchstaben-Plebiszit« kann man schließen, daß sie in Madrid eine Minderheit sind, wenn auch keine ganz zu vernachlässigende. Insgesamt ist das militärische Element in den Straßen Madrids von weitaus größerer Bedeutung als in Barcelona und Valencia. Wir sind hier am dichtesten an der schwierigsten und gefährlichsten Front, der Guadarrama.

Die Kirchen sind hier geschlossen, aber nicht niedergebrannt. Am Nachmittag ging ich zur Nuestra Señora de la Florida, um mir Goyas Fresken anzusehen; die Kirche war abgeschlossen, aber der Wärter öffnete für mich und zeigte sie mir. Zugegeben, diese Kirche wird seit langem nicht mehr benutzt;

aber eine andere, unmittelbar benachbarte Kirche war requiriert und dem Distriktkomitee der Miliz zur Verfügung gestellt worden.

Die meisten requirierten Autos werden hier von Regierungsbehörden benutzt und nicht von politischen Parteien oder Gewerkschaften. Alles was mit der Regierung zu tun hat, steht hier weit sichtbarer im Vordergrund als in Barcelona, wo das sozialistische, anarchistische und gewerkschaftliche Element viel offenkundiger war. Deutlich drückt sich der Unterschied zum Beispiel darin aus, daß hier in Madrid eine ganz normale polizeiliche Aufenthaltserlaubnis ausreicht; in Barcelona wäre diese wertlos. In Madrid existiert nicht einmal ein politisches Zentralkomitee.

Es scheinen sehr wenig Enteignungen stattgefunden zu haben. Die meisten Geschäfte werden ohne jede Kontrolle weitergeführt, von Enteignung ganz zu schweigen. In den Hotels wurde Miliz einquartiert, und einige der elegantesten, wie das Palace Hotel, das größte in Europa, sind immer noch – und daran soll sich auch nichts ändern – in den Händen von Organisationen der Arbeiterklasse. Aber allmählich scheinen die Einquartierungen der Miliz in den Hotels nachzulassen. Der Inhaber meiner Pension erzählte mir, daß er eine Gruppe von Milizionären gestern abend zum letzten Mal bedient habe; von heute an werden sie in irgendwelchen Milizkantinen verpflegt, und in Zukunft wird keine Miliz mehr in seinem Haus oder auf seine Kosten eine Mahlzeit einnehmen.

Ähnlich wie in Barcelona verkünden Aufschriften auf den Häuserwänden der Banken, daß diese von der Regierung kontrolliert werden. Nur die wenigen Banken, deren Zentralen im Territorium der Aufständischen liegen, sind für requiriert erklärt. Der Banksektor ist in ganz Spanien letztlich am wenigsten von Enteignung betroffen.

Um es zusammenzufassen, Madrid macht weit stärker als Barcelona den Eindruck einer Stadt zu Kriegszeiten, aber viel weniger den Eindruck einer Stadt, die sich in einer Sozialrevolution befindet. Wären nicht die neuen Milizuniformen, das selbstbewußte Verhalten der einfachen Milizionäre in den Cafés, das Verschwinden der Privatautos und gelegentlich

Plakate, die von Kontrolle und Requisitionen künden, würde man kaum etwas von sozialem Aufruhr bemerken.

Vielleicht täuscht der friedliche Eindruck; zumindest hinter den Kulissen gibt es Terrorismus. Das Tagesgespräch ist das furchtbare Massaker, das sich gestern ereignete. Es wurde durch die Nachricht des von den Aufständischen nach der Einnahme von Badajoz verübten Massakers provoziert. Sie trieben angeblich 1500 Gefangene in die Stierkampfarena und erschossen sie dort allesamt mit Maschinengewehren. Die offizielle Zensur (über deren unkluge und hinderliche Haltung sich alle Ausländer heftig beschweren) verhinderte, daß die Nachrichten in den Zeitungen erschienen, um – wie sie erklären – einen Racheausbruch in der Bevölkerung zu vermeiden. (Dies war wohl keine kluge Politik; denn die Nachricht ging bald durch die ganze Stadt und rief Konsternierung und Wut hervor.) Die Sache wurde durch eine Revolte der politischen Gefangenen im *Carcel modelo*, dem modernen Gefängnis, verschlimmert. Etwa 3000 Gefangene gab es dort, denn die Madrider Regierung erschießt Verdächtige nicht einfach oder läßt sie frei, sondern sperrt sie ins Gefängnis und versucht, detaillierte Untersuchungen einzuleiten. Diese Praxis ist viel milder als die in Barcelona übliche, bei der die Untersuchungen extrem kurz sind und, falls sie für den Verdächtigen ungünstig ausfallen, zur sofortigen Hinrichtung führen. Aber in diesem Fall war dieses nachsichtigere Verfahren von zweifelhaftem Wert. Die Gefangenen revoltierten, setzten ihre Matratzen in Brand und griffen mit den brennenden Ballen die Wächter an. Sie überwältigten die Wachen nicht, aber die Nachricht von der Gefängnisrevolte ging gleichzeitig mit der vom Massaker in Badajoz durch die Stadt; Menschenmengen sammelten sich vor dem Modellgefängnis und forderten die sofortige Hinrichtung aller politischen Gefangenen. Einige Führer der sozialistischen Partei kamen hinzu und versuchten, die aufgebrachte Menge zu beruhigen, aber mit wenig Erfolg. Ein Volksgericht wurde an Ort und Stelle gebildet und eine Reihe von Politikern der Rechten (unter ihnen Señor Melquíades Alvarez) neben vielen anderen hingerichtet. Weiteres Unheil wurde durch die Erklärung der Regierung verhindert, daß sofort ein offizielles Revolutionstribunal gebildet werden würde. Diese neueste Maßnahme wirft etwas Licht auf die Praxis, der die Justiz bislang folgte. Viele Richter stehen auf seiten der Rebellen oder sind durch einen Regierungserlaß als unverläßlich entlassen worden. Dasselbe gilt für die politische Polizei. Daß Polizei und Justiz mit ihren reduzierten Kräften den enorm angewachsenen Anforderungen des Bürgerkrieges nicht mehr nachkommen konnten, stand ganz außer Frage. Folglich bleiben Tausende von Gefangenen im Gefängnis, warten auf Untersuchungen und Gerichtsverhandlungen ihrer Fälle oder einfach nur auf den Moment, da die Aufständischen Madrid einnehmen werden. So begünstigt natürlich der vollständige Zusammenbruch der Justiz oder vielmehr deren Abwesenheit überhaupt die Hinrichtungspraxis unverantwortlicher Gruppen, die in Madrid ziemlich zahlreich zu sein scheinen.

26. August Im Straßenbild wird ein bemerkenswerter Aspekt mit der Zeit immer auffallender: die veränderte Stellung der Frau. Junge Mädchen aus der Arbeiterklasse gehen zu Hunderten, vielleicht zu Tausenden die Straßen auf und ab und sind vor allem in den eleganten Cafés in der Alcalá und auf der Gran Vía zu sehen. Sie sammeln für die »Internationale Rote Hilfe«, eine Organisation »zugunsten der Opfer des Klassenkampfes«, die hier vorwiegend für die Verwundeten und für die Angehörigen der Opfer des Bürgerkriegs arbeitet; ursprünglich war sie in der ganzen Welt von der Comintern gefördert worden, in Spanien wird sie aber von Sozialisten und Kommunisten gemeinsam betrieben. Weder in Barcelona noch in Valencia wurden Sammlungen durchgeführt; in Madrid sind die adrett nach Art der Arbeiterklasse gekleideten Mädchenpaare (ganz allein, ohne jede Begleitung durch die Straßen zu spazieren, wäre für jedes schickliche spanische Mädchen vollkommen undenkbar), die jeden um einen Beitrag bitten, schon fast eine Plage, oder wären es zumindest, wenn sie nicht so ein angenehmer Anblick wären. Sie genießen es sichtlich; für die meisten von ihnen ist es offenbar der erste Auftritt in der Öffentlichkeit, und nun dürfen sie sogar

Ausländer ansprechen und ungezwungen in den Cafés sitzen und mit den Milizionären plaudern.

Das Revolutionstribunal, das heute seine Tätigkeit aufnimmt, wird seine Verfahren auf solche Fälle beschränken, die unter bestehendes ziviles oder militärisches Recht fallen; dies bedeutet, daß praktisch nur Fälle von Meuterei vor das Tribunal kommen werden. Aber es gibt eine riesige Zahl anderer Fälle: Priester, Adlige und unzählige Leute der Rechten, die nicht in militärische Aktivitäten verwickelt waren, sondern verhaftet wurden, weil sie entweder gegen die Regierung konspiriert haben oder dessen verdächtigt werden. All diese Fälle fallen nicht in die Zuständigkeit des Revolutionstribunals. In den ersten Tagen der Revolution hatten die Anarchisten vorgeschlagen, daß jedes einzelne Mitglied einer Rechtspartei erschossen werden sollte; sie haben die Listen, und allein Gil Robles' katholische Acción Popular hat 42 000 Mitglieder. Von der Unzweckmäßigkeit dieser grausamen Narretei sind sie überzeugt worden, aber niemand denkt daran, Hinrichtungen auf solche Fälle zu beschränken, die man in einem regulären Verfahren möglicherweise des Hochverrats überführen könnte. Es wird so vorgegangen, daß die Untersuchungskomitees der drei proletarischen Gruppen in Madrid – Kommunisten, Sozialisten und Anarchisten – zusammenarbeiten. Jede von ihnen hat eine Liste von Verdächtigen, und wenn sie einen verhaften, fragen sie die beiden anderen Parteien um ihre Meinung. Wenn sie alle übereinstimmen, wird der Betreffende entweder hingerichtet oder freigelassen. Wenn sie verschiedener Ansicht sind, folgt eine genauere Untersuchung. Für den Umgang mit einem unlösbaren Problem ist dies sicher eine Hauruck-Methode.

Denn unlösbar scheint es wirklich zu sein. Zumindest folgt dies anscheinend aus einer anderen Geschichte. Am 19. Juli schlug die neu formierte Miliz die Militärrevolte in Madrid nieder, indem sie die Montana-Kaserne stürmte. Nach fünf Stunden schwerem Artilleriebeschuß und dem anschließenden erfolgreichen Angriff ging die Miliz dann ins Stadtzentrum zurück und wurde von einer großen Menge freudig begrüßt. Als sie die Puerta del Sol erreichten, einen weitgehend reaktionären Stadtteil, wurden sie plötzlich aus den Fenstern aller vier Seiten des Platzes beschossen. Die *Asaltos* befahlen der Menge – Männern wie Frauen –, sich sofort auf die Gehsteige zu kauern, und es gelang ihnen, eine Panik zu verhindern. Für die Spanier sind Straßenkämpfe nichts Ungewöhnliches. Jedenfalls mußten sie dort unter Feuer von allen Seiten viele Minuten lang auf den Gehsteigen liegen, bis die *Asaltos* in den Häusern waren und die Heckenschützen von den Fenstern vertrieben hatten. So ging das in vielen Teilen der Stadt viele Tage lang weiter.

Solch ein Ausbruch ist an sich schon schlimm genug, aber schlimmer noch sind die zahllosen, durchaus erwiesenen Geschichten von Spionage, Verrat, desertierenden Offizieren, Waffen hortenden Rebellensympathisanten, Meldungen an den Feind und so weiter *ad infinitum*. Zumindest einige dieser Erzählungen müssen wahr sein und erinnern an Szenen der französischen und russischen Revolutionen, als sich die Revolutionäre ebenfalls von allen Seiten eingeschlossen fühlten und blindlings zuschlagen mußten, weil sie keine Zeit hatten, sich zu vergewissern.

Die ganze Atmosphäre in Madrid ist von solchen Terrorgeschichten erfüllt, viel stärker als in Barcelona; und dies nicht, soweit ich das beurteilen kann, weil das tatsächliche Ausmaß an Terrorismus hier größer wäre als in Katalonien (obwohl die Nähe der Guadarrama ein besonders verunsicherndes Moment mit sich bringt), sondern weil in Katalonien die Regierungsfeinde zügiger und rücksichtsloser ausgerottet werden, während in Madrid die Unzulänglichkeit der Verwaltung und der Mangel an politischer Einheit Reibereien, unkontrollierbare individuelle Extravaganzen, Grausamkeit und nicht zuletzt jede Menge Gerüchte mit sich bringt.

Eine Geschichte, die sich als wahr erwiesen hat, läßt einen unerwarteten Aspekt von Faschismus zum Vorschein kommen. In einem Hotel wurde ein der Zusammenarbeit mit den Aufständischen verdächtiger Spion verhaftet. Um zu entkommen, bediente er sich der wenig ehrenvollen, aber menschlich verständlichen Maßnahme, einige seiner Freunde zu denunzieren, und wurde bald wieder freigelassen. Jedoch nicht für lange; seine Freunde ihrerseits denunzierten ihn mit überzeugenden Beweisen; er wurde wieder verhaftet und im Handumdrehen hingerichtet. Aber dann folgt ein überraschendes Finale. Die Milizionäre, die die Untersuchung und die Hinrichtung durchgeführt hatten, wollten die Witwe des Hingerichteten schonen, sie wagten es nicht, ihr die Nachricht zu überbringen. So machten sie ihr dann noch zwei Wochen lang vor, daß ihr Mann noch am Leben wäre, daß er in sein Heimatdorf verbannt worden wäre und ähnliche Geschichten. Die eigentliche Folge davon kann nur eine noch schlimmere Folter für die Familie gewesen sein, aber das Motiv war zweifellos Mitleid mit der Witwe, die, wie sie sagten, nichts mit der Schuld ihres Mannes zu tun hatte. Der Ehemann schien wirklich mit den Aufständischen zusammengearbeitet zu haben; jedenfalls waren die Vollstrecker wirklich davon überzeugt. Die Vorstellung, daß Männer für ihre politische Meinung getötet werden sollten, nicht aber Frauen für die Meinungen, die sie mit ihren Ehemännern, Brüdern und Vätern teilen, scheint ziemlich weitverbreitet zu sein.

Persönliche Abrechnungen vorzunehmen, indem man einen persönlichen Feind als Gegenspieler der Regierung denunziert, war ein Aspekt von Terrorismus, der in Barcelona von Ausländern ständig erwähnt wurde, aber kaum jemals in einem konkreten Fall bewiesen wurde. Aber heute erfuhr ich in Madrid von einem Fall, der wirklich in die Rubrik persönliche Abrechnung in der schlimmsten Bedeutung des Wortes fällt. Ein Patient denunzierte seinen Arzt, dem er etwas Geld schuldete. Glücklicherweise durchschaute der verhaftete Arzt das Spiel und fragte während des Verhörs: »Hat nicht X mich denunziert?«, und als dies bejaht wurde, erklärte er die ganze Geschichte. Der Denunziant wurde an seiner Stelle verhaftet, konnte die fraglichen Schulden nicht leugnen, und nach einer kurzen Untersuchung kam dann heraus, wie vollkommen unbegründet seine Anschuldigungen waren; er wurde sofort erschossen. Aber der Fall ist wahrscheinlich nicht einzigartig, und die Sache verläuft nicht immer zugunsten des Unschuldigen.

Ich entfloh diesen Horrorgeschichten und wandte mich

162

friedlicheren und schöneren Dingen zu: Am Nachmittag ging ich in den Prado. Eine Gruppe anarchistischer Milizionäre spazierte durch dessen riesige Räume. Sie hatten bestimmt ihr Leben lang noch kein Museum gesehen und starrten verwirrt auf die Gemälde; sie waren losgezogen, um die Privilegien bürgerlicher Erziehung zu erobern, was sich aber als schwieriger herausstellte, als sie erwartet hatten. Doch sie bewiesen nicht nur, daß gekonntes Verhalten in ungewohnten Umständen eine der hervorragendsten Vorzüge des spanischen Nationalcharakters ist, sondern spürten auch, daß sie sich mitten unter bewundernswerten und ehrwürdigen Dingen befanden; wahrscheinlich spürten sie auch vage, daß dies wirklich etwas sehr Schönes ist; sie sprachen mit verhaltenen Stimmen und gingen mit ebenso verhaltenen Schritten; es war bloß alles so verwirrend.

27. August Die Zentren der UGT sind bezeichnenderweise nicht wie in Barcelona in irgendwelche außergewöhnliche Hotels verlegt worden, sondern befinden sich immer noch dem engen und düsteren Gebäude in der Calle de Fuencarral. Ein kleiner Stab an Personal führt hier die Arbeit fort, aber es herrscht viel weniger Leben als in den CNT-Zentralen oder den Miliz-Komitees in Barcelona. Die Sozialisten dominieren in Madrid immer noch, besonders die persönliche Gruppe um Largo Caballero, dem Präsidenten der UGT. Aber trotz dieser tonangebenden Stellung beklagt sich die Gruppe um Caballero bitter über viele Dinge. Allen voran über die republikanische Regierung. Sozialisten sind an ihr nicht beteiligt, und sie behaupten, daß dies auf eine vollkommene Wirkungslosigkeit hinauslaufe; und die ungünstigen Nachrichten aus der Estremadura scheinen ihnen recht zu geben. Ihnen zufolge tut die Regierung überhaupt nichts, leistet keinerlei organisatorische Arbeit, beweist keinen Weitblick, sondern steht jedem im Weg, wenn etwas getan werden muß. Besonders Klagen über die innere Führung der Ministerien sind zu hören. Die meisten staatlichen Behörden seien ziemlich unzuverlässig, sagen sie; eine ganze Reihe von Beamten seien eigentlich Verräter; aber die liberalen Minister könnten zu nichts weiter bewegt werden, als Säuberungen des Verwaltungspersonals vorzuheucheln. In den heutigen *Informaciones*, dem persönlichen Sprachrohr von Indalecio Prieto, einem gemäßigten Sozialisten, beschwert man sich, daß es im Innenministerium immer noch mißbilligt wird, eine sozialistische Zeitung zu lesen. Das Kriegsministerium hat sich immer noch nicht dazu durchgerungen, einen zentralen Stab zu organisieren; es gibt keine Instanz zur Koordination der militärischen Operationen, keine organisierte Befugnishierarchie; selbst die Übergabe einer Milizgruppe von einem Kommandeur zum nächsten bedarf der persönlichen Entscheidung des Ministers; und sogar dann wird an der Front wahrscheinlich niemand Notiz davon nehmen. Das vorherrschende Gefühl ist, daß dies nicht so weitergehen kann und daß die Liberalen entweder unwillig oder unfähig sind, die Lage zu verbessern.

Während die Sozialisten genug Unterstützung hinter sich wähnen, um Regierung und Verantwortung in die eigenen Hände zu nehmen, lassen wichtige Überlegungen sie doch vor einem solchen Schritt zurückweichen. Einige, darunter Araquistain als der wichtigste, befürworten einen sofortigen Regimewechsel, aber dieser Ansicht stehen zwei gewichtige Argumente gegenüber. Das erste wird vom rechten Flügel der Sozialistischen Partei, von Prieto und Galarza, vertreten und hat Gewicht, weil es von den Führern der asturischen Bergarbeiter mitgetragen wird: Sie plädieren für eine Aufrechterhaltung der freundlichen Beziehungen mit der internationalen Demokratie, die ihnen zufolge davon abhängen, daß man den gegenwärtigen Charakter des Regimes bewahrt. Solange die gegenwärtige Regierung besteht, können die demokratischen Länder die Madrider Regierung als eine legale betrachten, die ungesetzmäßig vom Militär angegriffen wurde. Aber wenn die Sozialisten die Macht übernehmen, die alte Verwaltung gründlich verändern und einer proletarischen Republik den Weg ebnen, dann könnte das Argument, daß sie zur Verteidigung der legalen Regierung handeln, im Ausland als Schwindel betrachtet werden. Folglich schlagen Prieto und seine Freunde vor, ein paar Sozialisten und Kommunisten mit in die Regierung aufzunehmen, aber weiterhin Giral den Posten des Premierministers, den meisten seiner Ministerkollegen ihre Geschäftsbereiche zu lassen. Diese Haltung wird von den Kommunisten mitgetragen, die wie überall in Spanien den extrem rechten Flügel der Arbeiterbewegung repräsentieren und folglich eher mit den rechten Sozialisten als mit Caballero zusammenarbeiten.

Caballero wehrt sich heftig gegen Prietos Ansichten. Seine Gruppe setzt sich für eine möglichst baldige uneingeschränkte sozialistische Vorherrschaft und, solange das nicht möglich ist, gegen eine Beteiligung an der Regierung ein. Es ist die klassische Haltung des orthodoxen Marxismus, zu dem sich Caballero spät in seinem Leben bekehrte, nach dreißig Jahren extremem Reformismus. Dem Vorschlag Prietos widerspricht Caballero mit der Begründung, daß eine solche Koalition unter Beibehaltung der republikanischen Führung nicht in der Lage ware, die Säuberung der Verwaltung, die militärische Neuorganisation und die rücksichtslose Kontrolle aller wirtschaftlichen Aktivitäten durchzuführen, alles unerläßliche Voraussetzungen für den Sieg im Bürgerkrieg; und eine wirkungslose Beteiligung der Sozialisten würde diese nur kompromittieren und den Anarchisten eine großartige Gelegenheit verschaffen. Neben diesen sachlich wichtigen Unterschieden bestehen erstaunlich viele persönliche Antagonismen. Jede Gruppe hat ihre eigene Tageszeitung; *Claridad* ist Caballeros Organ und *Informaciones* Prietos. Das offizielle Organ der sozialistischen Partei, *El Socialista*, hat durch den Kampf dieser beiden widerstreitenden Flügel viel an Bedeutung eingebüßt.

Kommentare über die Kommunisten fallen im Caballero-Kreis besonders bitter aus. Die Sowjetunion hilft uns überhaupt nicht, sagen sie, nicht mehr als Frankreich oder England; sie beschränken sich darauf, in unserer Politik zu intrigieren, jede Tendenz zum rechten Flügel der Bewegung zu verstärken und das auch nur aus außenpolitischen Überlegungen, die allzusehr darauf bedacht sind, den französisch-sowjetischen Pakt nicht durch eine zu revolutionäre Haltung in Spanien zu gefährden. Diese Kritiker verleugnen jedoch nicht, daß die Kommunisten gute militärische Truppen organisiert haben, besonders das berühmte fünfte Regiment, das mehr als einmal die Stellungen der Regierung in der Guadarrama gerettet hat. Die Sozialisten ihrerseits sind auf einige der UGT-Formationen stolz, in erster Linie auf das Eisenbahnerbataillon und den Panzerzug des Nordbahnhofs.

Für Caballero sind die Anarchisten natürlich ein großes Problem. Sie sind seine alten Feinde, wie er der ihre ist, und die Gefühle seiner Gruppe ihnen gegenüber gleichen eher rasender Wut als Ressentiment. Man bekommt nicht den Eindruck, daß der große Wechsel im anarchistischen Lager hier geschätzt wird; Caballeros Leuten erscheint er mehr als Niederlage denn als Wandel. Sie glauben, daß die Anarchisten, nachdem sie ihre antiautoritären Lieblingsüberzeugungen geopfert haben, unter dem Druck der Umstände sich »einfach unserer Führung werden beugen müssen«. Aber zum gegenwärtigen Zeitpunkt ist die Frage, ob sich die Anarchisten der Führung der Sozialisten unterordnen werden, rein akademischer Natur, denn ein wütender Streit ist im Gange. An der Front herrscht bedrohliche Knappheit an Gewehren, und den Anarchisten wird nachgesagt, in Madrid angeblich 5000 Gewehre zurückzuhalten, um ihre eigene Organisation für alle Notfälle unter Waffen zu haben. Ob dies ganz wahr ist, weiß ich nicht, aber sicherlich sind die Anarchisten gut bewaffnet, machen aus dieser Tatsache auch kein Hehl und rechtfertigen diese Haltung mit ihrem Mißtrauen gegenüber der revolutionären Verläßlichkeit aller anderen Gruppierungen der Arbeiterbewegung im Fall einer großen Krise.

In der Zwischenzeit schaut jeder angstvoll auf die Front, wo die Dinge offensichtlich nicht den gewünschten Lauf nehmen. Caballero und Del Vayo fahren fast jeden Tag zur Guadarrama hinaus und scheinen folglich bei der Miliz ungeheuer beliebt zu sein.

28. August Mit am bittersten wird über den Munitionsnachschub geklagt. Nicht nur, daß alle Hoffnungen auf Hilfe von der französischen und russischen Regierung tief enttäuscht worden sind und der Aufbau einer neuen Waffenindustrie in Valencia und Katalonien nur im Schneckentempo voranschreitet, Experten sind auch noch darüber verärgert, daß die zweifellos existierenden Chancen, Munition im Ausland zu kaufen, nicht wahrgenommen werden.

Andere Fachleute sehen die ökonomische Situation als nicht gerade rosig an. Es herrscht natürlich Mangel an Rohmaterialien, manchmal an qualifiziertem Personal; aber verhängnisvoller noch ist die starke Zurückhaltung, den Rat von Experten anzunehmen, der am dringendsten gebraucht wird. Folglich scheinen in den Gebieten, die tatsächlich von Madrid regiert werden (Katalonien, Valencia und die Nordküste ausgenommen), nur 30 Prozent der Industrie unter staatlicher Kontrolle zu sein, während in Katalonien der Staat und die Gewerkschaften über 70 Prozent der Industrie kontrollieren. Aber manchmal stößt man an unerwarteter Stelle auf glänzende Errungenschaften. Im Palace Hotel gibt es ein Heim für Waisenkinder. Rasch wurde eine Internatsschule improvisiert, geführt von einer ausländischen Erzieherin, die Erfahrungen speziell mit schwierigen Kindern hat, und mit einem Stab von spanischen Lehrerinnen. Jungen zwischen acht und achtzehn Jahren werden in dieser Schule untergebracht, verpflegt und unterrichtet; für Mädchen gibt es eine ähnliche Einrichtung in einem anderen Gebäude. Einige von ihnen waren vorher in kirchlichen Schulen untergebracht und sind durch deren plötzliche Auflösung heimatlos geworden, andere haben durch den Bürgerkrieg ihre Eltern verloren. Die meisten stammen nicht aus Madrid. Viele von ihnen sind allein vor den Aufständischen geflohen, als diese in ihr Dorf kamen, und entweder von selbst hierhergekommen oder von der Miliz in dieses Heim gebracht worden. Die Regierung ist sich bereits der Gefahr bewußt, daß in Spanien ein *Bezprizorny*-Problem im Entstehen ist – das Problem vagabundierender Kinder, welches zu einer bestimmten Zeit in Rußland so gravierend war. Ich sah einige dieser Kinder, wie sie während des Mittagessens in Tränen aufgelöst ankamen und wie sich das Personal und ihre älteren Kameraden sofort um sie kümmerten. Die Lehrerinnen erzählten mir, daß Tränen am Anfang eine ganz normale Sache seien, aber nach ein oder zwei Tagen sich die

Kinder ganz wie zu Hause fühlten, und ich konnte sehen, daß dem so war. Das wirklich Außergewöhnliche daran schien nicht so sehr die schnelle Anpassung der Kinder an eine improvisierte Organisation zu sein, die in vieler Hinsicht doch recht mangelhaft war – schließlich waren sie alle Kinder von armen Arbeitern und Bauern, für die alles in ihrem neuen Zuhause wie im Paradies erscheinen mußte: das reichliche und gute Essen, die Zimmer im Palace Hotel, die freundliche und aufmerksame Haltung des Personals und für die Kinder, die vom Land kamen, allein schon die prächtigen Straßen Madrids. Bemerkenswerter war vielmehr, daß bei diesen Jungen keine Schwierigkeiten in ihren Beziehungen zueinander zu beobachten waren, haben doch alle von ihnen auf irgendeine Art entsetzliche Erfahrungen gemacht, die für manche von ihnen wahre Infernos waren, wenn sie etwa die Hinrichtung ihrer Eltern sahen und dann auf einsamer Flucht entkamen. Und nun, nach ein oder zwei Tagen, haben sie sich mit Hilfe von ein bißchen Zuwendung und beruhigenden Worten der Lehrerinnen und Kameraden ohne viel Schwierigkeiten wieder gefangen. Die Leiterin, die vorher bereits eine Menge Erfahrung mit Arbeiterkindern in großen Industriezentren gesammelt hatte, war selbst höchst überrascht und sagte, ihr seien sogar unter normalen Bedingungen noch nie derart viele anpassungsfähige Kinder begegnet.

Ich glaube, durch diese Einrichtung läßt sich ein wichtiger Aspekt der spanischen Revolution erhellen. Ich war immer wieder überrascht, daß die Begeisterung der Massen frei von jeder pathologischen Erregung war, selbst wenn es darum ging, Kirchen und Heiligenbilder zu verbrennen oder über Terrorismus zu diskutieren. Ich habe sehr bald gelernt, die Geschichten, die von einem bestimmten Typ von Zeitung in Umlauf gebracht wurden, wie Folterungen und Verbrennungen von Nonnen und ähnliche Dinge, mit Vorsicht zu genießen. Nichts war vielmehr von jener Erregung wahrzunehmen, die man ganz selbstverständlich bei Massen unter revolutionären Bedingungen erwarten würde. Ein anderer auffallender Aspekt der spanischen Revolution ist, daß es keinen tiefen Umbruch im Sexualleben gegeben hat. Natürlich passiert auch hier manches, aber viel weniger als während des Weltkriegs in jedem anderen Land, und nichts im Vergleich mit der totalen Auflösung der Maßstäbe in bezug auf die Sexualmoral während der russischen Revolution. Die Teilnahme einiger Frauen am Kampf hat in Spanien schon immer Tradition gehabt. Nur in überraschend geringem Maße liegt dem spanischen Bürgerkrieg eine psychologische Krise zugrunde. Und diese Kinder, die inmitten des schlimmsten Schreckens ihr geistiges Gleichgewicht bewahren, sind ein Teil der Erklärung. Die Spanier bleiben mitten in ihrer furchtbaren Feuerprobe als Individuen ruhig und gelassen, weil sie grundsätzlich gesund sind.

29. und 30. August Zwei Tage langwieriger Vorbereitungen, um an die Front zu fahren. Die Atmosphäre ist gespannt. Die Aufständischen greifen in der Guadarrama mit Macht an, und in der Estremadura haben sie Oropesa eingenommen und dringen weiter nach Talavera vor. Die Vereinigung der Franco-Truppen aus dem Süden mit denen von Mola aus dem Norden ist Tatsache, und niemand weiß, was als nächstes passieren wird. Ich beschloß, nicht in die Guadarrama zu fahren, die praktisch von jedem Korrespondenten besucht und beschrieben wurde. Die Dinge sind dort wie an der Saragossa-Front zum Stillstand gekommen. Ich werde mich nach Talavera aufmachen, wo sich offensichtlich eine Entscheidung anbahnt.

Die politische Nervosität nimmt immer rascher zu. Viele Leute sind überzeugt, daß man die Dinge nicht länger auf diese Weise treiben lassen kann und Caballero das Kommando übernehmen muß. Unter den »politischen« Leuten sind die Meinungen über seine Fähigkeiten geteilt; einige von ihnen spotten über seine Bezeichnung als »spanischer Lenin«, die ihm ein Teil der Presse bereitwillig verliehen hatte. Aber andere haben unbegrenztes Vertrauen in ihn, und er ist bei den Massen sicherlich sehr populär. Aber noch einmal: Was immer seine persönlichen Fähigkeiten sind, wenn die Sozialisten die Macht übernähmen, liefe dies zumindest auf einen ernsthaften Versuch hinaus, die Reihen neu zu ordnen, während die Republikaner immer weiter in ihr Unheil schlittern,

ohne auch nur den Versuch zu unternehmen, es abzuwenden.
Vorletzte Nacht hatten wir den ersten Luftangriff. Ich kam
todmüde nach Hause, konnte aber wegen der – zumindest für
mich – größten Misere des Krieges, nämlich des Rundfunks,
nicht schlafen. Izquierda Republicana hat bei meiner Pension
um die Ecke eines ihrer Miliz-Zentren, und die ganze Nacht
hindurch ist das Radio auf volle Lautstärke gedreht; es gibt
kein Mittel dagegen. So lag ich im Bett und verfluchte die
Hymno de Riego, die spanische liberale Hymne, die gerade
zum hundertsten oder zweihundertsten Mal innerhalb weniger Tage gespielt wurde – und es ist keine gute Musik. Plötzlich gab es ganz in der Nähe einen lauten Krach – es wurde mir
später erzählt, daß dies nicht der erste gewesen, die anderen
aber weiter entfernt gewesen waren, so daß ich sie wegen des
Radiolärms nicht gehört hatte – und sofort verstummte das
Radio. Ich wußte sofort, es war eine Bombe, obwohl ich noch
nie einen Krieg miterlebt habe. Aber das einzige Gefühl, das
ich hatte, war die Erleichterung, daß die nervtötende Dudelei
aus dem Radio aufgehört hatte. Ich ging an der anderen Seite
meiner Pension auf einen Balkon, von dem man die Gran Vía
überblicken konnte, und sah eine seltsame Szenerie. Die Stra-
ßenlichter der kleineren Straßen unseres Distrikts waren alle
ausgelöscht worden; nur die Lichter der Gran Vía, Alcalá und
Cibeles brannten und zeigten deutlichst die Lage des Telefon-
zentrums, der Hauptpost, der Bank von Spanien und nicht
zuletzt des Kriegsministeriums, das das Ziel der Bombardierung gewesen war. War es Verrat oder einfach Nachlässigkeit?
Auf jeden Fall war es beschämend. Niemand in unserer Pension war besonders nervös; der gelassene Fatalismus der Spanier zeigte sich in seiner ganzen Großartigkeit. Aber unten auf
der Straße begingen sie alle möglichen Dummheiten. Die
Miliz feuerte mit ihren Gewehren in die Luft, ein Maschinengewehr, das auf dem Dach des Kriegsministeriums oder
irgendwo in der Nachbarschaft postiert war, fing an zu rattern
und hörte dann wieder auf. Die Bombardierung schien vorüber zu sein, sie war auch wirklich vorbei, aber das ziellose
Feuern der Gewehre und Maschinengewehre in den Straßen
stellte eine echte Gefahr dar. Ich ging hinter der Steinmauer

des Balkons in Deckung. Aber es passierte nichts weiter, und das Feuer legte sich langsam.

Am nächsten Morgen sammelten sich Schaulustige um den Bombenkrater im Garten des Kriegsministeriums und starrten in das große Loch, das die Bombe in sicher nicht mehr als drei Meter Entfernung vom Gebäude selbst gerissen hatte. Die Bombe war exakter plaziert, als ein spanischer Pilot es vermocht hätte; das konnte nur die Arbeit eines Mannes gewesen sein, der Kriegserfahrung hatte, entweder ein Italiener oder ein Deutscher. Rein aus Zufall hatte die Bombe niemanden getötet und nur zwei oder drei Milizionäre verwundet. Aber die Explosion war gewaltig genug gewesen, um Fenster zu zerschmettern, die Stühle und Tische der eleganten Cafés an der etwa 40 bis 50 Meter entfernten Alcalá durcheinander zu wirbeln und so eine Panik nicht nur unter den Gästen, sondern ebenso bei der Miliz auszulösen. Letztere hatten, ohne das Flugzeug zu bemerken, geglaubt, ein »Faschist« hätte eine Bombe in eines der Cafés geworfen, und waren nur mit Mühe davon abgehalten worden, willkürlich in die Menge zu schießen.

Am Nachmittag besuchte ich einige Freunde im westlichen Stadtteil in der Nähe des Flusses Manzanares. Sie hatten eine lange und grausige Geschichte zu erzählen. An der Straßenecke war eine Wiese, an der jeden Morgen ein Wagen hielt, aus dem etwa fünfzehn bis zwanzig Gefangene herausgescheucht wurden, die dann jedesmal allesamt erschossen wurden. Die Leichen wurden einige Stunden lang als Abschreckung liegengelassen, was die Bewohner der umliegenden Straßen zumindest nicht entmutigte, einen Blick darauf zu werfen.

Wir kamen auf die kritische Situation an der Front zu sprechen, nicht zuletzt deshalb, weil die meisten Gäste in einigen Tagen als Offiziere dahin aufbrechen. Einer der jungen Männer beklagte sich gerade bitter über die schlechte Qualität des *matériel* – die Maschinengewehre fallen immer wieder aus, die Munition ist Jahre alt –, als unser Gastgeber uns aufgeregt zum Balkon ruft. Dort lag die Guadarrama, sehr nahe in der Nachmittagssonne, aber dicht in Wolken gehüllt;

keine Regenwolken, sondern Rauchwolken. Sie bedeckten den größeren Teil der näherliegenden Hänge der Sierra; offenbar rührten sie nicht einfach vom Beschuß her; es muß jemand systematisch versucht haben, einen großen Waldbrand auszulösen.

Hatte Mangadas Kolonne, von der wir wußten, daß sie in dieser Richtung operiert, die ganze Sierra in Brand gesteckt, um einen unerwarteten Vorstoß der Aufständischen aufzuhalten? Wir alle spürten, daß der Untergang Madrids erschreckend nahe war.

DIE WESTLICHE
UND DIE SÜDLICHE FRONT

31. August Nach den üblichen, endlos scheinenden Verzögerungen brechen wir schließlich am Nachmittag in Richtung Talavera auf. Wir sind wieder zu fünft, Fahrer, bewaffnete Wache, zwei Photographen von *Vue* und ich. Diese Landschaft ist mir bereits vertraut; in den Dörfern Wachen und Kontrollen; Komitees, die sich aus allen Parteien zusammensetzen. Aber es gibt auch wichtige, augenfällige Unterschiede. Die Dörfer sind viel ärmer als in Katalonien und in der Levante; man baut Weizen statt Obst und Gemüse an. Manchmal sieht man große Getreidespeicher. Wir sind in der Zone der großen halbfeudalen Landgüter. Das dominierende Element in den Komitees sind nicht die Anarchisten, sondern die Sozialisten, gelegentlich mit kommunistischer Beimischung. Aber was im krassen Gegensatz zum Osten am meisten auffällt, ist die Bedeutung der *Juventud Socialista*, die vereinte Organisation der sozialistischen und kommunistischen Jugend. In den meisten dieser Dörfer gab es bis vor kurzem keine wie auch immer orientierte Organisation der Linken; sicherlich existierte auch vor der Proklamation der Republik von 1931 keine. Selbst jetzt fühlt sich nur die jüngere Generation von den sozialistischen Missionaren aus der Stadt überhaupt nachhaltig angesprochen. Dem Mangel an gewachsener politischer Tradition entspricht die Dominanz der Jugendorganisation und das Übergewicht von sehr jungen Leuten in den Komitees, ganz im Gegenteil zu Katalonien und Valencia, wo Männer zwischen dreißig und vierzig in der Überzahl sind. Auch das Verwaltungssystem ist unterschiedlich. Das *Ayuntamiento* führt Seite an Seite mit den Komitees seine Verwaltungsarbeit weiter. Ihre Kompetenzen scheinen nicht im mindesten festgelegt zu sein, und ihre praktische Arbeit überschneidet sich offenbar ständig. So etwas ist ein herausragendes Beispiel für den Unterschied zwischen sozialistischer und anarchistischer Praxis. Anarchistisch verwaltete Dörfer würden kaum zulassen, daß die alte Gemeindeverwaltung ihre angestammte Autorität behält.

In der kleinen Stadt Talavera, dem letzten von den Regierungstruppen besetzten Ort, ist die Atmosphäre noch düsterer als in Madrid. Vor zwei Tagen wurde die Nachbarstadt Oropesa nach einem Luftangriff und einer darauffolgenden Panik in der Miliz an die Marokkaner verloren. Ein Offizier erklärt, daß etwa 150 Bomben auf die Stadt geworfen, aber nur zwei Menschen verwundet (!) worden seien; die Bomben scheinen hinsichtlich ihrer materiellen Wirkung überhaupt nichts zu taugen, aber der moralische Eindruck, den sie auf die unerfahrene Miliz gemacht hatten, muß gewaltig gewesen sein. Jetzt ist Talavera bedroht, die Front verläuft nur wenige Kilometer hinter der Stadt – und sie ist die letzte Stellung zwischen Franco und Madrid! Verstärkungen werden in die Stadt geworfen. Eine Einheit davon, eine ziemlich große anarchistische Kolonne, marschiert in einer flotten Parade ein, aber einige der Männer haben nicht einmal Gewehre. Der zentrale Stab ist in einer kleinen Seitenstraße untergebracht, wo er von feindlichen Flugzeugen nicht leicht ausgemacht werden kann. Jeder befürchtet ein Bombardement für heute nacht. Der Stab ist sichtlich nervös.

Man läßt uns nicht bis zum eigentlichen Frontverlauf vor, wir fahren nur ein kurzes Stück in seine Richtung aus Talavera heraus. In einiger Entfernung schlagen Granaten ein. Wir werden in einem Lager angehalten, in dem etwa hundert Mann als Reserve stationiert sind. Während unseres Aufenthaltes sind sie vorwiegend mit ihren Nahrungsmitteln beschäftigt; eine Schafherde ist herrenlos aufgefunden worden und leistet nun ihren Beitrag zum Milizkommissariat. Die Miliz hier unterscheidet sich auffallend von ihren Kameraden in Katalonien. Die blauen Milizuniformen sind zahlreicher, und es gibt weniger pittoreske, phantasievolle Aufzüge und Zivilkleider. Einige alte Armee-Offiziere und Unteroffiziere sind hier. Aber es scheint viel weniger Zusammenhalt als an der Saragossa-Front zu geben. Während dort die einzelnen Kolonnen politisch einheitlich und alle in Barcelona rekrutiert waren, ist diese Kolonne weder politisch noch lokal einheitlich. Madrider Gewerkschaftler verschiedener Berufssparten und politischer Schattierungen, zahlreiche politisch schwer einzuordnende Valencianos und einige Männer der alten Armee. Nicht das geringste Anzeichen eines zentralen Kommandos ist in diesem buntgemischten Haufen zu erkennen. Als plötzlich ein feindliches Flugzeug am Horizont auftaucht und schnell näher kommt, laufen die Männer nicht auseinander, sondern alle auf einem Haufen zusammen; als das Flugzeug auf sie zukommt, fangen sie wie verrückt mit ihren Gewehren zu schießen an, was keinerlei Erfolg hatte, sondern sie nur in große Gefahr brachte. Glücklicherweise wollte der Flieger gar keine Bomben abwerfen, die Folgen wären unter diesen Umständen unvermeidlich katastrophal gewesen; ein Flugzeug der Regierung taucht hinter dem feindlichen auf und vertreibt es sehr schnell.

Als ich nach Talavera zurückkomme, finde ich am Bahnhof den Panzerzug des Madrider Nordbahnhofs vor; unter seiner Besatzung ist ein persönlicher Freund von mir. Er ist ausgelassener Stimmung, und mit ihm die ganze Gruppe. Sie sind gerade von einem Einsatz zurückgekehrt, bei dem sie Oropesa unter Beschuß genommen haben – mit großem Erfolg, glauben sie –, und fühlen sich sichtlich glücklich, von einer gefährlichen Unternehmung sicher zurückgekommen zu sein. Mein Freund, ein Akademiker, ist besonders von einem Beispiel »römischer Disziplin« begeistert. Ein paar Männer vom Zug gingen auf Spähtrupp, kehrten aber nicht zur vereinbarten Zeit zurück, weil sie entgegen der Befehle Gefangene gemacht und dabei Zeit verloren hatten. Schließlich fuhr der Zug ohne sie zurück; sie schlugen sich allein mutig durch die feindlichen Linien zurück und schlossen sich in Talavera wieder dem Zug an. Aber dort wurden sie, anstatt für ihren Mut gelobt zu werden, wegen Disziplinlosigkeit zum Tod verurteilt, und nur nach einer langen Diskussion konnte die Strafe in einen Ausschluß aus der Miliz umgewandelt werden.

Was ist mit den Worten gemeint: »In dieser Firma arbeitet

man kollektiv?« An den Eingängen fast aller Geschäfte und Hotels in Talavera ist dies zu lesen. Sie künden nicht von Enteignungen, so erfahre ich, sondern einfach von einer Übereinkunft zwischen der UGT und den Besitzern, daß ein bestimmter Teil des Gewinns an die Arbeiter geht. Diese Methode unterscheidet sich vollkommen von der Politik der Anarchisten in Katalonien, die stets zur vollständigen Enteignung neigen. Aber schließlich sind es die Sozialisten und nicht die Anarchisten, die in Talavera wie in allen anderen Städten Neukastiliens den Ton angeben.

Was geschah mit den großen Gütern, die hauptsächlich Weizen anbauen? Die meisten blieben noch wochenlang in den Händen der Besitzer, obwohl diese allesamt zur Rechten gehörten. Zunächst wurden nur die Klöster und die kleinen Güter in deren Besitz enteignet. Jetzt ist schließlich eine allgemeine Enteignung der großen Güter durchgeführt worden, und die Tagelöhner bearbeiten und betreiben sie unter der Führung der UGT selbst. Der größte Teil des Weizens wird an die Front geschickt, ohne daß dafür mit Geld oder in irgendeiner anderen Form bezahlt würde; niemand macht einen Hehl daraus, daß es eine Menge Unzufriedenheit über die Enteignungen gibt, die sich so eindeutig zum Nachteil der Landarbeiter ausgewirkt haben.

1. September Wir fuhren nach Süden zum südlichen Flügel der Estremadura-Streitkräfte. Die Lage spitzt sich überall zu. In jedem Dorf will man von uns Neues von der Schlacht hören, die einige Kilometer weiter nördlich tobt. Die Dörfer sind stark bewacht, und gelegentlich wird uns gesagt, daß keine Zeit zur Feldarbeit bleibt, weil das ganze Dorf auf Wache ist.

Diese Dörfer im westlichen Spanien haben sicher eines mit denen im Osten gemeinsam, so gänzlich verschieden sie in vieler anderer Hinsicht sein mögen: Die Landfrage ist vollkommen ungelöst, und es herrscht größte Unsicherheit darüber, wie sie gelöst werden soll. Wo das ganze Land ein oder zwei Aristokraten gehört, die auf seiten der Aufständischen sind, ist das Problem relativ einfach. Das Land wird dort automatisch enteignet und bleibt in den Händen der Komitees und Gewerkschaften, die an der Bearbeitungsweise überhaupt nichts geändert haben. Dasselbe Land wird von denselben Arbeitern bearbeitet, die Grenzen der alten Güter bestehen weiterhin, es werden immer noch die alten Löhne bezahlt, und der einzige Unterschied besteht darin, daß sie nicht mehr von den Verwaltern der Gutsbesitzer bezahlt werden, sondern von den Komitees und den Gewerkschaften, und daß der Weizen nicht mehr an Händler verkauft, sondern irgendwie zwischen Dorfbewohnern und Truppen aufgeteilt wird. Aber an einigen Orten gibt es auch Bauernhöfe, und manche Bauern sind reich und sympathisieren mit den Aufständischen. Hinrichtungen haben im üblichen Ausmaß stattgefunden, und das Land der Verstorbenen bleibt in den Händen des Komitees. Aber es ist niemand da, der jenes Land der enteigneten Bauern kultivierte, das vorher von seinen Besitzern bearbeitet wurde. So liegt das Land dieser Enteigneten manchmal brach; manchmal werden Landarbeiter herbeigeholt, die für die Bestellung ihren normalen Lohn erhalten. Was mit diesen Ländereien letztlich geschehen wird, bleibt vollkommen unentschieden. Einige Bauern sind für die Aufteilung unter die ärmeren Mitglieder des Dorfes, andere für eine kollektive Bewirtschaftung; aber eine klare Politik wird nicht verfolgt, weder von den Komitees noch von den politischen Organisationen.

Trotz dieser Unschlüssigkeiten und Mängel habe ich bisher noch kein Dorf gesehen, das so leidenschaftlich mit der Sache der Regierung sympathisiert hätte wie diese völlig verarmten Orte an der Grenze zwischen Estremadura und Neukastilien. Wahrscheinlich kann diese Begeisterung teilweise aus der Tatsache der allgemeinen Armut selbst erklärt werden; diese Dorfbewohner haben bei einer Revolution nichts zu verlieren und viel zu gewinnen, und weil sie alle arm sind, werden sie von keinerlei Antagonismen zwischen Besitzenden und Besitzlosen innerhalb des Dorfes selbst behindert. Aber noch wichtiger ist die Tatsache, daß im Gegensatz zu Katalonien der Feind in Estremadura schnell vorrückt und Haß und Schrecken ihm vorauseilen. Die Dörfer sind alle voll von bewaffne-

177

ten Bauern, viele von ihnen stammen nicht aus den Dörfern, die sie bewachen, sondern aus anderen, bereits von Franco-Truppen besetzten. Ganze Heere von Bauern sind bei deren Heranrücken geflohen. Es herrscht ein ausgesprochener Mangel an Gewehren; wir trafen Gruppen, die zuerst unter großer Gefahr bei Nacht die feindlichen Linien passierten, dann einige Tage lang die benachbarten Dörfer um Waffen ersuchten, schließlich dort blieben, wo sie Waffen bekamen, und die Verteidigung vorzubereiten halfen. Einige dieser Gruppen zählen nicht weniger als vierzig Männer.

Wir fuhren durch Puerto San Vincente, dem südlichen Winkel der Estremadura-Front, und der Stab sagte uns, daß 17 Kilometer vor den Regierungsvorposten das Dorf Alía liege, das von seinen Bewohnern allein verteidigt werde, ohne jede Hilfe der Regierungsmilizen. Dieses arme Dorf hat schon dreimal seinen Eroberer gewechselt, hält aber immer noch durch. Seine einzige Verbindung mit dem Regierungslager ist ein allmorgendlicher Telefonanruf aus Puerto San Vincente, um sicherzustellen, daß die Faschisten noch nicht einmarschiert sind. Man läßt uns auf eigene Verantwortung nach Alía weiterfahren. Wir finden dort ein zwar wirklich erbärmliches Dorf vor, aber in wilder politischer Erregung. Jeder, der ein Gewehr auftreiben konnte, trägt es mit sich herum, und zahlreiche Bauern aus weiter westlich gelegenen, bereits von den Faschisten gehaltenen Dörfern helfen bei der Verteidigung mit. Beim Ausbruch des Bürgerkrieges revoltierte die *Guardia civil*, nahm das Dorf in Besitz und richtete alle hin, die ihnen als Regierungssympathisanten bekannt waren. Die Bewohner eroberten das Dorf zurück und brachten ihrerseits die Gardisten um. Dann wurde das Dorf wieder genommen und nochmals zurückgewonnen. Zur Zeit gibt es keinen Kontakt mit dem Feind, dessen vorgeschobene Posten in Guadelupe vermutet werden. Niemand hat auch nur die leiseste Ahnung von den tatsächlichen Stellungen des Feindes (was an der ganzen Front nicht anders ist), aber sein Angriff wird jeden Tag erwartet. In der Zwischenzeit schlägt sich das Dorf so durch. Die Hälfte des Landes gehörte einer Baronin, und ihre Herden werden jetzt wie vorher von ihren früheren Schäfern gehütet, die das Komitee aus Geldmangel mit Naturalien bezahlt. Und ihre Begeisterung ist so groß, daß sie in ihrer Armut den Truppen hinter ihnen in Puerto San Vincente noch Lebensmittel geschickt haben, ohne eine Bezahlung dafür zu verlangen. Doch dieses Dorf, das enthusiastischste, das ich je in Spanien gesehen habe, zählt keinen einzigen Anarchisten zu seinen Einwohnern, und die einzige politische Organisation ist eine sehr kleine Gruppe der Sozialistischen Jugend. Bei den Februar-Wahlen stimmte dieses Dorf, das zweifellos und von ganzem Herzen revolutionär ist, unter dem Druck der »Kaziken« überwiegend für die Rechte. Als wir uns auf den Rückweg machen, hält uns einer der Bauern an: Anscheinend hat er etwas auf dem Herzen. »Würden die Señores Journalisten aus Frankreich so freundlich sein und mir eine Frage erlauben?« »Mit Vergnügen!« »Dann sagen Sie mir bitte eines! Wer ist der Präsident der französischen Republik, und ist er ein guter Republikaner?« In den entlegensten Winkeln der Estremadura werden sich plötzlich analphabetische Bauern, die bisher vielleicht nur vage wußten, daß es ein Land namens Frankreich gibt, bewußt, daß es für jeden einzelnen von ihnen zu einer Frage von Leben und Tod werden kann, ob der Präsident der französischen Republik ein guter Republikaner ist. Ich traue diesen Bauern nicht zu, den Unterschied zwischen dem Präsidenten der Republik und dem *Président du conseil* zu kennen, und mit reinstem Gewissen versichere ich ihm, daß Monsieur Blum ein verläßlicher Republikaner sei.

Man kann sich keinen stärkeren Kontrast vorstellen als den zwischen der überschäumenden Begeisterung der Bauern in Alía und der phlegmatischen Haltung der Truppen nur einige Kilometer zurück in Puerto San Vincente. Als wir zurückkehrten, hielt gerade ein Auto aus Talavera vor dem Gebäude, in dem der Stab einquartiert war. »Ist die Mandoline schon repariert?«, war die erste Frage des Kommandeurs an den Fahrer. Während ein paar Kilometer nördlich das Schicksal Spaniens auf dem Spiel steht, macht man sich hier Sorgen um die Reparatur von Mandolinen. Es war eine ziemlich starke Truppe mit Kavallerie und Artillerie, in der für die Gegend üblichen buntgemischten Zusammensetzung. Der Kommandeur, ein junger

179

Leutnant der alten Armee, hatte seine Männer fest in der Hand. Ein politisches Komitee hatte diese Einheit nicht. Der Kommandeur hatte ihnen erklärt, daß dies mit Disziplin unvereinbar wäre. Auf den über dem Dorf liegenden Hügeln wurden Gewehre postiert und so etwas wie Schützengräben mit ein bißchen Stacheldraht drumherum ausgehoben. Was der Arzt der Kolonne erzählte, spricht für sich selbst: Der Dorfarzt war in Urlaub gegangen – er schien es fertiggebracht zu haben, Urlaub zu nehmen, als ob überhaupt nichts los wäre – und er, der Militärarzt, hatte keinen einzigen Verwundeten und behandelte statt dessen unentgeltlich sämtliche Dorfkinder.

Nachts begleitete ich den Kommandeur bei seiner Visite der Vorposten. Die Soldaten nahmen Haltung an, wenn er zu ihnen sprach; ein für Regierungstruppen sehr ungewöhnlicher Anblick. Aber der Kommandeur war mit diesem äußerlichen Beweis von Disziplin nicht zufrieden. Er beklagte sich bitter über die mangelnde *tenue* der Miliz bei Luftangriffen. Das psychische Desaster, das sie verursachten, sagt er, stehe in keinem Verhältnis zum materiellen Effekt, zu den tatsächlichen Verlusten durch Bombardierungen, die wirklich sehr klein wären. Und er, der geschulte Soldat unter Amateuren, beklagte sich dann noch über die Inkompetenz der Kommandierenden. Bei gelegentlichen Erkundungen hatte sich herausgestellt, daß der Feind in Guadalupe, hinter Alía, sehr schwach war, und laut diesem Offizier würden 1 500 Mann aller Truppen ausreichen, um mit einem plötzlichen Vorstoß nach Trujillo die Verbindungen der Aufständischen mit ihrem Hinterland und mit Portugal abzuschneiden: Aber die 1 500 ausgebildeten Männer gab es nicht. Ich dachte an die Schlacht ein paar Kilometer nördlich, deren Ausgang durchaus von Aktionen im Abschnitt von Puerto San Vincente beeinflußt werden könnte. Ihr habt doch, sagte ich, eine Truppe ausgebildeter Kavallerie, und außerdem hat wirklich jedes Mitglied der Bauernmiliz in Alía von Kindesbeinen an Pferde geritten und kennt das Gebiet wie seine Westentasche. Warum unternehmt ihr nicht einen überraschenden gewaltsamen Aufklärungsvorstoß nach Guadalupe; bestimmt werden damit feindliche Kräfte aus dem Talavera-Abschnitt abgezogen? »Oh«, antwortet er, »Guadalupe hat keine strategische Bedeutung«. Ich kann mir vorstellen, daß eine verstärkte Aktivität in diesem erstaunlich ruhigen Sektor nicht schaden würde, wenn nicht allzu weit nordwärts eine entscheidende Schlacht ausgetragen wird, selbst wenn dies keine »strategische Bedeutung« hätte. Was ist mit der berühmten Guerilla-Begabung der Spanier? Aber mein junger Leutnant, seine Aktivität und seine Bereitschaft zu berechtigter Kritik am Kommando in allen Ehren, scheint Aktionen im kleineren Rahmen als unter seiner Würde zu betrachten.

2. September Eine lange Fahrt endete gegen Mittag in Toledo. Das ist sicherlich der zur Zeit unangenehmste Fleck im ganzen von der Madrider Regierung beherrschten Teil Spaniens. Die Stadt war schon immer sehr katholisch und antisozialistisch, Verwaltung und Miliz fühlen sich von passivem Widerstand und Verrat umgeben, und der sture Widerstand des Alcázar gegen ihre vergebliche Belagerung macht sie schier verrückt. Neben den gut zwanzig Geiseln, die in den Alcázar verschleppt wurden, haben sich anscheinend eine beträchtliche Zahl von Zivilisten, Männer wie Frauen, aus eigener Entscheidung dem Rückzug der Aufständischen in die Festung anschlossen, als die Miliz die Stadt stürmte. Die Photos der Geiseln sind im Hauptspeiseraum der Miliz ausgestellt, um sie vor dem Massaker zu bewahren, das folgen wird, wenn der Alcázar in die Hände der Miliz fallen sollte. Das administrative Regime in der Stadt ist wahrlich bemerkenswert. Niemand hält sich an die Ordern, die in Madrid herausgegeben und sonst überall befolgt werden. Knapp an Zeit, teilten meine Begleiter und ich uns die Informationsbeschaffung auf. Sie gingen zum Plaza de Zocodover, wo die Belagerer des Alcázar zusammengezogen sind, und kamen mit der Information zurück, daß der Stand der Dinge immer noch der von vor vierzehn Tagen war, als sie zuletzt hier gewesen waren, und daß nicht der geringste Versuch unternommen wird, die Belagerung voranzutreiben. Diese besteht anscheinend aus einer ganz simplen Umzingelung des Alcázar, ohne daß von der Miliz eine entscheidende Aktion geplant würde. Während sie diese seltsamen Eindrücke sammelten, versuchte ich, Informationen über das Schicksal der Kunstwerke, vor allem der Bilder Grecos, zu bekommen.

Einige Künstler und Handwerker haben ein Komitee zum Schutz dieser Schätze gebildet; früher waren sie mit Arbeiten in Kirchen beschäftigt, und nun setzen sie sich für die Erhaltung der Schönheiten ihrer Heimatstadt ein. Sie beklagen sich bitter: der Gouverneur verweigerte ihnen aus nicht ersichtlichen Gründen den Zugang zu den wichtigsten Kirchen wie auch zum Greco-Museum, über deren Schlüssel er verfügt. Die Munitionsfabrik von Toledo ist einmal bereits bombardiert worden und wird es aller Wahrscheinlichkeit nach noch einmal; der Feind nähert sich: Nicht vorauszusehender Schaden könnte diesen Gemälden zugefügt werden, solange sie nicht an einen sicheren Ort gebracht werden, aber der sture Widerstand des Gouverneurs macht das unmöglich. Der Sohn eines Madrider Ministers, jetzt Arzt in einem der Krankenhäuser von Toledo, telephonierte für mich mit dem Gouverneur, sagte ihm, daß ich bereit wäre, in England zu berichten, daß die Toledo-Gemälde unversehrt seien, vorausgesetzt, ich könnte sie sehen. Dann ging ich zum *Palacio* des Gouverneurs – mit demselben Erfolg wie das Kunstkomitee oder irgendeiner meiner Journalistenkollegen. Der Gouverneur weigerte sich, mich zu empfangen, und schickte eine Mitteilung, daß die Kunstwerke unversehrt seien und er nicht den Wunsch hege, sie zu zeigen. Sollte ich darauf bestehen, könnte ich in Madrid beim Kulturministerium die Erlaubnis einholen. Es war keine Zeit, nach Madrid zurückzufahren, und sein Unwille war im übrigen so offensichtlich, daß ich weitere Bemühungen für zwecklos hielt. (Die Geschichte hatte noch ein Nachspiel, von dem ich während meiner zweiten Reise nach Spanien erfuhr. Das Komitee zum Schutz der Kunstschätze hatte den Gouverneur schließlich genötigt, von Madrid Wagen anzufordern, um die wertvollsten Gegenstände wegzubringen. Die Aufständischen näherten sich Toledo rasch, und es mußte schnellstens etwas geschehen. Das Ersuchen wurde nach Madrid weitergeleitet, und das Kulturministerium informierte den Gouverneur, daß Lastwagen zu seiner Verfügung stünden, um die Kunstschätze wegzubringen. Aber der Gouverneur weigerte sich, die Lastwagen in Empfang zu nehmen, und teilte dem Komitee ungeachtet der Wahrheit mit, daß Madrid die Anfrage nicht beantwortet hätte. Bis zum letzten Moment versuchte das Komitee standhaft die Greco-Gemälde zumindest nicht aus den Augen zu lassen, konnte aber nichts tun, um sie zu retten. Als schließlich die Marokkaner schon in die Stadt eingedrungen waren, konnten zwei der Komiteemitglieder ihr Leben retten, indem sie über den Tajo schwammen. Nichts wurde getan, um die unschätzbaren Kunstgegenstände von Toledo zu schützen, weil der Gouverneur beschlossen hatte, daß nichts getan werden sollte. Aber schließlich blieben sie unbeschädigt, weil die Miliz in voller Flucht und ohne Widerstand die Stadt verließ, als die Marokkaner einmarschierten, vielleicht auch schon vorher. Die *objets d'art* fielen unversehrt in die Hände der Franco-Truppen, da in der Stadt keine Kämpfe stattgefunden hatten. Der ganze Verlauf dieser Affäre stand auffallend im Gegensatz zur vorbildlichen Organisation, die unter Beweis gestellt wurde, als man die Kunstschätze sowohl des Prado in Madrid als auch des katalanischen Nationalmuseums in Barcelona in Sicherheit brachte.)

Der Abschied von Toledo war auch recht seltsam. An der ersten Straßenkreuzung, nur sehr wenige Meilen außerhalb der Stadt, wurden wir von einem ungewöhnlich redseligen Wachtposten aufgehalten. Dann, ein paar Schritte weiter, sahen wir die Leichen von zwei Menschen, die anscheinend während dieser Verzögerung hingerichtet worden waren. Man wollte nicht, daß wir die Hinrichtung sahen.

3. September   Eine lange Fahrt durch die Mancha bis spät in die Nacht brachte uns nach Ciudad Real. In dieser Region gibt es keinen Feind, aber nachts werden die Dörfer schwer bewacht, und die Kontrolle der passierenden Autos ist so gründlich wie nur möglich.

Ciudad Real ist wie alle Städte im südlichen Spanien nachts lebendig und pittoresk, obwohl ohne beachtenswerte Architektur. Ich wanderte spät nachts kreuz und quer durch die Straßen, durchquerte wiederholt abgelegene und leere Seitenstraßen und kam dann zur Hauptstraße zurück. Ich spürte, daß mein Verhalten eigentlich Verdacht erwecken müsse, kümmerte mich aber nicht darum. Eine Verhaftung konnte nur interessant werden, da ich das Komitee sofort von meiner Ankunft unterrichtet hatte. Ich bekam, was ich erwartete. Plötzlich hörte ich ein leises »Ssss . . .« hinter mir, und als ich mich umdrehte, sah ich zwei Männer, einer in Miliz-Uniform, der andere in Zivilkleidung, wie sie aus ein paar Schritten Entfernung ihre Flinten auf meine Brust richteten. »Manos arriba« (»Hände hoch«), sagte der Milizionär sehr ruhig. Ich befolgte den Befehl; einer der Männer schritt zur Seite, behielt mich weiter im Visier, während der andere näher kam und ruhig und ohne Aufregung meinen Körper abzusuchen begann. Als sie merkten, daß ich nicht vorhatte, Widerstand zu leisten, wurden sie etwas weniger finster. »Ausländische Presse«, sagte ich genauso ruhig wie sie und lachte. Die Durchsuchung war schnell vorüber; ich zeigte ihnen meine Dokumente, sie fragten mich über meinen Aufenthalt aus, und als meine Antwort sie zufriedenstellte, entließen sie mich mit vollendeter Höflichkeit.

Sozialisten beherrschen die Stadt, die im Gegensatz zum umliegenden Land bei den Februar-Wahlen für die Volksfront stimmte. Nur eine einzige Fabrik, das Elektrizitätswerk, ist enteignet worden; alle anderen werden unter ihren alten Besitzern weitergeführt. Der Terrorismus scheint in keinem Verhältnis zur Geringfügigkeit der ökonomischen Veränderungen gestanden zu haben. Der Markt bleibt unverändert und unkontrolliert, ebenso die Cafés und die Geschäfte; aber 95 Prozent der Rechtsanwälte und alle Priester sind »verschwunden«. Von unserem Auto aus sehe ich eine Dame in eleganten Trauerkleidern um die Ecke biegen; sie blickt uns mit einem unbeschreiblichen Ausdruck kühner Feindseligkeit an. Ich stelle mir vor, daß sie die Witwe oder Tochter eines Hingerichteten ist, und die offene Zurschaustellung ihrer vornehmen Trauer und ihrer Verachtung für die Autoritäten erfordert gewaltigen Mut.

Im Provinzbüro der *Reforma Agraria* erfuhr ich, daß sich die Dörfer der Provinz, obwohl das wirtschaftliche Leben in der Stadt fast unverändert weitergeht, in wilder Sozialrevolution befinden. Drei Güter in der Provinz wurden vor dem Bürgerkrieg unter dem Gesetz der Agrarreform in Bauernkollektive umgewandelt; seit dem Aufstand sind 256 enteignet und von ihren früheren Arbeitern übernommen worden; oder vielmehr, 256 Enteignungen sind durch das Provinzbüro der Reforma Agraria legalisiert worden. Tatsächlich ist die überwältigende Mehrheit der größeren Güter von ihren Arbeitern enteignet und kollektiviert worden, und die Reforma Agraria tat bei der ganzen Sache nichts anderes, als ihr legales *Placet* dazuzugeben; aber diese eine Aufgabe genügte, um ihre ganze Zeit zuungunsten weitaus wichtigerer Aufgaben zu beanspruchen, etwa den neugebildeten landwirtschaftlichen Kollektiven technische Beratung zu bieten. Das legale *Placet* ist außerdem eine reine Formalität. Zugegeben, die Bauern müssen die Enteignung rechtfertigen; ich sah ein oder zwei dieser Erklärungen. Sie besagten im wesentlichen, daß der Besitzer des fraglichen Guts ein bekannter Reaktionär sei, daß er entweder mit in den Aufstand verwickelt gewesen oder zu den Rebellen geflohen sei oder sich einfach weigerte, das Dorfkomitee finanziell zu unterstützen, welches folglich beschlossen habe, sein Gut zu beschlagnahmen. Die Reforma Agraria in der Provinzhauptstadt, oder auf jeden Fall in Ciudad Real, pflegt den Gehalt von konkreten Vorwürfen, die gegen den Besitzer erhoben wurden, nicht zu überprüfen, sondern entscheidet einfach auf der Grundlage seiner bereits bekannten politischen Überzeugungen. In der ganzen Provinz Ciudad Real ist auf diese Weise nur eine einzige Enteignung von der Reforma Agraria zurückgenommen worden, mit der Begründung, daß der Besitzer in Wirklichkeit überhaupt kein Reaktionär sei, sondern nur ein politischer Vorwand benützt worden wäre, um ihn seines Besitzes zu entledigen.

Zwei Mitglieder des Regionalbüros der Reforma Agraria fuhren mich am späten Vormittag zu einem neu organisierten »Kollektiv« in der Nähe von Ciudad Real hinaus. Es wäre ihnen lieber gewesen, mir eines der drei alten zu zeigen, aber ich bestand darauf, eines der über 200 Kollektive zu sehen, die nach dem Ausbruch des Bürgerkrieges entstanden waren. Mit der Wahl, die sie trafen, wollten sie mir sicherlich immer noch den bestmöglichen Eindruck vermitteln. Der Bauernhof, der mir gezeigt wurde, lag in der Nähe der Stadt, in direktem Kontakt mit der Verwaltung der Reforma Agraria und von einem sozialistischen Arbeiter geführt, der seit vielen Jahren der Partei angehörte, Gefängnis und Verfolgung erlitten hatte und ein ziemlich gutes Verständnis für die ihm obliegende Aufgabe entwickelte. Sehr wenigen Dörfern und Gütern in der Mancha stehen Leute dieses Typs zur Verfügung, und ich bin überzeugt, daß mit deren An- oder Abwesenheit die Kollektivierungsarbeit stehen und fallen muß. Im Hof lagen Teile von ausgewrackten landwirtschaftlichen Maschinen herum. Sie waren von den Arbeitern während des *Bienio negro*, dem klerikalen Regime von 1933 bis 1935, zerstört worden, als Landbesitzer versuchten, die Löhne zu drücken, indem sie Arbeiter entließen und an deren Stelle landwirtschaftliche Maschinen einführten. Die gewaltsame und vergebliche Reaktion der Arbeiter war exakt dieselbe gewesen wie die gegen die Industrialisierung in England in den frühen zwanziger Jahren des neunzehnten Jahrhunderts: Maschinenstürmerei. Jetzt gab es auf dem Gut eine brandneue Dreschmaschine, die neben dem Wrack der alten stand. Sie wurde sofort nach dem Ausbruch des Bürgerkriegs von der Madrider Filiale einer Firma aus Bilbao erworben und bezahlt, die Hälfte des Preises bar aus dem enteigneten Vermögen des früheren Gutsbesitzers, die andere Hälfte mit einem Wechsel, der nach dem Verkauf der Ernte fällig wird. Der Leiter der Gemeinschaft erklärte, daß die Arbeiter, die sich so gewaltsam gegen die Einführung von Maschinen gewehrt hatten, solange diese ihnen ihre Arbeit nahmen, sie jetzt begeistert als eine enorme Erleichterung der schweren physischen Last ihrer Arbeit begrüßten. So weit und gerade an diesem Ort lief es anscheinend sehr zufriedenstellend. Aber meine Begleiter von der Reforma Agraria erzählten mir, daß dieselbe Zerstörungstaktik in der ganzen Provinz angewandt worden war, aber sie versuchten nicht, mir vorzumachen, daß die Dinge überall mit soviel Klugheit wieder in

Ordnung gebracht wurden wie in diesem besonderen Fall. Ihre Offenheit war um so eindrucksvoller, da sie mit religiöser Hingabe von der Idee der Kollektivierung überzeugt waren; deren folgerichtige Politik bestehe darin, jeden Versuch zu entmutigen, die enteigneten Güter zwischen Tagelöhnern und kleinen Pächtern aufzuteilen, anstatt sie kollektiv zu bearbeiten. Nicht ein einziges Landgut in der Mancha war nach der Enteignung in Parzellen aufgeteilt worden. Die Gründe, warum man hier, in einer Zone großer Landgüter, diese nicht parzellieren will, ist ziemlich offensichtlich. Im Gegensatz zu Rußland gab und gibt es in diesem Teil Spaniens keine Bauernschaft, die mit den großen Landbesitzern um den Besitz des Landes hätte kämpfen wollen oder können. In Rußland existierten die Bauernhöfe bereits; sie mußten nur noch durch die Enteignung des Landes der Aristokratie vergrößert werden. Die allermeisten Dorfbewohner im südlichen Spanien sind überhaupt keine Bauern, sondern einfach Landarbeiter ohne Grundbesitz; und die Parzellen der paar Pachtbauern sind so klein, daß sie kaum ausreichen, einen wirklichen bäuerlichen Bestand zu sichern. Alle Voraussetzungen an Gebäuden, Arbeitsgeräten und sozialen Gewohnheiten für eine Bauernwirtschaft fehlen. Wer hier eine grundbesitzende Bauernschaft wollte, müßte sie aus dem Nichts schaffen: ein nicht zu verwirklichendes Vorhaben. Die Kollektivierung der größeren Güter im südlichen Spanien geht somit fast automatisch Hand in Hand mit der Enteignung. Die Anbaumethoden bleiben unverändert, aber die Verwaltung liegt in den Händen einer Gruppe neu gewählter Führer aus den Reihen der Arbeiter oder eines lokalen Ablegers der Gewerkschaft anstelle des Verwalters des früheren Besitzers; und die Einnahmen gehen direkt und ganz an die Arbeiter. Dies ist im wesentlichen, was ich aus den Gesprächen mit den Mitgliedern der regionalen Reforma Agraria erfuhr.

Das kollektivierte Gut, das ich besuchte, war durch und durch gut geführt. Die Rinder waren in gesundem Zustand, der Weizen rechtzeitig geerntet worden (als Lagerraum diente die frühere Gutskapelle); die Gebäude wurden sauber gehalten und die Maschinen in bester Ordnung. Ist es woanders genauso? Es gab keine Frauen auf dem Hof. Vor der Kollektivierung hatten die Tagelöhner in Ciudad Real gewohnt und waren jeden Morgen zum Gut (das sehr nahe bei der Stadt liegt) gekommen. Jetzt hatten sie sich im Gutshaus niedergelassen, ihre Frauen aber in der Stadt zurückgelassen. Es geziemt sich nicht für eine kastilische Frau, sich unter anderen Männern als denen ihrer eigenen Familie zu bewegen. Bevor diese armen Landarbeiter sich über die strikten Regeln kastilischen Anstands hinwegsetzen, ziehen sie es vor, selbst für sich zu kochen und zu waschen und ihre Familien nur am Sonntag zu sehen. Ich probierte das Essen, es war weder reichlich noch gut, aber sicherlich besser als das, was sie vor der Enteignung hatten.

Wir nahmen von den gastlichen Freunden der Reforma Agraria und von Ciudad Real selbst Abschied; durch die verdorrte Mancha fuhren wir in die malerische Sierra Morena und kamen mit der Dämmerung nach Andalusien.

Der tiefe Gegensatz zwischen Kastilien und Andalusien offenbart sich gleich auf den ersten Blick. Kastilien ist nüchtern, reserviert, asketisch; Andalusien farbig, emotional, aufdringlich. Die Menschen sprechen Fremde offen an, die Mädchen tragen Kleider in strahlenden Farben, was nach dem Grau in Grau der Mancha wirklich eine Wohltat war. Die traditionellen *mantillas* sind jedoch vollkommen verschwunden. Die Männer tragen durchweg Rotes, meistens rote Halstücher; schwierig zu sagen, inwieweit diese nicht aus den Tagen der Revolution stammende Gewohnheit jetzt die Bedeutung einer revolutionären Geste angenommen hat. Die Andalusier haben ihren eigenen revolutionären Gruß. Während sich überall in Spanien die Revolutionäre mit der erhobenen Faust begrüßen, heben sie in Andalusien beide Arme über den Kopf und umschließen das Gewehr fest mit beiden Händen. Es bedeutet so etwas wie »Arbeiter aller Parteien und Berufe, schließt Euch dem Kampf an«, und sieht sehr eindrucksvoll aus. Es gibt auch andere Aktionen, weniger demonstrativ, aber dafür praktischerer Natur: Bergarbeiter aus Valdepeñas und den umliegenden Gebieten haben die Hauptstraße durch die Sierra an vielen Stellen stark vermint, um sie für den Fall eines Angriffs vollkommen unpassierbar zu machen.

Die sanften Hänge der Sierra hinunter gleiten wir direkt in die Zone der Olivenhaine. Diese bedecken ganz Ostandalusien und lassen anderen Früchten und Getreide fast keinen Platz. Die Landgüter sind riesig, Dörfer sind selten, aber die wenigen, die es gibt, sind sehr bevölkert; sie haben durchschnittlich etwa 20 000 Einwohner, meist armselige, grundbesitzlose Landarbeiter. Üblicherweise werden sowohl Kastilien wie Andalusien als Regionen der großen Güter beschrieben. Aber in Wirklichkeit besteht wenig Ähnlichkeit zwischen den Weizen anbauenden mittelgroßen Gütern Kastiliens, die offensichtlich auf feudale Ursprünge zurückgehen und deren Landarbeiter vor ein paar Generationen noch Leibeigene waren, und den Oliven anbauenden gewaltigen *Latifundios* Andalusiens, die in ihrem Charakter seit karthagischen und römischen Zeiten unverändert sind, deren grundbesitzloses Proletariat von Sklaven abstammt und bis heute noch viele Züge einer hilflos von ihren Besitzern abhängigen Sklavenbevölkerung bewahrt hat. Außerdem entsprechen die kastilischen Dörfer dem genuin europäischen Dorftyp, während die andalusischen Dörfer (treffender beschrieben mit dem spanischen Ausdruck *Pueblo*) deutlich an eine antike *Civitas* erinnern, in der sich die Bevölkerung eines ganzen Gebiets zusammendrängt, während das Land unbewohnt bleibt.

Wir nähern uns erfreulicherweise schon Bailén, unserem Ziel für diesen Tag. Es gab keinen Grund, sich nicht auf einen ruhigen Abend zu freuen, als wir plötzlich auf zwei Lastwagen zu fuhren, die zu meiner Bestürzung nicht beleuchtet waren. Und dann lagen zu unserem Entsetzen mitten auf der Hauptstraße zwischen Madrid und Córdoba, vor dem ersten der beiden Lastwagen, Leichen. Ein Eindruck, wie ich ihn bisher noch nicht gehabt hatte. Was genau die schaurige Wirkung ausmachte, kann ich nicht sagen. Bei Tag sind Leichen weniger unheimlich als in der Dunkelheit, in abgelegenen Ecken jagen sie weniger Schrecken ein als auf einer Hauptverkehrsader, wo unmöglich jemand damit rechnete. Dann standen da die zwei abgestellten Lastwagen, die irgendein entsetzliches Geheimnis zu verbergen schienen. Einige meiner Begleiter glaubten, sie hätten Geräusche aus den Lastwagen gehört, konnten aber nicht sagen, ob es Worte oder Seufzer waren. Unmöglich, es herauszufinden; ich wollte anhalten, unter dem Schock des Eindrucks war ich mir keiner Gefahr bewußt und wollte nur unbedingt Genaueres wissen; aber der Fahrer war außer sich vor Schrecken und fuhr so schnell er konnte weiter. Wie viele Leichen da lagen, konnten wir in dem kurzen Augenblick, in dem wir sie sahen, nicht erkennen. Der Körper einer Frau in leuchtend weißen Kleidern, aus deren Brust Blut floß, war deutlich zu sehen gewesen. Die Lage der Leiche ließ vermuten, daß die Frau vor den Lastwagen gestellt und vom Fahrersitz aus erschossen worden war. Es mußte nur wenige Minuten vor unserer Ankunft passiert sein, vielleicht nur wenige Sekunden. Mit Sicherheit lagen da noch mehr Leichen, aber in der Eile und Dunkelheit konnten wir sie nicht genau sehen. Mein Eindruck war, daß da nur noch ein zweiter Körper war, der eines erwachsenen Mannes. Aber meine vier Begleiter erklärten einmütig, daß sie ein totes Baby in den Armen der Frau gesehen hätten, und einige von ihnen hatten sowohl ein Baby als auch einen Mann tot neben der Frau liegen sehen.

Die Schrecken nahmen noch kein Ende. Als wir nach Bailén hineinfuhren, sahen wir zu beiden Seiten der Straße riesige Rauchsäulen an der Einfahrt zum *Pueblo*. Wieder waren nähere Nachforschungen unmöglich; die Wachen am Eingang befahlen hysterisch »Siga, siga« (»Weiterfahren, weiterfahren«); dies hob sich scharf von den sonst üblichen freundlichen Gesprächen mit den Wachtposten ab; und der Rauch war dann auch viel zu dick, als daß wir ihn einfach für die Folge einer Abfallverbrennung oder ähnliches hätten halten können. Bei unserer Ankunft war es stockdunkel und im raschen Vorbeifahren konnten wir unmöglich etwas herausfinden, aber die Interpretation lag nahe, daß das Eigentum der Toten, die wir auf der Straße gesehen hatten, gerade verbrannt wurde.

Der Tragödie folgte ein satirisches Nachspiel. Mit der kindlichen Unverschämtheit, die man bei einfachen Leuten so oft antrifft, wollte uns das Komitee in Bailén davon überzeugen, daß wir nicht gesehen hatten, was wir tatsächlich gesehen hatten. Die idiotischsten Geschichten wurden zu diesem Zweck erfunden. Unseren Wachen wurde befohlen, so zu tun, als wären sie spät in der Nacht mit einigen Mitgliedern des Komitees an dem makabren Ort draußen gewesen und hätten außer einer Lache von Benzin (anstatt Blut!) absolut nichts vorgefunden. Und die Frau soll angeblich eine wohlbekannte Prostituierte gewesen sein, die es mit einem Mann mitten auf der Straßen getrieben hätte. Es war ärgerlich, dieses dümmliche Geschwätz anzuhören, um so mehr, weil es schon etwas einfältig war, uns glauben machen zu wollen, daß so etwas wie Hinrichtungen gar nicht vorkämen. Diese Lügen ließen nur die eine Schlußfolgerung zu, daß das lokale Komitee über den Mord Bescheid wußte – ein Baby zu erschießen, kann man kaum als Hinrichtung bezeichnen – und damit einverstanden gewesen war. Am nächsten Morgen fragten uns die Wachtposten des Nachbardorfes aufgeregt aus, sie wollten wissen, welche Tragödie sich die Nacht zuvor in Bailén ereignet hätte.

4. September Wir fuhren weiter nach Andújar, einem der größten *Pueblos* Ostandalusiens, wo wir mit dem Komitee ein langes Gespräch führten. Dieses Komitee hatte wenig Ähnlichkeit mit den Institutionen, die im Norden Spaniens diesen Namen tragen. Mehr noch als in der Gegend um Madrid scheinen sie in Andalusien in den *Ayuntamientos*, wie sie vor dem Bürgerkrieg existierten, aufzugehen. Den ersten Spuren dieses seltsamen Prozesses begegneten wir gestern; kaum hatten wir die Grenze von der Mancha nach Andalusien überschritten, wurde die Straßenkontrolle von der alten lokalen Polizei und den bewaffneten Dorfposten *gemeinsam* ausgeübt. Dann sahen wir Kommunalbeamte in ihren Uniformen, die im *Ayuntamiento* von Bailén zusammen mit Miliz und Arbeitern in Zivil im selben Raum und an denselben Angelegenheiten arbeiteten; und hier in Andújar ist diese Kooperation noch auffälliger. Die Polizisten aus den Vorkriegstagen stehen hier ganz einfach in Habachtstellung vor den Türen des Verwaltungsbüros, das sich willkürlich aus Mitgliedern des *Ayunta-*

miento und des »Komitees« zusammensetzt. In der Praxis scheint dies folgendermaßen vor sich zu gehen: Die alte Verwaltung führt ihr Amt weiter, ist aber durch hinzugewählte Vertreter der UGT, der sozialistischen und der kommunistischen Partei und der Sozialistischen Jugend verstärkt worden (es gibt keine Anarchisten in Andújar, genausowenig wie in den anderen *Pueblos* in der ganzen Provinz Jaén; in dieser Hinsicht unterscheidet sich Jaén, der östlichste Teil Andalusiens, grundsätzlich von seinen westlichen und südlichen Gebieten). Zugegeben, die »alte« Gemeindeverwaltung in Andújar ist ziemlich jung, in jedem Sinne des Wortes; der *Alcalde* ist ein Jüngling von sicher nicht mehr als 25 Jahren, nach den Februar-Wahlen ernannt.

Also war im Februar 1936 ein ziemlich einschneidender Wechsel von der früheren, das *Ayuntamiento* dominierenden allmächtigen Gruppe zu ein paar die Verwaltung ausübenden jungen Sozialisten erfolgt; aber zwischen Februar und August, der Zeit der liberal-republikanischen Verwaltung bis zur revolutionären Periode, hatte sich nur wenig geändert. Die Provinz Jaén scheint in der republikanischen Phase der Geschichte der spanischen Revolution steckengeblieben zu sein.

Genauso gering sind die sozialen Veränderungen, die im Sog des Bürgerkrieges entstanden sind. Es gibt ein paar Seifenfabriken und auch andere Fabriken in Andújar, aber keine von ihnen ist enteignet oder unter Kontrolle gestellt worden. Es gab keine adligen Landbesitzer im *Pueblo* Andújar, aber fünf reiche Bourgeois besaßen den bei weitem größeren Teil seines Landes. Sie wurden alle getötet. Aber was passierte mit dem Land, und was wird mit ihm passieren? Die Komiteemitglieder wurden bei dieser Frage sogar noch zurückhaltender als bei dieser Frage sonst üblich. Keiner scheint überhaupt etwas zu wissen. Und dies ist nicht überraschend, da Andújar wirklich ungewöhnlich rückständig ist. Nicht einmal eine UGT-Gruppe existierte bis zum Februar, und die *Brazeros*, die Landarbeiter, waren vollkommen unorganisiert. Jetzt kann natürlich die mittlerweile gegründete, noch unentwickelte UGT-Gruppe mit so großen Aufgaben wie der Leitung riesiger

Güter nicht umgehen, und die Sache bleibt *nolens volens* in den Händen des *Ayuntamiento*. Diese Körperschaft beabsichtigt jedoch, wie sich in einem ermüdenden Kreuzverhör einiger ihrer Mitglieder herausstellt, keinerlei Neuerungen; sie setzt lediglich das alte Regime fort, das vor dem Bürgerkrieg und wirklich das ganze letzte Jahrhundert geherrscht hatte. Sie hat sich natürlich der Speicher und des Geldes der hingerichteten Grundbesitzer bemächtigt und durch diese Maßnahme nicht weniger als zwei Millionen Pesetas auf einen Schlag enteignet. Ausgestattet mit diesem Kapital, beschäftigt sie dieselben *Brazeros*, die auch schon unter dem früheren Grundbesitzer gearbeitet hatten, auf denselben Gütern, dieselben endlosen Arbeitsstunden lang, zu denselben Hungerlöhnen. Ob das *Ayuntamiento* seiner neuen Aufgabe als Verwalter der Olivenhaine gerecht wird, ist schwierig zu sagen; die Ernte erfolgt erst in drei Monaten. Was die Weizenernte angeht, so wurde diese durch den Bürgerkrieg um einiges verzögert, geht jetzt aber zügig voran, wird uns gesagt. Die Einstellung der *Brazeros* ist einfacher zu definieren. Da sich in ihren Lebensbedingungen nichts geändert hat, hat sich auch an ihrer Einstellung nichts geändert. Die tatsächlichen Verhältnisse stehen gewaltig im Widerspruch zu den formalen und offiziellen Veränderungen. Formal hat das *Ayuntamiento* seine Macht verloren und ist durch ein »Komitee« ersetzt worden, das angeblich die direkte Vertretung der *Brazeros* ist. Formal sind die großen Güter von diesem Komitee übernommen worden, und die Güter gehören eigentlich den *Brazeros*. In Wirklichkeit – man kann es ihnen nicht verdenken – nehmen sie von dieser Fiktion keine Notiz. Da sie wie zuvor herumkommandiert werden, und zwar für dieselben Löhne, beginnen sie die neue Gutsverwaltung genauso zu bekämpfen wie die alte. Und ein Mitglied des Komitees gibt nach einigem Zögern zu, daß die *Brazeros* im Augenblick wirklich nur eines interessiert, nämlich die Zahlung der rückständigen Löhne für Juli und August (die ersten chaotischen Wochen des Bürgerkrieges), die sich für sie zu beträchtlichen Summen addieren. Und es wird, erklärt dieses Komiteemitglied, um jeden Pfennig gefeilscht und gestritten. Die *Brazeros* behandeln diese Güter natürlich nicht als ihre eigenen, sondern als Land, auf dem sie ausgebeutet werden, und wollen selbstverständlich aus der Verwaltung herausquetschen soviel sie können, wie wenig das auch immer ist.

All diese Tatsachen sind um so verblüffender, weil man diesen Status quo niemandem als persönlichen Fehler zuschreiben kann. Der *Alcalde*, trotz seinem Defizit an Jahren und Reife, ist ein großartiger Kerl, mit einem klaren Kopf, energisch, höflich und geschickt. Einige Mitglieder der lokalen Verwaltung sind keine Andalusier, sondern Leute aus dem Norden Spaniens, die nichts von der sprichwörtlichen andalusischen Unverbindlichkeit und Unzuverlässigkeit an sich haben. Die Stadt ist in einem guten Zustand (die Kirchen sind nicht niedergebrannt, sondern werden als Regierungsbüros benutzt, wie in den meisten der *Pueblos* in der Provinz Jaén), und der Administration fehlt es offensichtlich nicht an Enthusiasmus. Auch waren die Kämpfe hier nicht weniger leidenschaftlich oder kürzer als an anderen Orten; ganz im Gegenteil. Die Guardia erhob sich und wurde aus dem *Pueblo* vertrieben, zog sich aber in eine Burg einige Kilometer von Andújar entfernt zurück, wo sie bis zum heutigen Tag noch aushält. Man erzählt uns, daß es einen anderen ähnlichen Ort in der Sierra Morena gibt, der noch gefährlicher ist, weil die Guardia gelegentlich von ihrer Zuflucht aus die Hauptstraße überfällt, um Nahrungsmittel zu erbeuten und die Miliz, die sie samt ihren Lastwagen abfängt, zu töten. In diesem ganzen Gebiet gab es schwere Kämpfe, bevor die rebellierende Guardia niedergeschlagen war. Auf der anderen Seite der Front, im Franco-Lager zwischen Córdoba und Sevilla, ist es genau umgekehrt. Dort revoltieren die Bauern, und die Aufständischen müssen Dorf um Dorf niederkämpfen, selbst entlang der Hauptstraße, und sind bis jetzt damit noch nicht am Ende.

Am Nachmittag erreichten wir die Frontlinie bei Villafranca. Auf der Fahrt ereignete sich nichts Erwähnenswertes. Die Truppen waren derselbe bunte Haufen, wie ich ihn von Talavera kannte, nur stach diesmal nicht das valencianische, sondern das andalusische Element heraus. Die Front war vollkommen ruhig. Nur Luftangriffe wurden ab Andújar immer wieder erwähnt; die Hauptstraße war an verschiedenen Stellen von Bomben beschädigt, und eilige Reparaturarbeiten waren im Gange. Ein paar Tage vor unserem Besuch war eine französische sozialistische Journalistin, Renée Lafont, genau an dieser Stelle versehentlich in die Frontlinien der Aufständischen gefahren; der Wagen war aus dem Hinterhalt beschossen, sie selbst verwundet und von einem faschistischen Freiwilligen gefangengenommen worden.[1]

Wir verbrachten die Nacht in Montoro, dem Hauptquartier der Córdoba-Front. Etwa um Mitternacht wurde ich durch vier heftige Explosionen aus dem Schlaf gerissen. Als ich nach unten stürzte, traf ich zu meinem Erstaunen den Wirt unserer *Fonda* in friedlicher Unterhaltung mit Freunden an. Als ich ihn nach den Detonationen fragte, antwortete er mit einem beruhigenden Lächeln: »Son sólo golpes de gracia« (»Sind nur Gnadenstöße«). Es waren vier Gewehrsalven einer Massenhinrichtung gewesen, die gleich hinter der kleinen Stadt durchgeführt worden war; dieses Geräusch war anscheinend schon so vertraut, daß sich niemand mehr darum kümmerte. Wenn auch die revolutionäre Umgestaltung der Gesellschaft in dieser Region noch so gering ist, der Bürgerkrieg ist hier sicherlich grausamer als irgendwo sonst.

5. September Im Hauptquartier von Montoro hatten wir erfahren, daß der nördliche Flügel der Regierungsarmee am nächsten Morgen vom Dorf Cerro Murciano aus Córdoba angreifen würde, und wir fuhren durch das Bergwerksgebiet Peñarroya dorthin. Die Minen waren zu unterschiedlichen Zeiten stillgelegt worden, einige 1930 mit Beginn der Weltwirtschaftskrise, andere mit der Revolution von 1931 oder später, einige im Februar und in den darauffolgenden Monaten aus wirtschaftlichen wie politischen Gründen; der Rest (sehr wenige nur noch) hatte den Betrieb nach Beginn des Bürgerkriegs eingestellt, als abzusehen war, daß sie bald enteignet werden würden und weitere Ausgaben für solche Minen nicht mehr profitabel wären. Ungefähr die Hälfte der Minen

---

[1] Sie ist später als Kriegsgefangene in Córdoba ihren Verletzungen erlegen.

gehörte Spaniern, die andere Hälfte verschiedenen ausländischen Konzernen. Sie fördern hauptsächlich Blei, Wismut und Kupfer; ein Teil ihrer Produktion ist folglich für die Munitionsherstellung von Bedeutung. Aber es wurde nicht der leiseste Versuch unternommen, sie wieder in Betrieb zu nehmen, sei es durch die Bergleute selbst oder unter staatlicher Verwaltung. Der Bürgerkrieg ist in diesem Gebiet auf jeden Fall sehr grausam gewesen. Es herrschte dort schon immer eine unauslöschbare Blutfehde zwischen der Guardia auf der einen Seite und den Bergleuten und den *Brazeros* auf der anderen. Und der Bürgerkrieg bot beiden Seiten Gelegenheit, ihren Rachedurst zu stillen. In Pozoblanco zum Beispiel, einem *Pueblo* von 20 000 bis 25 000 Einwohnern, revoltierte die Guardia am ersten Tag des Bürgerkriegs mit Hilfe der paar wohlhabenden Leute, die in dieser abgelegenen Ecke leben. Sie hatten viel mehr und viel bessere Waffen als die Bergleute, und somit fiel ihnen das *Pueblo* in die Hände; aber statt aufzugeben, umschlossen die Bergleute ihr eigenes Dorf und führten, unterstützt durch Waffen von der Regierung, vier Wochen lang eine regelrechte Belagerung durch, bis die Guardia ausgehungert war und übergab; sie wurde bis zum letzten Mann getötet, ungefähr 170 Leute. Als Vergeltungsmaßnahme wurde das *Pueblo* in den nächsten vier Tagen dreimal aus der Luft bombardiert, wobei ein paar Leute umkamen. Pozoblanco bereut nichts; schließlich ist es die Guardia losgeworden. Die reguläre Polizei versieht weiterhin ihren Dienst, wie überall in Andalusien. Diese Tragödie mit ihren einzelnen Akten ist typisch für viele *Pueblos* in Andalusien.

Etwa um ein Uhr nachmittags erreichten wir das Hauptquartier des nördlichen Sektors der Córdoba-Front; wir wurden in ein Krankenhaus, ein sehr angenehmes Sanatorium, einquartiert. Der Stab war weniger angenehm. Ich habe inzwischen eine Anzahl von Stäben erlebt, in den verschiedensten Abstufungen von Kompetenz und Liebenswürdigkeit, von sehr guten (nach bestehendem Maßstab) bis zu weniger zufriedenstellenden, aber so etwas habe ich noch nie gesehen. Als erstes erfuhren wir, daß der Angriff gescheitert war; daß statt dessen der Feind seit sechs Uhr morgens heftig angriff.

Daß der feindliche Angriff zufällig dem Angriffsversuch der Regierungsseite nur ein paar Stunden vorausgegangen war, überraschte, schien aber für den Stab nicht der Erörterung wert zu sein. Genausowenig das Scheitern der beabsichtigten Operation selbst oder schließlich der ganze Krieg. Während ein paar Kilometer weiter vorn ein schwerer Angriff auf eine wichtige Stellung vorankam (die Dinge verliefen nicht zum Vorteil der Regierung), saß der Stab – Offiziere, Ärzte, Krankenschwestern (von mehr als zweifelhafter Qualität) – in aller Ruhe bei einem guten Mittagessen. Man plauderte, flirtete, erzählte sich unanständige Geschichten und scherte sich nicht im geringsten um seine Aufgaben, kam stundenlang nicht auf die Idee, irgendeinen Kontakt mit der Kampflinie herzustellen; die Verwundeten, die man von Zeit zu Zeit hereinbrachte, wurden von den Krankenschwestern auf die schamloseste und widerwärtigste Weise vernachlässigt. Etwa um drei Uhr schließlich hielten wir das, was der Stab für gutes Benehmen hielt, nicht mehr aus und fuhren weiter zur Front, in das kleine Dorf Cerro Murciano.

Was wir dort gegen halb vier vorfanden, war die Hölle. Ein kurzes Stück vor dem Dorf liegt ein niedriger bewaldeter Bergrücken, von dem gelegentlich Gewehr- und Maschinengewehrfeuer zu hören war. Vom Artilleriefeuer des Vormittags brannte der Wald auf der rechten Seite des Dorfes. Im Augenblick unserer Ankunft wurde anscheinend nicht sehr heftig gekämpft. Aber wir erlebten eine Szene, wie ich sie vorher nur aus Geschichten vom Dreißigjährigen Krieg kannte, obwohl wahrscheinlich ähnliche Dinge gelegentlich auch im Weltkrieg passiert waren. Das ganze Dorf war auf der Flucht; Männer, Frauen und Kinder; zu Fuß, auf Eseln, in Autos und Lastwagen. Letztere drängten sich an dem der Front abgewendeten Eingang des Dorfes, um Truppen, Munition und Nahrungsmittel zu transportieren. Diese Autos und Lastwagen wurden von den Einwohnern einfach gestürmt, ein paar von ihnen konnten damit umgehen und fuhren mit den Fahrzeugen weg; wer nicht fahren konnte, zwang die Fahrer mit vorgehaltenem Gewehr, unter Mißachtung ihrer Befehle das Schlachtfeld zu verlassen und die Flüchtlinge wegzufahren.

Das alles natürlich in einem Tohuwabohu. Schluchzende Frauen mit ihren schreienden Babies auf dem Arm und ihrem Vieh am Seil; Männer, die versuchten, ihre Waffen mitzuschleppen und Rucksäcke mit dem wenn auch noch so kleinen Teil ihres beweglichen Eigentums, das sie in der Eile zusammenraffen konnten. Das ganze Dorf war in ein paar Minuten vollkommen verlassen. Viele der fliehenden Männer trugen die CNT-Initialen an ihren Mützen (Cerro Murciano liegt gerade in der Provinz Córdoba, die weitaus anarchistischer ist als Jaén) und schleppten ihre Gewehre mit sich, nicht um sie gegen den Feind zu richten, sondern gegen jeden, der sich ihnen auf ihrer Flucht in den Weg stellen könnte. Die ganze Dorfwache, die lokale Bauernmiliz, rannte davon und bestimmte sogar das Tempo des wilden Rückzugs. Im Moment war unser Kriegskorrespondentenauto das einzige, das nicht von der Front weg, sondern auf sie zu fuhr. Wir hielten an, unsere Begleiter stiegen aus und zogen ihre Revolver. Ein paar Deserteure der Franco-Armee, allesamt alte UGT- und CNT-Mitglieder, die sich zufällig im Augenblick dieses Verhängnisses im Dorf befanden, schlossen sich unseren Wachen an. Sie stoppten die flüchtenden Autos und Lastwagen, richteten ihre Revolver auf die Köpfe der Fahrer und befahlen den Autos und Lastwagen unter Waffendrohung, unter Vorwürfen und Flüchen anzuhalten; Frauen und Kinder könnten sich in Sicherheit bringen, aber alle Männer außer den Fahrern hätten zu bleiben und das Dorf zu verteidigen. Sei es nicht eine Schande, daß Männer, mit guten Gewehren bewaffnet und den stolzen CNT-Insignien am Hut, wie Feiglinge davonrannten? »Gewehre können nichts gegen Bomben und Kanonen ausrichten«, riefen die Fliehenden zurück. Manchmal erzielte der gezogene Revolver – eine nähere und unmittelbarere Bedrohung als die Schlacht im Hintergrund – für einen Moment eine Wirkung; einige Lastwagen wurden angehalten, einige Männer stiegen herunter. Aber sobald die kleine Gruppe, die versuchte, die Disziplin wiederherzustellen, zum nächsten oder übernächsten Auto weitergegangen war, stiegen die Männer wieder auf und fuhren hastig davon.

Nur wenige Stunden später fand ich heraus, was genau passiert war. Das Dorf war den ganzen Vormittag lang aus der Luft und gelegentlich auch mit Artilleriefeuer bombardiert worden; dann wurde während der Siesta etwa zwischen ein Uhr und halb vier wie üblich der Kampf unterbrochen, ein Ritual, das man auf beiden Seiten im ganzen spanischen Bürgerkrieg beachtete; und gerade als wir ankamen, war die Bombardierung des Dorfes wieder aufgenommen worden, und die angespannten Nerven der Bewohner konnten das nicht länger aushalten. Als wir ins Dorf kamen, bot es einen traurigen Anblick; alle Häuser verlassen; die meisten Türen verschlossen; Katzen, Hunde, Schweine streiften ziellos durch die Straßen und Höfe. Aber die Frontlinie stand im Gegensatz zur Dorfwache unerschüttert da. Das Dorf hatte, trotz der Panik, sehr wenig gelitten; nichts brannte oder war zerstört worden.

Die linke Flanke von Cerro Murciano wird von einem Eisenbahndamm geschützt, der sich als wertvolle Deckung erwies. Gelegentlich schlugen einige Geschosse auf der Straße ein, aber im großen und ganzen konnten wir unbelästigt durch die Linien weiterfahren. Direkt hinter den feindlichen Linien, am vorderen Eingang zum Dorf, war eine Art Baracke, in normalen Zeiten wahrscheinlich die Unterkunft des Eisenbahnpersonals, zu einer Rotkreuzstation umfunktioniert worden. Dort hielten wir an. Verwundete gab es wenige. Die Kolonne, die genau vor uns kämpfte, hatte die übliche Größe von Milizkolonnen, etwa 300 bis 400 Mann. Hinten im Etappenkrankenhaus (demjenigen, in dem der Stab einquartiert war) lagen weniger als zehn Verwundete, und hier in der Rotkreuzstation waren nicht mehr als zehn in Behandlung. Zwanzig Opfer, fünf bis sieben Prozent aller Kämpfenden, Verwundete aller Art – von den leichtesten aufwärts – darin eingeschlossen, sind sicher keine bedrückende Bilanz nach mehr als sieben Stunden Kampf; es gab drei oder vier Tote. Die Panik wurde immer unverständlicher. Inzwischen sah ich bei den Aktivitäten in der Rotkreuzstation zu. Eigenartigerweise konnte man beobachten, daß die behandelten Milizionäre alle genau dieselbe Haltung zeigten, ob sie mit einem einfachen Nervenschock (was sehr häufig der Fall war) oder mit gefährlichen Verwundungen eingeliefert wurden; für sie war die Sache vorbei; sie betrachteten sich selbst als so gut wie tot oder vielmehr, sie stellten sich tot. Die beiden Ärzte, die sehr flink und effizient arbeiteten, begannen jeden neuen Fall mit der Frage, was ihm fehle, aber erhielten nicht einmal eine Antwort; sie mußten das selbst herausfinden, indem sie die Patienten auszogen und nach Wunden suchten. Plötzlich gab es in allernächster Nähe einen ohrenbetäubenden Krach. Neben der Rotkreuzstation, auf der unübersehbar die Rotkreuzflagge wehte, war eine Bombe eingeschlagen. Augenblicklich lagen alle flach auf dem Boden, nur wir drei Journalisten standen noch aufrecht. (Es ist natürlich vollkommen nutzlos, *in einem Gebäude* vor einer Bombe in Deckung zu gehen, aber die Ausbildung war bereits weit genug gediehen, daß In-Deckung-Gehen für die Milizionäre schon zu einer instinktiven Reaktion geworden ist.) Die Verwundeten rührten sich überhaupt nicht, nur eine Krankenschwester begann hysterisch zu schluchzen. Das Verhalten der Ärzte war, ganz im Gegensatz zu dem der anderen, souverän; sie unterbrachen nicht für einen Augenblick die Ausübung ihrer Pflichten – dies war nicht der Typ von Arzt, den wir einige Stunden zuvor im Stabshauptquartier getroffen hatten. Nachdem der feindliche Bomber weiter hinten noch einige Bomben auf das Dorf abgeworfen hatte, drehte er ab, kam aber nach einigen Minuten wieder. In der Zwischenzeit versuchte ich, zur Frontlinie selbst zu gelangen, aber das Feuer war jetzt zu heftig, um durchzukommen. Ich beschloß, in einem Tunnel unter dem Eisenbahndamm Deckung zu nehmen. Zu meiner großen Überraschung fand ich heraus, daß die Bomben, die der Feind abwarf, überhaupt nichts taugten. Die Löcher, die sie verursachten, waren nur ein paar Finger tief; solche Bomben waren offensichtlich harmlos, solange man nicht direkt von einer getroffen wurde. Ich stand gerade am Eingang des Tunnels, in dem ich Deckung genommen hatte, als ich ein paar Meter entfernt eine Bombe explodieren sah; der Luftdruck trieb mich zurück, aber sonst passierte nichts. Viel widerwärtiger war das Maschinengewehrfeuer. Es nahm eindeutig eine unangenehme Wende. Zuerst war es nur von vorne gekommen, aber jetzt näherte es sich ganz klar von der linken Flanke über den Eisenbahndamm; ein paar marokkanische Maschinengewehrschützen schoben die Flanke bis zu den Regierungslinien vor, ohne auf Widerstand zu stoßen. Sie konnten jede Minute in das Dorf eindringen.

Die Sache wurde allmählich unangenehm. Wenn die Marokkaner uns in unserem Obdach unter dem Eisenbahndamm erwischten, bliebe uns nicht mehr viel Gelegenheit, ihnen zu erklären, daß wir neutral wären; sie hätten uns sofort getötet. So gefährlich es auch sein mochte, wir mußten die Deckung verlassen, ins Freie gehen und so schnell wie möglich aus dem Dorf kommen. Aber das war leichter gesagt als getan. Zuerst hatten wir Glück und kamen während einer Unterbrechung des Bombardements und Maschinengewehrfeuers heraus. Auf der Hauptstraße stand ein Hauptmann mit ein paar Männern, der mit bewundernswerter Ruhe und Höflichkeit unsere Papiere prüfte – er war der einzige Offizier, der an diesem Tag Entschlossenheit zeigte, und in derselben Nacht erfuhr ich, daß er dort an der Front wieder Ordnung und Zuversicht hergestellt und so eine Katastrophe verhindert hatte. Sehr bald jedoch setzte das Maschinengewehrfeuer aus nächster Nähe wieder ein, obwohl wir die auf der anderen Seite des Damms liegenden Marokkaner nicht sehen konnten; und es war ein Kreuzfeuer, da es abgesehen von den Marokkanern, die uns von jenseits des Damms flankierten, auch noch die Hauptlinie der Aufständischen gab, die vom rechten Flügel auf das Dorf feuerten. Während der gelegentlichen Unterbrechungen des Feuers schoben wir uns von einem Haus zum nächsten. Während der ganzen Zeit wurde unverändert weitergebombt. Zwei feindliche Flugzeuge waren es jetzt, die abwechselnd das Dorf bombardierten, während das jeweils andere sich mit neuen Bomben versorgte; sie blieben völlig unbehelligt. Während des Mittagessens war die Rede davon gewesen, daß Flugzeuge der Regierung angefordert werden und in die Kämpfe mit eingreifen sollten, aber es war kein Regierungsflugzeug aufgetaucht. Die Bomben erzielten lächerlich wenig Wirkung; ungefähr 50 Prozent explodier-

201

ten überhaupt nicht, und der Rest richtete auch nicht sehr viel Schaden an; als gegen Einbruch der Dunkelheit das Bombardement aufhörte, brannte keine einzige der Hütten, aus denen dieses armselige Dorf bestand. Aber die bloße Tatsache, fast drei Stunden lang ununterbrochen Luftangriffen ausgesetzt zu sein, ungeschützt und ohne Flugzeuge, die die Bomber abwehren könnten, zehrt an den Nerven. Schließlich erreichten wir den Ausgang des Dorfes. Wenige hundert Meter außerhalb stand eine Anzahl von Autos und Lastwagen, die, nachdem sie das Dorf evakuiert hatten, zurückgekommen waren. Aber die Fluchtszenen vom Nachmittag wiederholten sich jetzt, nur daß es diesmal nicht die Dorfbewohner, sondern die Milizionäre von der Front waren, die einzeln oder in kleinen Gruppen zurückwichen und die Fahrer der Autos zwangen, sie wegzubringen. Ein völliges Durcheinander. Die Offiziere, sagten die Männer, seien als erste davongerannt, warum sollten sie dann bleiben? Ein Mann stieg in unser Auto, und als ich ihn fragte, was er hinter den Linien zu tun hätte, antwortete er frei heraus: »Abhauen.«

Wir mußten nochmals Deckung suchen, diesmal in einem kleinen Tunnel unter der Straße, bevor wir mit unserem Auto davonfahren konnten. Die Bombardierung war viel zu heftig und zu nah, um das Risiko eines sofortigen Aufbruchs einzugehen. Es war bewundernswert, wie uns unser Fahrer und unsere Bewacher aus dem bombardierten und unter Maschinengewehrfeuer gehaltenen Dorf holten. Es gab noch einen anderen Wagen mit Journalisten, dessen Fahrer schmählich davongelaufen war. Ähnliche Unterschiede gab es auch zwischen den verschiedenen kleinen Einheiten der Miliz. Während Truppen aus Jaén und Valencia vor unseren Augen davonliefen, kam eine kleine Milizgruppe aus Alcoy, einem alten revolutionären Zentrum in der Provinz Murcia, gerade an. Sie hielten in dem Bombardement – das, ich muß es wiederholen, keinen echten Schaden anrichtete – voll stolzer Tapferkeit und Sorglosigkeit aus; zwei Mädchen gab es in der Gruppe, die mutiger noch als die Männer waren. An Disziplin jedoch mangelte es in einem fast unglaublichen Ausmaß. Der Tunnel, in dem wir Unterschlupf genommen hatten, war alles andere als bombensicher, höchstens ein ganz brauchbares Versteck. Aber selbst als solches nützte er nichts mehr, weil jedesmal, wenn das Bombardement für einen Augenblick aufhörte, die Alcoy-Milizionäre aus der Deckung krochen, um nach den feindlichen Flugzeugen zu sehen. Schließlich gelangten wir sicher zum Hauptquartier zurück, wo man noch immer genauso desinteressiert wie am Mittag war.

Die Erfahrung dieser Schlacht bot Gelegenheit zu ein paar allgemeinen Beobachtungen. Der Feind war nicht der Zerreißprobe ununterbrochener Bombardierungen ausgesetzt gewesen, und ich kann nicht beurteilen, wie sich die Marokkaner unter solchen Umständen verhalten hätten. Aber zweifellos sind sie bessere Soldaten als die Miliz; nicht nur mutiger, sondern auch schneller in ihren Bewegungen und im Erkennen ihres Vorteils; dies zeigte sich in ihren Flankenmanövern. Trotzdem scheinen auch ihre Fähigkeiten in dieser Hinsicht begrenzt zu sein. Ohne einsichtigen Grund ist es ihnen nicht gelungen, das Dorf endgültig anzugreifen und zu stürmen, wobei sie ohnehin auf keinerlei Widerstand gestoßen wären. Ein solcher Angriff hätte ihnen den Weg ins Hinterland der Regierungsfront geöffnet, hätte ihnen nicht nur den Tagessieg eingebracht und zur Gefangennahme der ganzen Kolonne geführt, sondern der ganzen Córdoba-Front einen enormen Schlag versetzt. Statt dessen beendeten sie – und mit ihnen die Bomber – etwa um halb sieben ihre Aktionen; wahrscheinlich glaubten sie, ein gutes Tagwerk verrichtet zu haben, daß ohnehin die Dunkelheit hereinbräche und es für diesmal genug sei. Ferner war die Bombardierung äußerst dilletantisch gewesen. Ich frage mich, wo das phantastische Bombenmaterial, das bei dieser Gelegenheit eingesetzt wurde, produziert worden sein konnte. Die Bombardierung selbst bestand darin, daß man ohne vorherige Beobachtungen aus großer Höhe Bomben fallen ließ. Kurz gesagt, die ganze Aktion der Aufständischen an diesem Tag war eine Farce, und nicht einmal eine blutige.

Aber mit der Seite der Regierung stand es noch schlimmer. Es ist schwierig, angemessene Worte zu finden, um das Verhalten des Stabs zu charakterisieren. Den Offizieren an der

Front fehlte sogar der gewöhnlichste Mut. Die Dorfposten waren davongerannt; die Miliz ebenso, sobald ihnen die Sache wirklich unangenehm geworden war. Einige der verhängnisvollen Züge des Gefechts, dessen Zeuge ich wurde, sind ganz offensichtlich der Inkompetenz des Stabs zuzuschreiben; und solch ein Ausmaß an Unfähigkeit und Verantwortungsmangel muß Seltenheitswert haben. Und doch dürfte es bei den Regierungsstreitkräften viele solcher minderwertigen Stäbe geben. Selbst wo der Stab besser funktioniert als in Cerro Murciano, bleiben immer noch bestimmte verhängnisvolle Eigenheiten der Miliz selbst. Dem Druck moderner Waffen, von Luftangriffen, Granatfeuer, selbst von kleinen Gewehren kann sie nicht standhalten. Und sie kann sich nicht vorstellen, daß eine Stellung niemals ohne ausdrücklichen Befehl des Kommandos verlassen werden darf. Wenn die Miliz davonrennt, glaubt der einzelne Milizionär, daß das Schicksal gegen ihn gewesen sei; sie fühlen sich nicht im geringsten schuldig. Wenn sich daran nichts ändert, werden die Aufständischen den Krieg mit Sicherheit gewinnen. Sie haben modernes Kriegsmaterial aus dem Ausland. Es ist weder reichlich noch von guter Qualität, aber für die Miliz scheint das schon zuviel zu sein.

Eine gründliche Ausbildung würde sicherlich dazu beitragen, die Miliz besser auf den Kampf vorzubereiten, aber Disziplin ist noch wichtiger. Seit Cerro Murciano schenke ich den Geschichten Glauben, die über Oropesa und Talavera erzählt werden: wo die Miliz angeblich nicht etwa nach schwerem Kampf davonrannte, sondern nach den ersten abgeworfenen Bomben und den ersten abgefeuerten Granaten. Dies steht in krassem Gegensatz zu dem unbestreitbaren Heldenmut, den sie in den Straßen von Madrid und Barcelona bewiesen haben muß. Dann aber scheinen es für die spanische Mentalität zwei grundverschiedene Dinge zu sein, ob man in der eigenen Straße kämpft oder dem Feind auf offenem Feld entgegentritt.

6. September Wir verbrachten die Nacht in Pozoblanco, zusammen mit einigen spanischen Journalisten, die sich trotz ihrer eloquenten und optimistischen Telegramme an ihre Zeitungen über den verhängnisvollen Ausgang des Tages einig waren. Einer von ihnen lenkte meine Aufmerksamkeit auf den südlichen Flügel der Córdoba-Front, weniger vom militärischen Standpunkt aus als vom politischen und psychologischen. Ich tat gut daran, diesem Hinweis zu folgen. Nach einer langen und schwierigen Fahrt trafen wir am Nachmittag in Castro del Rio ein.

Castro, ein typischer bevölkerungsreicher und armseliger *Pueblo*, ist eines der ältesten anarchistischen Zentren Andalusiens. Seine CNT-Gruppe blickt auf eine sechsundzwanzigjährige Geschichte zurück, und seit der Niederlage der Guardia sind die Anarchisten die einzige existierende Organisation in Castro. Der Beginn der Revolution war dem von Pozoblanco sehr ähnlich; die Guardia revoltierte zusammen mit den Kaziken und den Reichen zunächst erfolgreich gegen die Republik; dann aber wurde das Dorf von den eigenen Bewohnern belagert, die Guardia ausgehungert; sie kapitulierte, und schließlich folgte das unvermeidliche Massaker. Die Aufständischen, deren Hauptfrontlinien ein paar Kilometer vom Dorf entfernt verlaufen, hatten es seither zweimal angegriffen, aber ohne Erfolg. Alle Zugänge waren schwer verbarrikadiert und wurden mit ungewöhnlichem technischen Können bewacht. So hatten die lokalen Anarchisten Zeit gehabt, ihr anarchistisches Eden einzuführen, das in den meisten Punkten an das erinnerte, was die Wiedertäufer 1534 in Münster eingeführt hatten.

Der springende Punkt des anarchistischen Regimes in Castro ist die Abschaffung des Geldes. Tauschhandel ist verboten; die Produktion hat sich kaum verändert. Das Land um Castro hatte den drei größten Magnaten Spaniens gehört, die natürlich nicht hier lebten; jetzt ist es enteignet. Das lokale *Ayuntamiento* ist nicht wie sonst überall in Andalusien mit dem Komitee verschmolzen, sondern aufgelöst worden; das Komitee hat sich an seine Stelle gesetzt und eine Art Rätesystem eingeführt. Es hat die Landgüter übernommen und betreibt diese. Sie sind nicht einmal zusammengelegt worden, sondern werden einzeln bewirtschaftet, jedes von den Arbeitern, die auch vorher auf diesem Land beschäftigt waren.

Löhne in Form von Geld sind natürlich abgeschafft worden. Es wäre nicht richtig zu sagen, daß sie durch Bezahlung in Naturalien ersetzt worden wären. Es gibt überhaupt keine Bezahlung; die Bewohner werden direkt aus den Vorratslagern des Dorfes gespeist.

Unter diesem System ist die Versorgung des Dorfes von der ärmlichsten Art; ärmer, wage ich zu behaupten, als es vorher möglich gewesen sein kann, selbst unter den ärmlichen Bedingungen, unter denen andalusische *Brazeros* zu leben gewohnt sind. Das *Pueblo* baut zum Glück Weizen an und nicht nur Oliven, wie viele andere *Pueblos* dieser Art; also gibt es wenigstens Brot. Außerdem verfügt das Dorf über große Schafherden, die mit den Gütern enteignet worden waren, so gibt es etwas Fleisch. Und sie haben noch Zigaretten auf Lager. Das ist alles. Ich versuchte vergeblich etwas zu trinken aufzutreiben, Kaffee, Wein oder Limonade. Die Dorfbar war als ruchloses Gewerbe geschlossen worden. Ich warf einen Blick auf die Vorratslager. Sie waren so dürftig, daß man eine nahende Hungersnot voraussagen konnte. Aber die Bewohner schienen auf diesen Zustand stolz zu sein. Sie wären froh, sagten sie uns, daß es mit dem Kaffeetrinken jetzt ein Ende habe; solche Abschaffung nutzloser Dinge schienen sie als moralischen Fortschritt zu betrachten. Die wenigen Gebrauchsgegenstände, die sie von außen brauchten, hauptsächlich Kleidung, hofften sie im direkten Austausch gegen ihren Olivenüberschuß zu bekommen (wofür jedoch bis jetzt noch keine Vereinbarungen getroffen worden waren). Ihr Haß auf die Oberklasse war weniger ökonomischer als moralischer Natur. Sie strebten nicht nach dem guten Leben derer, die sie enteignet hatten, sondern wollten deren luxuriöse Gewohnheiten loswerden, die ihnen als lauter Laster erschienen. Von der neuen Ordnung, die bald entstehen sollte, hatten sie eine vollkommen asketische Vorstellung.

7. September Wir verbrachten die Nacht in Andújar und fuhren dann eilig nach Madrid zurück. Die ganzen letzten Tage hindurch waren nur schlechte Nachrichten von der Front gekommen, selbst in der optimistischen Verzerrung der amtlichen Zeitungen. Gestern klang das so beunruhigend, daß wir uns entschlossen, unsere Pläne für Malaga aufzugeben und statt dessen zurückzufahren. Caballero hat die Regierung übernommen; vielleicht bringt er den radikalen Umschwung im Krieg und in der Verwaltung, was die erste Voraussetzung für den Erfolg seiner Sache wäre.

Wenig ereignete sich auf unserer hastigen Reise.

Die ganze Straße entlang trafen wir auf Flüchtlinge; große Gruppen von ihnen waren an verschiedenen Orten der Mancha eingetroffen; sie hatten natürlich Unruhe gebracht, waren aber mit der größten Gastfreundschaft aufgenommen worden.

Wir aßen in einer *fonda* in der Mancha zu Mittag, als plötzlich ein Mann hereinkam; er hatte einen Gegenstand unterm Arm, den ich sofort als Bombe erkannte. Es war, erklärte er den aufgeregten Betrachtern, eine von ein paar hundert Bomben, die die Nacht zuvor auf den Eisenbahnknoten von Aranjuez abgeworfen worden, jedoch ohne jede Wirkung geblieben waren. Er hatte sie weit über hundert Kilometer in seinem Auto mitgeführt, um sie (eine nichtgezündete Bombe!) als Souvenir mit nach Hause zu nehmen; und die Bombe war wirklich eher ein Spielzeug, wenn nicht einmal dies sie zum Explodieren bringen konnte.

MADRID

8.–11. September Die meiste Zeit verbrachte ich damit, Papiere für die Ausreise aus Spanien zu beschaffen und Kontakte für meinen nächsten Besuch herzustellen. Am Erscheinungsbild der Stadt hat sich wenig verändert. Es herrscht dieselbe sorglose Fröhlichkeit, obwohl die Versorgungsschwierigkeiten sichtlich zunehmen und das Essen in den Restaurants zur Seltenheit wird. Nachts aber hat sich die Stadt zweifellos verändert. Die Lichter sind gelöscht; nur ein paar Laternen, Straßenbahnen und Autos leuchten blau. Unzählige Hauseingänge sind als sichere Zuflucht bei Bombenangriffen gekennzeichnet. Plakate erläutern die ersten Maßnahmen, die im Falle eines Gasangriffs getroffen werden sollten. Die Bevölkerung scheint sich wenig darum zu kümmern. Seit vielen Tagen hat es keinen Luftangriff mehr gegeben, zum Teil wohl deshalb, weil der letzte Versuch von der Luftwaffe der Regierung frühzeitig entdeckt worden war und vollkommen scheiterte.

Gut informierte Kreise sind weniger sorglos. Sie wissen nur zu gut, daß sich die Aufständischen Madrid rasch nähern; daß die Panikreaktionen der Miliz zu einem unberechenbaren Faktor werden können und daß Franco Madrid jeden Augenblick angreifen kann. Bleiben oder nicht bleiben, das ist die Frage, die alle Journalisten und ausländische Beobachter diskutieren. In der Zwischenzeit hat Caballero die ersten Maßnahmen ergriffen; die wichtigste davon war die Bildung eines zentralen Stabs. Der offizielle Optimismus, schon unter der alten Regierung ein Ärgernis, wird fortgesetzt. Noch bevor irgend etwas erreicht worden ist, feiert die ganze Presse die Caballero-Regierung als »Regierung des Sieges«; um unangenehme Tatsachen angenehmer zu gestalten, begann sie ihre

Propaganda-Karriere mit der Meldung der Einnahme von Huesca, was offensichtlich nicht wahr ist. Aber zumindest scheint die neue Regierung mehr Energie an den Tag legen zu wollen als die alte.

12. September Reise von Madrid nach Barcelona, gänzlich ereignislos.

13., 14. September Zwei Tage Aufenthalt in Barcelona. Im Vergleich zum August ist die Stadt leer und still; das revolutionäre Fieber schwindet dahin. Viele Leute, die ich im August kennengelernt hatte, sind an die Front gegangen. Das dominierende Element auf den Ramblas ist im Augenblick die gerade von der Mallorca-Expedition zurückgekommene Miliz; die Entscheidung, dieses glücklose Unternehmen aufzugeben, ist eine weitere Reorganisationsmaßnahme des neuen Kabinetts. Am letzten Tag meines Aufenthalts in Madrid hatte ich noch die Ankunft einiger an dieser Expedition beteiligten katalanischen Truppen gesehen. Auf der Alcalá wurden sie von der Menge bestaunt, die kaum glauben konnte, daß echte Katalanen gekommen waren, um bei der Verteidigung Madrids zu helfen; als man sie an ihrer Sprache ganz eindeutig als Katalanen erkannte, konnte man vereinzelt Ausrufe wie »Viva Cataluña« hören; verglichen mit dem früheren bitteren Hader zwischen Kastilien und Katalonien war dies so seltsam, daß man es fast nicht glauben konnte. Diese Katalanen hatten viele Wochen schweren Kampfes auf Mallorca hinter sich und waren dann nach einer nur kurzen Ruhepause direkt nach Madrid gekommen, wo sie in bestechender Ordnung einmarschierten und mehr Eindruck hinterließen als irgendeine Kolonne, die ich in Estremadura oder Andalusien gesehen hatte. Jetzt, in Barcelona, sah ich die restlichen Streitkräfte der Mallorcaexpedition, die in ein paar Tagen nach Madrid gehen sollten; und ihr Eifer, nach diesem ersten durch und durch unglücklichen Feldzug wieder in den Kampf zu gehen, war wahrhaft bewundernswert. Es gibt Kräfte bei der spanischen Revolution, die jetzt erst mit aller Deutlichkeit in Erscheinung treten. Je größer die Gefahren, desto größer wird die Sturheit des Widerstandes sein. Franco wird vielleicht mehr Mühe haben zu gewinnen, als es nach dem gegenwärtigen Stand der Dinge scheint. Zur Zeit jedoch ist die Lage der Regierung verhängnisvoll; obwohl von keiner Zeitung berichtet, höre ich inoffiziell vom Fall San Sebastiáns.

15. September   Verließ Spanien über Port Bou.

III
DIE ZWEITE REISE,
1937

Als ich 1937 Mitte Januar nach Spanien zurückkam, hatte sich die Situation in vieler Hinsicht gründlich verändert. Eine der Änderungen betraf die Arbeitsbedingungen, die man Journalisten gewährte. Die Erlaubnis, frei zu reisen und jede Ecke des Landes aufzusuchen, war zu einem Privileg geworden, das man nur noch Journalisten mit eindeutiger Parteizugehörigkeit zugestand. Ich persönlich fand meine Arbeit über das übliche Maß hinaus behindert, aus Gründen, die auf den folgenden Seiten noch diskutiert werden sollen. Eine Darstellung meiner tagtäglichen Beobachtungen wäre folglich nicht besonders interessant. Ich bin deshalb gezwungen, die Methode der direkten Wiedergabe meiner Notizen aufzugeben.

Andererseits hatte ich es jetzt leichter, eine klarere Vorstellung der generellen politischen Probleme zu bekommen, teils, weil ich inzwischen mehr Kontakte hergestellt hatte, teils, weil ich die Situation besser kannte, und teils, weil der Bürgerkrieg in seinem fortgeschrittenen Verlauf jetzt eindeutigeres Material für Verallgemeinerungen lieferte. Ich entschloß mich daher nach ein paar Tagen Aufenthalt in Spanien, nicht noch einmal den Versuch zu unternehmen, die regionalen Unterschiede der Ereignisse zu untersuchen, sondern mich vielmehr auf die wichtigsten politischen Probleme zu konzentrieren. Der folgende Bericht enthält die Ergebnisse dieser Untersuchung, ohne deswegen auf jene Beobachtungen, die ich an Ort und Stelle machen konnte, zu verzichten.

Der Text wurde während der Reise selbst geschrieben und hält sich eng an die Beobachtungen und Studien. Der Teil, der Katalonien betrifft, wurde ein paar Tage nach meiner Ankunft in Valencia beendet, jener über Malaga unmittelbar nach meiner Rückkehr von dort; und der Rest wenige Tage nach meiner Rückkehr aus Spanien. Es ist immer noch der Bericht eines Augenzeugen, geschrieben auf Grund der direkten Eindrücke von den Ereignissen.

Deshalb hielte ich es für falsch, irgend etwas an diesem Bericht unter dem Einfluß der jüngsten Wochen zu verändern. Die Phase im Januar und Februar, die ich als Augenzeuge miterleben konnte, ist nur ein Abschnitt im Verlauf des spanischen Bürgerkriegs, dem nicht mehr Gewicht beizumessen ist als jedem vorherigen oder kommenden. Allerdings erwies er sich als verhängnisvoller Abschnitt, der politisch seinen Höhepunkt in einer langwierigen und ergebnislosen Regierungskrise, in General Klebers Entlassung und Rosenbergs Abberufung fand und militärisch in der Katastrophe von Malaga und der Niederlage von Jarama gipfelte. Mein zweiter Reisebericht enthält Beobachtungen, die sich nur mit diesem Abschnitt beschäftigen und nicht mit dem spanischen Bürgerkrieg im allgemeinen, der seit der Schlacht von Guadalajara offensichtlich in ein neues Stadium getreten ist. Diese spätere Periode versuchte ich in einem Folgekapitel zu diskutieren, soweit dies mit den begrenzten Informationen, an die man von außerhalb gelangen kann, möglich ist.

Auch wenn die Dinge seit Mitte März für das republikanische Lager in politischen wie militärischen Angelegenheiten schließlich eine günstigere Entwicklung genommen haben, kann man daraus nicht schließen, daß die Geschichte der verhängnisvollen Monate ohne Bedeutung wäre. Jeder Entwicklungsabschnitt drückt den nachfolgenden Ereignissen seinen Stempel auf. Der Sieg der Arbeiter in den Straßen von Madrid und Barcelona in den ersten Tagen löste einen sozialrevolutionären Prozeß aus, der in der Folge die Ereignisse tief beeinflußte, auch als er schon zu einem Ende gekommen war; die Verstaatlichung der Industrie in Katalonien ist nur eine seiner bedeutenderen Nachwirkungen. Die Niederlagen vom September und Oktober zwangen die spanischen Antifaschisten, um russische Hilfe zu ersuchen und folglich dem politischen Druck der Russen nachzugeben; diese erste Phase der Niederlagen ist vorbei, aber ihre Folgen – wie im vorliegenden Bericht beschrieben wird – haben die ganze Richtung des Bürgerkriegs sowohl in militärischen als auch in politischen Belangen verändert und verändern sie immer noch. Diese Phase politischer Reaktion, »totalitärer« Tendenzen und erneuter militärischer Niederlagen, die den ganzen Januar und Februar andauerten, wird ebenfalls zukünftige Entwicklungen prägen. Das militärische Desaster ist für den Augenblick überwunden, aber die Tatsache, daß sich totalitäre Tendenzen herausbilden, bleibt weiterhin bestehen; ob die Waffen der Republik zur Niederlage oder zum Erfolg führen werden, wird eher von der Leistungsfähigkeit der militärischen und administrativen Maschinerie abhängen als von der spontanen Erhebung eines bewaffneten Volkes. Dies wiederum wird das künftige Schicksal Spaniens bestimmen. Nichts geht in der Geschichte verloren, und jede Aktion, jede Politik findet ihre angemessene Belohnung in späteren Ereignissen, nicht – dessen kann man sicher sein – im moralischen, sondern im politischen Sinn. Deshalb ist es die Pflicht des Historikers, so gut er nur kann die konkrete Gestalt der Dinge in konkreten Situationen aufzuzeichnen. Deshalb beließ ich meine Beschreibung lieber so, wie sie vorlag, anstatt in eine *vaticania ex evento* zu verfallen.

NOCH EINMAL
BARCELONA

Eines zumindest hatte meine zweite Abreise nach Spanien mit
der ersten gemeinsam: Gerüchte. Der Grenzübergang wurde
mir von Freunden und Bekannten als so furchtbar geschildert,
wie das beim erstenmal schon jeder erwartet hatte. Es wurde
erzählt, daß die französischen Behörden den Reisenden jede
nur denkbare Schwierigkeit in den Weg legten und auf der
anderen Seite das spanische Komitee jeden Fremden einer
widerlichen und erniedrigenden Durchsuchung unterzog.
Nichts dergleichen passierte. Der Übergang vollzog sich sogar
noch reibungsloser als beim erstenmal. Die französischen
Behörden ließen lediglich jeden Passagier ein Papier unter-
schreiben, in dem stand, daß er die Grenze auf eigenes Risiko
überschreite, und wiesen von vornherein alle Ansprüche
gegen die Eisenbahngesellschaft zurück, falls es zu Unfällen
kommen sollte. Das Grenztunnel zwischen Cerbère und Port
Bou war wiederholt, wenn auch nicht sehr erfolgreich, von
dem aufständischen Kreuzer *Canarias* unter Beschuß genommen. Ich persönlich jedoch hatte einen ruhigen Übergang,
weil zu dieser Zeit ein Regierungskriegsschiff nahe der
Grenze stationiert war und jeden weiteren Versuch eines
Marineangriffs verhinderte.

Der Zug war mit einem Konvoi von Freiwilligen für die Internationalen Brigaden überfüllt, die meisten von ihnen von
der anderen Seite des Atlantiks: Kanadier, Amerikaner, Cuba-
ner, Mexikaner, Philippinos; alle zusammen ein buntgemisch-
ter Haufen. Sie waren mit Mänteln und Stiefeln gut ausgerüstet, und ihrer Physis nach zu urteilen kann keiner von
ihnen längere Zeit vor der Anwerbung arbeitslos gewesen
sein. Es herrschten eher Abenteurertypen vor – Männer, die
den Nervenkitzel des Kampfes suchen. Einige von ihnen

gaben sichtlich ausgezeichnete Soldaten ab. Sie bildeten einen lustigen und lärmenden Haufen, und die verschiedenen Bahnhofsbuffets machten gute Geschäfte mit ihnen. In Perpignan verließen sie alle den Zug. Dort war ein Zentrum der kommunistischen Partei, das die Freiwilligen ein letztes Mal siebte, bevor sie nach Spanien weitergeleitet wurden. Zwei Tage später kam derselbe Konvoi unter dem herzlichen Beifall der Menge in Barcelona an. Die französischen Behörden hatten ihnen keine Schwierigkeiten in den Weg gelegt.

Soweit die französische Seite der Grenze. Die spanische Seite erwies sich als ebenso harmlos. Es gab keine Durchsuchungen, nur die Einfuhr von ausländischen Währungen wurde in Maßen kontrolliert. Das politische Komitee existierte immer noch, wie im August, und wieder wurden meine Dokumente geprüft und mir augehändigt. Des einfacheren Ablaufs halber hatte das Komitee nun seine Vertreter im Bahnhof selbst stationiert. Im Gegensatz zum August schien es sich jetzt hauptsächlich aus Anarchisten zusammenzusetzen; sie waren höflich und freundlich zu mir.

Wie im August fuhr der mit erster und dritter Klasse und mit Speisewagen ausgestattete Zug pünktlich ab und kam pünktlich an. Aber die restliche Szenerie hatte sich vollkommen verändert. Wo im August noch ganz normale Zustände vorzuherrschen schienen, war jetzt ein regelrechtes Militärlager. Die ganze Küstenlinie entlang waren Truppen stationiert und Schützengräben gegen Angriffe von der See her gebaut worden. Die Gräben, soweit ich das beurteilen konnte, mochten ausreichen, um einen Angriff der aufständischen Streitkräfte abzuwehren, taugten aber sicher nichts gegen den Angriff einer modernen Marine. Die Truppen unterschieden sich gänzlich von der Miliz, die ich vom August her kannte. Es gab eine klare Trennung zwischen Offizieren und Mannschaften, erstere trugen bessere Uniformen und Streifen. Die vorrevolutionären Polizeikräfte, die *Asaltos* und *Guardia Civil* (jetzt »Guardia Nacional Republicana«) waren ständig präsent. Die *Asaltos* trugen wieder ihre leuchtenden dunkelblauen Uniformen mit Schirmmützen und viel goldenem Zierat. Die *Guardia* hatte ihren alten theatralischen dreieckigen Hut gegen bescheidene grüne Mützen getauscht; weder *Guardia* noch *Asaltos* machten den leisesten Versuch, sich proletarisch zu geben. Die Uniform der Mannschaften war bis jetzt noch nicht vereinheitlicht, aber der vielfarbige Robin-Hood-Stil der Milizionäre war vollkommen verschwunden, und es gab eine klare Tendenz zur Vereinheitlichung der Kleidung. Sehr wenige Männer hatten noch immer ihre Parteiinitialen an den Mützen; die meisten trugen keine politischen Abzeichen mehr. Und selbst ein anarchistischer Soldat in meinem Abteil sprach nicht von der »Miliz«, sondern von der »Armee«. Der Speisewagen war voll von Offizieren und Piloten; ich glaube nicht, daß auch nur ein Mannschaftsdienstgrad darunter war. Es gab Getränke, aber praktisch kein Essen.

Barcelona schockierte mich, genau wie im August, nur im entgegengesetzten Sinne. Damals war ich davon überwältigt, wie schlagartig die Stadt wirklich den Charakter einer Arbeiterdiktatur offenbart hatte. Dieses Mal frappierte sie den Beobachter dadurch, daß alle Anzeichen genau dieser Diktatur fein säuberlich getilgt waren. Keine Barrikaden in den Straßen mehr; keine mit revolutionären Initialen bemalten Autos, in denen Männer mit roten Halstüchern durch die Stadt brausten; keine Arbeiter in Zivilkleidung und mit Gewehren um die Schultern; überhaupt nur sehr wenige bewaffnete Männer, und die wenigen waren meist *Asaltos* und Guardias in prächtigen Uniformen; kein brodelndes Leben um die Parteizentralen mehr und keine großen Fahrzeugparks vor ihren Eingängen; und die roten Banner und Inschriften, die im August noch so gestrahlt hatten, waren verblaßt. Noch war kein ausgesprochen »bourgeoises« Element in den Straßen zu sehen. Sicherlich tauchten die wirklich reichen Leute, falls es welche gab, nicht in der Öffentlichkeit auf. Aber die Ramblas, die Hauptschlagader des städtischen Lebens in Barcelona, war jetzt weit weniger deutlich proletarisch als damals. Im August war es gefährlich, einen Hut zu tragen; jetzt machte sich niemand etwas daraus, und die Mädchen zögerten nicht mehr, wieder ihre hübschesten Kleider zu tragen. Ein paar der schickeren Restaurants und Tanzlokale haben wieder geöffnet und finden ihre Kunden. Um es zusammenzufassen, alles, was

man das kleinbürgerliche Element nennt, Händler, Ladenin-
haber, Handwerker und dergleichen, ist nicht nur von neuem
aufgetaucht, sondern gestaltet die allgemeine Atmosphäre
entscheidend mit. Das Hotel Continental, in dem ich im
August als einer von ein paar Journalisten unter einer großen
Menge von einquartierten Milizionären gewohnt hatte, zeigte
wieder gänzlich seine vorrevolutionäre Gestalt. Die Miliz war
entfernt worden, die Räume voll von zahlenden und ziemlich
gut gekleideten Gästen, und das Geschäft schien in diesem
speziellen Hotel ausgezeichnet zu florieren.

Nicht nur der revolutionäre Geist hatte sich gemäßigt;
selbst der Krieg trat in den Hintergrund. In Valencia, wohin
ich ein paar Tage später reiste, sagte mir ein hoher Regierungsbeamter nicht ohne Bitterkeit: »Aber die Katalanen sind
nicht im Krieg.«

Dieser Mann hatte absolut recht. In Barcelona finden kaum
noch Rekrutierungen statt. Man trifft auf Konvois von ausländischen Freiwilligen, die durch Barcelona weiter nach Süden
fahren, aber während der Woche meines Aufenthalts sah ich
keinen einzigen Konvoi für die Front in Aragonien. Und
Nachrichten von dieser Front, die schon seit Wochen ins Stok-
ken gekommen war, wurden mit wenig Interesse verfolgt.
Unter solchen Umständen sind natürlich in den Straßen wenig
Verwundete und Genesende zu sehen.

Andererseits wuchs die Angst vor Luftangriffen und mehr
noch vor Marineangriffen ständig, und man bereitete sich
effektiv darauf vor. Die nicht lange zurückliegende Bombardierung Valencias soll die Vorbereitungen angespornt haben.
Was getan wurde, ist auf jeden Fall eindrucksvoll, und wie
immer erweisen sich die Katalanen in Dingen, die sie wirklich
tun wollen, als tüchtig. Schutzräume standen im Überfluß
bereit, und in der ganzen Stadt wurden die Schaufenster
gegen den Luftdruck explodierender Bomben gesichert,
indem man sie über und über mit langen Papierstreifen
beklebte. Als künstlerisch veranlagte Südeuropäer, die sie
sind, haben die Barcelonesen aus der Not eine Tugend
gemacht und das Papier in derart hübschen Formen an den
Fenstern arrangiert, daß die Läden nicht verschandelt sind,

sondern noch einladender wirken als zuvor. Eines Nachmittags hörte ich beim Tibidabo das schwere Rollen von Kanonenschüssen, aber es waren nur Marine-Abwehrbatterien beim Üben. Zwei Tage später wurde ich um zwei Uhr morgens durch denselben Lärm aufgeweckt, aber diesmal war es ernst. Ein Kreuzer der Aufständischen beschoß den Hafen, allerdings mit wenig Erfolg, wie wir am nächsten Morgen erfuhren. Wenige Minuten nach den ersten Schüssen schreckte das durchdringende Heulen der Sirenen die ganze Stadt aus dem Schlaf. Dann ging zur Warnung für 30 Sekunden das Licht aus, drei Minuten später wurde es endgültig gelöscht. Dieses Mal hatte jeder, der wollte, ein sicheres Obdach in einem der Schutzräume finden können. Meiner war im zweiten Untergeschoß und mit Licht und Stühlen gut ausgestattet. Nur wenige Minuten nach Beginn des Alarms kam eine Nachtwache, um zu sehen, ob alles den Anordnungen entsprach. Ich fühlte mich bei solch effizienter Organisation in völliger Sicherheit.

Barcelonas großes Problem sind aber nicht die Bomben; das Problem ist die Ernährung. Und das Nahrungsproblem ist unentwirrbar in die politischen Antagonismen verwickelt. Um das zu verstehen, müssen zuerst ein paar Worte zur politischen Situation gesagt werden.

Seit August war das politische System Kataloniens einem gründlichen Prozeß der Vereinfachung und Vereinheitlichung unterzogen worden. Alle alten politischen Organisationen existieren noch, aber die meisten haben an Einfluß und Bedeutung verloren. Bei den Linken befindet sich die POUM, die Partei der Trotzkisten und Semi-Trotzkisten, eindeutig im Niedergang. Auf dem rechten Flügel haben die kleineren katalanischen Republikanergruppen das bißchen Bedeutung von einst ganz verloren. Die Esquerra, die traditionelle Partei des radikalen katalanischen Nationalismus und die einzige bedeutende Kraft außerhalb der Arbeiterklasse im heutigen Katalonien, steht formal noch an der Spitze; Companys, der Präsident Kataloniens, und Tarradellas, sein Premierminister, gehören beide der Esquerra an. Aber der Prozeß des Niedergangs der Esquerra, im August schon sichtbar, hat sich fortgesetzt, und sie besitzt jetzt kaum noch Macht. Gerade aus Kreisen, die der Esquerra nahestehen, hört man immer noch die Klagen über die erdrückende und zunehmende Vorherrschaft der CNT. Aber die Esquerra täuscht sich. Die Zeiten, als die bürgerlichen Republikaner Boden an die Anarchisten verloren, sind vorüber. Die Esquerra wird nach und nach ausgeschaltet, aber nicht zugunsten der Anarchisten, sondern vielmehr zugunsten der PSUC, der vereinigten sozialistisch-kommunistischen Partei. In Wirklichkeit bleiben nur zwei Protagonisten der katalanischen politischen Szene, die Anarchisten und die PSUC. Und es ist die PSUC, die jetzt offensichtlich an Boden gewinnt.

Es muß daran erinnert werden, daß es vor der Proklamation der Republik von 1931 außerhalb der CNT keine Arbeiterbewegung in Barcelona gab, obwohl die CNT selbst vielen unterschiedlichen politischen Meinungen Heimat bot. Señor Comorera, der einzige Sozialist alter Schule in Barcelona, war damals kein Führer, sondern ein einzelner, fast ohne politischen Einfluß. Moskau-Kommunisten gab es praktisch keine, aber einige marxistische Elemente hatten etwas ins Leben zu rufen begonnen, was später zur POUM wurde. Mit Hilfe der Madrider Regierung, in der die Sozialisten damals eine wichtige Position innehatten, hatte die UGT, das sozialistische Gewerkschaftszentrum, seit 1931 mehrmals versucht, in Barcelona Fuß zu fassen. Sie waren nicht ganz erfolglos geblieben, und die unverantwortliche Politik der Nichtteilnahme an der Erhebung von 1934 fügte den Anarchisten beträchtlichen Schaden zu. Aber dann hatten die Anarchisten ihre Politik geändert, in den Julitagen eine führende Rolle übernommen und *en fin de compte* alle einfachen Arbeiter hinter sich. Bei den Angestellten, Eisenbahnern und ähnlichen Gruppen waren die Positionen von UGT und CNT ziemlich gleich gewichtet und daher scharf voneinander abgegrenzt. Aber im Kräfteverhältnis Kataloniens insgesamt waren die Anarchisten die überwältigend stärkere Partei.

Seit Juli wurde dieses Verhältnis durch zwei zusammenwirkende Faktoren durcheinandergebracht, zuerst langsam, dann ziemlich schnell. Der erste davon ist der Terror, der vom anarchistischen Regime verbreitet wurde. Massenenteignungen und Massenhinrichtungen haben die Kleineigentümer, die in Barcelona ein wichtiges Element sind, zu Tode erschreckt. Dieses Element war immer auf seiten der Esquerra, aber seit Juli hat sich die Esquerra gegen die Anarchisten als machtlos erwiesen. Das katalanische Kleinbürgertum pflegt seinen Katalanismus leidenschaftlicher als jede andere Gruppe, und allein aus diesem Grund, wenn schon aus keinem anderen, könnte es nie mit den Faschisten sympathisieren, die entschieden kastilische Zentralisten sind. Aber seit Juli hielten sie Ausschau nach einem wirkungsvolleren Schutz gegen die CNT, als ihn die Esquerra bisher bieten konnte.

Die Haltung der Bauern, dem zweiten starken Element im sozialen Gefüge Kataloniens, ist problematischer. In den ersten Tagen des Bürgerkriegs hatten die Anarchisten fürchterlich gegen die Dorfbourgeoisie losgeschlagen, und der Prozeß der Ausrottung setzte sich ungefähr bis November fort. Dem Bauern hat es nichts ausgemacht, wenn die Anarchisten den Großgrundbesitzer hinrichteten. Aber manchmal traf der Terror nicht nur die Dorfbourgeoisie, sondern ebenso rein bäuerliche Elemente. Was durch die Ausrottung der dörflichen Oberschichten gewonnen wurde, erwies sich am Ende als weniger greifbar, als es zuerst ausgesehen hatte. Die Sozialisten und Kommunisten sperrten sich aus Prinzip gegen eine umfassende Enteignung von Pachtbesitz und großen Gütern. Die Anarchisten sperrten sich gegen eine durchgreifende Gesetzgebung in dieser Sache aus dem dogmatischen Grund, daß sie jede Art zentralisierter Gesetzgebung ablehnen. Das Ergebnis war, daß der Bauer keinen festen legalen Status für seine neu erworbenen Eigentumsrechte erhielt. Andererseits entwickelten sich die Requirierungen für die Miliz und für die Städte mit der Zeit zu einer immer größeren Bürde. Als Konsequenz scheinen die Bauern massenweise von den Anarchisten abzufallen und die Dörfer im ganzen sich wieder von der städtischen politischen Bewegung zurückziehen. Diese Molekularbewegungen schwächten die Position der Anarchisten.

Dann kam die Krise von Anfang November, als die Aufständischen nach der Einnahme von Toledo sich rasch Madrid näherten und alles verloren schien. In diesem Augenblick kam die rettende Hilfe der Russen. Aber die russische Hilfe änderte nicht nur die militärische Stellung; sie verschob das politische Gleichgewicht eindeutig zugunsten der Kommunisten.

Die russische Hilfe war keinesfalls umfangreich. Die Russen schickten eine gewisse Zahl von Spezialisten, Ausbildern, Artillerieoffizieren, Piloten und dergleichen, die sie in klösterlicher Abgeschiedenheit und absolut getrennt vom Rest der Regierungstruppen halten, obwohl aus ihrer Existenz kein Geheimnis gemacht wird. Sie sandten außerdem eine ansehnliche Menge an Material, nicht nur einmal, sondern während der gesamten kritischen Zeit. Dieses russische Material ist um so bedeutender, wenn man die langsame Entwicklung der einheimischen spanischen Waffenindustrie bedenkt, obwohl es an Anstrengungen nicht mangelte. Das langsame Tempo ist, abgesehen von der traditionellen spanischen Ineffektivität in industriellen Dingen, hauptsächlich dem Antagonismus zwischen Anarchisten und Kommunisten in Barcelona zuzuschreiben. Das von den Russen gesandte Material wird natürlich bezahlt. Der wichtigste Faktor der russischen Hilfe sind aber vielleicht weder die russischen Offiziere noch die russischen Bomben, sondern die »Internationalen Brigaden«, die ausländischen freiwilligen Streitkräfte, die von den Kommunisten in der ganzen Welt rekrutiert werden und bei der Verteidigung von Madrid eine so entscheidende Rolle gespielt haben. Diese Internationalen Brigaden haben Männer aus fast jedem Land der Erde in ihren Reihen, mit der Ausnahme von Russen. Außer den eben erwähnten Spezialisten sind in Rußland keine Freiwilligen rekrutiert worden. Aber selbst diese begrenzte Hilfe war die Rettung im Augenblick der höchsten Not.

Die Waffen gingen natürlich zum größten Teil an die Regierung in Valencia. Was in Katalonien blieb, ging unter Ausschluß aller anderen politischen Kräfte an die PSUC, was dazu führte, daß alle traditionellen politischen Mechanismen Kataloniens außer Kraft gesetzt wurden. Im August hatte sich die PSUC vor der überwältigenden Überlegenheit der anarchistischen Waffen gefürchtet, die nach dem Fall von Saragossa, damals von jedem naiv erwartet, möglicherweise für einen *Coup de main* hätte benutzt werden können. Jetzt war die PSUC auf einen Schlag den Anarchisten an Waffen überlegen. Zur selben Zeit wurde sie in die Lage versetzt, mit beträchtlichen Mitteln eine breite Propaganda zu betreiben; auch in dieser Hinsicht waren die Anarchisten nun unterlegen, und all dies ließ die verschiedenen einzelnen Prozesse, die seit Juli im Gang waren, sich plötzlich auf einen Punkt konzentrieren. Alle mit dem anarchistischen Übergewicht unzufriedenen Elemente scharten sich auf einmal hinter der PSUC.

Eine alte Revolutionsregel wurde einmal mehr bestätigt: eine Revolution muß entweder bis zum Ende durchgeführt werden, oder sie hätte besser erst gar nicht angefangen. Die Anarchisten hatten breite Schichten der Bevölkerung verschreckt, ohne am Ende in der Lage zu sein, die Macht in ihre eigenen Hände zu nehmen und jeden Widerstand zu zerschlagen. Das führte zu der unvermeidlichen Gegenreaktion, die in Barcelona heute so augenfällig ist. Die Anarchisten beherrschen noch die kleineren und bedeutungsloseren Fabriken, besonders die Textilfabriken (ob enteignet oder von ihren früheren Besitzern betrieben), weil sie nach wie vor die mehrheitliche Unterstützung der einfachen Arbeiter haben. Aber in der weitaus bedeutenderen Kriegsindustrie sind sie, obwohl noch immer von der Mehrheit der Arbeiter unterstützt, von der unverzichtbaren Hilfe der technischen Berater abhängig, die fast ausschließlich Kommunisten sind, seien es Katalanen oder Ausländer. Und unter der Bevölkerung im ganzen ist ihr Einfluß am Schwinden.

Die Kräfte der PSUC dagegen wachsen ständig; in geringerem Ausmaß wird sie aus den Reihen der Arbeiter, in größerem vom Stehkragenproletariat und von Kleineigentümern verstärkt. Gleichzeitig ändert sie ihren Charakter; zur Zeit des Zusammenschlusses von Sozialisten und Kommunisten, ein paar Tage nach der Juli-Schlacht, waren die Kommunisten wirklich eine sehr kleine Gruppe. Mit der überwältigenden Bedeutung russischer Materialhilfe, russischer ideologischer Einflußnahme, mit der Beratung durch die Comintern und dem sehr starken Zustrom ausländischer Kommunisten (die große Mehrheit von ihnen keine Russen) ist die PSUC zu einer Partei geworden, die praktisch von der Comintern dirigiert wird.

Und jetzt greift die PSUC ein ums andere Mal an. Einige Wochen vor der Krise im Kriegsverlauf im November, und noch bevor sich ihre Kameraden in Madrid der spanischen Zentralregierung angeschlossen hatten, waren die Anarchisten der katalanischen Regierung beigetreten. Soweit ich das ausmachen kann, war dieser Akt damals von der realistischen Einsicht diktiert worden, daß in einer Notlage alle antifaschistischen Kräfte zusammenarbeiten müßten. Die katalanische Regierung, die bis dahin nur aus Mitgliedern der Esquerra und ähnlichen kleineren Gruppen bestanden hatte, wurde vollkommen umgewandelt. Zusammen mit den Anarchisten trat die PSUC bei, und Nin von der POUM bekam ein Amt als Justizminister. Das Ganze schien auf einen Schwenk der Anarchisten weg von ihrem antipolitischen Dogmatismus hinauszulaufen, aber gleichzeitig in der katalanischen Politik auch auf eine starke Bewegung nach links. Nach der November-Krise jedoch veränderte sich die Bedeutung dieser Wandlungsprozesse vollkommen.

Zusammen mit der materiellen und ideologischen Hilfe brachten die Russen über das Zwischenglied PSUC politischen Druck mit ins Spiel. Als ersten Schritt setzten sie die Auflösung des Zentralkomitees der Miliz durch, das eine zweite und mächtigere Regierung neben der offiziellen Regierung der Generalitat gewesen war und unter vorherrschend anarchistischem Einfluß gestanden hatte. Jetzt, nachdem die Kräfte der Arbeiterbewegung in der Regierung vertreten seien, müßte solch eine separate Instanz mit eigener Autorität im Interesse einer geschlossenen Aktion verschwinden, argumentierte die PSUC. Es ist fast unglaublich, wie einfach die PSUC damit durchkam. Das *Comité Central de Milicias* war der fortgeschrittenste Vorposten eines Rätesystems in Spanien gewesen. Die Anarchisten hatten beabsichtigt, dessen Macht bis an die Grenze der stillschweigenden Auflösung der Generalitat auszuweiten. Statt dessen wurde das Milizkomitee ausgeschaltet, und den Anarchisten blieben statt einer mächtigen eigenen und unabhängigen Position nichts als ein paar Ministersessel. Miravitlles, Präsident des *Comité* und inoffizieller Kontaktmann zwischen Esquerra und Anarchisten, wurde ins Propagandaministerium abgeschoben. Das *Comité de Investigaciones*, eine Unterabteilung des Miliz-komitees, die auf alle Revolutionsgegner fürchterliche Repressalien ausgeübt hatte, wurde aufgelöst und statt dessen ein unter der regulären Verwaltung arbeitendes *Comité de Vigilancia* gebildet. Die Rätephase der katalanischen Revolution war zu Ende.

Ein zweiter Schlag wurde der POUM versetzt. Ob sie der PSUC wegen ihres Anti-Stalinismus in russischen Angelegenheiten oder wegen ihrer extremen Linkstendenzen in spanischen Fragen mehr verhaßt war, ist schwer zu sagen. Eigenartigerweise tat sich die PSUC bei diesem zweiten Fall nicht so leicht. Eigentlich konnte niemand die POUM leiden, die rücksichtslos beanspruchte, mit ihren geringen Kräften die Führung über alle alten etablierten Massenorganisationen, einschließlich Anarchisten und Sozialisten, zu übernehmen. Während der ganzen Zeit ihrer Vorherrschaft waren die Anarchisten mit der POUM ziemlich rüde umgesprungen, aber dieses Mal spürten sie, daß sie selbst von dem Angriff betroffen waren. Die PSUC forderte den Ausschluß der POUM aus der katalanischen Regierung und begründete dies mit deren angeblichen »konterrevolutionären Aktivitäten«, womit eine unterstellte Kollaboration Trotzkis mit der Gestapo gemeint war. Die Anarchisten wehrten sich dagegen, was eine vier Tage dauernde Ministerkrise zur Folge hatte. Aber die Russen hielten wichtige in Aussicht gestellte Waffen zurück, und schließlich mußten die Anarchisten nachgeben.

Danach konnte nichts mehr die PSUC im Zaume halten. Sie startete eine Kampagne zur Auflösung aller Arten von Komitees und zur vollen Wiederherstellung der administrativen Autorität der Generalitat. Zur selben Zeit, um Neujahr, erzwang sie eine neuerliche Umgestaltung der katalanischen Regierung, indem sie den Mann ins Versorgungsministerium setzte, der sich in der gegenwärtigen katalanischen Politik am weitesten rechts bewegt, Comorera. Die Haltung der Anarchisten gegenüber diesen Vorgängen war so zögernd und zweideutig, wie die Politik von zerfallenden revolutionären Parteien immer ist. Sie haben die Orientierung verloren. Sie mußten ihre alten antiautoritären und antipolitischen Allheilmittel aufgeben und sehen jetzt offensichtlich keinen Weg, ihre Rolle einer revolutionären Avantgarde mit der Zusammenarbeit in einer zentralisierten und disziplinierten Organisation an der Front und im Hinterland zu vereinbaren. Die POUM befindet sich offen und für jeden ersichtlich im Zerfall; einige ihrer Elemente neigen dazu, die Flagge zu streichen; die Anarchisten befinden sich zwar nicht im offenen Zerfall, aber in einem langsamen Prozeß des Niedergangs. Sie werden in jeder Hinsicht von der PSUC gesteuert, die anscheinend hofft, sie in einem Augenblick, in dem sie sich weit genug von ihrem Ausgangspunkt entfernt haben, zu schlucken oder ihnen in einem Augenblick noch größerer Schwäche einen Schlag zu verabreichen.

Mit der Berufung Comoreras ins Versorgungsministerium brach in Katalonien zwischen Kommunisten und Anarchisten der offene Konflikt aus. Comorera war bei den Anarchisten reichlich unbeliebt, weil er eine politische Haltung verkörperte, die bestenfalls mit dem extrem rechten Flügel der deutschen Sozialdemokratie zu vergleichen ist. Den Kampf gegen den Anarchismus hatte er immer als das Hauptziel einer sozialistischen Politik in Spanien betrachtet. Von Anfang an hatte ihm die Verstaatlichungspolitik der Anarchisten mißfallen. Für seine Abneigung hatte er zu seiner Überraschung in den Kommunisten unerwartete Verbündete gefunden, die schon im September die Parole »Schützt das Eigentum des kleinen Unternehmers« aufgebracht hatten. Diese Politik in Katalonien aber durchzusetzen, war unmöglich. Die Enteignungen von Fabriken waren in Katalonien viel weiter gegangen als im restlichen Spanien und hatten meist damit begonnen, daß die Besitzer und ihre Erben umgebracht wurden, falls es ihnen nicht gelungen war, ins Ausland oder ins Franco-Lager zu entkommen. Folglich konnten die verstaatlichten Fabriken unter CNT-Kontrolle nicht mehr reprivatisiert werden. Aber Comorera fand in seinem eigenen Ministerium eine Gelegenheit, der Verstaatlichungspolitik einen schweren Schlag zu versetzen. Staatliche Interventionen im Bereich des Handels abzuschaffen war einfacher als im industriellen Bereich: Comorera schaffte die staatlichen Eingriffe bei der Versorgung Barcelonas ab.

Die Versorgung war bis dahin von »Brot-Komitees« in den Dörfern durchgeführt worden, die als Sektionen der politischen Komitees fungierten, welche ihrerseits wiederum größtenteils unter dem Einfluß der CNT standen. Diese Brot-Komitees arbeiteten bei den Mehllieferungen für die Städte mit der CNT zusammen; die PSUC behauptet natürlich, daß sie nicht kooperiert, sondern blockiert hätten. Die Dörfer waren sicherlich nicht glücklich über die Notwendigkeit, ohne entsprechende Bezahlung Brot nach Barcelona zu schicken. In dieser wie in jeder anderen Hinsicht konnten die Dinge sicherlich nicht in einem solch chaotischen Zustand belassen werden. Aber Comorera hielt an jenen Prinzipien eines abstrakten Liberalismus fest, denen keine Regierung während des Krieges gefolgt war, deren entschiedene und treueste Bewunderer aber die Sozialisten des rechten Flügels sind, und setzte anstelle der chaotischen Brot-Komitees keine zentralisierte Verwaltung. Er erneuerte ganz einfach und umfassend den privaten Brothandel. Jetzt im Januar gab es in Barcelona nicht einmal ein Konzept für eine Rationierung. Die Arbeiter mußten auf eigene Faust so gut sie konnten sich ihr Brot besorgen, mit Löhnen, die sich bei steigenden Preisen seit Mai kaum verändert hatten. Dies bedeutete in der Praxis, daß die Frauen von morgens bis vier Uhr nachmittags Schlange stehen mußten. Die Ressentiments in den Arbeitervierteln waren natürlich akut, um so mehr, als die Brotknappheit rapide zunahm, nachdem Comorera das Amt übernommen hatte. Es ist zweifelhaft, ob Comorera diese Knappheit persönlich zu verantworten hatte; sie wäre möglicherweise mit dem Verbrauch der Ernte in jedem Fall eingetreten. Aber die Anarchisten sahen jetzt ihre Gelegenheit, Comorera den Brotmangel anzulasten. Er hatte versucht, die Wirtschaftspolitik der Anarchisten zu brechen; er hatte folglich, so behaupteten sie, eine größere Krise heraufbeschworen. Aufkleber der anarchistischen Jugendorganisation (die wohl kaum ohne das Einverständnis der CNT-Hauptquartiere herausgegeben worden waren) forderten den Rücktritt Comoreras, eines Mannes »unfähig und bösen Willens«. Die PSUC antwortete mit Plakaten, einige von ihnen anonym, auf denen zu lesen war: »Weniger Geschwätz; weniger Komitees; mehr Brot; alle Macht der Generalitat!«

Das Nahrungsproblem muß man sich somit unter mindestens drei Aspekten vor Augen halten. Zum einen ist es ein Streitobjekt zwischen dem anarchistischen Ideal kollektiver Regelung der Versorgung und der republikanischen und kommunistischen Politik, den privaten Handel auf der ganzen Linie zu schützen. Zum zweiten dient es als Waffe im allgemeinen Gerangel zwischen Anarchisten auf der einen und den Republikanern und PSUC auf der anderen Seite; die PSUC benutzt es, um die Komitees und die Anarchisten zu diskreditieren, und die Anarchisten versuchen, mit der Nahrungsknappheit den PSUC-Versorgungsminister zu diskreditieren. Aber schließlich und unvermeidlich besteht das Versorgungsproblem, wenn auch viele Politiker aller Schattierungen lieber nicht daran denken würden, eben darin, die Bevölkerung mit Nahrung zu versorgen und nicht mit gegenseitigen Beschuldigungen. Und in dieser letzten Hinsicht sind die Folgen verhängnisvoll. Bis jetzt ist die Lage natürlich noch nicht so, daß man sie mit den Leiden der Zivilbevölkerung der Achsenmächte in den letzten Jahren des Weltkrieges vergleichen könnte, doch es herrscht bereits eine beträchtliche Knappheit. Diese Knappheit untergräbt die Moral, die Begeisterung, den Stolz und das Machtgefühl genau der Klasse, die im Juli alle Macht innezuhaben schien, während die kleinen Ladenbesitzer und Händler in dieser Hinsicht weit besser davonkommen. Und dies wiederum führt zu Zwischenfällen. An einem Sonntagnachmittag beobachtete ich eine besonders unangenehme Szene. In der Straße, die ich entlang ging, standen vor den Türen zweier Bäckereien Schlangen von zusammen etwa 300 oder 400 Menschen. Sie wurden von neun *Asaltos* beaufsichtigt, sieben zu Fuß und zwei zu Pferd, die alle ihre vorrevolutionären Uniformen trugen und mit scharfer Munition geladene Gewehre geschultert hatten. Da es Sonntag war, setzten sich die Schlangen etwa in gleicher Zahl aus Männern und Frauen zusammen. Beide Geschäfte waren geschlossen und die Leute warteten vergeblich auf Brot. Plötzlich brachte einer der Bäcker ein Plakat an seiner Tür an, mit dem er verkündete, daß an diesem Tag kein Brot verteilt würde. Murmeln, Ausrufe, eine gewisse Unruhe, aber kein Versuch zu irgendeiner Art von Aktion in der wartenden Menge. Aber die *Asaltos* sind bestimmte Methoden aus vorrevolutionären Zeiten gewöhnt und zögerten nicht, diese jetzt anzuwenden. Die beiden Reiter lenkten ihre Pferde auf den Gehsteig und ließen sie dort in der erschöpften Menge immer wieder kehrt machen, so daß die Männer und Frauen in der Schlange dauernd mit den Hinterhufen der Pferde in Berührung kamen. Es war kein grausames, aber ein besonders widerliches Vorgehen, um so widerlicher, als es keinerlei Unordnung gegeben hatte. Die Menge war schließlich klein, und es wäre nur das nötig gewesen, was meiner Ansicht nach jeder Polizeioffizier in London in einer ähnlichen Situation getan hätte, nämlich nicht die Leute mit den Hinterhufen von Pferden Bekanntschaft machen zu lassen, sondern ruhig mit ihnen zu sprechen und zu bitten, nach Hause zu gehen. Aber die *Asaltos* hielten es für angebrachter, der Menge nicht mit Worten, sondern mit Hinterhufen den Heimweg nahezulegen. Der Grund liegt auf der Hand. Die spanische Polizei des alten Regimes war in Sachen Demokratie vollkommen ungeübt; die Guardia kannte nur Töten und Handschellen und sonst nichts. Man muß zwar zugestehen, daß die *Asaltos* erst unter der Republik gebildet worden waren, sie hatten aber die meiste Zeit ihrer vorherigen Existenz unter einer antidemokratischen Regierung gedient, und ihre Mentalität unterscheidet sich kaum von der der Guardia. Und diese unter der Autokratie ausgebildeten Polizeikräfte jagt man nun auf die von der CNT ausgebildeten revolutionären Arbeiter, die hungrig in den Schlangen stehen. Ich erzählte einigen Freunden von dem Zwischenfall und mußte dabei erfahren, daß meine zufällige Beobachtung bei weitem nicht der schlimmste Fall war. Bei zwei schlimmen Unruhen, so wurde mir erzählt, hatte die Polizei die um Brot anstehende Menge – größtenteils Frauen – dadurch auseinander getrieben, daß sie mit ihren Gewehrkolben auf sie eingeschlagen hatte.

Es gibt noch andere Streitpunkte zwischen den Parteien, die zwar für die Massen nicht so betrüblich, aber deswegen nicht minder wichtig sind. Einer davon ist die Armeefrage. Zur Zeit hat Katalonien praktisch zwei Armeen. Die eine ist die auf Rekrutierung beruhende Ejército popular, die sich aus parteilosen Einheiten zusammensetzt, von alten Polizei- und Armeeoffizieren kommandiert wird und praktisch in den Händen der PSUC ist; diese Armee bewacht die Küstenfront. Das waren die Truppen, die ich auf meiner Reise von Port Bou nach Barcelona gesehen hatte. Die andere ist die Huesca-Saragossa-Armee, die, wie mir gesagt wurde, unter den alten Milizprinzipien der frühen Tage fast unverändert weitermacht, unter vorherrschend anarchistischem Einfluß steht und immer noch ihre politischen Kommandeure mit Militäroffizieren in nur beratender Funktion hat. Der Antagonismus zwischen diesen beiden Armeen ist zweifellos ein wichtiger Faktor für den vollkommenen Stillstand der Operationen an der Aragonien-Front. Die Notwendigkeit, die Miliz neu zu organisieren, sehen die Anarchisten im Prinzip ein. Aber in der Praxis ist jeder Punkt umstritten. Die PSUC will alle Züge einer revolutionären Armee vollständig abschaffen. Nicht nur sollen die Offiziere von oben ernannt werden, sondern es soll auch keinen Soldatenrat und keine Soldatenversammlungen mehr geben. Der Gefreite soll gegenüber dem Offizier wieder auf den militärischen Gruß verpflichtet werden. Mit einem Wort, sie wollen eine reguläre Armee, unter einem militärischen Befehlshaber, der unvermeidlich entweder ein Offizier der alten Armee oder ein ausländischer Spezialist wäre, in jedem Fall also ein Mann unter ihrem Einfluß. Die Anarchisten sind in einem schlimmen Dilemma. Die ganze Neuorganisation geht gegen ihre Prinzipien. Die Art von Miliz, wie sie in den ersten Tagen gebildet wurde, ist ihre Lieblingserrungenschaft. Doch die militärische Unangemessenheit dieses Typs von Streitkräften steht außer Zweifel. Aber wenn sie die Streitkräfte reorganisieren, werden sie ihnen aus den Händen gleiten. Also: Stillstand, Unentschlossenheit, Schwanken, was wahrscheinlich zur Folge hat, daß die Beteiligung Kataloniens am Krieg in den kommenden Monaten ernsthaft behindert sein wird. Wenn andererseits die Macht der Waffen den Händen der Anarchisten entgleitet, können sie nicht erwarten, vor der PSUC Gnade zu finden. Jede Revolution wird letzten Endes mit Waffengewalt entschieden; den Anarchisten kann man kaum vorwerfen, daß sie dies wissen. Früher oder später werden sie zerschlagen werden, wenn sie sich nicht eine eigene Armee halten. Demnach gibt es keinen Mittelweg zwischen den beiden Möglichkeiten, entweder beim Kampf im Feld ineffektiv zu bleiben oder politisch vom Ausgangspunkt der Revolution einen großen Schritt zurück zu machen. Das ist das Dilemma, die starre Mauer, gegen die die spanische Revolution seit November 1936 unaufhaltsam und schmerzlich rennt.

Zusammenfassend muß man feststellen, daß der Pendelausschlag in Katalonien weitaus größer war als in anderen Teilen Spaniens. Katalonien war schon immer das Zentrum der revolutionären Bewegung in Spanien gewesen, und nach dem 19. Juli hatte es den Rest des Landes in seinem sozialrevolutionären Eifer weit hinter sich gelassen. Bevor das übrige Spanien folgen konnte, entwickelte sich der Krieg zu einer Angelegenheit von solch überwältigender Bedeutung, daß alle anderen Überlegungen von ihm aufgesogen wurden; mit den Niederlagen kam das kommunistische Übergewicht im restlichen Spanien, und Katalonien mit seinen fortschrittlichen Tendenzen war isoliert. Diese Isolation eines revolutionären Vorreiters, der in den ersten Tagen zu weit gegangen ist, verleiht den Antagonismen in Barcelona eine sich zuspitzende und grausame Note. Alle gemäßigten Gruppen haben in Barcelona in größerer Furcht gelebt als irgendwo sonst und sind jetzt stärker auf Rache bedacht, dies um so mehr, da die CNT an Ort und Stelle nach wie vor die stärkste und eine sehr bedrohliche Macht ist und die Kräfte, die man gegen sie in Gang setzt, meistens nicht-katalanisch und teilweise nicht-spanisch sind. Der Stillstand an der Aragonien-Front ist ein weiterer bedeutender Faktor der gegenwärtigen Spannungen. Eine ernsthafte Niederlage dort könnte jedoch eine plötzliche Versöhnung zwischen den widerstreitenden Parteien herbeiführen.

VALENCIA:
DIE ZENTRALREGIERUNG

Die Reise von Barcelona nach Valencia unterschied sich dieses Mal sehr von der im August. Damals war es wie im Frieden gewesen. Jetzt fühlte ich mich stark an die Züge während des Weltkriegs erinnert. Unterwegs füllte sich der Zug, der erste wie dritte Klasse führte, mit Truppen, die man gerade vom Norden an die andalusische Front warf, wo der Ausgang des Kampfes noch unentschieden ist. Mit drei Stunden Verspätung kamen wir um zwei Uhr morgens in Valencia an. Die Stadt war stockdunkel, alle Hotels überfüllt, und ich verbrachte die zweite Hälfte der Nacht etwas ungemütlich in einem Lehnsessel. Am nächsten Tag fand ich mit einigen Schwierigkeiten ein Hotelzimmer. Wenn auch das Unterkunftsproblem in Valencia verständlicherweise akut war, die Nahrungssituation war ganz einfach. Nur Fleisch und Kartoffeln waren manchmal knapp; in den Hotels gibt es sogenannte »Kriegsmahlzeiten«, die »nur« aus vier Gängen bestehen, was für die in puncto Essen sehr verwöhnten Spanier eine Einschränkung sein mag; für mich war es auf jeden Fall mehr, als ich verzehren konnte.

In Barcelona herrschte sichtlich Unruhe, in Valencia nicht im geringsten. Seine heitere und leichtlebige Weise hat sich nicht verändert. Während des Marine-Bombardements auf den Hafen Mitte Januar hatte anscheinend ziemliche Anspannung geherrscht, aber das war bereits vergessen. Daß die Lichter in den Straßen um zehn Uhr nachts allesamt ausgelöscht werden, war somit die einzige Maßnahme, die eine wirkliche Veränderung der Lebensgewohnheiten mit sich gebracht hatte. Valencia hat darüber hinaus allen Grund, lebenslustig zu sein. Die Ankunft der Regierung mit so vielen Leuten hat einen Boom für die Geschäfte und Hotels ausgelöst, während der Bau von Schutzräumen das Baugeschäft am Laufen hält. In Valencia waren die Rekrutierungen etwas umfangreicher als in Barcelona. Es gab eine Reihe von Militärparaden und ähnlichen Spektakeln, die nur zu gut zum valencianischen Temperament paßten.

Im ganzen gesehen haben die Dinge in Valencia noch mehr Ähnlichkeit mit den Julitagen als in Barcelona. Wie in Barcelona finden jetzt glücklicherweise viel weniger Hinrichtungen statt als damals. Wie in Barcelona hält der Zentralismus wieder Einkehr. Die Tage, als Valencia von seinem *Comité Ejecutivo Popular* praktisch unabhängig von der Zentralregierung regiert wurde, sind vorbei. Einmal ist das Comité Ejecutivo sogar offiziell aufgelöst worden, es existiert aber weiterhin und arbeitet mit der Regierung unter nicht mehr als dem üblichen Maß an Reibereien zusammen. Die November-Krise stellte in Valencia wie überall den Wendepunkt dar. Sie brachte die Regierung in die Stadt und löste einen bewaffneten Zusammenstoß zwischen Kommunisten und Anarchisten aus, der mit der Niederlage letzterer endete. Aber die lokale politische Meinung tendiert eher nach links, verglichen nicht nur mit dem heutigen Barcelona, sondern sogar mit Valencia im August. Damals hatte Valencia fast so etwas wie ein Rätesystem gehabt, war aber unter der Maske eines revolutionären Regimes durch und durch »kleinbürgerlich« und nichtrevolutionär geblieben. Jetzt, mit den Hauptquartieren aller sozialistischen und kommunistischen Organisationen innerhalb ihrer Mauern, ist die Stadt viel unverfälschter vom Sozialismus durchdrungen. Die Enteignungen sind fortgesetzt worden. Die meisten Hotels, Restaurants und Kinos stehen jetzt entweder unter Kontrolle der Arbeiter oder werden direkt von den Arbeitern betrieben. Den Orangenhandel kontrolllieren die beiden Gewerkschaften. Immer noch fungieren bewaffnete Arbeiter in Zivilkleidung als Straßen- und Nachtwachen. Wenn wir uns von den lokalen den nationalen Bedingungen zuwenden, sieht das Bild etwas anders aus. Die nationalen Gegebenheiten müssen heute hauptsächlich in Valencia studiert werden, weil hier der Sitz der Regierung ist. Und bei einem solchen Studium kommt nichts anderes heraus, als daß man wiederum die rapide zunehmende Bedeutung der kommunistischen Partei betonen muß.

Die Bildung der Caballero-Regierung nach dem völligen Scheitern der Republikaner bei der Organisierung der Verteidigung gegen Franco und bei der Sicherung der Auslandshilfe hatte den Höhepunkt der Linkstendenz markiert. Aber dann war Caballero bei der Verteidigung Toledos und San Sebastiáns auch nicht erfolgreicher gewesen als die Republikaner bei der Verteidigung der Estremadura. Unter den Schlägen, die Franco der republikanischen Sache versetzte, trat die eigentliche Schwäche der Linkssozialisten selbst innerhalb ihrer eigenen Partei offen zutage. Nur sehr wenige der alten sozialistischen Führer hatten sich wirklich nach links bewegt. Einer von ihnen, Araquistain, war als Botschafter nach Paris gegangen. Caballero ist kein junger Mann, und Alvarez del Vayo blieb somit die einzige herausragende Persönlichkeit des linken Flügels. Aber ein einzelner Mann ist noch keine Tendenz. Der Rückhalt der UGT und der sozialistischen Partei bei den Massen ist im Vergleich mit den Wurzeln der CNT schwach. Und die einzige Region, die wirklich weitgehend von der UGT beeinflußt wird, Asturien, folgt dem rechten Flügel der Partei, zumindest was den Führer dieser Region, Gonzáles Peña, angeht. Caballero verdankte seine Position nicht seiner eigenen Stärke, sondern der Niederlage der Republikaner und dem Unwillen oder der Unfähigkeit der CNT, politische Macht zu übernehmen.

Der November kam, und mit ihm näherten sich Francos Marokkaner den Vororten Madrids. Caballero mußte die faktische Macht dem ersten Anwärter übergeben, der echte Hilfe bieten konnte. Das war die kommunistische Partei, hinter der Rußland stand. Und folglich entwickelten sich die Kommunisten zur vorherrschenden Macht im Lager der Anti-Franco-Kräfte. Diese Vorherrschaft gründen sie hauptsächlich auf die in der oben erläuterten Form geleistete Waffenhilfe und auf die organisatorischen Leistungen, die zweifellos ihnen zugeschrieben werden müssen. Aber wie werden diese Leistungen in politische Macht transformiert? In erster Linie nicht durch verstärkten Einfluß bei den Arbeitermassen. Es ist wahr, daß die Mitgliedschaft der kommunistischen Partei beträchtlich gewachsen ist. Mit höchstens 3000 Mitgliedern gingen sie in den Bürgerkrieg. Ende Januar behaupteten sie, 220 000 Mitglieder zu haben. Tatsache ist, daß alle oder fast alle Linksparteien ihre Mitgliederzahlen vergrößert haben, aber eine solche von den Kommunisten behauptete Zahl liegt unverhältnismäßig weit über dem Durchschnitt. Spanische Zahlen sind nicht gerade das Verläßlichste in der Welt der Statistik, aber allgemeine Beobachtungen deuten darauf hin, daß zumindest der generelle Trend in den offiziellen Mitgliederzahlen der kommunistischen Partei widergespiegelt wird. Außerdem besteht kein Zweifel, daß die militärische Rekrutierung des kommunistischen Fünften Regiments in quantitativer wie qualitativer Hinsicht viel erfolgreicher gewesen ist als die jeder anderen Armeeeinheit. Aber das ist nur eine Seite der Medaille. Der wirkliche Einfluß einer Partei der Arbeiterbewegung bemißt sich weniger an den Mitgliederzahlen als an ihren Möglichkeiten, bestimmte Sektionen der Bewegung zu kontrollieren. In dieser Hinsicht steht das Zünglein an der Waage für die Kommunisten weniger günstig, als die Zunahme ihrer Mitgliedschaft und ihres militärischen Einflusses suggerieren könnten. Seit Juli haben die Kommunisten weder den Anarchisten noch den Sozialisten einen einzigen Gewerkschaftszweig einfacher Arbeiter, eine einzige große Fabrik, eine einzige Industrieregion abgenommen. Nur Gewerkschaftszweige der staatlichen und privaten Angestellten sowie Dörfer und Landdistrikte in beträchtlicher Zahl haben sie dazugewonnen. Die Kommunisten behaupten, daß sie beachtlich viele UGT-Zweige an sich ziehen würden, falls es in der UGT zu freien Wahlen kommen würde (während des Bürgerkrieges sind diese ausgesetzt). Tatsache ist jedoch, daß dort, wo der kommunistische Einfluß wirklich überwältigend wurde, dies auch ohne Wahlen zur Kenntnis genommen werden mußte. Auch in den Fabriken kann ein Wechsel der politischen Führung mit anderen Mitteln als Wahlen herbeigeführt werden, vor allem dadurch, daß die einflußreichsten Arbeiter zu einer anderen politischen Gefolgschaft wechseln. Das scheint selten der Fall zu sein. Der Gegensatz zwischen Mitgliederzahlen und Einfluß bei den Arbeitern kann anscheinend damit erklärt werden, daß die kommunistische Partei ihren sozialen Charakter geändert hat. Dies wird bei der katalanischen PSUC, praktisch eine Sektion der spanischen Kommunisten, am offensichtlichsten. Nur wenige Industriearbeiter sind Mitglieder in der PSUC, aber trotzdem behauptet sie, 46 000 Mitglieder zu haben, die mehrheitlich staatliche und private Angestellte, kleine Ladenbesitzer, Händler, Beamte, Angehörige der Polizeikräfte, Intellektuelle aus Stadt und Land und in gewisser Anzahl Bauern sind. Der Prozentsatz der Arbeiter in der kommunistischen Partei muß im übrigen Spanien etwas größer sein als in Katalonien, aber noch ist er sicherlich nicht besonders hoch; und andererseits haben die Kommunisten zweifellos in einigen Teilen Spaniens, besonders in der *Huerta de Valencia* eine stärkere Unterstützung bei den Bauern als in Katalonien. Die kommunistische Partei ist heute in großem Maße die Partei des Militär und Verwaltungspersonals, an zweiter Stelle die Partei des Kleinbürgertums und gewisser Gruppen von wohlhabenden Bauern, an dritter Stelle die der Angestellten und erst an vierter Stelle die der Industriearbeiter. Fast ohne Organisation hatte sie sich der Bewegung angeschlossen und dann im Verlauf des Bürgerkriegs jene Elemente angezogen, mit deren Ansichten und Interessen ihre Politik übereinstimmte. Diese Entwicklung ist nicht nur für die gegenwärtige und zukünftige politische Situation in Spanien, sondern für die internationale Politik ganz allgemein von weitreichender Bedeutung.

Aber der kommunistische Einfluß vollzieht sich heute nicht nur und noch nicht einmal primär über die Parteiorganisation allein. Er läuft hauptsächlich über eine Politik der Verschmelzung von früher unabhängigen Organisationen und deren Unterwerfung unter kommunistischen Einfluß. Die PSUC in Katalonien ist ein klassisches Beispiel, ein anderes die Vereinigte Sozialistische Jugend, die im September noch unter dem überwältigenden Einfluß von Caballero stand und jetzt praktisch eine kommunistische Organisation ist. Dieser Prozeß stößt natürlich dort an Grenzen, wo die Anarchisten schon lange Einfluß ausüben.

Vor zwei Jahren konnte die Kommunistische Internationale sich einen politischen Schritt vorwärts gar nicht anders vorstellen, als jede andere Organisation bis zum K. o. zu bekämpfen. Jetzt wird ganz im Gegenteil wenig offener Kampf ausgetragen; vielmehr erweist sich eine wirkliche fabianische Durchdringungspolitik, zumindest was den Einflußbereich der Komintern angeht, als erfolgreicher. Das ursprüngliche kommunistische Grundkonzept, alle anderen Organisationen der Arbeiterklasse bis zum Ende niederzukämpfen, ist aufgegeben worden.

Das Bemerkenswerte in Spanien ist jedoch, daß dieser Prozeß der Durchdringung sich nicht über persönlichen Einfluß vollzieht. Die zwei starken Persönlichkeiten, die die Kommunisten in Spanien hatten, Nin und Maurín, haben beide schon vor langem die Komintern verlassen und die POUM gegründet (Maurín, so scheint es, ist in die Hände der Aufständischen gefallen und hingerichtet worden*). Die gegenwärtigen Führer der kommunistischen Partei, Díaz, Mije, Jesús Hernández, Uribe und andere sind den Massen kaum bekannt und verdanken ihren Einfluß sicherlich nicht ihrem persönlichen Prestige. Und La Pasionaria, die enormen persönlichen Einfluß besitzt, ist keine politische Führerin. Ein gewisses Maß an politischer Führerschaft ist dem russischen Botschafter Rosenberg und dem russischen Konsul in Barcelona, Antonov-Ovseenko, beschieden; letzterer war der militärische Führer beim Aufstand der Bolschewiki in Petrograd im November 1917. Aber das sind Ausländer, die Ratschläge geben, aber nicht den Massen vor die Augen treten können.

Kommunistischer Einfluß funktioniert demnach weder über eine dominierende Organisation noch durch dominierende Persönlichkeiten, sondern durch eine den Republikanern und Rechtssozialisten willkommene Politik, die in solch höchst wichtigen Faktoren wie den internationalen Brigaden, dem Kommando Klebers in Madrid und der russischen Hilfe ganz allgemein einen Rückhalt besitzt. Weder die Republikaner noch die Rechtssozialisten sind für sich allein starke poli-

* Siehe Anmerkung S. 31.

tische Kräfte. Kurzum, der zunehmende kommunistische Einfluß von heute ist ein Symptom der Verlagerung der Bewegung vom politischen zum militärischen und vom sozialen zum organisatorischen Schwerpunkt. Nicht der politische Einfluß, sondern der militärische und organisatorische verleiht den Kommunisten ihre Stärke und macht sie indirekt zum politisch dominanten Faktor.

Wie drückt sich diese Dominanz aus? Durch die verfolgte Politik. Und diese Politik besteht in der strikten Beschränkung der Bewegung auf den Kampf gegen Franco. Dies drückt sich in der Parole »Verteidigung der demokratischen Republik« aus; aber wenn demokratische Republik Freiheit der Organisation, der Presse und freies Spiel der politischen Kräfte bedeuten soll, dann kann und wird es gegenwärtig in Spanien so etwas nicht geben. Die spanische Revolution kann sich in ihrer bittersten Stunde nicht den Luxus erlauben, der sich selbst für Revolutionen in einfacheren Situationen als zuviel erwiesen hat: den Luxus der freien politischen Betätigung. »Demokratische Republik« ist demnach nicht der gegenwärtige Zustand der Dinge, der zu verteidigen wäre, sondern ein früherer Zustand, den man nach dem Sieg über Franco wieder herzustellen hofft. In Wirklichkeit kann man unmöglich voraussagen, welche Bedingungen dann vorherrschen werden. Das Schlagwort von der demokratischen Republik in Spanien ist eine eindeutige Abkehr von den ursprünglichen Gedanken Lenins und seiner Organisation und im ganzen gesehen geeignet, den Kommunisten mehr neue Freunde als Feinde zu schaffen. Revolutionäre Richtungen wie die anarchistische und die trotzkistische, die an der neuen Wende Anstoß nehmen, sind im Schwinden begriffen. Andererseits erlaubt die neue politische Haltung den Kommunisten, sich langsam zu einer Union mit den Sozialisten vorzutasten, zumindest mit denen des rechten Flügels, deren Prinzipien praktisch mit den ihren identisch geworden sind. Es ist allgemein bekannt, daß Versuche unternommen wurden, um eine vollständige Verschmelzung von Sozialisten und Kommunisten in Spanien zustande zu bringen. Zur Zeit haben sie eine gemeinsame Zeitung in Valencia, *Verdad* (der Titel ist eine wörtliche Übersetzung der russischen *Prawda*). Und hinter der Gelegenheit, mit den Sozialisten zu verschmelzen, liegt die größere Chance einer engeren Allianz mit den demokratischen Ländern.

Eine Politik sollte nicht in den Begriffen ihrer ideologischen Ausrichtung interpretiert werden, sondern anhand ihrer konkreten Handlungen. Worauf zielen die Kommunisten in Spanien derzeit ab? Neben der Vereinigung mit den Sozialisten zielen sie – und das ganz erfolgreich – auf eine möglichst enge Zusammenarbeit mit den Republikanern. Diese Zusammenarbeit wird nicht allzu öffentlich gemacht, soweit es die Union Republicana von Señor Martínez Barrio betrifft. Aber man weiß von einer solchen Zusammenarbeit, und einmal wurde Martínez Barrio sogar als zukünftiger, den Kommunisten genehmer Ministerpräsident genannt.

Während sich die kommunistische Zusammenarbeit mit der Unión Republicana hinter den Kulissen abspielt, gilt dies nicht für die Izquierda Republicana, die Partei von Azaña, dem Präsidenten der Republik. Vor nicht allzu langer Zeit hatte Azaña einmal eine Rede gehalten, in der er jedem Versuch einer Revolution ausdrücklich eine Absage erteilt und die Ziele des Kampfes auf die Verteidigung der parlamentarischen Demokratie innerhalb des bestehenden sozialen Systems begrenzt hatte. Diese Rede war fast eine Kriegserklärung an die Anarchisten und eine formelle Zurücknahme der revolutionären Erklärungen, die man beim Antritt der Regierung Caballero abgegeben hatte; in der kommunistischen Presse hat sie nachhaltige und uneingeschränkte Zustimmung gefunden, und man weiß, daß sie auf eine frühere Übereinkunft zwischen Azaña und den Kommunisten zurückging. Die Anarchisten zögerten wie gewöhnlich. Die *Fragua Social*, ihre Zeitung in Valencia, griff Azaña an und bekam dafür Schelte von der *Solidaridad Obrera*, dem anarchistischen Blatt in Barcelona und Zentralorgan der CNT-FAI. Wie schon seit Beginn des Bürgerkriegs besteht zur Zeit keinerlei Unterschied zwischen der Izquierda Republicana, der Partei der nicht-sozialistischen Republikaner, und den Kommunisten. Und die Übereinstimmung der Ansichten ist nicht auf die gegenwärtige Phase des Bürgerkriegs beschränkt, sondern scheint – aus Gründen, deren Erklärung noch folgen wird – ein grundsätzliches Verständnis zu sein, selbst auf dem Gebiet des sozialen Systems. Heute könnte eine Vereinigung der Kommunisten mit der Izquierda Republicana sogar auf weniger Hindernisse stoßen als eine mit den Sozialisten. Mitglieder beider Parteien sprechen mit höchstem Respekt von den jeweiligen Organisationen. Wie ein junger republikanischer Redakteur, jetzt politischer Kommissar einer Miliz-Kolonne in Malaga, mir auseinandersetzte: »Die Kommunisten sind die besten Organisatoren: und darüber hinaus sind sie die bei weitem konservativste Sektion der Bewegung. Ich sehe keinerlei Grund, warum ich nicht Kommunist sein soll, und wahrscheinlich werde ich eines Tages der Partei beitreten.« Die Rede von den Kommunisten als der konservativsten Sektion ist unter allen möglichen Leuten schon fast sprichwörtlich geworden, von stur antisozialistischen ausländischen Beobachtern bis hin zu den Anarchisten.

Faßt man alles zusammen und zieht man den Zerfall von POUM einerseits und Linkssozialisten andererseits, die enge Zusammenarbeit der Kommunisten mit den Rechtssozialisten einerseits und den zwei republikanischen Gruppen andererseits in Betracht, so sieht man sich mit einer deutlichen Tendenz zur vollständigen politischen Vereinheitlichung der Bewegung konfrontiert, wobei die Anarchisten das einzige ernsthafte Hindernis darstellen. Die aber *sind* ein ernsthaftes Hindernis, trotz ihres nicht zu verleugnenden Niedergangs. Und die anarchistische Opposition erweist sich als höchst gewichtig bei der im Augenblick entscheidenden Frage: der Umbildung der Regierung.

Die Kommunisten sind sich einig, daß Caballero gehen muß. Sie finden es mißlich und in kritischen Augenblicken fast nicht zu tolerieren, daß die Gruppe, die die Angelegenheiten wirklich steuert, nicht auch in aller Form und öffentlich das Ruder in der Hand hält. Wenn man eine dramatische Rechtswende, weg von der sozialen Revolution, beabsichtigt, was zweifellos der Fall ist, kann diese wahrscheinlich nicht geschehen, solange Caballero das höchste Amt innehat. Verschiedene Namen wurden als Kandidaten für den Premier erwähnt, unter ihnen Martínez Barrio, Prieto und Negrín, der sozialistische Finanzminister. Mindestens seit der letzten Januarwoche sprechen gut informierte Leute von einer Kabinettskrise. Aber bis jetzt ist nichts dabei herausgekommen. Und das hauptsächlich wegen des anarchistischen Widerstands. Ein Kabinett mit Prieto als Premier oder in einer dominierenden Stellung als Kriegsminister würde deren Beteiligung entweder unmöglich machen oder in einen formellen Verzicht auf ihren revolutionären Glauben verwandeln.

Viele Versuche wurden unternommen, um den anarchistischen Widerstand zu unterdrücken. In dieser Sache, wie in vielen anderen auch, war der November entscheidend. Als die Regierung Madrid verlassen hatte, folgte in vielen Teilen des Landes für kurze Zeit automatisch ein Chaos, und die Anarchisten als die einzig verbliebene revolutionäre Kraft sahen sich automatisch an der Macht. Während der ganze Rest des Kabinetts gegangen war, blieben zwei anarchistische Minister in Madrid. Sie versuchten jedoch nicht, sich die Macht zu sichern, und ein paar Tage später wurde die Junta de Defensa unter vorherrschend kommunistischem Einfluß gebildet. Zwei Straßen von Madrid nach Valencia waren offen, die eine über Tarancon, die andere über Cuenca. Beide Orte fielen in diesem kritischen Augenblick in die Hände der Anarchisten. Anarchistische Vorposten in Tarancon betrachteten es als ihre Aufgabe, alle männlichen Flüchtlinge aus Madrid aufzuhalten, darunter auch die Mitglieder der Regierung. Nur dank des persönlichen Einsatzes von del Vayo durfte die Regierung passieren. Der Zwischenfall war jedoch bezeichnend genug. Die Anarchisten machten auf der Straße einen großen Wirbel, aber sie versuchten nicht ernsthaft, die Regierungsmitglieder zu verhaften; und nachdem ein einziger energischer Mann sie zurechtgewiesen hatte, ließen sie sie weiterziehen. Die führenden Vertreter der UGT hatten den Weg über Cuenca genommen. Sie fanden sich dort ernsthaft bedroht und für einige Stunden in Lebensgefahr, wurden später aber schließlich bedingungslos freigelassen. Halbherzige und ziellose anarchistische Erhebungen riefen auf der anderen Seite gewaltsame Repressionen hervor. In

Valencia organisierten die Anarchisten anläßlich eines Begräbnisses eine große Demonstration und deuteten an, daraus einen *Coup de main* zu inszenieren. Aber diese Absicht war nicht fest genug, ihr Gefolge geriet in eine Falle, Zwischenfälle verursachten Krawalle, und die Anarchisten erlitten schwere Verluste, als sie auf einem engen Platz von drei Seiten von kommunistischem Maschinengewehrfeuer überrascht wurden. Der Elan der anarchistischen Offensive in Valencia war gebrochen. Tarancon, so erfuhr ich von einer Quelle, die sich in einem anderen Zusammenhang als verläßlich erwies, wurde eines Tages bombardiert, und zwar von Flugzeugen, die nicht zum Franco-Lager zu gehören schienen. In Cuenca scheint sich der Prozeß lange hinausgezogen zu haben. Dort gelang es den lokalen Kommunisten, Polizeiakten der Vereinigten Sozialistischen Jugend in die Hände zu spielen; diese machte mit den anarchistischen »Unkontrollierbaren« kurzen Prozeß. Es scheint, daß in Cuenca früher als in anderen Orten ein Hauptelement kommunistischer Politik zum Tragen gekommen war: eine geschickte Unterscheidung zwischen »guten« und »schlechten« Anarchisten. In der Zwischenzeit war in Madrid die Junta de Defensa gebildet worden, die ersten Internationalen Brigaden und die ersten russischen Luftgeschwader tauchten auf und sammelten die ersten Erfolge für die Regierung. Selbst die Anarchisten mußten zugeben, daß Disziplin und Organisation von gewissem Nutzen waren. Unter diesen Umständen faßte die Unterscheidung zwischen offiziellen Anarchisten und sogenannten »Unkontrollierbaren« Fuß.

Was sind diese »Unkontrollierbaren«? Die Bedeutung variiert mit dem politischen Zweck, für den der Begriff eingespannt wird. Manchmal nennt man »Unkontrollierbare« einfach jene kriminelle Elemente, die in abnehmender Zahl auf eigene Faust »Enteignungen« und »Hinrichtungen« vornehmen, ohne jede Art von Befugnis, aber unter der Maske anarchistischer Überzeugung. Aber bei anderen Gelegenheiten werden alle Elemente, die irgendeine von zentraler Kontrolle unabhängige Aktivität an den Tag legen, als »Unkontrollierbare« bezeichnet; viele Dutzende von Dorfkomitees, deren

Ansichten in der Agrarfrage von denen des Landwirtschafts-
ministers (des Kommunisten Uribe) abweichen, finden sich
dann zu ihrer Überraschung möglicherweise als »Unkontrollierbare« abgestempelt und mit gewöhnlichen Kriminellen in
eine Reihe gestellt. Nach der November-Krise beschloß die
anarchistische Führung, beim Kampf gegen die »Unkontrollierbaren« mitzuarbeiten. Und in Cuenca scheint früher als an
anderen Orten durch diesen Kampf ein Keil zwischen die
anarchistische Führung und ihre »unkontrollierbare« Gefolgschaft getrieben worden zu sein. Auf jeden Fall wurde Cuenca,
das ein Zentrum des Anarchismus gewesen war, eine vorbild-
liche UGT-Stadt. Dutzende um Dutzende ähnlicher Prozesse
müssen in diesen Wochen im ganzen republikanischen Spanien ausgelöst worden sein. Zuerst ein halbherziger und ziel-
loser anarchistischer Angriff, dann ernste Repressalien der
einen oder anderen Art durch die Kommunisten, die UGT und
die Regierung, unterstützt von den neuen materiellen Kräften
und der moralischen Autorität der internationalen Brigaden,
der russischen Hilfe und Führung und der russischen Piloten.
Das Ergebnis war immer, daß die Kommunisten Überlegenheit in materieller Stärke erlangten, alle nichtproletarischen
Elemente um sich scharten und daß der anarchistische Vormarsch aufgehalten wurde. Die Anarchisten behielten nicht
viel mehr als die Kontrolle über jene Elemente, die ihnen bis
zum 19. Juli gefolgt waren.

Aber diese Anfangserfolge gegen die anarchistische Gewalt
waren nur das Vorspiel zu einem nachfolgenden, noch wichtigeren Kampf um brennende soziale Streitfragen. Keine von
ihnen ist charakteristischer als die, die um die CLUEA ent-
brannt ist. Ihre Beschreibung mag für viele andere ähnliche
Beispiele stehen. Die CLUEA ist eine offizielle Organisation
für die Vermarktung der Orangenernte, was für den Erwerb
von ausländischen Devisen von größter Bedeutung ist. Sie ist
eine gemeinsame Organisation der CNT und der UGT, die
jeden vom Orangenvertrieb betroffenen Berufszweig vertritt,
Packer, Transportarbeiter, Spediteure; aber bezeichnenderweise nicht die Orangenbauern selbst. Diese letzteren gehören im Durchschnitt zum wohlhabendsten Teil der spani-

schen Bauernschaft und hatten vor dem Bürgerkrieg das Rückgrat der Derecha Valenciana, einer katholischen konservativen regionalistischen Gruppe, dargestellt. Heute sind sie, so erzählt mir einer der besten Kenner des Problems, meist Mitglieder der kommunistischen Partei. Technisch arbeitet die CLUEA ziemlich gut. Orangen werden verkauft und abtransportiert, teilweise mit dem Schiff, aber natürlich nicht in solchen Mengen wie zu normalen Zeiten. Aber die CLUEA ist in der Lage, ihre Auslieferungsverträge für die Orangen zu erfüllen und für ihre Einkäufe im Ausland bar auf den Tisch zu bezahlen. Nur wenige beschweren sich über die Qualität der Orangen. Die Hauptschwierigkeit liegt vielmehr in dem heftigen Antagonismus zwischen der CLUEA als Repräsentantin der Gewerkschaften einerseits und den Kommunisten und Bauern auf der anderen. Das Landwirtschaftsministerium unter dem Kommunisten Uribe bekämpft die CLUEA, und als Antwort attackiert *Fragua Social*, die anarchistische Zeitung, heftig Uribe. Der Streit dreht sich – wie sollte es anders sein – um die Preise, die die Bauern für ihre Orangen erhalten. Abstrakt gesehen werden diese Preise von den auf dem internationalen Markt erhältlichen Preisen diktiert. Aber diese Preise berührten nie direkt den Bauern, der vor dem Bürgerkrieg nicht an eine öffentliche Organisation verkaufte, sondern an lokale Händler. Diese Händler sind jetzt vom lokalen Markt ausgeschlossen worden, und nur ein paar der wichtigsten sind noch aktiv, indem sie der CLUEA auf den ausländischen Märkten helfen. Statt dessen zahlt das Landwirtschaftsministerium der CLUEA 50 Prozent des internationalen Preises im voraus bei Lieferung der Früchte, die restlichen 50 Prozent werden nach Abzug der Ausgaben nach erfolgtem Verkauf der Orangen bezahlt. Diese zweite Hälfte der Einnahmen ist im Augenblick nicht greifbar; die Orangenernte ist noch im Gang. Und die erste Hälfte wird nicht direkt an die Bauern bezahlt, sondern an die CLUEA, die nicht nur die Orangen zu zahlen hat, sondern auch die Löhne für ihr eigenes Personal und die Transportarbeiter und Seeleute. Die Kommunisten monieren, daß als Ergebnis der Zwischenschaltung der CLUEA sehr wenig von dem Geld, das das Landwirtschaftsministerium auszahlt, die Bauern erreicht. Es gibt keinen Grund, den wahren Kern dieser Behauptung anzuzweifeln. Andererseits werfen die in der CLUEA vertretenen Gewerkschaften und die Anarchisten den Kommunisten vor, die ganze gewerkschaftliche Kontrolle brechen und den Orangenhandel, wieder privaten Händlern übergeben zu wollen, die – und das ist Tatsache – immer noch in den meisten Teilen Spaniens den Handel mit landwirtschaftlichen Produkten in der Hand halten. Wieder gibt es keinen Grund, den wahren Kern dieser Behauptung der CLUEA-Partisanen zu bezweifeln. Außerdem wendet die CLUEA ein, daß private Händler, wenn sie die Orangen ins Ausland liefern, mit Wechseln, bezogen auf ausländische Zahlungsorte, bezahlt würden, daß es keine Mittel gebe, ihre Auslandsgeschäfte zu kontrollieren, und daß sie sich sicherlich nicht viel darum scheren würden, ihre Gewinne in ausländischer Währung ins republikanische Spanien zu bringen, sondern diese lieber im Ausland lassen oder, noch schlimmer, ins Territorium der Aufständischen schaffen würden. Und ausländische Devisen sind entscheidend. Der Bauer mag in der CLUEA-Organisation schlecht vertreten sein, aber hinsichtlich ausländischer Devisen ist die CLUEA, die faktisch ein Staatsmonopol auf den Außenhandel mit den wichtigsten spanischen Exportwaren hat, so wirkungsvoll, wie man das realistischerweise von ihr nur erwarten kann.

Wer hat in diesem Streit recht und wer nicht? Es scheint mir, daß wie so oft jede Partei mit ihrer Kritik am Gegner recht hat. Keine Seite scheint im Unrecht, vielmehr scheint die ganze Lage unhaltbar zu sein. Die Wurzel des Übels liegt im tiefen Gegensatz zwischen den wohlhabenden Bauern der *Huerta de Valencia* und den Gewerkschaften. Nur eine gemeinsame Organisation beider könnte die Unterschiede ausgleichen und sich auf Regeln einigen, die alle betroffenen Parteien zufriedenstellen. Eine Organisation der Bauern allein, die dazu verurteilt wäre, von ihrem wohlhabenden Teil dominiert zu werden, würde natürlich dem gegenwärtigen System keine Sympathie entgegenbringen. Von einer ausschließlich gewerkschaftlichen Organisation unter anarchistischer Vorherrschaft wie der CLUEA kann man kaum erwar-

246

ten, daß sie wenigstens die elementarsten Bedürfnisse der Bauern berücksichtigt. Wäre die Bauernschaft der *Huerta* arm und hungerte wie die Andalusiens oder der Mancha, gäbe es solche Gegensätze nicht. Die Olivenhaine Andalusiens aber sind, für die republikanische Regierung Unglück genug, meistens in den Händen der Aufständischen. Die Regierung von Valencia muß sich bei der Verwertung ihres wichtigsten Agrarprodukts mit einem unzufriedenen Element herumschlagen. In Sachen CLUEA trifft die spanische Revolution im kleineren Maßstab auf jenes Problem, das bei der russischen Revolution ausschlaggebend war, die »Kulaken«, die wohlhabenden, konservativen, unzufriedenen Bauern. Man kann nicht behaupten, daß ihre Methoden, das Problem zu handhaben, sehr glücklich gewählt sind. Es scheint, daß *en fin de compte* die Orangen von den Bauern in der Hoffnung geerntet werden, daß sie dafür 50 Prozent des Ertrags im voraus bekommen – ein Versprechen, das nicht eingehalten wird – und daß sanfte Gewalt nachhelfen könnte, wo Versprechen versagen. Ein oder zwei ernsthafte Zwischenfälle haben sich schon ereignet. Das Dorf Cullera revoltierte, erklärte seine Unabhängigkeit(!), ließ Leuchtfeuer an der Küste brennen und richtete dramatisch ein paar Kanonen gegen das mehr als 25 Kilometer entfernte Valencia. Ein kindisches Unternehmen, das ihnen außer der auf den Fuß folgenden Repression durch die Regierung die Bombardierung durch aufständische Flugzeuge einbrachte, welche durch die Leuchtfeuer angezogen worden waren. Aber es ist symptomatisch. Letztlich liegt der ganzen Situation zugrunde, daß die Kommunisten im Gegensatz zur früheren Praxis in Rußland hier und jetzt nicht uneingeschränkt mit den Arbeitern gegen die »Kulaken« sind, sondern mit den »Kulaken« gegen die Gewerkschaften. Einige Leute gehen sogar so weit zu behaupten, daß die Kommunisten direkt über die alten katholischen Organisationen zu arbeiten versuchten.

Ob das wahr ist, weiß ich nicht. Auf jeden Fall hofieren die Kommunisten die reichen Bauern, indem sie gegen die antireligiöse Bewegung opponieren. Kürzlich haben sie auf der Konferenz der Vereinigten Sozialistischen Jugend ihre Mißbilligung ausgedrückt. Ich glaube nicht, daß viele Leute mit dem Niederbrennen der Kirchen, wie im Juli in vielen Teilen Spaniens vorgekommen, einverstanden sind; das war eine Barbarei und politisch ein Fehler. Wo der Katholizismus sich im Niedergang befand, war die Maßnahme sinnlos; wo er noch lebendig war, mußte sie den wachsenden Widerstand gegen die republikanische Sache heraufbeschwören. In der gegenwärtigen Situation gibt es jedoch im republikanischen Spanien überraschend wenig Schwierigkeiten wegen religiöser Dinge. Man findet kaum ein Beispiel einer Bewegung, das der leidenschaftlichen Verteidigung des Katholizismus während der Französischen Revolution gleichkäme. Keine der besagten geheimen Messen, keine Priester, die den Gläubigen unter Gefährdung ihres Lebens den Segen ihrer Religion verabreichen. Katholische Überzeugungen, oder zumindest katholische Sitten, sind in den niederen Schichten des spanischen Volkes tief verwurzelt und durchdringen auch die revolutionären Reihen. Wenn sie in der gegenwärtigen Krise des spanischen Katholizismus keine wie auch immer geartete Wirkung erzielen konnten, ist dies hauptsächlich der Haltung des spanischen Klerus zuzuschreiben. Das ist nicht nur und nicht in erster Linie ein Problem seines Verhaltens vor dem Bürgerkrieg. Zweifellos haben viele Mitglieder der spanischen Hierarchie nicht die Art von Leben geführt, die man von ihnen erwarten würde. Sie haben aus Mangel an Sorgfalt, Mangel an Wissen, aus Gier und Lasterhaftigkeit gesündigt, aber all dies wäre rasch vergessen, wenn die spanische Kirche, als Ausgleich für ihre nicht gerade ehrbare Vergangenheit, sich als fähig erwiesen hätte, die Glorie des Märtyrertums auf sich zu ziehen. Durch ihre diesbezügliche Unfähigkeit demonstrierte sie ihren vollständigen Zerfall. Viele Priester wurden von den Juli-Ereignissen überrascht und getötet, weil sie nicht rechtzeitig hatten fliehen können. Nur einige wenige Fälle sind bekannt, wo ein Priester in seine Pfarrei zurückgegangen war, um seinen Schäfchen heimlich und unter Verfolgung den Segen der Sakramente zu spenden. Der französische Katholizismus überlebte trotz vieler Missetaten unter dem *Ancien régime* die Krise der Revolution erfolgreich, weil er, zum Märtyrertum aufgerufen, dem katholischen Glauben zahlreiche Märtyrer schenkte. Nichts dergleichen passiert heute in Spanien. Und die von ihren natürlichen Führern, den Priestern, verlassenen Gemeinden verlieren das Interesse. In einer Zeit vollkommener Selbstaufopferung von Hunderten und Tausenden von Revolutionären für ihre Überzeugungen ist die Tatsache, daß die katholische Kirche kein Dutzend Fälle heroischer Selbstaufopferung aufweisen kann, natürlich verhängnisvoll für ihre Sache. Also hat die Regierung mit dem Religionsproblem sicherlich keine unmittelbaren Schwierigkeiten. (Auch werden jetzt keine Priester mehr getötet und keine Kirchen mehr niedergebrannt. Andererseits opfert der katholische Klerus im Baskenland alles für die Sache seiner Gemeinden im Kampf gegen Franco.)

Noch andere Probleme tauchen im unentwirrbaren Durcheinander auf, unter ihnen die Agrarfrage. Eine Frage, der viele Journalisten und ausländische Beobachter wenig Aufmerksamkeit schenken; für mich aber scheint sie wirklich der entscheidende Punkt der ganzen Bewegung zu sein. In der Praxis scheint sich seit August an den Grundbesitzverhältnissen wenig geändert zu haben. Statt dessen aber ist ein größerer politischer Konflikt über die Verhältnisse, die auf dem Land in den ersten Monaten der Bewegung entstanden sind, ausgebrochen. Nachforschungen sind seitdem viel schwieriger geworden. Neutrale Journalisten bekommen jetzt einfach keine Erlaubnis, um an Ort und Stelle zu recherchieren. Doch aus Zeitungen, Erzählungen von Reisenden und gelegentlichen Beobachtungen während meiner eigenen Reise nach Malaga glaube ich eine ziemliche Menge an Informationen gesammelt zu haben. Nirgends wurde an die großen Landbesitzer Pacht bezahlt. Diese Abschaffung der Pacht sollte enorme Wirkung haben, weil die üblichen 50 Prozent der gesamten Ernte als Pacht in Naturalien gezahlt worden waren. In der Praxis wird diese Wirkung durch Requirierungen verringert, direkte und indirekte, wie im Falle der CLUEA beschrieben. Die großen enteigneten Güter bleiben in den Händen der Komitees, oder vielmehr mit dem Niedergang der Komitees (worauf wir noch zu sprechen kommen) in den

Händen der Gemeindeverwaltungen, die sie mit der Arbeitskraft ihrer früheren Arbeiter zu den früheren Bedingungen betreiben. Nur manchmal, wie im Falle einiger Weizengüter in der Mancha oder Zuckerrohr-Güter in Malaga, sind sie von den Arbeitern kollektiviert worden und werden von ihnen unter eigener Leitung betrieben. Bäuerliches Eigentum ist im großen und ganzen nicht angerührt worden, mit Ausnahme des Landes von Freunden der Aufständischen. Die Ernte der Bauern geht immer noch größtenteils an die lokalen Händler, die damit glänzende Profite machen. Aber in einer gewissen und nicht völlig unbedeutenden Zahl von Fällen wurde bäuerliches Land von den Anarchisten »kollektiviert«. Manchmal scheinen solche kollektivierten Höfe ziemlich gut zu arbeiten; ein berühmter Fall ist die Kollektivierung von ein paar Orangenhainen in der Provinz Murcia. Sehr oft allerdings funktionieren sie überhaupt nicht gut. (Ich beschrieb eine solche äußerst unbefriedigende Kollektivierung in Castro del Rio im Tagebuch meiner ersten Reise; dieses Dorf wurde inzwischen von Rebellen besetzt.) Die Kommunisten haben eine große Kampagne gegen diese Kollektivierungen gestartet, die, so behaupten sie, den Bauern meistens gegen ihren Willen von den Anarchisten aufgezwungen würden. Und welche unzulängliche Aufmerksamkeit man dem Agrarproblem auch entgegenbringt, sie konzentriert sich bei allen Parteien auf diese Frage der Bauern-»Kollektive«.

Zweifellos sprechen viele Tatsachen für die Kommunisten. Kollektivierung ohne Einführung moderner landwirtschaftlicher Maschinen für die Großproduktion, etwa Traktoren, kann den Bauern nicht begeistern, muß unwirksam bleiben und bringt die Dinge im Dorf eher durcheinander, wo die Situation ohnehin schwierig genug ist. Es ist nicht leicht zu entscheiden, ob im einzelnen Fall diese Kollektivierungen freiwillig durchgeführt oder erzwungen wurden. Entscheidend ist jedoch, inwieweit diese neuen wirtschaftlichen Einheiten Erfolgschancen besitzen und damit die Bauern in einer halbwegs nahen Zukunft dafür gewonnen werden können. Ich glaube, die Skepsis der Kommunisten in dieser Hinsicht ist wirklich begründet. Kapital ist notwendig, um große kollektivierte Güter funktionsfähig zu machen, und außerdem kompetente Beratung und Führung. Nichts von dem ist unter den Bedingungen des Bürgerkriegs verfügbar. Wie die Dinge stehen, sind diese voreiligen landwirtschaftlichen Kollektivierungen eher die letzten Überbleibsel des alten anarchistischen Glaubens, der ungeachtet der unmittelbaren praktischen Verhältnisse eine neue Gesellschaft allein auf moralische Begeisterung und Kraft gründen wollte. Das Landwirtschaftsministerium versucht eine andere Politik: Es verfügt über eine gewisse Menge ausländischer Devisen und benutzt sie zum Kauf von landwirtschaftlichen Hilfsmitteln, meist Kunstdünger, die es den einzelnen Landbesitzern zur Verfügung stellt; anfangs zu Preisen, die beträchtlich unter seinen eigenen Kosten lagen, und jetzt zum Selbstkostenpreis, d. h. immer noch zu Preisen, die deutlich unter den gewöhnlichen Marktpreisen liegen. Kunstdünger bleibt jedoch für den durchschnittlichen spanischen Bauern immer noch unerreichbar (der in seiner bitteren Not eher für Kollektivierung empfänglich wäre als die kleine Schicht wohlhabender Bauern). Beim Problem der Kollektivierungen und landwirtschaftlichen Hilfsmittel spielen die Kommunisten wiederum die wohlhabenden Bauern gegen die armen Bauern und die Anarchisten aus. Die Anstrengungen der Anarchisten sind kindisch.

Aber das Schlimmste bei der ganzen Angelegenheit ist die Aufmerksamkeit, die ihr überhaupt entgegengebracht wird. Kollektivierung ist eine Lieblingsidee der Anarchisten und wird folglich zum entsprechenden Zankapfel zwischen ihnen und ihren Gegnern. Aber das heißt nicht, daß dies der wichtigste Aspekt des Agrarproblems wäre. Kommunisten wie Anarchisten sind mit ihren heftigen Antagonismen beschäftigt und vergessen darüber, daß der Bauer völlig darüber im dunkeln gelassen wird, welche offizielle Politik man hinsichtlich des enteigneten Landes verfolgt, sei es das der Großgrundbesitzer oder das der kleineren Bauern, die geflohen oder als Regimegegner hingerichtet worden sind. Manchmal ist es schon grotesk, wie dieses zentrale Problem aus den Augen verloren wird. Die Provinz Jaén (die ich im Tagebuch meiner ersten Reise beschrieb) gehört zu jenen, in denen mindestens

90 Prozent des Landes nicht nur den Granden gehört, sondern auch in Form großer Güter bewirtschaftet wird. Auf dem Kongreß der Vereinigten Sozialistischen Jugend erhob sich ein junger Bauer aus dieser Provinz und diskutierte reichlich ausführlich das Problem der Kollektivierung der kärglichen Parzellen, die die Bauern seines Distrikts lieber in Privatbesitz behalten, als daß sie sie kollektiv bewirtschaften wollen. Aber er vergaß die riesigen Güter zu erwähnen, die in den Händen von Gemeindeverwaltungen wie Andújar und Bailén geblieben waren; hätte man sie kollektiviert oder unter der Bevölkerung aufgeteilt, die Bauern hätten alle zusammen den Streit um ihren kümmerlichen Besitz, dem sie ihre Hungerernte abtrotzen, vergessen können. Die spanische Revolution war einst ausgezogen, das Land der Granden den Bauern in die Hände zu geben, sei es individuell oder kollektiv. Statt dessen hat sie sich in die Sackgasse der Diskussion verrannt, ob nun die Bauern ihr *eigenes* Land individuell oder kollektiv besitzen sollen. Und mit der Blindheit gegenüber diesem zentralen Problem sind Kommunisten, Sozialisten und Anarchisten gleichermaßen geschlagen, ganz zu schweigen von der POUM, die lieber in den Höhen marxistischer Abstraktionen verweilt.

Schlimmer noch, der Bauer ist sich im Augenblick nicht einmal sicher, was mit der Ernte seines eigenen Landes geschehen wird. Requisitionen sind eine unvermeidliche Notwendigkeit des Krieges, ob offen durchgeführt oder unter dem Schirm einer Währungsinflation. Doch der Bauer hat keine klare Vorstellung darüber, was zu geben von ihm erwartet wird, und er weiß nicht, in welcher Weise er später dafür belohnt werden wird. Man läßt ihn im ungewissen, und seine Unruhe wächst. Der wohlhabende Bauer der *Huerta de Valencia* und ähnlicher Gebiete mag einem Erfolg der Aufständischen zumindest gleichgültig gegenüberstehen. Aber im größeren Teil Spaniens ist dies nicht der Fall. Wo immer die Aufständischen voranschreiten, verlassen Tausende und Abertausende von Bauern ihre Heimat; nicht weil sie Bomben und Granaten aus dem Weg gehen wollen, sonst würden sie sich in den Bergen verstecken und nach einigen Tagen wieder zurückkommen. Sie fliehen, weil sie vor den Rebellen Todesangst haben. Sie haben die Erzählungen der Bauern aus den von Franco-Truppen besetzten Dörfern gehört. Jene Bauern erzählen von Hinrichtungen und rücksichtsloser Unterdrückkung. Die große Mehrheit der spanischen Bauern ist arm und betrachtet den Landbesitzer, die Polizei, die Truppen und sogar die Priester als ihre natürlichen Feinde, vor denen sie jetzt hinter den Linien der republikanischen Armee Zuflucht sucht. Aber gleichzeitig haben sich nur wenige dieser Bauern den Regierungstruppen als Freiwillige zur Verfügung gestellt, und selbst die spontane Verteidigung ihrer eigenen Dörfer ist jetzt – im Gegensatz zu den ersten Monaten – eher zur Ausnahme als zur Regel geworden. Sie wissen, wovor sie fliehen, aber kaum, wofür sie kämpfen sollen. Die Aufständischen würden ihnen viel nehmen, aber die Republik hat ihnen nichts Handfestes gegeben. Ihre Haltung entspricht dieser Situation.

Auch wenn aus den Dörfern praktisch keine Freiwilligenmeldungen kommen, gibt es doch keinen Widerstand gegen die Wehrpflicht. Generell sollen alle Männer zwischen zwanzig und dreißig verpflichtet werden. Da es keine hinreichenden Meldelisten gibt, kann sich aber jeder, der will, leicht verbergen. Um so mehr überrascht, daß die Mehrheit der jungen Männer aus den Dörfern sich bei den Erfassungsstellen meldet und es sogar als Schande empfindet, wenn man wegen eines körperlichen Defekts zurückgewiesen wird. Doch bleibt noch ein langer Weg zwischen der Tauglichkeit und dem Gang zur Front. Wenn die jungen Männer sich der Ausbildung nur ungern unterziehen – und bei vielen ist dies der Fall –, ist es für sie nicht schwer, den Weg in ihr Heimatdorf zurückzufinden; und dort sind sie jeglicher wirksamer Kontrolle entzogen. Wenn man diese Verhältnisse beurteilt, muß man sich auch im klaren darüber sein, daß auf keinen Fall genügend Gewehre vorhanden wären, um alle der Regierung zur Verfügung stehenden Männer zu bewaffnen, und daß schon deshalb wenig Interesse besteht, unwillige Elemente in die Armee zu zwingen. Die allgemeine Wehrpflicht ist eine der Hauptparolen der kommunistischen Partei (zusammen mit der Forderung nach einem vereinten Oberkommando), aber ihre Verwirklichung hängt nicht nur von der Bereitschaft der Autoritäten ab, sondern auch von einer befriedigenden Lösung des Bewaffnungsproblems. Jene jungen Männer, die schließlich in den Krieg ziehen, werden auf die sogenannten »gemischten Brigaden« verteilt, eine Einrichtung ähnlich der der berühmten *Amalgame* der Französischen Revolution. Sie bestehen zum Teil aus alten Miliz-Freiwilligen und zum Teil aus neu Eingezogenen. Die Miliz-Organisation ist natürlich verschwunden; Kommandeure werden ernannt, Disziplin ist eingeführt. Aber diese gemischten Brigaden sind noch nicht in ganz Spanien aufgestellt. In einigen Teilen, Malaga zum Beispiel, herrscht noch das alte System vor, das ausschließlich auf Freiwilligen beruht, aus keinem anderen Grund als der Trägheit, mit der die Reorganisation vonstatten geht. In ganz Spanien existieren anarchistische Kolonnen, die jetzt zu *Milicias confederales* zusammengeschlossen sind, aber aufgrund ihres besonders politischen Charakters ungern politisch indifferente Rekruten aufnehmen.

Alles in allem ist die Aufstellung einer vereinten republikanischen Armee eine Sache, die sich leichter fordern als in die Tat umsetzen läßt. Obwohl die Kommunisten die Hauptbefürworter einer Neuorganisation der Armee sind, haben auch sie ihre eigenen Truppen, das sogenannte Fünfte Regiment, das im Augenblick alles andere als ein »Regiment« ist. Es besteht aus 60 000 bis 70 000 Mann und ist die bei weitem stärkste militärische Einheit der Republik. Zu ihren zweiunddreißig Brigaden gehören die internationalen Brigaden, die bei der Rettung Madrids eine so bedeutende Rolle gespielt haben. Die Angehörigen des Fünften Regiments sind nicht ausschließlich Kommunisten; eine Brigade setzt sich sogar hauptsächlich aus ausländischen Anarchisten zusammen. Aber die Führung und der allgemeine politische Geist sind ausgesprochen kommunistisch. Man spricht von der Auflösung des Fünften Regiments und seiner Eingliederung in die reguläre Armee der Republik, aber bisher ist keine seiner Brigaden aufgelöst worden, und es ist nicht leicht einzusehen, wie dies zu bewerkstelligen wäre, solange andere politische Gruppen ihre eigenen Truppen aufrechterhalten. Ohne Übertreibung kann man vielleicht behaupten, daß bei einer Revolution eine vereinte Armee von einer vollständig vereinten politischen Führung abhängt. Letzteres wünscht sich jeder, aber ganz selbstverständlich stellt sich jeder darunter seine eigene Führung vor. Vereinte politische Führung würde eine Übereinstimmung über die unmittelbare Politik bedeuten; und daran fehlt es. Unterdessen zweifelt niemand daran, daß die Kommunisten der Republik ihre besten Truppen gegeben haben. Das ist offensichtlich ihre größte Leistung für die Sache der Republik.

Aber sie versuchen, die Methoden militärischer Disziplin auch in die zivile Politik einzuführen. Ich habe bereits erwähnt, daß sie zu einer politischen Einheitspartei tendieren. Ein anderer Aspekt derselben Tendenz ist ihre Feindseligkeit gegenüber den Komitees. Sie nimmt im eigentlichen Spanien keine so gewaltsamen Formen an wie in Katalonien. Dennoch gibt es klare und durchdachte Vorstöße zur Auflösung der politischen Komitees, jenen Embryos eines spanischen Rätesystems. Die Kommunisten haben bis jetzt noch nicht alles erreicht, was sie wollen, aber sie sind auf dem besten Weg dahin. Ihr wichtigstes Mittel ist die Kommunalreform. Ein ministerieller Erlaß skizzierte die Reform der *Ayuntamientos*, der Gemeindeverwaltungen. In Zukunft werden sie sich aus Vertretern der Gewerkschaften und anderen Massenorganisationen zusammensetzen, aber unter dem Vorsitz des *Alcalde*, des Bürgermeisters. Der *Alcalde* wird vom Zivilgouverneur der Provinz ernannt und der wiederum von der Regierung. Die Mitglieder des *Ayuntamiento* werden ihrerseits von ihren jeweiligen politischen und Gewerkschaftsorganisationen aufgestellt. Technisch gesehen unterscheiden sich diese reformierten *Ayuntamientos* nicht sehr von den Komitees. Die Komitees setzten sich ebenfalls aus Vertretern der verschiedenen politischen Parteien und Gewerkschaften zusammen, die von ihren jeweiligen Organisationen entsandt wurden. Man könnte meinen, daß der einzige Unterschied darin liege, daß die Komitees nicht unter dem Vorsitz des *Alcalde* agierten. Aber in der tatsächlichen Praxis ist der Unterschied doch erheblicher. Der *Alcalde* wird, wenn er überhaupt für etwas gut ist, in dieser Körperschaft wahrscheinlich den meisten Einfluß haben, und er ist ein Regierungsbeamter. Im Gegensatz zu den Komitees ist das *Ayuntamiento* außerdem eine offizielle Institution, die in ihrem Vorgehen nicht an das »angeborene freie Recht der Revolution«, sondern an die Regeln des Gesetzes gebunden ist. Wenn sie nicht nach den Regeln des Gesetzes handelt, sind ihre Aktionen nichtig, und der *Alcalde* soll darüber wachen, daß sie sich nicht von der Legalität entfernt.

Eine Überlegung darf in diesem Zusammenhang nicht vergessen werden: Offiziell kämpft die Valencia-Regierung für eine »parlamentarische demokratische Republik«. Jetzt im Augenblick ist dies, und muß es notwendigerweise sein, programmatisches Ziel und nicht Realität der *nationalen* Politik. Anarchisten und Trotzkisten sind nicht in den Cortes vertreten, weil die ersten sich weigerten, Kandidaten aufzustellen, und die zweiten zu schwach waren. So gibt es keine Opposition in den Cortes, und ihre Aktivitäten sind gegenwärtig darauf beschränkt, Sitzungen innerhalb der maximal zulässigen Intervalle abzuhalten, Sitzungen, die nach Verabschiedung von ein paar Resolutionen wieder vertagt werden; kürzlich hat ein Notstandsgesetz die Cortes von der Pflicht befreit, Sitzungen in regelmäßigen Abständen abzuhalten. Aber im Bereich der *kommunalen* Verwaltung könnte und in der Politik der republikanischen Parteien sollte republikanische und parlamentarische Demokratie Realität sein. Natürlich muß es im Bürgerkrieg Einschränkungen geben. Aber die eben beschriebene Kommunalreform führt Einschränkungen nicht als Notstandsmaßnahmen ein. Dies ist in keiner Weise beabsichtigt. Sie schafft Wahlen gänzlich ab und setzt an ihre Stelle die *Nominierung* von Vertretern der verschiedenen Parteien, nicht einmal auf der Basis proportionaler Repräsentation entsprechend der Anhängerschaft der verschiedenen Parteien, sondern auf paritätischer Basis. In der Praxis funktioniert das so, daß der Gemeinderat gebildet wird, nachdem der Lokalsekretär der UGT, der Sekretär der Kommunisten, der Präsident der lokalen republikanischen Gruppe und die Vertreter der Anarchisten – wenn es am Ort überhaupt welche gibt – zu einer Einigung gekommen sind.

So wird die kommunale Demokratie abgeschafft. Ich glaube nicht, daß dies ein Zufall ist. Es ist keiner Nachlässigkeit zuzuschreiben, denn das Gesetz wurde sorgfältig erörtert, und es ist auch nicht irgendeiner besonderen Eigenheit der spanischen Kommunen zuzuschreiben. Für eine korrekte Interpretation muß man sich in Erinnerung rufen, daß Sozialisten, Kommunisten und Republikaner normalerweise politisch nicht gespalten sind, obwohl ihre persönliche Rivalitäten oft schwer wiegen. Das Gesetz händigt die Kommunalverwaltung den Parteibürokratien aus, denen hinsichtlich ihrer verschiedenen Gruppen gleiche Rechte garantiert werden, während den Wünschen der Bevölkerung keinerlei Aufmerksamkeit geschenkt wird. Hielte man Wahlen ab – selbst unter striktestem Ausschluß aller Elemente, die mit Franco sympathisieren –, würden die vitalen Tagesprobleme zu Programmpunkten der Wahlkampfpropaganda werden und die Parteibürokratien wären gezwungen, auf die Wünsche der Wähler etwas Rücksicht zu nehmen, wenn ihre Kandidaten gewählt werden sollten. Genau das wollen alle Parteien vermeiden. Der Zwang zu absoluter Einigkeit im Bürgerkrieg liefert ein plausibles Argument, aber es ist kein Argument für eine nicht als Notstandsmaßnahme beabsichtigte Reform. Diese Kommunalreform ist ein wichtiger Meilenstein in der Entwicklung zur Diktatur der Parteibürokratien und nicht, wie behauptet wird, zur parlamentarisch-republikanischen Demokratie. Und der einzige Unterschied zur Lage im heutigen Rußland ist dieser: In Rußland liegt die herrschende Bürokratie in den Händen einer Partei, während sie in Spanien noch zwischen drei oder vier Parteien aufgeteilt ist; aber diese Parteien entfernen sich immer rascher von ihren historischen Antagonismen und streben ungeachtet ihrer Gruppenrivalitäten eine vollständige politische Einheit an. Kennzeichnete die Herrschaft der Komitees die anarchistische und Räte-Phase der Revolution, so markiert die neue Kommunalgesetzgebung ihre bürokratische Phase. Der tiefe Niedergang der Anarchisten kann daran gemessen werden, daß sie, wenn auch mit einigem Zögern, die Einführung dieses politischen Regimes in die Kommunalverwaltungen akzeptiert haben, desjenigen

Regimes, das am gewaltsamsten gegen ihre Ideale verstößt. Gegenwärtig befindet sich in dieser Hinsicht wie auch in vieler anderer alles in einem Zustand des Übergangs und der Auflösung. Die alte Beamtenschaft existiert nach wie vor, hat aber im Juli fast überall ihre Autorität verloren und sich seitdem kaum davon erholt. Die politischen Komitees andererseits sind in Auflösung begriffen, teils weil sie jetzt offiziell nicht mehr anerkannt werden, teils weil sie von den Kommunisten von innen heraus zersetzt wurden, teils weil die Leidenschaft der Massenbewegung, die sie in die vorderste Reihe gebracht hatte, abgeklungen ist. Die neuen *Ayuntamientos* sind bis jetzt weit davon entfernt, regelmäßig zu arbeiten. Außerdem gibt es in jeder Stadt und in jedem Dorf eine Vielfalt von Komitees für besondere Aufgaben aller Art, Rekrutierung, Verpflegung, Polizei, Kontrolle von Autos, Waffen und Unterkunft etc., die in der Regel auf einer All-Parteien-Basis gebildet wurden. Diese Komitees bezogen ihre Autorität ursprünglich vom lokalen politischen Komitee, dessen Sektionen sie waren. Jetzt machen sie weiter, weil sie unverzichtbar sind, aber sie haben keine wie auch immer geartete klare Autorität. Es gibt nicht mehr das Doppelregime vom August – hie Bürokratie, da Räte –, sondern statt dessen eine Mehrfachverwaltung. Die revolutionären Tendenzen sind zum Erliegen gekommen, aber eine zentrale Organisation ist bis jetzt noch nicht an ihre Stelle getreten. Die gravierendste Folge dieser Pluralität von unabhängigen politischen und administrativen Kräften ist das Unvermögen, die Regierung umzubilden.

MALAGA

Während meines Aufenthalts in Valencia kam die genau am Tag meiner Ankunft in Spanien von den Aufständischen begonnene Offensive gegen Malaga nach ein paar anfänglichen Erfolgen ins Stocken. Weil aber jedermann aus dieser Ecke wichtige Entwicklungen erwartete, beschloß ich hinzufahren. Es kostete mich drei Tage, dorthin zu gelangen, vom Morgen des 29. Januar bis zum Morgen des 1. Februar.

Ich hatte von der Revolution in gerade diesem Teil Spaniens fast nichts gesehen. Aber welch Unterschied zum flachen Land im allgemeinen, wie ich es im August und September kennengelernt hatte! In den Dörfern gab es Komitees, das konnte man bei Tischgesprächen erfahren. Aber diese Komitees hatten im Bewußtsein der Dorfbewohner keinen Platz mehr. Im September hätte man auf eine einfache Frage nach dem »Komitee« immer Informationen über das »politische Komitee« erhalten; dieses galt als primäre Quelle der Autorität und wurde im Bewußtsein der Bevölkerung von allen anderen Subkomitees, die vielleicht unter seiner Aufsicht arbeiteten, klar abgegrenzt. Jetzt konnte es passieren, daß Leute noch nicht einmal verstanden, was man meinte, wenn man nach dem Sitz »des Komitees« fragte. Manchmal zählten sie verschiedene Komitees auf: »Wollen Sie zum Komitee der CNT? Oder der UGT? Oder zum Transportkomitee, um Benzin zu bekommen?« »Nein, das politische Komitee«, antworte ich. So etwas gebe es nicht. Aber schließlich stellt sich heraus, daß ein Komitee der Volksfront existiert, ein sogenanntes *Comité de enlace*, ein Zusammenschluß zur Kontaktpflege zwischen den verschiedenen Parteien. Doch gerade an diesem Ort, an dem mir dies passierte, hatte sich dieses Komitee bestimmte frühere Eigenschaften bewahrt, vor allem die Funktionen der

Polizei. Wir wurden von Beauftragten dieses Komitees auf der Straße angehalten und aufgefordert, unsere Papiere zu zeigen. Derselbe Ort, Lorca, war der einzige Fleck auf unserer Reise, an dem die Dorfbewohner Straßenkontrollen selbst organisiert hatten. »Halt, oder es wird geschossen«, verkündeten Plakate an beiden Eingängen des Dorfes.

Im August und September waren die Bewachung der Landstraßen durch die Bauern und das Anhalten und Durchsuchen der Autos eher Ärgernisse gewesen und nach den ersten Tagen für den Kampf gegen die Konterrevolution sicherlich von geringem Wert. Aber in dieser Bewachung hatte sich der leidenschaftliche Wunsch des Dorfes ausgedrückt, beim Kampf gegen die Aufständischen alles in ihren Kräften stehende zu leisten; gleichzeitig symbolisierte dies einen Aspekt des Rätesystems. Die Bauern und Arbeiter der kleineren Orte hatten die Guardia Civil und die anderen Polizeikräfte verdrängt und sich die Kontrolle der Landstraße selbst zu eigen gemacht. Jetzt war genau das Gegenteil der Fall. Zwar ist das Ärgernis Hunderter unabhängiger Dorfpolizeistellen verschwunden, aber mit ihnen das leidenschaftliche Interesse des Dorfes am Bürgerkrieg. Und mit dem Nachlassen des Interesses der Massen war die alte Polizei wieder aufgetaucht. Bestimmte Punkte der Straßen wurden noch immer bewacht, aber nicht von bewaffneten Zivilisten oder der Miliz, sondern von den alten Polizeikräften, *Guardia Civil* und *Asaltos*. Das kurze Zwischenspiel des spanischen Rätesystems war zu Ende.

Ganz anders die politischen Parteien. Ihre Aktivitäten sprangen ins Auge: viele Flaggen, übrigens mehr als weiter nördlich, eine Menge Plakate, von denen einige an Ort und Stelle gedruckt, andere, besonders die der CNT, vom Norden geschickt worden waren; und wieder andere kamen direkt aus Barcelona und trugen katalanische Aufschriften. In der Provinz Alicante hatte die CNT das Übergewicht. Weiter südlich, von Murcia bis Malaga, schienen CNT und UGT etwa gleich stark zu sein. Hier, wie überall, mußte die UGT beträchtlich an Mitgliedern hinzugewonnen haben; früher war dieses Gebiet als rein anarchistisch bekannt.

Generell hatte man den Eindruck, daß der Krieg hier nicht so schwer wog wie in den großen Städten weiter nördlich. Die Verpflegungssituation war noch immer sehr gut. Benzin schien erhältlich zu sein, natürlich nicht für Fremde, aber für die Einheimischen. Auf jeden Fall fuhren viel mehr Autos als im Norden. (Ein paar Tage vorher waren in Valencia strenge Benzinrationierungen eingeführt worden, womit es für Journalisten fast unmöglich wurde, Autos zu bekommen.) Mit Ausnahme von Cartagena (das wir nicht passierten) hatte dieser Teil des Landes sehr wenig unter Bombardierungen gelitten. Alicante war im November nicht weniger als sieben Stunden lang bombardiert worden, hatte aber wenig Schaden genommen und war seitdem verschont geblieben. In Almería, in der Nähe der Front, war die Situation in jeder Hinsicht völlig anders.

Von Katalonien abgesehen war das Land zwischen Valencia und Almería vielleicht der friedlichste Teil des republikanischen Spanien, zumindest als ich es durchquerte; und offensichtlich war es weniger von politischen Auseinandersetzungen zerrissen. Dennoch konnte man den Krieg kaum einen Augenblick lang vergessen. In Alicante und Murcia wie auch in Almería waren die vornehmsten Alleen und Plätze durch hastig errichtete unterirdische Luftschutzräume entstellt; im südlichen Spanien eine Vorsichtsmaßnahme von grausamer Notwendigkeit, denn hier sind die Wände selbst großer Häuser wie aus Pappe. Und überall waren Truppen. Als ich durch Murcia kam, lag dort das deutsche Kontingent der internationalen Brigaden; die Stadt war voll von sehr »nordischen« deutschen proletarischen Flüchtlingen wie auch von polnischen Juden, alle in derselben Uniform und alle im Dienst derselben Einheit. Die beträchtliche Zahl polnischer Juden unter den Regierungsstreitkräften war dem deutschen Kontingent angegliedert worden, weil sie alle Deutsch verstanden und niemand einen jiddischen Kommandobereich hätte einrichten können. Außerdem war Murcia voller Verwundeter. Und jede kleine Stadt, die an unserem Weg lag, hatte entweder einen Luftwaffenstützpunkt, eine Artillerieschule, einen Truppenübungsplatz oder einen Abstellplatz für Militärfahrzeuge; es gab keinen Ort, der vom Krieg unberührt geblieben wäre.

In Almería lagen die Dinge noch weitaus schwieriger. Die Stadt war immer wieder bombardiert worden, und ein großer Teil der Bevölkerung zog es vor, im Freien zu schlafen – und das im Januar! (Der Winter ist in diesen gebirgigen Gegenden Südspaniens nicht annähernd so mild, wie man glauben möchte.) Nahrung war knapp. Es gab eine erhebliche Zahl von Flüchtlingen in der Stadt, selbst aus Madrid; unsere Hotelhalle war einmal voll von ihnen. Und kein Auto, absolut keines war aufzutreiben, nicht einmal der reguläre Bus zwischen Almería und Malaga verkehrte. Der Zivilgouverneur mußte einen Truppen- und Waffentransport durchführen, verfügte aber über keine Transportmittel. Als ungewöhnlich energischer Mann, der er war (zumindest für einen spanischen Zivilgouverneur), requirierte er einfach alle Autos, die es im Augenblick in Almería gab, ohne Ausnahme, egal wo sie herkamen und wo sie hinwollten. Um die Maßnahme durchzusetzen, wurden an den Zufahrten zur Stadt Wachen aufgestellt, die jedes Auto anhielten und beschlagnahmten. Da saß ich nun und wußte nicht, was ich tun sollte. Nach einem Tag unruhigen Wartens und vergeblicher Suche nach einem Auto unternahm ich einen letzten verzweifelten Versuch und hatte Glück. Ich wußte, daß es Journalisten nicht gestattet war, bei Truppentransporten mitzufahren, aber ich vertraute auf die guten Dokumente, die ich bei mir hatte, und wurde mitgenommen.

So setzte ich mich gegen halb sechs Uhr abends bei Einbruch der Dunkelheit ins Auto des Kommandeurs der für Malaga bestimmten Verstärkung. Er war, glaube ich, ein charakteristischer Vertreter des neuen Offizierkorps. Fünf Jahre lang hatte er als Sergeant in Marokko im Feldzug Primo de Riveras gegen Abd-el-Krim gedient. Dann hatte er den Dienst quittiert, eine Ausbildung zum Lokomotiv-Ingenieur gemacht und eine Stelle am Madrider Nordbahnhof bekommen, einer der Hochburgen der UGT. Dort war er Gewerkschaftler und Sozialist geworden. Als der Bürgerkrieg ausbrach, hatte er sich als Leutnant erneut von den Regierungsstreitkräften anwerben lassen und war bald zum Rang eines Hauptmanns aufgerückt. Die Truppen, die er jetzt nach Malaga brachte, hatte er drei Monate lang auf dem Casa del Campo in Madrid kommandiert. Seine Männer mochten ihn offensichtlich, aber nicht auf die unterwürfige Weise, wie man das von kontinentalen Armeen gewohnt ist. Sie behandelten ihn absolut wie einen der Ihren.

Vom militärischen Standpunkt aus ist die Straße von Almería nach Malaga gefährlich. Die meiste Zeit verläuft sie an der Küste, und die Aufständischen beherrschten die See. An verschiedenen Stellen fährt man viele Kilometer zwischen einem Abgrund über dem Meer auf der einen Seite und einigen hundert Meter hohen Felsen auf der anderen. Beschuß vom Meer oder Luftangriffe hätten an einer solchen Stelle unvermeidlich zu einem entsetzlichen Desaster geführt. Doch unser Konvoi fuhr ohne Vorsichtsmaßnahmen immer weiter. Die Lichter wurden nicht gelöscht, nicht einmal mit blauem Papier abgedunkelt. Niemand versuchte, zwischen den einzelnen Autos und Lastwagen wenigstens einen Abstand zu halten. Ein paar Granaten hätten den ganzen Konvoi zerstören können, der in dieser hellen Mondnacht von der See her deutlich zu sehen war. Auf halbem Weg zwischen Almería und Malaga liegt die kleine Stadt Motril. Die Aufständischen waren bei ihrem ersten Angriff auf Malaga von Granada heruntergekommen und hatten sich beim vergeblichen Versuch, die Straße abzuschneiden, bis auf 12 Kilometer Motril genähert. An diesem Punkt der Strecke kam unser Konvoi etwa eine Stunde lang zum Stehen, weil die Straße schlichtweg verstopft war. Hinter Motril war die Straße wegen einer Überschwemmung unterbrochen, so wurde uns erklärt. Die Straße war zwischen Almería und Malaga wiederholt bombardiert und dann rasch wieder repariert worden. Ob die Beschädigung an dieser Stelle wirklich auf Bombardierungen zurückzuführen war, weiß ich nicht. Auf jeden Fall war die beschädigte Brücke seit mehr als einer Woche nicht repariert worden, und wir mußten einen langen Umweg machen. Zuerst fuhren wir ziemlich miserable Pfade entlang, dann schließlich mußten wir das Flußbett selbst, das voller Wasser war, benutzen. Für unser Auto war das zuviel, es streikte plötzlich und ließ sich nicht mehr zum Laufen bringen. Wir mußten auf einen der großen Mannschaftslastwagen umsteigen. Ein in Malaga dringend benötigter Konvoi von Kanonen hatte viele Tage lang hier nicht durchkommen können. Da der Seeweg von den Aufständischen abgeschnitten war, blieb Malaga durch die verzögerte Reparatur der Brücke bei Motril ohne Kanonen. Erst in den allerletzten Tagen wurde der Schaden teilweise behoben, und einige Kanonen kamen an.

Auf dem Lastwagen fand ich eine für die Kämpfe in Madrid typische Truppe vor. Sie unterschied sich vollkommen von der alten Miliz. Lauter junge Männer, meistens Wehrpflichtige, die eine ausgesprochen militärische Haltung an den Tag legten. »Militärisch« nicht im Sinne von militärischem Auftreten (obgleich ihre Disziplin ganz anständig war), sondern in ihren Ansichten. Im Verlauf der nächtlichen Unterhaltung wurde kein einziges Mal über Politik gesprochen. Die Gespräche drehten sich ums Essen, um Waffen, um Kämpfe, um Unterkunft. Ein verdächtiges Geräusch ließ uns alle im selben Augenblick die überraschende Ankunft feindlicher Flugzeuge vermuten. Sie waren daran gewöhnt und nicht besonders aufgeregt, obwohl die Situation gerade an dieser Stelle recht schlimm hätte werden können. Um fünf Uhr kamen wir in Nerja an, 20 Kilometer vor Malaga, und unser Transport hielt hier an. Die Männer auf meinem Lastwagen gingen zusammen mit meinem Hauptmann in einen Theatersaal, in dem sie sich einquartierten. In ein paar Minuten war der Saal von Sitzen geräumt und als Schlafsaal eingerichtet, ohne daß auch nur im geringsten Unordnung gestiftet oder Möbel beschädigt worden wären. Das stand in angenehmem Kontrast zu den Milizunterkünften vom August. Alles in allem hatte ich eindeutig keine Horde politischer Kreuzfahrer vor mir, sondern eine Armee regulärer Soldaten.

Ich schlief etwa zwei Stunden und fuhr dann mit einem regulären Überlandbus nach Malaga. Wolken zogen sich zusammen, und es fing stark zu regnen an. Zuerst bedauerte ich dies, aber sobald ich etwa um neun Uhr morgens in die Stadt kam, ließ mich der Regen erleichtert aufatmen. Zumindest für ein paar Stunden würde er vor Bombardierungen schützen. Der Eindruck, den Malaga auf mich machte, war fürchterlich.

Es ist schwer zu sagen, welche Seite in Malaga die größere Zerstörungswut erkennen ließ. Ich fuhr zunächst durch Arbeitervororte in die Stadt. Ein paar Häuser sind durch Beschuß vom Meer her zerstört. Mein erster Gedanke war, daß dies alles nicht so furchtbar sei, wie ich erwartet hatte. Aber ich änderte meine Meinung bald. Danach kommt der elegante Stadtteil Caleta. Er war restlos zerstört, von der Menge in den ersten Tagen niedergebrannt. Ein paar Hotels stehen noch; das größte, das Miramar, wurde als Krankenhaus requiriert; von sämtlichen reichen Villen blieben nur die Mauern übrig. Es ist unmöglich, den Eindruck zu beschreiben, den eine solche Geisterstadt auf einen macht. Der Bus folgt der Küstenlinie zum Hafen. Den Hafen entlang zieht sich eine schöne Esplanade hin und dahinter, ein paar hundert Meter vom Ufer entfernt, liegt das Stadtzentrum. Hier waren weniger Häuser niedergebrannt worden. Statt dessen sah ich die unbeschreibbaren Auswirkungen von Bombardierungen und Kanonenbeschuß. Ruinen, Ruinen und nochmals Ruinen, einige von ihnen qualmten noch im düsteren Regen. Das tatsächliche Ausmaß der Zerstörung ist etwas kleiner, als man zuerst denkt. Nach dem ersten Eindruck ist man geneigt zu sagen: »Die ganze Innenstadt liegt in Schutt und Asche.« Aber das stimmt nicht. Selbst im Zentrum sind etwa zwei Drittel der Gebäude unversehrt, und in den Vororten ist der Prozentsatz wesentlich höher. Nimmt man die ganze Stadt und die Vororte zusammen, wäre es meiner Ansicht nach übertrieben, von fünf Prozent zerstörten Häusern zu sprechen. Trotzdem entsteht der Eindruck eines absoluten Desasters, teilweise deswegen, weil das größte Ausmaß der Zerstörung auf die zwei reichen Viertel, Caleta und das Zentrum, konzentriert ist. Entscheidender aber ist das Gefühl der Hilflosigkeit, das die Ruinen spüren lassen. Wie kann ich mich bei einem Luftangriff schützen, diese Frage drängt sich einem sofort auf. Absolut kein Schutz ist geboten. Vier- und fünfstöckige Häuser wurden von Bomben regelrecht durchgehauen. Es gibt keine Keller.

Mit Ausnahme der Höhlen in den Felsen am Stadtrand gibt es keine Schutzräume und solche kann es auch nicht geben, weil in Malaga der Meeresspiegel direkt unter dem Bodenniveau liegt. Und Luftangriffe gab es jeden Tag, außer an Tagen mit schlechtem Wetter, was in Malaga eher die Ausnahme darstellt. Der schlimmste Angriff ereignete sich, als Quiepo de Llanos erste Offensive in Marbella ins Stocken geraten war. Die Bevölkerung glaubte, an das Schlimmste gewöhnt zu sein, und machte sich nichts daraus, nach einem Angriff von ein oder zwei Dutzend Toten zu hören. Aber dieses Mal, um halb ein Uhr nachmittags, gerade als die Geschäfte und Büros schlossen und viele Menschen auf den Straßen waren, fegten neun Bomber über das Zentrum der Stadt; binnen weniger Minuten, wurde mir gesagt, gab es 260 Tote und über 1000 Verwundete, Männer, Frauen und Kinder. Zu dieser Zeit stand dem Militärkommando von Malaga nicht ein einziges Aufklärungsflugzeug zur Verfügung. Es war ein Massaker, gegen das sich niemand wehren konnte. Das Militärkommando zog an einen Ort etwas außerhalb der Stadt. Die Bevölkerung vergaß das von diesem Abschlachten ausgelöste Entsetzen nicht wieder. Man sah kein Lachen, kaum ein Lächeln in dieser südländischen Stadt. Selbst eine Aufklärungsstaffel, die am Tag vor meiner Ankunft in Malaga eingetroffen war und nach Monaten der Hilflosigkeit Schutz gebracht hatte, verminderte die Spannung nicht.

Den ganzen ersten Tag meines Aufenthalts regnete es. Der Regen gab mir Gelegenheit, in Ruhe zu recherchieren. Ich ging zum Zivilgouverneur, der allein in seinem Büro saß; niemand schien sich um ihn zu kümmern. Offenbar verfügte er über wenig Autorität. Dennoch brachte er es in Sichtweite der Ruinen fertig, mir mit der größten Unverschämtheit vorzulügen, daß nichts passiert wäre, absolute Normalität herrsche, seit vielen Tagen keine Luftangriffe stattgefunden hätten und der schlimmste Angriff zwei Tote und sieben Verletzte gekostet hätte. Er schloß damit, daß er mir ein Hotel in der Zone empfahl, die am stärksten von Bombardierungen betroffen war, wahrscheinlich um mir Vertrauen einzuflößen. (Um die Sache klarzustellen, muß ich hinzufügen, daß seine Haltung seine persönliche Eigenheit war. Am nächsten Tag ging ein Fernschreiben von mir, das auf das wahre Ausmaß des Desasters hinwies, ohne die geringste Schwierigkeit durch die Militärzensur.) Vom Gouverneur ging ich zum politischen Komitee, inzwischen in ein *Comité de enlace* umgewandelt. Sie erzählten mir keine Lügen und waren mir freundlicherweise in technischen Dingen sehr behilflich; aber auch sie saßen offensichtlich ziellos herum. Mit Ausnahme dessen, was spezielle Komitees für die Versorgung und ähnliche Angelegenheiten taten, gab es in Malaga keine funktionierende Zivilverwaltung. Die alte, vom Zivilgouverneur repräsentierte Administration hatte im Juli ihre Autorität verloren, und die neue, von den Komitees repräsentierte, hatte während des kommunistischen Kampfes gegen die Komitees ihre Autorität langsam eingebüßt. (Die Kommunisten sind sehr wichtig in Malaga, das schon vor dem Juli ihre erste Hochburg war.) Und nun gab es außer dem Militärkommando keine andere Autorität. Dieses aber war weder fähig noch willens, sich um Dinge zu kümmern, die nicht rein militärischer Natur waren. Eigenartigerweise beschwor dieser Mangel an Autorität kein Chaos herauf. Zwar fehlte Brot in der Stadt, aber in vieler anderer Hinsicht war die Versorgung ziemlich gut. Die Stadt war weit davon entfernt, sich dem Bandenterror zu beugen. In den ersten Tagen der Bewegung hatte sie in dieser Hinsicht einen üblen Ruf gehabt, aber es war allgemein bekannt, daß in Malaga diese Banden gründlicher ausgemerzt worden waren als irgend sonstwo; ich weiß nicht wie. Andere Dinge waren weniger gut geregelt. Zu meiner Überraschung stand die Kathedrale offen. Sie war überfüllt mit Flüchtlingen aus jenen Teilen der Provinz, die von den Aufständischen besetzt sind; in bitterer Not schliefen sie auf dem Steinboden, waren praktisch ohne Nahrung und ohne jegliche sanitäre Einrichtung.

In Valencias Straßen war es nachts unheimlich, dunkel nach zehn Uhr abends. In Malaga wurden die Lichter gar nicht erst eingeschaltet. In Valencia sind selbst nach zehn Uhr noch Leute auf den Straßen. In Malaga, einer Stadt, die normalerweise mehr nachts als tagsüber lebt, sind die Straßen schon um acht Uhr leer. In hilfloser Reaktion auf die Furcht vor dem erwarteten nächsten Desaster sprachen die sehr wenigen Leute, die noch durch die Straßen eilten, nur mit gedämpften Stimmen. Gelegentlich erhellte ein Stromblitz der Straßenbahn, die die ganze Nacht über fuhr, einen Augenblick lang die düstere Szene.

Während der drei Tage meines Aufenthalts blieb mir und meinen Kollegen die Erfahrung eines Beschusses von der See aus erspart, aber der eines Luftangriffs konnten wir nicht entgehen. Am zweiten Morgen war das Wetter wieder schön, und sofort kamen die Bomber. Der Hafen und das Stadtzentrum wurden bombardiert, aber nach fünfzehn Minuten gingen die erst kürzlich angekommenen Aufklärungsflugzeuge der Regierung dazwischen und bereiteten dem Bombardement ein Ende, nicht ohne zwei ihrer Flugzeuge zu verlieren, wie wir später erfuhren. Am nächsten Morgen, ungefähr um sechs und dann wieder gegen acht, bombardierten die Aufständischen das Stadtzentrum nochmals. Diesmal aber schlief ich friedlich. Wir hatten etwas außerhalb der Stadt Quartier bezogen.

Der überraschendste Aspekt an der ganzen Situation war die Beziehung zwischen der Stadtbevölkerung und der Front. Es gab fast überhaupt keinen Kontakt. Die Truppen an der Front bestanden fast ausschließlich aus Andalusiern, und bei weitem der größte Teil von ihnen waren Männer aus der Provinz Malaga. Dennoch schien die Stadt nicht sehr erpicht zu sein, ihnen zu helfen. Der Feind näherte sich, und große Plakate warben neue freiwillige Rekruten, aber es schienen sich wohl nur sehr wenige zu melden. Nachdem sie schon so viel gelitten hatte, war die Stadt passiv geworden. Andererseits hatte die *Comandancia militar* in ihrem drei Kilometer von der Stadt entfernten Quartier sehr wenig Kontakt zur Stadt und schien sich um die Bildung einer Massenbewegung zur Verteidigung keine Gedanken zu machen. An der Spitze der *Comandancia* und der ganzen südlichen Front stand jetzt Oberstleutnant Villalba, der kürzlich ernannt worden und vor ein paar Tagen angekommen war. Er hatte am 19. Juli in Barcelona einen bemerkenswerten Erfolg verbucht, hatte sich seither, bis Huesca, zumindest nicht als fehl am Platz erwiesen und war als einer der wenigen fähigen Offiziere, die der Republik treu geblieben waren, zum Kommandeur vom Malaga ernannt worden. Ich sah ihn öfters, wechselte aber nur sehr wenige Worte mit ihm. Er war der Typ eines Offiziers, wie er aus einem militärischen Ausbildungscorps hervorging; sehr förmlich in seinem Verhalten, was dem demokratischen Geist seiner Untergebenen nicht gerade zugesagt haben dürfte. Offensichtlich bemühte er sich nicht um einen Kontakt mit der Volksbewegung; die politische und militärische Situation, die zu meistern er geschickt worden war, ließ ihn ängstlich und sogar nervös werden. Freunde, die ihn kannten, beschrieben ihn als einen Offizier durch und durch, der im Grunde seines Herzens den Geist der Miliz haßte. Ein solcher Mann war natürlich der Typ, der für die Aufgabe, Malaga zu halten, am wenigsten geeignet war. Er interpretierte seine Aufgabe als rein militärische, während er in Wirklichkeit keine anderen militärischen Mittel zu Verfügung hatte als die Kräfte der Volksbewegung.

Ich besuchte verschiedene Stellen der Malaga-Front, zusammen mit Kollegen, die Madrid gut kannten. Sie waren von den Unterschieden zwischen den beiden Fronten beeindruckt. Madrid war militarisiert worden, hier in Malaga existierte in kaum veränderter Form immer noch die alte Miliz. Die Truppen bestanden ausschließlich aus Freiwilligen und setzten sich in gewissem Maß noch immer aus den alten Kolonnen mit politischem Charakter zusammen. Die politischen Kommissare wurden von der *Comandancia* ernannt, aber vom *Comité de enlace* vorgeschlagen, und unter den Kommissaren waren alle politischen Parteien vertreten. Diese Miliz hatte ein gewisses Maß militärischer Ausbildung durchlaufen und einige Kampferfahrung erworben; ihre Stimmung war keinesfalls schlecht und eindeutig besser als in der Stadt. In Estepona hatte es einen Augenblick lang Panik gegeben, aber dann fand die Miliz festen Stand, hielt die Aufständischen zurück und gewann sogar an Boden. Sie waren mit der Situation zufrieden. Und unsere ganze Gruppe von Journalisten, mit einer bemerkenswerten Ausnahme, ließ sich von ihrer Selbstsicherheit täuschen. Der entscheidende Punkt war, daß sie nie gegen moderne, höchst effiziente Waffen hatten kämpfen müssen. Und sie selbst hatten keine solchen Waffen.

Aber sie hatten gelernt, so etwas wie Befestigungsanlagen zu errichten. Die Straßen waren mit Stacheldraht und verdeckten Gräben abgeriegelt. Doch die einzelnen Stellungen trennten tiefe unverteidigte Lücken. Und Maschinengewehre und Kanonen wurden, anstatt sie in die vorderste Frontlinie zu bringen, zusammen mit der Mehrheit der Truppen eher in den hinten liegenden Dörfern »für einen Notfall« zurückgehalten.

Wir hielten uns eine Stunde lang in einem der Dörfer hinter der Front in der Sierra auf. Dort trafen wir den *Alcalde*. Er war der Präsident der sozialistischen Dorfgruppe gewesen, die 1930 gegründet worden war und jetzt den Ort beherrschte. Eine kommunistische Gruppe war später, 1933, gegründet worden. Der Alcalde war Friseur von Beruf, die meisten seiner Anhänger natürlich Bauern. In diesem armen Teil der Sierra gab es keine Großgrundbesitzer und folglich praktisch keine Enteignungen. »Haben die Bauern überhaupt einen materiellen Vorteil von der Revolution gehabt?«, fragten wir, und sie gaben zu, daß sie keinerlei Vorteil davon hatten. Die Weizenernte wurde jetzt vom *Ayuntamiento* in die Hand genommen (das politische Komitee war »in Übereinstimmung mit der Politik der Regierung« abgeschafft worden), was kaum eine Verbesserung für die Bauern brachte, die zur Verpflegung der lokalen Miliz beizusteuern hatten. Trotzdem haben wir mehr Weizen, als wir wollen, erklärten die Bauern. Man muß den extrem niedrigen Lebensstandard berücksichtigen, um ihre Haltung zu verstehen. Aber sie brachten der Regierung eine wirklich hingebungsvolle Haltung entgegen. Die vielen Flüchtlinge von der anderen Seite brachten detaillierte Horrorgeschichten von Hinrichtungen und Folter mit. Deshalb hatten die Bauern dieses Dorfes freiwillig einen guten Teil unbezahlter Arbeit zur Errichtung von Befestigungen beigetragen. (Entlang der ganzen Malaga-Front wurde diese Arbeit von unbezahlten Freiwilligen verrichtet.) Wir fragten einen der Bauern: »Wofür kämpfst du?« »Für die Freiheit«, war die

Antwort. Er kam nicht auf den Gedanken, daß sein Kampf irgendwelche ökonomischen Implikationen haben könnte. Obwohl der Feind nur wenige Kilometer entfernt war, witterten all diese Bauern anscheinend keine unmittelbare Gefahr. Hier an dieser Stelle war die Front seit vielen Monaten stabil. Aber die Gefahr kam einige Tage später, und vor ihr brach die Front zusammen. Ich hatte keine Gelegenheit, dieses Desaster an Ort und Stelle zu beobachten, aber mit meiner Kenntnis der Situation eine knappe Woche vor dem Fall und mit Hilfe der Informationen von Leuten, die fast bis zum Ende ausharrten, bildete ich mir eine Vorstellung über das, was sich ereignet hatte. Unter gleichzeitig von verschiedenen Stellen aus – hauptsächlich aber aus Norden und Nordosten – geführten Panzerangriffen war die Front in Panik geraten und zusammengebrochen. Der letzte, gegen den Paß von Venta de Zefaraya (eine Stellung, die die kleine Stadt Velez-Malaga beherrschte) gerichtete Angriff war besonders gefährlich. Als die Höhen der Venta einmal eingenommen waren, gab es für die Republikaner in diesem Sektor keine andere zu haltende Widerstandslinie mehr; die Hauptstraße von Malaga nach Almería, die einzige Verkehrsader, die Malaga mit dem restlichen republikanischen Spanien verband, konnte nicht länger verteidigt werden. Malaga drohte vom Hinterland abgeschnitten zu werden. Daraufhin faßte das Kommando den Entschluß, die Evakuierung anzuordnen, in einem Augenblick, den es für den allerletzten hielt; in Wirklichkeit schnitten die Aufständischen aber die bedrohte Straße nie ab. Sie wiederholten die Taktik, die sie vorher des öfteren, zum Beispiel in Toledo, angewandt hatten, und ließen die Straße offen, errichteten so ihren Feinden goldene Brücken und vermieden damit einen verzweifelten Widerstand.

Entlang der Küstenlinie wurden weitere Angriffe geführt, unterstützt von schwerem Beschuß dreier Kreuzer der Aufständischen. Alle Berichte stimmen darin überein, daß ein deutscher Kreuzer, die *Graf Spee*, den spanischen Kriegsschiffen dicht bei jeder ihrer Bewegungen folgte, aber die Beobachter waren sich nicht sicher, ob sie tatsächlich an dem Beschuß beteiligt gewesen war. Die Kanonade erwies sich als schwere Belastungsprobe für die Nerven der Miliz, brachte aber keine taktische Entscheidung. Lange bevor die Aufständischen Fuengirola, das Verteidigungszentrum der Republikaner an der Küstenlinie, erreichten, war es von der Miliz wegen der Bedrohung im Rücken, von Venta de Zefaraya aus, vollständig evakuiert worden.

Dasselbe passierte bei dem genau von Norden geführten Panzerangriff. Dieser war sehr effektiv und kam schnell voran, aber bevor er sein Ziel erreichte, hatten die Republikaner ihre Stellungen geräumt, um einer Einkreisung von hinten zu entgehen.

Die vom Norden, vom rückwärtigen Abschnitt wie auch an den meisten anderen Frontabschnitten angreifenden Panzer stellen für jeden, der den spanischen Bürgerkrieg analysiert, ein schwieriges Problem dar. Wie viele Panzer gab es, und wo kamen sie her? Die Republikaner sprachen in ihrem verständlichen Wunsch, ihre Niederlage mit den überwältigenden Kräften des Gegners zu erklären, von ungefähr hundert Panzern. Man hat nichts an der Hand, um diese Zahl zu überprüfen, aber ich neige dazu, bei solchen Gelegenheiten solchen Zahlen nicht zu trauen. Auf jeden Fall gab es zahlreiche Panzer, aber sie waren nicht alle auf einen Sektor konzentriert, sondern operierten entlang der ganzen Front. Eins scheint ziemlich sicher zu sein: Alle oder fast alle waren Panzer vom kleinsten Typ, mit nur einem Maschinengewehr und zwei Männern. Berichte bestätigen, daß die Besatzung deutsch war.

Andere Berichte über ausländische Interventionen an der Malaga-Front verdienen weniger Vertrauen. Natürlich gab es die deutschen und italienischen Flugzeuge und Piloten. Aber die Presse, die spanische wie die ausländische, war voll von Nachrichten über die Intervention italienischer Infanterieeinheiten seit Beginn der Offensive; in Wirklichkeit hatten sich keine solchen Einheiten beteiligt. Bei unseren Besuchen aller wichtigen Sektoren der Malaga-Front in den ersten Tagen des Februar erkundigten meine Begleiter und ich uns stets nach den feindlichen Truppen, die die Stellungen gegenüber den republikanischen Linien hielten. Jedesmal erhielten wir die Antwort, daß dort Fremdenlegionäre, Falangisten und Marokkaner lägen (der bei weitem größere Teil des marokkanischen Kontigents scheint während des Winters vor Malaga konzentriert worden zu sein). Wir fragten hartnäckig nach Italienern; jeder Kommandeur eines Teilabschnitts antwortete uns, daß in seinem Sektor keine Italiener wären; möglicherweise gäbe es in anderen Teilsektoren welche. Gefangene wurden gemacht; es waren keine Italiener unter ihnen. In den letzten Tagen vor dem Fall hatte eine ähnlich systematische Überprüfung nicht mehr stattgefunden. Dann aber sprachen sogar die Gerüchte nicht von Italienern, sondern von Deutschen. Hätten deutsche Infanterieeinheiten sich bei der Einnahme Malagas beteiligt, wären sie sicher bei den folgenden Kämpfen um Motril wieder aufgetaucht. Doch das war nicht der Fall. Wahrscheinlich bauschten die Gerüchte die deutschen Panzereinheiten, die tatsächlich beteiligt waren, zu deutschen gemischten Divisionen auf. Tatsache ist außerdem, daß seit vielen Monaten weder in Malaga noch anderswo deutsche oder italienische Gefangene gemacht wurden (mit Ausnahme von Piloten); dies änderte sich kurz nach Malaga.

Sich auf den Zusammenstoß mit dem Panzerangriff vorzubereiten, war eine der Hauptaufgaben des Kommandos von Malaga. Derjenige aus unserer Journalistengruppe, der sich von uns anderen durch seinen klarsichtigen Pessimismus unterschied, hatte an allen Teilabschnitten nachgeforscht, was für Vorbereitungen gegen Panzerangriffe getroffen würden. Es gab keine. Die Qualität der kleinen deutschen Panzer ist doch bekanntermaßen alles andere als perfekt; Gräben von gut einem Meter Tiefe und Breite reichen aus, um sie zu stoppen. Aber es gab keine solchen Gräben. Ein Bataillon war damit beschäftigt, in Malaga Befestigungen zu errichten, und in den Dörfern leisteten die Bauern freiwillig Befestigungsarbeiten, um ihre Heimat zu verteidigen. An der Front wurde nichts getan. Noch weniger kümmerte man sich sogar um die Frage der Artillerie. Das Gelände der Sierra bietet eine Fülle von brillanten Möglichkeiten, Geschütze so in Stellung zu bringen, daß sie die Straße beherrschen und selbst fast uneinnehmbar sind. Spanische wie ausländische Zeitungsberichte erwähnten getarnte Geschütze. Aber die Existenz der Zeitungsberichte verhalf noch nicht den Geschützen zur Existenz.

Man kann dies nicht in erster Linie den lokalen Kommandos anlasten. Mit den wenigen Maschinengewehren, die sie hatten, wußten sie nicht angemessen umzugehen. Am stärksten fiel vielmehr der fehlende Nachschub sowohl an Menschen als auch an Material ins Gewicht. Quiepos Offensive begann am 13. Januar. Die ersten Aufklärungsflugzeuge kamen am 31. Januar an, die erste Artillerieverstärkung (sehr wenige kleine Geschütze) am 1. Februar, die ersten sechs kleinen Panzer am 3. Februar. Kleine Infanterieverstärkungen begannen seit den letzten Januartagen nach und nach einzutreffen. Kontingente der Internationalen Brigaden lagen jedoch wochenlang in Murcia und warteten auf einen Marschbefehl. Sie wurden einige Tage nach dem Fall von Malaga in die Schlacht um Motril geworfen. Der Transport schwereren Materials war durch den beschädigten und nicht mehr reparierten Straßenabschnitt hinter Motril schwerwiegend behindert. Aber der Hauptgrund für das Desaster war, daß vom Zentralstab im Kriegsministerium nicht rechtzeitig genügend Verstärkung nach Malaga beordert worden war.

Das Unerklärlichste an dem Desaster in Malaga ist die Inaktivität der Flotte. Nach der Niederlage brachte die Regierung eine offizielle Erklärung mit dem Inhalt in Umlauf, daß italienische Kreuzer, als Kriegsschiffe der Aufständischen getarnt, am Horizont aufgetaucht wären und die republikanischen Einheiten deswegen unmöglich ihren Weg nach Malaga hätten fortsetzen können; man vermutete einen italienischen Angriff. Was soll man von einem Kommandeur eines Kriegsschiffes halten, der es innerhalb von vierundzwanzig Stunden nicht fertigbringt, herauszubekommen, ob die vor ihm liegenden Einheiten jene sind, die er seit Monaten bekämpft, oder nicht? Aber vielleicht ist die republikanische Flotte in dieser offiziellen Erklärung von ihrer eigenen Regierung unfair behandelt worden. Auf den größten republikanischen Kreuzern hatten in den ersten Tagen die Offiziere revoltiert und waren von den Mannschaften getötet worden; es gab keine Möglichkeit, sie zu ersetzen. Sodann waren zwei moderne

Kreuzer, die *Canarias* und die *Baleares*, im Augenblick der Erhebung auf Schiffswerften im Gebiet der Aufständischen gerade erst im Bau; in großer Eile wurden sie fertiggestellt und übertreffen jetzt mit ihren Geschützen die älteren Typen der republikanischen Marine an Reichweite bei weitem. Daß die letztere nicht allzuviel ausrichten konnte, überrascht nicht. Aber was war mit den U-Booten? Kein einziges U-Boot hatte sich den Aufständischen angeschlossen. Vermutlich haben die Aufständischen seitdem *ein* U-Boot von einer ausländischen Macht bekommen. Die rebellischen und unzuverlässigen U-Boot-Offiziere könnten leicht durch ausländische Freiwillige ersetzt werden. Und mit ein oder zwei U-Boot-Aktionen hätte man Malaga die Seeangriffe ersparen können; mehr noch, die ganze Blockade des Regierungslagers hätte möglicherweise gebrochen werden können. Aber die U-Boote traten aus unerklärlichen Gründen nicht in Erscheinung.

Berücksichtigt man die beschränkten Fähigkeiten des Panzertyps, den die Aufständischen in die Schlacht warfen, muß man nach Aufrechnen der Argumente folgern, daß Malaga nicht hätte fallen müssen. Im Augenblick der Katastrophe glaubte im republikanischen Lager jeder, daß Malaga von übermächtigen Kräften eingenommen worden war. Aber spätere Entwicklungen, vor allem das rasche Stoppen des aufständischen Vormarsches bei Motril, zeigten, daß das Desaster hätte vermieden werden können, wenn nur einer von vielen Faktoren ein wenig besser funktioniert hätte. Werfen wir einen Blick auf diese verschiedenen Faktoren und warum sie alle nicht funktioniert haben!

Die Miliz hatte es sich abgewöhnt, vor Bomben, leichten Granaten und Maschinengewehrfeuer davonzulaufen. Sie stand unverrückbar, so lange keine Panzer im Spiel waren; sie rannte vor dieser neuen und unerwarteten Waffe davon, der zu begegnen sie nicht gelernt hatte. Es war eine Prüfung, bei der sie schlecht abschnitt. Im Vergleich mit den neuen gemischten Brigaden war dies keine Schwäche speziell der Miliz. Nichts deutet darauf hin, daß das Kontingent, das in den letzten Tagen aus Madrid gesandt worden war, besser ausgehalten hatte als die nur leicht zentralisierte lokale Miliz.

Verglichen mit den ausländischen Einheiten war dies vielmehr ein Zeichen der Ineffektivität der spanischen Truppen überhaupt. Während die Spanier unfähig gewesen waren, eine regelrechte wilde Flucht zu vermeiden, hielt ein kleines internationales Kontingent ein paar Tage später bei Motril den Vormarsch der Franco-Truppen im Handumdrehen und ohne Schwierigkeit auf.

Was das lokale Kommando betrifft, hat es sich seiner Aufgabe sicherlich als nicht gewachsen erwiesen. Die Wurzel dieser Ineffizienz liegt meiner Meinung nach im mangelnden Verständnis für die Art von Krieg, die es führte. Daß man sich auf einen Panzerangriff nicht angemessen vorbereitet hatte, reichte schon, um die Sache zu entscheiden; aber was dann folgte, ließ die Niederlage zum Desaster werden. Als die vermutliche Schlüsselposition, La Venta de Zefaraya, erst einmal vom Feind eingenommen war, befahl Villalba einen vollständigen Rückzug; keinerlei Versuch eines Gegenangriffs wurde unternommen. Schlimmer noch, man versuchte auch nicht, in der Nähe der Stadt selbst einen letzten verzweifelten Widerstand zu organisieren. Im militärischen Sinn mag Villalbas Beurteilung der Situation vernünftig gewesen sein. Malaga würde eingekreist und von See und Land her eingenommen werden; lieber so schnell wie möglich evakuieren. Aber er hatte den politischen Faktor ausgelassen. Die Aufständischen, die sich wenig vor seinen Truppen fürchteten, hatten nur vor einem Angst: vor einem Kampf der Verzweiflung. Aus diesem Grund ließen sie die Hauptstraße offen. Die Annahme, auf der Villalbas ganze Einschätzung der Situation beruhte, traf nicht zu. Andererseits zeigte der Befehl zum Rückzug verheerende Wirkungen im republikanischen Lager. Die Truppen glitten ihm sofort aus den Händen. Der Rückzug aus den nahe am Fluchtpunkt (d. h. näher zur Hauptstraße nach Almería) liegenden Sektoren verlief so hektisch, daß nicht wenige Kontingente in der Sierra abgeschnitten und ohne Widerstand gefangengenommen wurden. In der Stadt selbst brach das Chaos aus. Es gibt unbestätigte Berichte, wonach die Kathedrale noch im letzten Augenblick in Brand gesteckt worden sein soll. Andere Berichte, daß es ungefähr drei Tage vor dem Fall Malagas auf den Straßen wildes und zielloses Gewehrfeuer gegeben hatte, sind verläßlicher. Da war die wilde Erregung, welche die Basis für einen Verzweiflungskampf hätte abgeben können. Aber die politischen Kräfte waren schon zu sehr im Zerfall begriffen, als daß sie dies hätten ausnützen können. Im Juli und August hätten die Anarchisten wahrscheinlich einen solchen Kampf geführt, und selbst später noch das politische Komitee. Jetzt waren die Anarchisten zurückgedrängt und durch die Erinnerung an ihre blutigen Ausschreitungen in Mißkredit geraten; das politische Komitee war von innen wie von außen geschwächt. Die Zivilverwaltung verfügte über keinerlei Autorität. Und das militärische Kommando, weit davon entfernt, all diese Mängel ausgleichen zu können, verstand nicht nur nicht, was ein solcher Kampf bedeuten würde, sondern verachtete die Elemente des Volkes, auf die es jetzt hätte vertrauen müssen, aus ganzem Herzen. Das Beispiel des Baskenlands Mitte September und das Beispiel Madrids am 8. November zeigen beide, daß in Situationen, die im militärischen Sinne anscheinend hoffnungslos sind, ein von der Begeisterung der Bevölkerung getragener Kampf im Bürgerkrieg immer eine Chance zum Sieg hat; in diesem Bürgerkrieg, in dem die Kräfte des Volkes mindestens genauso wichtig sind wie die militärischen. Die den Aufständischen an dieser Front eigene Schwäche zeigte sich bald darauf. Ein Kommando, das entschlossen wäre, an Ort und Stelle auszuharren und lieber zu sterben, als die Stellung zu räumen, das in der Lage wäre, das Volk zu Hilfe zu rufen, hätte immer noch eine Chance. Aber damit es zu einer solchen verzweifelten Verteidigung kommt, müssen die verschiedenen Gruppierungen der politischen Bewegung zusammenarbeiten; und die Ausbildung eines mit den Notwendigkeiten eines Bürgerkrieges vertrauten Volksoffizierskorps hängt von der Existenz eines politischen Systems ab, das so stark und attraktiv ist, daß sich ein solches Korps nicht nur äußerlich unterordnet, sondern mit Leib und Seele an der Bewegung teilnimmt. Malaga hat gezeigt, daß dies innerhalb der spanischen republikanischen Kräfte (die ausländischen Brigaden sind eine andere Sache) nicht zu schaffen ist. Und schließlich wurde nicht einmal das militärische Ziel der Evakuierung erreicht. Tausende und Abertausende von Menschen, die mit den Republikanern sympathisierten, wurden gefangengenommen, und das Schicksal derer, denen die Flucht gelang, war in vielen Fällen noch schlimmer. Die meisten von ihnen mußten die knapp 200 Kilometer nach Almería und weiter in den Norden zu Fuß gehen; die deutschen Panzer und marokkanische Vorposten folgten ihnen. Sie stoppten die Flüchtlinge, ließen die Frauen laufen (sie würden die Versorgungsschwierigkeiten im republikanischen Lager nur vergrößern), aber erschossen die Männer, manchmal vor den Augen ihrer Frauen. Jene, die entkommen konnten, gingen weiter und weiter; viele von ihnen lagen schließlich am Straßenrand, halb verhungert und erschöpft, die Kinder im Sterben. Kein Kampf in der umschlossenen Stadt hätte schlimmer sein können als dieses Desaster.

Die unmittelbare Notwendigkeit eines Verzweiflungskampfes wäre niemals entstanden, hätte Valencia rechtzeitig angemessene Verstärkungen gesandt. Aber Valencia hatte Malaga praktisch vergessen, obwohl man ständig darüber sprach. An diesem Punkt ist die Auflösung des Regimes, die in Malaga einsetzte, mit der Krise im Zentrum in Valencia verknüpft. Es waren die Tage, als die Republikaner und die Kommunisten einen Regierungswechsel in Betracht zogen und die Anarchisten sich entschlossen, mit allen ihnen zur Verfügung stehenden Mitteln sich einem solchen Wechsel – der formal wie auch praktisch der Periode der Sozialrevolution ein Ende bereitet hätte – zu widersetzen. Während der zwei auf den Fall Malagas folgenden Wochen fragte sich in Valencia jeder, der auch nur in losem Kontakt zu den politischen Ereignissen stand, ob man nicht eines Morgens vom Lärm eines Straßenkampfes aufwachen würde. Einen Tag vor dem Fall Malagas ließen die Anarchisten ihre Anhänger unter dem Vorwand einer Demonstration zugunsten der Krankenhäuser durch die Stadt marschieren. Bei dieser Gelegenheit war die Situation nahe am Umkippen. Beide Seiten hielten offenkundig, viele bewaffnete Männer in Valencia zurück – nicht wegen der lokalen Situation, sondern weil man glaubte, daß hier die Sache für das republikanische Lager als Ganzes ausgefochten werden würde. Sie hielten nicht nur bewaffnete Männer zurück, sondern horteten auch modernes Kriegsmaterial aller Art. Die Regierungsbüros und die militärischen Stäbe bereiteten sich eifrig auf eine entscheidende politische Krise und ihre möglichen militärischen Implikationen vor und schenkten den Vorgängen in einer entlegenen Ecke wenig Aufmerksamkeit. Die spanische Republik zahlte mit dem Fall Malagas für die Entscheidung ihres rechten Flügels, der Sozialrevolution ein Ende zu bereiten, und für die ihres linken Flügels, dies nicht zuzulassen. Genau am selben Tag und aus ähnlichen Gründen, die auf den folgenden Seiten noch diskutiert werden sollen, trat die Katastrophe am südlichen Flügel der Madrid-Front, in Jarama, ein. Der Preis, den man bezahlt hatte, erwies sich als sinnlos. Beide Seiten mußten ihre Ziele zurücknehmen, die Regierung wurde nicht umgewandelt. Für den Augenblick endete die politische Krise in einem Stillstand.

LUFTKAMPF

Ich verließ Malaga am Nachmittag des 3. Februar mit meinen zwei Kollegen per Auto. Wir rechneten nicht mit dem baldigen Fall der Stadt. Alles war ruhig. Wir hatten zwar Bombardierungen miterlebt, aber sie waren für uns nicht sonderlich aufregend gewesen. Jetzt fühlten wir uns völlig sicher; aber darin befanden wir uns im Irrtum.

Etwa 25 Kilometer östlich von Malaga liegt das Dorf Nerja. Dort lag am Strand die *Delphin*, ein Frachtschiff, das vier Tage zuvor torpediert worden und dann an der Küste gestrandet war. Der größte Teil der Ladung war abtransportiert worden, aber davon schienen die Aufständischen nichts zu wissen. Wir näherten uns dem Schiff, als unser Auto plötzlich anhielt und meine beiden Begleiter aus dem Auto stürmten. Ich bemerkte nicht sofort, was passiert war, aber als ich ausstieg, um ihnen zu folgen (in der Meinung, sie wollten das gestrandete Wrack unter die Lupe nehmen), lagen sie bereits unter den Felsen am Straßenrand, und über unseren Köpfen kreiste ein Wasserflugzeug. Ich hatte gerade noch Zeit, gleichfalls in Deckung zu gehen, bevor die erste Bombe in Richtung des Schiffes fiel. Zu Tode erschrockene Bäuerinnen rannten davon und suchten nach einem Unterschlupf. Unsere Stellung war weder bequem noch sicher, aber glücklicherweise ist die Bombardierung eines ganz bestimmten Zieles keine so rasche Angelegenheit, wie man meinen könnte. Das Wasserflugzeug mußte über seinem Ziel kreisen, und es vergingen mindestens zwei oder drei Minuten zwischen jedem Bombenabwurf. Dazwischen verschwand das Flugzeug jeweils hinter einem Hügel, und wir nützten diese Gelegenheit, um uns eine bessere Deckung zu suchen, sprangen jedesmal auf, wenn es verschwand, und warfen uns auf den Boden, sobald das Flugzeug zurückkehrte. Wir wiederholten diese Prozedur dreimal, bis wir eine einigermaßen gut geschützte Stelle im Schatten hinter einem Felsen etwas außerhalb der Reichweite des Flugzeugs fanden. Wir waren jetzt fast außer Gefahr. Die Bomben fielen auf die Straße (eine davon ganz in der Nähe unseres Autos) und rund um das Schiff ins Wasser. Wir hörten den dumpfen Krach der Explosionen, bei weitem nicht so laut, wie man erwarten würde, obwohl es sich um schwere Bomben von je etwa 200 Kilo handelte. Plötzlich stieg vom Wrack eine Rauchwolke zum Himmel; es war von einer Brandbombe getroffen worden. Das Wasserflugzeug – mit seinem Erfolg zufrieden – flog weiter und begann die Straße in Richtung Nerja zu bombardieren. Es wurde von zwei Aufklärungsflugzeugen begleitet. Wir fühlten uns jetzt sicher. Zuerst hatte ich mich beim Näherkommen des Flugzeugs sehr unwohl gefühlt. Seine ersten Kreise waren noch sicher einzuschätzen gewesen. Das Flugzeug war sich seines Zieles noch nicht ganz sicher, und die Zuschauer am Boden ebensowenig. Aber sobald ich wußte, was es vorhatte, empfand ich die Situation als weitaus gefahrloser.

Plötzlich setzte ein schreckliches Getöse ein, und im nächsten Augenblick waren mit unglaublicher Geschwindigkeit eingetroffene russische Aufklärer über unseren Köpfen. Zuerst war es einer, der sofort die Italiener angriff, dann kam ein zweiter und dann noch zwei. Eine wilde Szene aufsteigender, fallender und Loopings drehender Flugzeuge, unter unaufhörlichem Maschinengewehrfeuer. Der Lärm war erschreckend, aber gleichzeitig von einer unbeschreiblichen musikalischen Schönheit. Russen wie Italiener haben sieben bis neun Maschinengewehre an Bord ihrer Aufklärer, die mit einem einzigen Hebel automatisch bedient werden, so daß ein Lärm entsteht, der fast so laut wie Kanonenfeuer, aber so schnell wie ein einziges Maschinengewehr ist. Die Besonderheit eines Luftkampfes besteht darin, daß nicht beide Seiten gleichzeitig schießen können. Wenn sich ein Flieger in einer guten Angriffsposition befindet, muß sein Gegenspieler abdrehen und zu entkommen versuchen. Dann ist er an der Reihe, und der andere muß ausweichen. Das Maschinengewehrfeuer der etwas unterschiedlichen Flugzeugtypen klingt wie Frage und Antwort, wie das Fluchen zweier tobsüchtiger Riesen, die versuchen, sich gegenseitig niederzuschreien. Die Situation war für uns jetzt viel unangenehmer geworden. Der Kampf tobte direkt über unseren Köpfen. Irgendwo mußten die Schüsse herunterkommen, sie konnten genausogut uns hier treffen. Aber wir vergaßen uns fast. Einer meiner Kollegen, dem die Bombardierung sichtlich an die Nerven gegangen war (wie eigentlich uns allen), sagte zu sich selbst: »Wie großartig.« Er sprach aus, was wir alle empfanden. Und ich beneidete diese Piloten, die nicht passive und hilflose Zielscheiben eines Bombardements waren, sondern kämpfen konnten. Das Ganze dauerte fünf bis zehn Minuten. Die Entscheidung war eindeutig abzusehen. Die Russen waren flinker und zahlenmäßig überlegen. Die Italiener flogen aufs Meer hinaus – von den Russen verfolgt. Dann kehrten letztere zurück und flogen triumphierend ein letztes Mal über das Schlachtfeld. Wir gingen zu unserem Auto zurück. Bauern hatten mit ihren Frauen und Kindern unter einer Brücke Zuflucht genommen und kamen jetzt wieder hervor; die Frauen und Kinder weinten. Wir versuchten sie zu trösten. Niemand war verletzt worden. Ein Bauernkarren war auf der Straße umgefallen und zerschmettert worden, nicht durch eine Bombe, sondern durch die Panik der Ochsen, die jetzt mit zitternden Gliedern dastanden. Der Ochsenkarren war zerstört, und der Bauer zutiefst betrübt: Für ihn war das ein wichtiges Stück seines Eigentums gewesen. Die Bombe, die in der Nähe unseres Autos eingeschlagen war, hatte offensichtlich keinerlei Schaden verursacht. Aber als wir weiterfuhren, konnten wir kilometerweit noch den Rauch des bombardierten Schiffes sehen. Am Abend streikte unser Auto dann plötzlich ohne ersichtlichen Grund, und wir mußten anhalten. Es schien, als hätte der vom Bombardement verursachte Luftdruck die ganze Maschinerie zerstört. Wir liehen uns vom Komitee in Lorca ein Auto und fuhren damit zurück nach Valencia.

KRISE

Inzwischen war die Situation in Valencia unerfreulicher geworden, und sie verschlechterte sich von Tag zu Tag. Die Nahrungsmittelknappheit spitzte sich weiter zu, besonders nach dem Fall von Malaga. Offizielle Aufrufe appellierten an die Bevölkerung, drei Tage lang vollkommen auf Brot zu verzichten, um die Flüchtlinge in Almería mit Nahrung versorgen zu können. Aber selbst in weniger chaotischen Zeiten war es ein Problem gewesen, Brot zu bekommen. Dasselbe mit Zukker, Fleisch und vielen anderen Nahrungsmitteln. Das Unterkunftsproblem war unerträglich geworden, und ich konnte kein Hotelzimmer finden. Ich wohnte bei Freunden, bei denen ich die Versorgungsschwierigkeiten noch hautnaher miterlebte. Die Frauen in den langen Warteschlangen reagierten auf diese Schwierigkeiten ebenso irritiert wie in Barcelona. Sie fingen offenbar bereits an, den ganzen Krieg zu verfluchen. Nichts von dem allseits berichteten Madrider Heldentum war in Valencia zu spüren. Und die Behauptung, daß Beamte auf krummen Touren Nahrungsmittel für sich selbst beiseite schafften – was auf jeden Fall der Wahrheit entsprach –, verlieh den Klagen einen besonders bitteren Beigeschmack.

Von der Front kamen weiterhin schlechte Nachrichten. An ein und demselben Tag verbreitete sich die Nachricht vom Fall Malaga und die vom Durchbruch der Aufständischen am südlichen Flügel der Madrid-Front. Die erste wurde nach drei Tagen bestätigt, die zweite wurde nie offen und klar zugestanden, aber jeder wußte es. Diese Berichte verursachten Niedergeschlagenheit und Mißtrauen, aber trotz vieler entsprechender Zeitungsartikel gab es keinen Sturm auf die Rekrutierungsbüros, keine spontanen Bekundungen politischer Leidenschaft. Einige Tage nach dem Fall von Malaga organisierte die Volksfront eine Demonstration, die zu verstärkter Aktivität aufrief und ein vereintes Kommando forderte; es war eine fröhliche Ansammlung von bunten Flaggen und vielen, vielen Menschen; sie sangen und hörten der Militärmusik zu, ließen aber nicht das geringste Zeichen einer stärkeren Entschlossenheit zum Kampf erkennen. Valencia reagierte auf die Niederlagen mit Passivität. Währenddessen warfen schon neue Gefahren ihre Schatten voraus.

Valencia war bisher einmal von See aus unter Beschuß genommen worden, wobei es im Hafen ein paar Verletzte gegeben hatte, aber seitdem nicht wieder. Doch während der Woche nach dem Fall von Malaga wurden wir zweimal von einem aufständischen Kreuzer mit sehr schweren Granaten beschossen, einmal um halb drei Uhr morgens und das andere Mal nach zehn Uhr abends. Keiner der beiden Angriffe galt einem militärischen Ziel. Der feindliche Kreuzer beschoß im Vorbeifahren mit seinen Granaten vollkommen willkürlich die Stadt. Das zweite Mal erzitterte unser Haus – eines der größten in Valencia – bis in seine Grundmauern, und die Bewohner waren entsprechend erschrocken, obwohl letztlich niemandem von uns etwas zustieß. Aber in der Stadt insgesamt gab es jedesmal eine Reihe von Opfern, und die ängstliche Frage: »Werden sie heute nacht wieder kommen?«, blieb und zehrte an den Nerven der Valencianos. Ein besonderes Problem war, daß es keinerlei Schutzräume gab. Sie befanden sich seit langem im Bau, waren aber noch weit von ihrer Fertigstellung entfernt. Und der Alarm ertönte in beiden Fällen erst, nachdem bereits ein halbes Dutzend Granaten in der Stadt eingeschlagen war.

Statt dessen entwickelten die Nachtposten eine sehr unangenehme Gewohnheit. Im Falle eines Angriffs mußten alle Lichter gelöscht werden – aus gutem Grund natürlich; und die Miliz war befugt, jedes noch zu sehende Licht auszuschießen. Sie machten aus diesem Recht eine Angewohnheit, und jede Bombardierung war von unaufhörlichen Revolverschüssen auf der Straße begleitet. Aber die Nächte ohne Angriffe waren nicht viel ruhiger. Von Zeit zu Zeit konnte man einen Schuß auf der Straße hören. Es wurde ausgesprochen gefährlich, nach neun Uhr auszugehen. Die Leute sprachen von gewissen anarchistischen Kolonnen, die Sozialisten und Kommunisten terrorisierten und umbrachten.

Ich hatte von vielen und unterschiedlichen Seiten erfahren, daß die Aufständischen eine Landung von Mallorca aus vorbereiteten. Der vermutliche Ort der Landung sollte in der Nähe von Sagunto liegen, 25 Kilometer nördlich von Valencia nahe der Eisenbahnlinie zwischen Valencia und Barcelona. Die Landungstruppen würden versuchen, sich mit einer anderen, von Teruel herunterkommenden Kolonne zu vereinen und zusammen gegen Valencia zu marschieren. Überraschend viele Menschen verließen aus merkwürdigen und unerwarteten Gründen Valencia und machten sich nach Norden auf.

Wegzukommen war aber nicht ganz einfach. Das Transportsystem war inzwischen in ein Stadium völliger Auflösung getreten. Anfangs und mit gewissen Einschränkungen noch bis Mitte Januar hatte alles gut funktioniert. Die Züge waren eifrig gefahren, einschließlich der für die Sonntagsausflügler aus Barcelona. Anscheinend hatte niemand daran gedacht, daß Kohle knapp werden könnte. Eines Tages aber war sie knapp, und zwar so sehr, daß der Zug zwischen Port Bou und Barcelona (eine Strecke von rund 175 km) manchmal 18 Stunden brauchte, weil der Lokomotivführer von Station zu Station erst wieder Kohle auftreiben mußte. Beim Benzin war es ziemlich dasselbe. Ohne Einschränkungen war es verschwendet worden. Mitte Januar wurde dann plötzlich ein ernster Mangel ersichtlich, und strikte Maßnahmen mußten ergriffen werden. Diese Benzinknappheit ließ die Journalisten nur schwer Autos finden; schlimmer noch, sie machte sogar die Evakuierung Madrids unmöglich und behinderte ernsthaft Truppenbewegungen. Die für die Truppentransporte Zuständigen wichen folglich auf die Eisenbahn aus, verschärften so deren kritische Situation, und – um das Unheil zu vervollständigen – die Aufständischen begannen, systematisch die Hauptstrecken der Eisenbahn zu bombardieren; zuerst mit kurzen Pausen, dann Nacht für Nacht. Der Eisenbahnverkehr von Valencia nach Barcelona kam zeitweise praktisch vollkommen zum Erliegen. Selbst der Eisenbahnverkehr von Barcelona nach Frankreich war, obwohl etwas besser beschützt, wiederholt unterbrochen. Und das Schlimmste dabei, die Bombardierungen zielten nicht nur auf die Strecken, sondern auch auf die Züge selbst. Valencia fühlte sich vom übrigen Spanien abgeschnitten.

Man hatte keine Entscheidung getroffen, um die politische Krise aufzuhalten. Die Kommunisten, die zuerst die Kandidatur von Martínez Barrio unterstützt hatten, dann die von Prieto, dann die des Sozialisten Negrín mit Prieto als Kriegsminister, und mit diesen Versuchen fast einen Bürgerkrieg im republikanischen Lager heraufbeschworen hätten, hatten ihre Absichten nach dem Fall von Malaga für den Augenblick aufgegeben. Aber jedermann wußte, daß früher oder später der politische Streit zwischen den Gegnern und den Partisanen der sozialen Revolution ausgefochten werden mußte. Tiefe Unruhe lag über der Stadt.

Ein kleiner Zwischenfall soll die politische Atmosphäre dieses kritischen Moments illustrieren. Ein junger Engländer, der als Korrespondent für die Hearst-Presse tätig war, obwohl er selbst linke Anschauungen hegte, bekam einige Tage nach seiner Ankunft in Valencia ein Interview mit Prieto. Und Prieto schüttete ihm sein Herz aus: »Ich kann die Haltung der Öffentlichkeit in den demokratischen Ländern des Westens nicht verstehen«, sagte er, »warum beharren sie auf der Politik der Nichteinmischung? Ist ihnen nicht bewußt, daß dieser Regierung geholfen werden muß, weil es die letzte Regierung ist, die sich zwischen Spanien und den Bolschewismus stellt?« Dies war mit Sicherheit – wenn auch nicht im genauen Wortlaut – der Kern von Prietos Aussage. Ich sah den von Prieto revidierten Text mit meinen eigenen Augen. Der rote Stift des Zensors, der alle wesentlichen Teile als unzulässig markiert hatte, fiel mir sofort ins Auge, und dem Korrespondeten war zu verstehen gegeben worden, daß er um sein Leben bangen müßte, sollte er versuchen, das Interview auf inoffiziellem Wege hinauszubringen. Dieser Zwischenfall spiegelt das völlig Paradoxe an der Situation wider. Prieto, der Kandidat der

Kommunisten für den Premier und eines der führenden Mitglieder des Kabinetts, in dem die Kommunisten eine dominierende Stellung einnehmen (weniger an Zahl als an Einfluß), erklärt dem Korrespondenten einer der »reaktionärsten« Nachrichtenagenturen der Welt, daß er und die Kommunisten das einzige noch bestehende Bollwerk gegen den Bolschewismus seien. Dann wird dieser Bericht eines Interviews mit einem führenden Mitglied des Kabinetts von einem genau von diesem Kabinett ernannten Zensor verboten, nicht aus militärischen oder administrativen Gründen der Geheimhaltung (was immerhin noch verständlich wäre), sondern wegen Aussagen, die – korrekt, wenn auch paradox – die Regierungspolitik gegenüber der Öffentlichkeit des demokratischen Westens darlegen. Der Zensor selbst, wohl kaum ein Sympathisant Prietos, sondern der Caballero-Gruppe, dem linken Flügel der sozialistischen Partei zugehörig, schien mehr um den möglichen Effekt des Interviews in Spanien als außerhalb besorgt zu sein.

Prieto ist nicht der Mann, der für das durch diesen Zwischenfall illustrierte Durcheinander verantwortlich gemacht werden könnte. *Er* war nie ein Anhänger des »Bolschewismus« oder, in anderen Worten, der sozialen Revolution. Er war immer der Kopf jener Gruppe der Sozialistischen Partei, die sich gegen eine revolutionäre Politik stellte. Er richtet mit vollem Recht seinen Hilfsappell an den demokratischen Westen, um mit dessen Hilfe seine Politik durchzusetzen. Die Ironie beginnt erst damit, daß sich Prietos Protektion auf das ganze Kabinett ausdehnt und somit auch die kommunistischen Minister deckt. Nur so kann es geschehen, daß die »bolschewistischen« Minister in Spanien zusammen mit Prieto als Spaniens letztes Bollwerk gegen den »Bolschewismus« beschrieben werden und der Zensor nicht zuläßt, daß die spanische oder die ausländische Öffentlichkeit dies erfahren. Die Kommunisten, weniger freimütig als Prieto, wollen die allseits bekannte Wahrheit nicht eingestehen, daß Welten zwischen ihrer Politik von 1917 in Rußland und der von 1937 in Spanien liegen, daß sie aufgehört haben, eine revolutionäre Partei zu sein, und zum Eckpfeiler der antirevolutionären Kräfte geworden sind. Sie könnten viele und gewichtige Argumente vorbringen, die für diesen Wandel sprechen; unglücklicherweise aber ziehen sie es vor, überhaupt nicht zu argumentieren sondern zu verleugnen, daß je ein Wandel stattgefunden hätte. Folglich ist es in Spanien gegenwärtig unmöglich, offen über die einfachsten Tatsachen der politischen Situation zu diskutieren. Der Kampf zwischen dem revolutionären und dem nichtrevolutionären Prinzip, verkörpert durch Anarchisten bzw. Kommunisten, ist unvermeidbar, denn Feuer und Wasser können nicht zusammengehen.

So unheilvoll dieser Kampf auch ist, er könnte eine heilsame Wirkung haben, wenn er ein klarer Kampf zwischen zwei sich widerstrebenden Prinzipien wäre. Aber da ihn die Presse nicht einmal erwähnen darf, ist sich niemand ganz der Positionen bewußt, und die politischen Antagonismen treten nicht durch ein Ringen um die öffentliche Meinung zutage, sondern durch hinterhältige Intrigen, Meuchelmorde anarchistischer Banditen, legale Morde der kommunistischen Polizei, gemeine Unterstellungen, Unruhen; mit einem Wort, all jene Formen politischer Aktivität, die in einer Revolution unvermeidlich sein mögen, die aber sicherlich – wenn unkontrolliert – eine höchst unheilvolle Wirkung sowohl auf die augenblickliche Moral des Landes als auch auf die kreativen Möglichkeiten seiner Parteien für die Zukunft haben werden. Wenn die wichtigsten politischen Tatsachen vor der Öffentlichkeit verborgen und diese Irreführung mit den Mitteln der Zensur und des Terrors aufrechterhalten werden, dann hat dies weitreichende schädliche Auswirkungen, die in Zukunft noch stärker zu spüren sein werden als im Augenblick. Unglücklicherweise verstand man dies im neunzehnten Jahrhundert besser als im zwanzigsten. Ein Mann wie Prieto mit durch und durch nichtrevolutionären Überzeugungen versteht dies besser als die Kommunisten, die weder sich selbst noch anderen eingestehen werden, wie die Dinge wirklich liegen.

Meine Arbeit in Valencia, die ich so lange hatte ausdehnen wollen, wie noch Gelegenheit zu Beobachtungen bestand, wurde in diesem Moment durch das Eingreifen der Polizei plötzlich beendet. Aber dieser Abbruch meiner Arbeit war kein ungewöhnliches Ereignis, sondern nur ein Zwischenfall im Verlauf einer großen Verhaftungswelle, die eine verrückt gewordene Polizei durchführte. Massenverhaftungen waren ein Charakteristikum, und zwar ein besonders unangenehmes, jener Tage.

Wenn sie mich schon um die Chance brachten, Madrid und seine Verteidigung zu beobachten, verschafften sie mir dafür die Gelegenheit, von den spanischen Gefängnissen während des Bürgerkrieges einen Eindruck aus erster Hand zu bekommen; eine Gelegenheit, die ich wahrhaftig mit vielen anderen Leuten teilte, aber nur wenige von ihnen werden wahrscheinlich in der Öffentlichkeit darüber sprechen. Diese Erfahrung war sehr kurz, nicht sehr dramatisch und nicht unangenehmer, als man es von einem derartigen Erlebnis in fast allen Ländern der Welt erwarten würde. Aber sie öffnete mir die Augen für ganz bestimmte Eigenschaften des Regimes.

IM GEFÄNGNIS:
DAS POLIZEI-REGIME

Ganz im Gegensatz zu meiner ersten Reise wurde ich während meiner zweiten ständig durch Beschattungen und wiederholte Denunziationen belästigt und in meiner Arbeit behindert. Dies begann schon in den ersten Tagen. Zweifellos war dieser Unterschied darauf zurückzuführen, daß die Kommunisten im Vergleich zum Sommer 1936 jetzt größeren Einfluß ausübten. Ich hatte mich während der ersten Reise nicht mit Kritik zurückgehalten. Ich hatte damals wenig mit Kommunisten gesprochen, aber sehr viel mit Republikanern, Sozialisten, Anarchisten und Trotzkisten und von allen den Eindruck gewonnen, daß sie der Jagd auf Häretiker abhold waren. Offen hatte ich gegenüber vielen Leuten meinen Zweifeln, manchmal meiner Abscheu hinsichtlich bestimmter Aspekte der Bewegung freien Lauf gelassen und immer wieder nachdrücklich zu erkennen gegeben, daß ich mich mit keiner bestimmten ihrer Sektionen identifizierte. Ich war sogar so weit gegangen, daß ich bei verschiedenen Gelegenheiten auf meinem Status als neutraler Beobachter des Bürgerkriegs als solchem bestand. Das hatte mir keine oder fast keine Schwierigkeiten bereitet. Meine Gesprächspartner verstanden immer sofort, daß meine Zurückhaltung nicht auf irgendeiner bestimmten Sympathie mit der Sache Francos beruhte, sondern ich im Gegenteil der Bewegung das Beste wünschte und meine Zurückhaltung nur mit der besonderen selbstgewählten Aufgabe zusammenhing, nämlich eine deskriptive wissenschaftliche Feldstudie der Ereignisse zu erstellen. Diese beobachtende und kritische Haltung erwies sich wirklich als Vorteil. Sie bot mir die Möglichkeit, zu unterschiedlichen Leuten mit sehr verschiedenen Ansichten aufrichtig freundlich zu sein und mit einem gewissen Maß an Freiheit meine Eindrücke – sowohl angenehme als auch unangenehme – auszusprechen. Dies wäre unmöglich gewesen, hätte ich Partei für irgendeine der bestehenden Organisationen ergriffen. Ich war immer sehr bemüht, dies nicht zu tun, und ich glaube, dies war auch der Grund dafür, daß ich meine Kritik offener ausdrückte als meine Sympathien. Das eine war eine neutrale Haltung, das andere hätte mich in die zweifelhafte Position eines Partisanen einer Richtung, der alle anderen ablehnt, versetzt, eine Haltung, die mit meiner Feldarbeit unvereinbar gewesen wäre und meinen wirklichen Ansichten widersprochen hätte. Ich glaubte, daß keine der am Kampf beteiligten Parteien das Rezept besaß, ihn zu gewinnen.

Meine zweite Reise begann ich mit genau derselben Haltung, aber die Ergebnisse unterschieden sich sehr. Zugegeben, die Situation war seitdem viel verworrener geworden, die ohnehin immer schon sehr tiefen Gegensätze zwischen den Richtungen haben sich bedrohlich zugespitzt, und gezwungenermaßen fiel die Kritik jetzt schärfer aus als zuvor. Zwar machte es keinerlei Schwierigkeiten – zumindest nicht mehr als im August –, mit Mitgliedern der meisten Gruppierungen über ihre schwachen Punkte zu sprechen, aber ich beging den großen Fehler, den Kommunisten mit der gleichen Offenheit zu begegnen. Das erste Mal erzählte ich einigen Kommunisten in Barcelona von meinem Zweifel an ihrer Parteipolitik, bekam nur einige verärgerte Antworten und bald darauf überhaupt keine mehr. Diese Leute waren offensichtlich wie sonst niemand davon überzeugt, daß sie über alles Bescheid wissen und unfehlbar sind. Ein unangenehmes und steriles Gespräch, das aber nicht besonders bedrohlich war.

Das zweite Mal kam es schlimmer. Ich stieß auf eine Haltung, die ich kaum erwartet hatte, weil sie mir während meiner Reisen durch das republikanische Spanien nie begegnet war: die Haltung des Amateurspitzels. Der erste Kommunist dieser Art war ein Amerikaner, der in Barcelona arbeitete. Gleich zu Beginn unserer Unterhaltung erklärte er mir, daß er meine Zweifel teile; er spielte mir eine sehr kritische Einstellung gegenüber der Parteipolitik vor; er sagte, er könne diese überhaupt nicht verstehen. Ob ich sie ihm erklären könnte?

Ich sagte ihm, daß ich dies nicht könne. Das war nicht sehr erhellend, aber, wie ich fand, eine angenehme Unterhaltung.

Ein unerwartetes Nachspiel folgte jedoch. Zwei oder drei Tage nach meiner Ankunft in Valencia bat mich ein anderer Kommunist, mit ihm etwas zu plaudern. Nach einigen Minuten lockeren Gesprächs begann er das zu erklären, was er als »eigentlichen Zweck seiner Einladung« bezeichnete. Er wollte mich warnen. Ich sollte vorsichtig sein. Der Mann, mit dem ich das eben geschilderte Gespräch in Barcelona geführt hatte, hatte mich denunziert. Ich war über das unangenehme Ereignis ziemlich beunruhigt, aber für einen Augenblick amüsierte es mich auch. Schließlich schien diese Amateurspioniererei die Ausnahme zu sein. Kommunisten in Vertrauenspositionen schienen so darauf bedacht zu sein, den Vorwurf der Spionage von sich zu weisen, daß sie das unglückliche Opfer gleich vor dem Fehltritt warnten. Aber der Spaß verging mir schnell.

Der gute Mann machte genauso weiter, wie sein Vorgänger in Barcelona angefangen hatte. Auch er war zutiefst beunruhigt über die politische Entwicklung. Auch er sympathisierte mit den Trotzkisten, wie ich angeblich auch. Ich protestierte sofort gegen die Unterstellung, Trotzkist zu sein, was auch der Wahrheit entsprach. Aber er fuhr ungerührt fort. Er schätze sich glücklich, nach langer Zeit einen intelligenten Menschen zu finden, dem er sein Herz ausschütten könne. Es sei zu gefährlich, dies mit jemandem zu tun, der in der Verwaltung von Valencia arbeitet. Ich wurde spürbar zurückhaltender; ich war überrascht, daß ein Mann, der sich von so vielen Gefahren umlauert fühlt, sein Herz ausgerechnet einem Fremden öffnen sollte, von dem er nichts weiter weiß als die Tatsache, daß er als Antikommunist denunziert worden war. »Wie ist es möglich«, fragte ich ihn, »daß Sie mit Ihren Meinungen Ihren momentanen Job bekamen?« »Aber niemand weiß, wie ich denke«, antwortete er. Und er nannte den Namen eines führenden Regierungsmitglieds, das ihm seinen augenblicklichen Job verschafft hatte. Ich sagte nichts mehr. Ich konnte unmöglich entscheiden, ob der Mann naiv war oder sich wieder als Amateurspitzel betätigte. Jedenfalls entschloß ich mich für die Vorsicht und betrachtete ihn als Spitzel, was schließlich auch viel wahrscheinlicher war. Wäre er wirklich aufrichtig und gleichzeitig so unbekümmert gewesen wie mit mir, hätte er wahrscheinlich schon längst in eine der vielen Fallen getreten sein müssen, die in diesen Tagen auf kritische Leute lauern. Schließlich zeigte er mir den Denunziationsbrief seines Genossen in Barcelona. Die Schlüsselstelle lautete: »Er ist ein Bastard, der alles andere ist, als was er sein sollte«, oder so ähnlich. Ich war von den Eigenheiten dieses Denunzianten höchst überrascht: Er hatte nicht ein Wort darüber verloren, *was* ihm an mir verdächtig erschien; und von seiner Art, sich auszudrücken, konnte man zumindest genausogut schließen, daß ich ein Spion Francos wie einfach ein Kritiker der kommunistischen Politik sein könnte. Natürlich ist in Spanien eine kritische Haltung gegenüber den Kommunisten offiziell kein Verbrechen, und es war auch viel effektiver, meine Person einem vagen Verdacht auszusetzen, als eine Anklage zu begründen, wo es nichts anzuklagen gab. Ich dankte meinem Gesprächspartner für seine Offenheit, ließ mich aber nicht zu größerer Freimütigkeit verleiten. Einige Wochen lang hörte ich von dieser sonderbaren Angelegenheit nichts mehr. Jedoch war dies nicht das einzige Problem.

Kaum hatte ich mein Hotelzimmer in Valencia belegt (ein paar Tage vor dem eben erzählten Gespräch und vielleicht eine Stunde nach meiner Ankunft im Hotel), stellten sich schon zwei Angehörige der Geheimpolizei vor und verschwanden wieder mit meinem Paß. So etwas war in Barcelona weder im August noch im Januar üblich gewesen. Aber an sich schien diese Praxis ganz vernünftig und aus vielerlei Gründen zu rechtfertigen. Bald erfuhr ich jedoch, daß die Abteilung, die meinen Paß einbehalten hatte, überhaupt keine reguläre Einrichtung war. Es handelte sich um eine Institution, die sich selbst »Información de la Seguridad General« (Informationsabteilung der Geheimpolizei) nannte, aber formell von eben dieser »Seguridad General« aufgelöst worden war. Nichtsdestotrotz war sie immer noch aktiv. Am nächsten Tag mußte ich in ihr Büro an der Plaza Tetuan Nr. 15 kommen, um meinen Paß abzuholen. Ich bekam ihn jedoch nicht sofort, sondern wurde erst einem Verhör unterzogen, das sich um die

Frage drehte, ob ich je in meinem Leben Trotzkist gewesen wäre. Die Denunziation aus Barcelona lag noch nicht vor, so daß ich vermutete, daß viele andere Leute ähnlichen Verhören unterzogen würden. Als sich zu ihrer Zufriedenheit herausstellte, daß ich nie Trotzkist gewesen war, interessierte man sich nicht mehr weiter für meine Vergangenheit, und ich bekam am nächsten Tag meinen Paß zurück. Plaza Tetuan Nr. 15 wurde von ausländischen Kommunisten dirigiert. Später kamen mir bittere Klagen über ihre Praktiken zu Ohren; sie nahmen Verhaftungen vor, hielten Leute ohne entsprechende Untersuchungen lange im Gefängnis; gelegentlich wurde auch irrtümlich jemand erschossen (denn diese inoffizielle Polizei führte auch Exekutionen durch). Zwischen ihnen und der regulären Polizei bestand offene Feindschaft, soweit ich das aus dem persönlichen Umgang des Personals beider Einrichtungen schließen konnte.

Um die Haltung der kommunistischen Polizei zu verstehen, muß erklärt werden, daß die spanischen Kommunisten unter einer Zwangsvorstellung von Trotzkismus leiden. Der reale Trotzkismus, wie ihn eine Sektion der POUM verkörpert, verdient definitiv nicht die ihm gewidmete Aufmerksamkeit, da er im politischen Leben Spaniens nur ein ganz unbedeutendes Element darstellt. Ginge es nur um die tatsächlichen Kräfte der Trotzkisten, wäre es für die Kommunisten sicherlich das beste, nicht darüber zu sprechen, denn niemand würde dann dieser kleinen und von Anfang an sektiererischen Gruppe irgendeine Aufmerksamkeit schenken. Aber die Kommunisten müssen nicht nur die spanischen Verhältnisse, sondern auch die offiziellen Ansichten über den Trotzkismus in Rußland in Rechnung stellen. Doch ist dies nur ein Aspekt des spanischen Trotzkismus, der von den Kommunisten künstlich aufgebauscht worden ist. Die eigenartige Atmosphäre, die heutzutage den Trotzkismus in Spanien umgibt, wurde weder von der den Trotzkisten selbst zukommenden Bedeutung noch von einem Widerschein russischer Ereignisse in Spanien hervorgerufen; sie erklärt sich aus der Tatsache, daß die Kommunisten sich angewöhnt haben, einfach jeden, der in irgendeinem Punkt mit ihnen nicht übereinstimmt, als Trotzkisten zu denunzieren. Denn für die kommunistische Mentalität ist jede Abweichung in politischen Fragen ein Schwerverbrechen und jeder politische Kriminelle ein Trotzkist. Nach kommunistischem Vokabular ist »ein Trotzkist« synonym mit einem Mann, der den Tod verdient. Wie aber in solchen Fällen üblich, verfangen sich die Leute in ihrer eigenen demagogischen Propaganda. Zumindest in Spanien sind die Kommunisten in den Glauben verfallen, daß alle Leute, die sie um des Vorwurfs willen Trotzkisten zu nennen sich entschieden haben, in dem Sinne Trotzkisten sind, daß sie mit der trotzkistischen politischen Partei kooperieren. In dieser Hinsicht unterscheiden sich die spanischen Kommunisten in keiner Weise von den deutschen Nazis. Die Nazis bezeichnen jeden, dem ihr politisches Regime mißfällt, als »Kommunisten« und glauben letztlich tatsächlich, daß alle ihre Feinde Kommunisten *sind*; dasselbe passiert bei der kommunistischen Propaganda gegen die Trotzkisten. Es herrscht eine Atmosphäre der Verdächtigung und Denunziation, deren Scheußlichkeit demjenigen schwer zu vermitteln ist, der sie nicht selbst erlebt hat. In meinem Fall hege ich keinen Zweifel, daß wohl alle Kommunisten, die mir das Leben in Spanien möglichst schwer zu machen versuchten, wirklich glaubten, daß ich tatsächlich ein Trotzkist *war*. Aus zweierlei Anhaltspunkten zogen sie ihre Schlußfolgerungen: Erstens vertrat ich immer eine äußerst kritische Haltung gegenüber dem Typ bürokratischer Tyrannei, wie ihn die Kommunisten in Spanien anstrebten, in Rußland bereits errichtet hatten und wie andere ihn Deutschland und Italien erfolgreich aufgezwungen haben. Zweitens befanden sich unter meinen Freunden und Bekannten einige Trotzkisten. Konnte ein Mensch etwas anderes als ein Trotzkist sein, wenn er sich gegen den totalitären Staat stellte und mit Trotzkisten sprach? Ich versuchte wiederholt, einige Kommunisten indirekt davon zu überzeugen, daß sie sich im Irrtum befänden, daß ich schließlich eine ganze Reihe von Arbeiten veröffentlicht hätte, aus denen hervorging, daß ich alles andere als ein Trotzkist wäre, daß ich die Trotzkisten nicht einmal ernst nehmen würde. Alles umsonst. Ich kritisierte den bürokratischen Totalitarismus, also war ich Trotzkist. Ich redete mit Trotzkisten, also war ich Trotzkist. Die Tatsache, daß ein paar ziemlich bedeutende Länder auf der Welt nicht unter bürokratischer Diktatur leben und doch trotz allem nicht trotzkistisch sind, ist dem Gesichtskreis des gewöhnlichen Kommunisten entschwunden.

Glücklicherweise wußte man an der Plaza Tetuan Nr. 15 weder von meiner kritischen Haltung gegenüber bürokratischen Diktaturen noch von meinen Kontakten zu Trotzkisten in Barcelona. Wäre ich unter dem Vorwurf, Trotzkist zu sein, in ihre Hände gefallen, hätten sich die Dinge für mich wahrscheinlich noch unangenehmer entwickelt, als sie bald werden sollten. Denn die Kommunisten kennen keine Gnade, wenn es sich um angebliche Trotzkisten handelt, und man kann die Beschuldigungen unmöglich entkräften, bis man nicht jeden einzelnen Punkt kommunistischer Politik befürwortet. Doch trotz der Unkenntnis meiner verwerflichen politischen Meinungen an der Plaza Tetuan Nr. 15 sollte ich bald noch größere Schwierigkeiten mit ihnen bekommen.

Ein paar Tage nach meiner Rückkehr von Malaga saß ich mit einer Kollegin unserer Malaga-Gruppe plaudernd in einem kleinen Café, als wir beide von zwei Agenten dieser Institution aufgefordert wurden, ihnen zu folgen. Unterwegs riefen sie zwei Milizionäre herbei, die uns dichtauf folgten und vermutlich Revolver in ihren Taschen hatten. Ohne zu überlegen steckte ich irgendwann meine Hand in die Tasche, um mein Taschentuch herauszuziehen. Hysterisch forderte mich einer der Agenten auf, sofort zu zeigen, was ich in meiner Hand hielt, und war sichtlich enttäuscht, als er sah, daß ihn ein Taschentuch in Schrecken versetzt hatte. Eindringlich befahl er mir, nicht wieder meine Hände in meine Taschen zu stecken. Bei unserer Ankunft in der Plaza Tetuan Nr. 15 wurden wir beide nach Waffen durchsucht. Offenbar hielt man uns für gefährliche Verbrecher. Nach einiger Zeit wurde ich allein vor ein Komitee gerufen, dessen Charakter ich nicht einschätzen konnte. Es war kein Gericht, aber vielleicht ein Ausschuß. Mindestens zehn Leute saßen im Raum, einige von ihnen Zivilisten, die meisten aber trugen entweder Polizei- oder Armeeuniform. Ich hatte nicht die geringste Ahnung, was das alles zu bedeuten hatte. Man bot mir einen Stuhl an, und nach ein paar einführenden Fragen wurde ich über meine früheren Besuche in Katalonien verhört. Ich sagte ihnen, daß ich 1928 zum ersten Mal einen kurzen Besuch von einigen Tagen dort gemacht und damals keinerlei persönlichen Kontakte in Barcelona gehabt hätte. In einschüchterndem Ton wurde ich gefragt, wie es dann zu erklären sei, daß ich Katalanisch spräche und Kontakt mit der Radikalen Partei von Alexandro Lerroux hätte. Ich konnte nichts anderes antworten, als daß ich kein Katalanisch spräche, es höchstens etwas lesen könnte und nie in meinem Leben einem Angehörigen der Radikalen Partei begegnet sei. Daraufhin hielt mir ein junger Mann scharf entgegen: Ich würde lügen, da ich nachweislich Katalanisch spräche. Die Situation wurde amüsant und unangenehm zugleich. Ihre feste Überzeugung, daß sie einen gefährlichen Burschen geschnappt hätten, stand in einem komischen Kontrast zu meiner völligen Ahnungslosigkeit, was sie von mir wollten; aber die Situation hätte sehr bedrohlich werden können. Ich wiederholte drei- oder viermal ziemlich entschieden, daß ich kein Katalanisch könne, daß es sicher schwierig wäre, diese Tatsache zu beweisen und daß sie sich über meine Identität im Irrtum befinden müßten. Daraufhin entgegnete man, daß die beiden Agenten, die uns verhaftet hatten, uns Katalanisch hätten sprechen hören. Ich wurde bei diesem Unsinn ziemlich ärgerlich; denn in Wirklichkeit hatten wir uns auf deutsch unterhalten. Schließlich wurde ich in einen anderen Raum geschickt und die Dame einem ähnlichen Verhör unterzogen. Wie sie mir hinterher erzählte, hatte sie einige Schwierigkeiten, das Komitee davon zu überzeugen, daß sie selbst bei freizügigster Auslegung des Begriffs nicht meine Ehefrau sei und außer einer in Malaga entstandenen Bekanntschaft keinerlei Verbindung zwischen uns bestünde. Dann untersuchten sie sorgfältig die Briefe, die sie bei sich trug, und nach ungefähr 15 Minuten wurde ich zurückgerufen; man teilte uns mit, daß wir beide frei seien, und anhand vieler Entschuldigungen erklärte man uns, daß die ganze Sache eine Verwechslung gewesen sei. Ich erfuhr nie, mit wem man mich verwechselt hatte. Aber ich sagte dem

Chef dieses obskuren Gerichts so höflich ich konnte, daß seine Spione entweder den Unterschied zwischen Katalanisch und Deutsch lernen oder mit ihren Denunziationen behutsamer umgehen sollten. Wir gingen in Frieden und Freundschaft auseinander.

Ein merkwürdiger Zufall spielte noch bei dieser Geschichte mit. Genau im Augenblick unserer Festnahme sprachen wir über das Schicksal eines anderen Mannes, der von den Leuten von der Plaza Tetuan Nr. 15 verhaftet worden war. Dieser, ein deutscher Sozialist, war unmittelbar nach seiner Ankunft sofort ins Gefängnis gesteckt worden, weil zumindest den Leuten von der Plaza Tetuan Nr. 15 irgend etwas an seinen Papieren dubios vorgekommen war. Alle deutschen Flüchtlinge kannten ihn gut, niemand zweifelte im geringsten an seiner echten Leidenschaft für die republikanische Sache, und die Verhaftung war eine Dummheit, die noch unangenehmer wurde durch den Umstand, daß er die ganze Nacht im Gefängnis verbringen mußte und nicht sofort verhört und wieder freigelassen wurde. Wir unterhielten uns gerade über Maßnahmen, die zu ergreifen wären, um die unausbleibliche Freilassung des Mannes zu beschleunigen, als wir verhaftet wurden. Ich traf ihn am nächsten Tag; er schwieg sich über den kleinen Zwischenfall aus.

Soweit ich selbst betroffen war, waren die Dinge mit Plaza Tetuan Nr. 15 geregelt; ich hörte aber weiterhin von Zeit zu Zeit von den Schwierigkeiten, die diese Einrichtung anderen bereitete; alle waren aufrichtige Partisanen der republikanischen Sache, einige von ihnen ihr Leben lang aktive Mitglieder der sozialistischen Bewegung, aber im allgemeinen Leute, deren kommunistische Rechtgläubigkeit mit Recht bezweifelt wurde. Aber ich selbst fühlte mich jetzt ziemlich sicher – wozu ich keine Veranlassung hatte, wie sich durch spätere Ereignisse herausstellen sollte – und hoffte auf eine erfolgreiche Fortführung meiner Arbeit. Doch Scherereien kamen jetzt aus einer anderen Ecke.

Eines Nachmittags wurde ich wieder von Geheimagenten aufgehalten, diesmal waren es Angehörige der Ausländerabteilung der »Seguridad General«. »Sie sind nicht verhaftet«, sagten sie mir, »wir wollen Ihnen nur ein paar Erklärungen geben.« Zunächst schien die Sache nicht besonders unangenehm. Sie waren Beamte des alten Polizeikorps und folglich nicht so hysterisch wie die Amateure von der Plaza Tetuan Nr. 15. Ich rechnete damit, nach ein paar Fragen – wenn ich auch nicht wußte worüber – wieder freigelassen zu werden. Statt dessen aber mußte ich stundenlang warten, sämtliche Papiere einschließlich meines Passes wurden mir abgenommen. In der Zwischenzeit wurde Luftalarm in der Stadt gegeben. Würde das Gebäude getroffen, würden sicher alle Leute davonlaufen und meine Papiere wären verloren. Aber es kam zu keinem Luftangriff. Nach etwa drei Stunden des Wartens (»Paciencia, Paciencia« ist der spanische Ratschlag für solche Situationen) wurde ich in eine andere Abteilung geführt. Es war bereits neun Uhr, und die Beamten waren alle dabei, wegzugehen. Ich begriff, daß ich die Nacht hier verbringen mußte, und als ich gegen eine solche Behandlung protestierte, erfuhr ich, daß mein Fall in den Händen des Direktors der Seguridad selbst läge und nicht vor morgen behandelt werden könnte. Also schien etwas Ernsthaftes vorgefallen zu sein.

Man führte mich ins Gefängnis. Ich glaubte zu diesem Zeitpunkt nicht, daß ich die Absonderlichkeiten dieser Einrichtung den jetzt zuständigen Leuten anlasten sollte. Ich hielt das Gefängnis für eines des alten Regimes. Am nächsten Morgen sah ich jedoch, daß sich ein guter Teil des Gefängnisses noch im Bau befand, und ich erfuhr, daß erst nach der Verlegung der Regierung nach Valencia damit begonnen worden war. Man steckte mich in eine zweieinhalb Meter lange und eineinhalb Meter breite Zelle mit einer einzigen Liege, auf der gerade drei Leute sitzen konnten; es war fürchterlich feucht und kalt. Als ich die Zelle betrat, waren dort bereits zwei andere, und während der darauffolgenden Stunden kamen noch zwei weitere dazu; es gab nicht einmal genug Platz zum Sitzen. Alle anderen Zellen waren jedoch noch überfüllter als unsere. Es gab weder Matratzen noch Decken, und die Verwaltung kümmerte sich nicht um Verpflegung. Ich sollte bald erfahren, daß dies für die Gefangenen eher ein Vorteil als eine Benachteiligung war. Alle, die im Augenblick ihrer

Verhaftung zufällig Geld bei sich hatten – bei weitem nicht die Mehrheit –, konnten sich von einer Frau, die die Runde durch die Zellen machte, Essen kaufen. Ich kaufte etwas, aber es war so eklig, daß ich es nicht hinunterbrachte. Ich bat die wachhabenden Milizionäre um eine Decke. Daß ich keine bekam, war nicht ihre Schuld. Sehr freundlich versuchten sie, eine Decke für mich aufzutreiben, und fanden schließlich auch eine. Aber in diesem Augenblick mischte sich ein *Asalto* -Offizier ein. »Was?«, hörte ich ihn von meiner Zelle aus sagen, »Sie wollen solchen Leuten Decken geben? Den Verwundeten ja, denen nicht!« Und ich bekam sie nicht. Es war charakteristisch, daß dieser eine Polizeioffizier des alten Regimes der einzige im Gefängnis war, der versuchte, den Gefangenen das Leben schwer zu machen, und sich gänzlich mit den Machthabern identifizierte, während die Milizwachen so hilfsbereit waren, wie man das zu angeblichen Faschisten nur sein konnte, die – das wußten sie sehr genau – meist alles andere als Faschisten waren, sondern ganz einfach Leute, die aus dem einen oder anderen Grund das Pech gehabt hatten, das Mißfallen der Seguridad auf sich zu lenken.

Einer meiner Zellengenossen gab nur sehr zögernd Auskunft über sich selbst, schien aber ein Händler zu sein. Ein anderer war ein Milizionär, der in der Guadarrama gekämpft hatte und erklärte, daß er nicht wisse, unter welchem Vorwurf er verhaftet worden sei. (Tatsächlich waren sich die meisten Gefangenen, wie auch ich, über die Gründe ihrer Verhaftung vollkommen im unklaren, und im nachhinein stellte sich heraus, daß einige, die glaubten, die Gründe zu kennen, sich geirrt hatten.) Diese beiden Gefangenen wurden etwa um Mitternacht zu einem Verhör gerufen und kamen nicht wieder zurück. Ich glaubte nicht, daß die Seguridad jemanden nach einem einzigen Verhör spät nachts exekutieren würde; andererseits verließen die Wagen zum Modellgefängnis die Seguridad nur um sechs und um sieben Uhr abends. Daher hoffe ich, daß sie nach einem kurzen Verhör freigelassen wurden, obwohl andere Gefangene, denen ich am Morgen davon erzählte, weniger optimistisch waren. Der dritte Mann in der Zelle war ein einfacher Arbeiter, ein bäuerlicher Typ, der einzige von uns, dem die Zustände im Gefängnis nichts ausmachten, sondern der sich sofort auf den Boden kauerte und zu schnarchen anfing. Er hatte wegen seiner Gewerkschaftspapiere Schwierigkeiten bekommen und war zu Hause verhaftet worden, wurde dann nach den beiden anderen zu einem kurzen Verhör gerufen, kam nach kurzer Zeit zurück und erzählte, man habe ihm gesagt, daß man seine Angaben nachprüfen und ihn am nächsten Morgen freilassen werde, wenn sie sich als richtig herausstellten. Der vierte Mann in der Zelle war ein aktiver Anarchist ausländischer Nationalität, der aber mit einem der berühmtesten Namen der spanischen fortschrittlichen Bewegung in Verbindung stand. Durch Zufall hatte er einen Blick auf den Haftbefehl werfen und die Worte lesen können: »Zur Verfügung der Internationalen Brigade.« Die Internationale Brigade steht im Ruf, sehr schnell zu sein, wenn es darum geht, Leute zu erschießen, und er selbst glaubte zu wissen, was sie gegen ihn hätten. Er gab ein kleines anarchistisches Blatt heraus, das unter Kommunisten und speziell unter Mitgliedern der Internationalen Brigade verteilt werden sollte. Er war zutiefst beunruhigt, und je mehr er mir erzählte, desto mehr verstand ich seine Angst. Aber es war alles ein Irrtum. Am Morgen wurde er zu einem Verhör gerufen und kam nur zurück, um mir zu sagen, daß er freigelassen worden wäre und seine Verhaftung auf einer Verwechslung beruht hätte.

Am Morgen zeigten sich die Milizionäre in ihrer ganzen Freundlichkeit. Viele von ihnen, besonders die Unteroffiziere, waren alte Mitglieder der Gewerkschaftsbewegung, die im Gegensatz zu den *Asaltos* und dem zivilen Wachpersonal selbst einmal im Gefängnis gewesen sein mußten und die Gefangenen so gut behandelten, wie sie nur konnten. Unter dem einen oder anderen Vorwand wurden alle Zellen geöffnet und den Insassen gestattet, sich den ganzen Tag im Hof in der angenehmen Sonne aufzuhalten. Alle Gefangenen saßen oder standen dort herum, plauderten miteinander und mit den Wachen, Gefangene und Wachen sprachen sich mit »Genosse« an, und die Wachen hatten nicht einmal etwas dagegen, sich über Politik zu unterhalten. Erst wenn bei der Wachablösung

Offiziere anwesend waren, wurden wir schnell in unsere Zellen zurückgebracht, um sofort danach wieder rausgelassen zu werden. Und all das taten die Wachen, ohne selbst den geringsten Vorteil daraus zu ziehen. Niemand versuchte ihnen Geld anzubieten, und sie wiesen sogar die Zigaretten zurück, die in Spanien mehr als sonst irgendwo als übliche Höflichkeitsgeste angeboten und akzeptiert werden. Weder unter den Augen ihrer Offiziere noch allein nahmen sie irgend etwas an, was nach Bestechung aussehen könnte. Ich empfand es als bedauerlich, ihnen für ihre Freundlichkeit nichts als ein Danke anbieten zu können. Man kann eine persönliche Erfahrung nicht verallgemeinern, aber Freunde, die durch andere Gefängnisse gegangen sind, erzählten mir, daß die Gefangenenaufsicht manchmal zwar etwas strikter war, aber das Verhalten der Wachen gleichermaßen korrekt. Speziell in diesem Gefängnis schien der bloße Gedanke an Folterungen (von denen ein gewisser Teil der Presse ununterbrochen spricht) absurd. Unter diesen Bedingungen war es einfach, sich von den anderen Gefangenen einen Eindruck zu verschaffen. Kein einziger »Bourgeois« oder Adliger war darunter. Ein oder zwei waren kleine Kaufleute. Die meisten von ihnen gehörten eindeutig der untersten Schicht der unteren Mittelklasse und der Arbeiterklasse an. Im Erdgeschoß lagen außer meiner Zelle noch drei weitere Zellen. Die Insassen der einen waren schwer einzuordnen, aber ihrer Kleidung nach zu urteilen waren sie arm; unter ihnen eine alte Frau, begleitet von einer jüngeren, letztere blind und halb gelähmt. In der nächsten Zelle waren zwei ganze Familien zusammengepfercht, zusammen drei Generationen. Sie schienen etwas besser dran zu sein und versuchten, das ganze mit Humor zu nehmen. In der letzten Zelle saßen acht Männer, offenbar einfache Arbeiter bäuerlicher Herkunft. Es wäre sinnlos gewesen, all diese Leute nach dem Grund ihrer Inhaftierung zu befragen. Die meisten hätten ihn nicht gekannt. Ich erfuhr, daß in der Regel niemand länger als drei Tage in diesen Zellen festgehalten wird; wenn er dann nicht freigelassen wurde, überführte man ihn in ein reguläres Gefängnis. Einige Gefangene waren aber schon seit 48 Stunden hier, ohne verhört worden zu sein.

Die Freundlichkeit der Wachen, zusammen mit der Faulheit der höheren Beamten, machte einem die Vorbereitungen auf die eigene Verteidigung sehr leicht. Das Durcheinander besorgte den Rest. Nachdem für Essen nicht gesorgt wurde, konnte man den Gefangenen unmöglich das Recht verweigern, ihre Familien über die Verhaftung zu informieren und sich Essen bringen zu lassen. Das Essen wurde kontrolliert, aber die Angehörigen durften es den Gefangenen direkt überreichen. Nichts war einfacher, als über diesen Weg Nachrichten hinauszuschmuggeln. Um sieben Uhr morgens kam die Frau des Arbeiters, der mit mir in der gleichen Zelle saß. Sie war in Tränen aufgelöst, da sie wohl erwartet hatte, ihren Mann bereits tot vorzufinden, und umarmte ihn leidenschaftlich. Ich tröstete sie, in dem ich ihr sagte, daß ihr Mann sicher in ein paar Stunden wieder frei sein würde – was tatsächlich auch zutraf –, und bat sie dann, Freunde von mir von meiner Inhaftierung zu informieren. Ob sie mir eine Decke und meinen Mantel bringen könnten? Ich notierte meine Botschaft auf einen Fetzen Papier, der vom Wachtmeister pflichtgemäß geprüft und durchgelassen wurde. Bald hatte ich meine Decke, und alle meine Freunde wußten, daß und wo ich inhaftiert worden war. Das befriedigte mich, denn ich war überzeugt, daß sie mir effizient helfen würden.

Ich bat meine Freunde, in meine Unterkunft zu gehen und sofort den in Valencia geschriebenen Teil meines Manuskriptes, der dort immer noch herumlag, zu vernichten. Die Existenz dieses Manuskripts, das der Polizei sofort in die Hände fallen würde, wenn sie mein Zimmer durchsuchte, beunruhigte mich ernsthaft. Ich wußte damals noch nicht, wessen ich beschuldigt worden war – und wußte folglich auch nicht, daß sich die Anklage direkt auf den Inhalt des Manuskripts bezog, war mir aber sicher, daß ich unerfreulich lang im Gefängnis festgehalten werden würde, wenn die Polizei in dessen Besitz gelangte. Tag für Tag hatte ich mir vorgenommen, es aus meinem Zimmer zu entfernen; aber ich wollte es nicht nach und nach in kleinen Teilen wegbringen und hatte daher beschlossen, es zu behalten, bis ein längeres Kapitel abgeschlossen sein würde. Genau am Tag meiner Verhaftung war ich damit soweit; am nächsten Morgen wollte ich es wegbringen, da wurde ich überraschend verhaftet. Obwohl mich die Sache etwas beunruhigte, war ich deswegen nicht völlig durcheinander. Ich kannte die Spanier bereits zu gut. Mehr oder weniger verließ ich mich darauf, daß sie nicht rechtzeitig handeln würden. Hätten sie mich gleich am Nachmittag dem Chef der Abteilung vorgeführt, wäre die Situation vielleicht mißlicher geworden. Aber das taten sie nicht, und somit erfuhren sie erst spät nachts meine Adresse. Sie hatten nicht gewußt, daß ich nach meiner Rückkehr aus Malaga aus meinem Hotel ausgezogen war, mich dort vergeblich gesucht und mich nur zufällig auf der Straße in der Nähe des Hotels gefunden und verhaftet. Also konnten sie nicht unmittelbar nach meiner Verhaftung mein Zimmer durchsuchen, oder vielmehr sie hätten dies nur tun können, hätten sie sofort nach meiner Adresse geforscht. Dies taten sie jedoch nicht vor neun Uhr abends. Und bis dahin wußte ich bereits, daß die schlimmste Gefahr vorbei war. Denn der Chef der Abteilung war zu diesem Zeitpunkt schon nach Hause gegangen, und ich wußte nur zu gut, daß kein spanischer Beamter versucht, sich einer Sache anzunehmen, der er wenn irgend möglich aus dem Weg gehen kann. Der Chef der Abteilung würde sicherlich nicht vor zehn Uhr morgens zurückkommen, schlimmstenfalls um neun. Er würde – dessen war ich mir ganz sicher – es nicht sehr eilig haben, die Angelegenheiten des vorangegangenen Tages aufzunehmen (tatsächlich wurde ich erst um vier Uhr nachmittags zum Verhör gerufen). Und um acht Uhr morgens wußte einer meiner Freunde bereits, was er zu tun hatte; er würde es eine halbe Stunde später erledigt haben. In Wirklichkeit liefen die Dinge sogar besser, als ich gehofft hatte. Ich hatte angeordnet, das Manuskript zu vernichten, aber mein Freund entschied, daß es ein Jammer wäre, die Ergebnisse meiner Reise zu vernichten oder ernstlich zu beeinträchtigen, indem der Teil des Manuskripts, der unter den frischen, vor Ort gesammelten Eindrücken geschrieben worden war, vernichtet werden würde. Auf eigene Faust beschloß er, es an einem sicheren Ort zu verstecken. Eine Tat, die erheblichen Mut erforderte. Wenn die Dinge falsch gelaufen wären, hätte in der Zwischenzeit ein Durchsuchungsbefehl gegeben werden können, das Haus hätte beobachtet werden können und der Überbringer des Manuskripts wäre möglicherweise beim Betreten oder Verlassen des Hauses verhaftet worden. Für ihn wäre dies sogar noch verhängnisvoller geworden als für mich. Im Licht späterer Erkenntnisse, als ich erfuhr, daß das Manuskript die Ursache des ganzen Wirbels war, schien dann die Gefahr noch größer gewesen zu sein als zum Zeitpunkt, da es weggebracht wurde. Tatsächlich aber, so eigenartig es scheinen mag, ergriff die Polizei keine dieser Maßnahmen, und das Manuskript wurde ohne Zwischenfall an einen sicheren Ort gebracht. Die Polizei arbeitet im republikanischen Spanien offensichtlich nicht sehr effizient.

Ein paar Stunden später wußte ich, daß das Manuskript in Sicherheit war; ich wußte ferner, daß sich Freunde in meinen Fall eingeschaltet hatten. Alles war soweit in Ordnung. Als ich schließlich am Nachmittag zum Verhör geführt wurde – ein bewaffneter Wachtposten saß hinter mir, drei Beamte des vor-revolutionären Polizeikorps vor mir –, erfuhr ich, daß die ein-zige Person, die mein Manuskript gesehen hatte, mich denun-ziert hatte: meine englische Sekretärin, eine Kommunistin, die natürlich meine kritische Einstellung gegenüber ihrer Par-tei schon vor Aufnahme ihrer Tätigkeit gekannt hatte und von mir darüber informiert worden war, daß ihre Arbeit vertrau-lich sein sollte.

Ich sah das schriftliche Protokoll der Anzeige. Es beschrieb das ganze Manuskript als hochgefährliches Zeug – die Tat-sache, daß der Teil über die erste Reise sich bereits in England befand, war nicht vergessen worden. Der Seguridad von Valencia wurde zu verstehen gegeben, daß ein wichtiger Teil des gefährlichen Dings nicht mehr zur Vernichtung verfügbar sei, aber dafür hätten sie zumindest den üblen Menschen, der es verfaßt hatte. Aber was sie über den Teil des Manu-skripts, den ich ihr diktiert hatte – schon Wochen zuvor hatte ich die Zusammenarbeit beendet –, sagen konnte, schien als Grundlage für eine ernsthafte Anklage sehr fragwürdig. Zumindest einen der von ihr erwähnten Punkte enthielt das Manuskript überhaupt nicht; einen zweiten, bei dem es um eine Bemerkung zu dem Slogan »Alle Waffen an die Front« und seine Rolle im Kampf zwischen den Parteien ging, hatte sie mißverstanden. Ein Anklagepunkt blieb bestehen; ich hatte detailliert den politischen Druck beschrieben, den die Russen als Gegenleistung für die gewährte Hilfe Spanien auferlegten. Wenn es ein Verbrechen war, diese Tatsache zu erwähnen, dann war ich schuldig. Die Leute von der Seguridad schienen das mit Sicherheit als Verbrechen zu betrachten. Einer zeigte dem andern mit bedeutender Miene das Anzeigenprotokoll, und ich hörte den Mann, der die Untersuchung leitete, mit ernstem Kopfschütteln seinem Kollegen sagen: »Es mucho« (das ist eine ganze Menge).

Ob nun eine Menge oder eine Kleinigkeit, sollte keine Rolle spielen. Sie mußten sich mit der Tatsache abfinden, daß sie mir nichts beweisen konnten, solange ich es nicht frei heraus gestand. Dies machte ich ihnen höflich aber deutlich klar; das Manuskript sei nicht mehr verfügbar, sagte ich ihnen. Es sei zerstört worden, ließ ich sie wissen, und sie verstanden sehr genau, daß dies nur als diplomatische Umschreibung diente, um ihnen zu verstehen zu geben, daß es gut versteckt war. Sie hätten mich höchstens ein paar Tage im Gefängnis behalten können, aber sie konten mich kaum ohne den geringsten Beweis auf unbestimmte Zeit dort festhalten. Schließlich schrieb ich dieses fürchterliche Buch für eine britische Firma. Sie beschlossen, nicht nachzuhaken. Von dem Moment an, da ich ihnen vom Verschwinden des Manuskripts erzählte, verlor das Verhör an Ernst. Nach ein paar Minuten wußte ich, daß die Angelegenheit zu einer rein formalen geworden war. Wenn ich noch etwas beunruhigt war, dann nur deswegen, weil ich keinerlei Lust verspürte, eine zweite Nacht in dem unangenehmen Gefängnis zu verbringen. Ein englischer Freund, dem ich an dieser Stelle meine tiefe Verbundenheit ausdrücke, verbürgte sich für mein tadelloses Verhalten, und ich wurde sofort auf freien Fuß gesetzt.

Fälle wie der meine waren keinesfalls eine Ausnahme. In den paar Tagen, die ich mich noch in Valencia aufhielt, hatte ich ein amüsantes Erlebnis, das sehr treffend illustriert, wie weit verbreitet in diesen Zeiten solche Zwischenfälle waren.

Ich erzählte die Geschichte meiner Inhaftierung einer Gruppe von sechs Leuten verschiedener Nationalität; einige von ihnen waren Journalisten, die im Interesse der Republik arbeiteten, und andere standen direkt in Regierungsdiensten. Nur zwei von ihnen waren während ihres Aufenthalts in Spanien nie im Gefängnis gewesen, und einer von diesen beiden war jeden Augenblick darauf gefaßt, wegen einer Sache verhaftet zu werden, die alles andere als antirepublikanisch war. Sie begannen sofort von zahlreichen anderen Leuten zu erzählen, die unter den fadenscheinigsten Vorwürfen verhaftet worden waren, einer davon war sogar ein in seinem Land sehr bekannter Führer der Arbeiterbewegung. Sie nahmen die Sache mit Humor, aber ich spürte die tiefe Enttäuschung hinter ihrem Lächeln. Mir selbst war mittlerweile klar geworden, daß die Kommunisten nichts unversucht lassen würden, um meine weitere Arbeit in Spanien unmöglich zu machen. So blieb nur noch eins, abzureisen; alle meine Freunde machten mir klar, daß ich diesmal Glück gehabt hätte und nicht noch einmal mein Glück versuchen sollte. Ich buchte einen Platz auf einem englischen Frachtschiff nach Sète in Frankreich. Gerade als ich an Bord gehen wollte, entdeckte ich, daß sich die Abfahrt verzögern würde und das Schiff folglich mindestens drei Tage im Hafen liegen müßte. Damals paßte mir das nicht, aber es sollte sich als glücklicher Zufall erweisen; ich machte mehr als eine interessante Erfahrung während meines Aufenthalts an Bord. Aber bevor ich davon erzähle, möchte ich einige allgemeine Schlußfolgerungen über das Polizeiregime hinzufügen, wie sie sich mir genau im Moment meiner Abreise aufdrängten.

Als ich im August nach Spanien gekommen war, hatte ich zunächst nicht die Absicht gehabt, den Terrorismus zu einem besonderen Gegenstand meiner Untersuchung zu machen. Zwei Tage Aufenthalt in Barcelona genügten, um mich davon zu überzeugen, daß meine Absicht unter dem Gesichtspunkt der Feldforschung völlig falsch gewesen war. Jeder sprach vom Terrorismus, besonders vom anarchistischen; einige begeisterten sich dafür, andere verabscheuten ihn. Soziale Gruppen wählten ihre Positionen in der Bewegung oder ihren

Anschluß an eine Partei entsprechend ihrer Einstellung zum Terrorismus. Später erfuhr ich, daß der Terrorismus in Stadt und Land der bei weitem stärkste Hebel der Sozialrevolution war. Den Enteignungen gingen Exekutionen voraus, und die Angst vor Hinrichtung schüchterte die überlebenden Reichen so sehr ein, daß sie sich dem revolutionären Regime unterwarfen. Die Annahme, daß die Anarchisten in Katalonien ihr Übergewicht ausschließlich ihren terroristischen Methoden verdankten, war aber falsch; sie wären sich auch ohne Terrorismus der Gefolgschaft einer großen Mehrheit der Arbeiterklasse sicher gewesen. Aber die andere Behauptung, daß nur der Terrorismus die ersten Schritte in Richtung Sozialrevolution ermöglicht hatte, war richtig. Der anarchistische Terror dieser ersten Tage war nur der unbarmherzigste Typ jenes Terrors, den alle Organisationen der Arbeiterklasse gegen die Feinde des Regimes in ganz Spanien richteten. Dieser Terrorismus der ersten Tage, die Massaker und Massenexekutionen durch politische Gruppen jenseits aller Gesetze und ordentlicher Gerichte, ist seitdem fast ganz verschwunden. Die Schlußfolgerung, daß die terroristische Phase der spanischen Revolution vorüber ist, scheint nahezuliegen. Ich neige jedoch zu der Annahme, daß diese Folgerung nicht korrekt ist.

Das hängt natürlich davon ab, welche Definition man dem Wort »Terrorismus« gibt. Versteht man darunter Hinrichtungen ohne Gerichtsverfahren, dann ist Terrorismus in Spanien rasch im Schwinden begriffen. Bedeutet »Terrorismus« Massenhinrichtungen im Gegensatz zu Einzelprüfungen der individuellen Fälle, dann gibt es jetzt ebenfalls keinen Terrorismus mehr. Wer nur in Begriffen von Legalität und Moralität denkt, wer ausschließich an der Aufrechterhaltung von Gesetz und Ordnung einerseits und dem Ausmaß menschlichen Leidens andererseits interessiert ist, wird keine weiteren Fragen stellen. Aber das Interesse des Soziologen wie des Politologen sollte sich nicht darin erschöpfen, einen legalen oder moralischen Standpunkt – so wichtig diese sein mögen – zu untersuchen. Jenseits der Frage, ob in einem bestimmten Land zu einem bestimmten Zeitpunkt »Terrorismus« oder »kein Terrorismus« herrsche, sollte er die Transformation des Polizeiregimes und deren soziale und politische Implikationen beobachten. Ein Vergleich zwischen den Repressalien gegen Regimegegner im August mit jenen im Februar kann das illustrieren.

Der revolutionäre Terrorismus vom Juli, August und September in Spanien war das, was man im doppelten Sinne des Wortes »Massenterrorismus« nannte: Terrorismus, der von den Massen selbst, nicht von organisierten Polizeikräften ausging und gegen eine sehr große Zahl, eine »Masse« von Opfern gerichtet war. Dieser hat sein genaues Gegenstück in den Massakern von Paris im September 1792 und den Massakern des Jahres 1918 in Rußland. Rufen wir uns Paris 1792 in Erinnerung und vergleichen Barcelona 1936 damit. In Paris massakrierten die Freiwilligen die Gefangenen, bevor sie an die Front zogen; dasselbe in Barcelona. In Paris verübten sie die Massaker in einem Augenblick höchster Gefahr für die Sache der Revolution; der Feind näherte sich, und man war überzeugt, daß das Massaker das beste Mittel war, eine Erhebung oder Konterrevolution in der Stadt zu vermeiden, während man weit entfernt an der Front war. Genau dasselbe in Barcelona. Die Massaker wurden ohne jegliche Gesetzesregelung durchgeführt, mit extremer Gnadenlosigkeit und Grausamkeit, aber ohne irgendeine der verfeinerten Foltermethoden, die für bestimmte Polizeiregimes so charakteristisch sind. Der Terrorismus 1792 in Paris, genau wie 1936 in Barcelona, war auf keinen Fall von einer eigens für diesen Zweck gebildeten Einrichtung organisiert worden oder, genauer gesagt, von überhaupt keiner Organisation. Zugegeben, politische Gruppen haben die Sache immer unterstützt: 1792 Danton und seine Anhänger, 1918 in Rußland die Bolschewiken, in Barcelona die Anarchisten. Aber sie wurde nicht von den Parteiorganisationen durchgeführt, sondern von den aktivierten Massen selbst. Man könnte geneigt sein, daraus zu schließen, daß dies ziellos war, daß alles zufällig geschah. Wie sollten inhomogene Massen wissen, gegen wen sie losschlagen sollten? Aber dies ist nicht ganz richtig. Die Massen schlagen nicht so sehr gegen Leute los, die irgendeine speziell gegen das Regime gerichtete Tat begangen haben oder versucht haben zu begehen, sondern gegen Leute, die aufgrund ihres Ranges als natürliche Feinde des von den Massen verteidigten Regimes betrachtet werden. Sowohl in Rußland als auch in Spanien und Frankreich wurden die Aristokraten als Aristokraten umgebracht, die Priester als Priester und in Rußland wie in Spanien der Bourgeois als Bourgeois; in all diesen Fällen außerdem einzelne Personen, von denen bekannt war, daß sie regimefeindlichen Organisationen angehörten. Bei diesen Ausbrüchen von Massenterrorismus wurde Schuld nicht durch kriminelle Handlungen konstituiert, sondern durch öffentlich vertretene Meinungen und allgemein durch eine gewisse Stellung im gesellschaftlichen Leben. Sicherlich wurden sehr viele Fehler begangen, sogar im Sinne der Ziele der terroristischen Bewegung selbst. Aber im allgemeinen war es nicht schwierig, genau gegen die Leute loszuschlagen, auf die man abzielte. Im scharfen Gegensatz zu einem regulären Polizeiregime erreicht der Massenterrorismus seine Ziele um so besser, je dezentralisierter er ist. Vor Ort kennen die Leute die politische Haltung und soziale Stellung von Personen besser als jede improvisierte zentrale Organisation.

Das gnadenlose Töten, das wilde Triumphieren der Tötenden über die Vernichtung ihrer Feinde, die Willkür des Vorgehens oder vielmehr das Nichtvorhandensein einer Regelung, die Hinrichtung von Leuten, die keiner Straftat überführt waren, machten den Terror zum Schrecken nicht nur für die, die ihn durchlebten, sondern sogar mehr noch für spätere Generationen. Aber genau wegen seiner Eigentümlichkeiten kann der Massenterrorismus kaum zum wirksamen Instrument einer Auseinandersetzung innerhalb des revolutionären Lagers selbst werden.

Nicht die *Septembriseurs,* sondern das Revolutionstribunal schickte die Girondisten und so viele andere französische Revolutionäre auf die Guillotine. Nicht die Matrosen von Kronstadt und die aufgebrachten Bauern, sondern die GPU vernichtete die sozialistischen und kommunistischen Dissidenten. Diese Verfolgungen wurden von einer zentralisierten Polizeimaschinerie durchgeführt, derer sich ein kleiner Kreis von Machthabern bedienen konnte. Jede Revolution scheint in ihrem Verlauf diesen Wandlungsprozeß vom Massenterrorismus zum Polizeiterrorismus zu durchlaufen. Der Veränderungsprozeß wurde in Frankreich durch den Fall Robespierres plötzlich abgebrochen, nicht ohne vorher beachtliche Fortschritte gemacht zu haben. In Rußland kam er in den Jahren nach dem Ende des Bürgerkrieges voll zur Entfaltung. In Spanien, wo der eigentliche revolutionäre Prozeß so schnell durch etwas völlig anderes abgelöst wurde, machte er in den wenigen Monaten seit Begin des Bürgerkrieges große Fortschritte.

Was sind die Charakteristika der zweiten Form des Terrorismus im Vergleich zur ersten? Sie widersprechen einander in jedem Punkt. Anstelle der revolutionären Massen selbst sind die Polizeikräfte die Agenten des neuen Terrorismus. Manchmal ist die revolutionäre Polizei hauptsächlich aus den Reihen der Revolutionäre hervorgegangen; in anderen Fällen, besonders im heutigen Spanien, besteht sie ganz einfach aus dem alten Polizeikorps, das soweit wie möglich von offen konterrevolutionären Elementen gesäubert und mit Elementen der Regierungsparteien aufgefüllt wurde. Aber in Spanien zumindest sind die meisten neuen Leute identisch mit jenen des alten, und dementsprechend ist ihre Haltung; man dient einfach der neuen legalen Regierung. Der Begriff der Schuld wird wieder eingeführt. Die Verfahrensweise ist nicht die alte, eher ein Notverfahren, das das Recht der Polizei zu Hinrichtungen ohne Gerichtsverfahren einschließt. Aber von einigen Ausnahmen abgesehen, werden nicht einmal die Polizei oder ein irreguläres Polizeikorps wie das von der Plaza Tetuan Nr. 15 Hinrichtungen durchführen, solange sie nicht überzeugt sind, daß der Angeklagte der Regierung gegenüber eine ablehnende Haltung einnimmt oder gar etwas gegen sie unternommen hat, etwas, das eine Hinrichtung ausreichend rechtfertigt, so vage die Grenzen der Verantwortlichkeit des Angeklagten auch definiert sein mögen. Entsprechend gewaltig ist die Zahl der Verhafteten, aber die Zahl der Hinrichtungen, obwohl immer noch beträchtlich, steht in keinem Verhältnis dazu. Mit der sich zuspitzenden Krise spielte die Polizei halb verrückt und verhaftete willkürlich Leute mit den dümmlichsten Begründungen oder aufgrund von Irrtümern. Aber trotz allem ging sie bei Hinrichtungen nicht so unverantwortlich vor. In erster Linie wegen des republikanischen und kommunistischen Einflusses verbesserte sich die Situation in dieser Hinsicht enorm, und Leute, die den Massenterrorismus der ersten Monate erlebt hatten, schätzen diese Veränderung ganz besonders.

Aber die Sache hat noch andere Aspekte. Der Terrorismus wurde nun nicht mehr von den Massen ausgeübt, und er richtete sich nicht mehr gegen bestimmte Klassen. Damit war die Repression zu einem Instrument der herrschenden Gruppe gegenüber allen Andersdenkenden geworden. Repression war nicht auf Trotzkisten beschränkt. Eines Tages erfuhr ich, daß ein persönlicher Freund, den ich seit vielen Jahren kannte, an dessen aufrichtigen sozialistischen Überzeugungen nicht der geringste Zweifel bestand und der wirklich alles andere als ein Trotzkist war, in ernsthafte Gefahrt geraten war, nur weil er in der Vergangenheit (!) ein kommunistischer Dissident gewesen war. Der Anarchist, mit dem ich meine Zelle teilte, war in Todesfurcht, weil er eine Propagandazeitung herausgegeben und unter Kommunisten verteilt hatte – und ich glaube nicht, daß seine Befürchtungen gänzlich unbegründet waren, auch wenn er sich in diesem konkreten Fall irren sollte. Eines Tages wurde ich einem Mann vorgestellt, der nur bestimmte technische Aspekte der Arbeit der Internationalen Brigaden kritisiert hatte – wobei seine Kritik meiner Einschätzung nach berechtigt war und ihr offensichtlich ein echtes Engagement für die republikanische Sache zugrunde lag – und der jeden erdenklichen Trick anwenden mußte, um der Verfolgung zu entkommen und aus Spanien zu fliehen. Im allgemeinen haben sich die politischen Kommissare der Internationalen Brigaden angewöhnt, jeden, der die Brigaden verläßt, um in einem anderen Bereich – der nicht direkt unter kommunistischer Kontrolle steht – zu arbeiten, als Deserteur anzusehen und ihn entsprechend zu behandeln.

Die Polizei verhält sich bereits wie eine GPU, die ihre Hauptaufgabe in der Dissidentenjagd sieht. Wer im August zitterte, jeden Augenblick verhaftet, verhört, möglicherweise hingerichtet zu werden, war Aristokrat, Priester, Industrieller, reicher Kaufmann, wohlhabender Bauer. Heute zittert –

neben direkten Agenten in Francos Sold – jeder, der die kommunistische Politik nicht gutheißt, und sei es nur in unbedeutendsten Punkten. Im August war jemand wegen seiner sozialen Stellung ein Feind der unteren Schichten. Im Februar war jemand wegen seiner Meinungen nicht gerade ein Feind, aber doch ein Kritiker der offiziellen Politik der kommunistischen Partei.

Noch andere historische Vergleiche lassen sich finden, die Licht auf das Problem werfen können. Das Regime, das in Rußland, Italien, Deutschland und zuletzt im »republikanischen« Spanien politische Konformität erzwang, wird oft mit der Inquisition verglichen; dazu besteht wenig Grund. Die Katholische Kirche des Mittelalters erklärte einige wenige ihrer vielen Lehren zu »Dogmen« und verfolgte jede Mißachtung dieser Dogmen als »Häresie«. Häresie war genau abgegrenzt und definiert. Doktrinen, die nicht völlig orthodox, aber auch keine Häresie waren, durften gedacht und geschrieben werden. Die ganze Geschichte des mittelalterlichen Katholizismus ist voll von theologischen Abweichungen mit äußerst weit- und tiefreichenden Implikationen, von denen die meisten diskutiert und ausgefochten wurden, ohne daß die Inquisition interveniert hätte. Sie ist voller Strömungen, die im Leben wie in der Kunst die von der Kirche gepredigte Askese angreifen. Absicht der totalitären Staaten ist es im Gegensatz dazu, die totale Einheit von Leben und Denken in allen den Staat betreffenden Angelegenheiten zu erzwingen und jede Angelegenheit zu einer des Staates zu machen. Der Massenterrorismus, so wenig Gemeinsamkeit er in vieler anderer Hinsicht mit der katholischen Inquisition hat, ist ihr in dieser einen näher als dem totalitären Staat: Die Massen wollen ebenfalls in erster Linie die entschiedenen und aktiven Regimefeinde terrorisieren; sie kümmern sich weniger um Auseinandersetzungen innerhalb des revolutionären Lagers. Revolutionäre Perioden unter Massenterrorismus sind demnach immer Zeiten intensiver Auseinandersetzung und Gedankenfreiheit gewesen – innerhalb der Grenzen des Kampfes gegen das *Ancien Régime.* Aber wo immer die totalitäre Polizei in Erscheinung tritt, wird jede Art von Individuali-

313

tät, jede intellektuelle, künstlerische oder überhaupt jede kreative Kraft mit Sicherheit erstickt. Man muß sicher erleichtert aufatmen, wenn man sieht, daß die Zahl der Opfer zurückgeht – Mussolini und Hitler haben sich beide mit der geringen Zahl der Opfer ihrer Revolutionen gebrüstet –, und die Klassen, die direkt vom Massenterrorismus betroffen waren, werden besonders dankbar sein. Die Zivilisation aber ist zum Untergang verurteilt – nicht wegen *gewisser* Einschränkungen der Freiheit der Meinungsäußerung, wofür es genügend Rechtfertigungen geben mag –, wenn die totale Unterwerfung des Denkens unter die Befehle einer Parteizentrale praktiziert wird.

Außerdem kann in einem Bürgerkrieg wie dem spanischen keine Organisation, so effizient sie sonst auch sein mag – und die spanische Seguridad ist nicht effizient –, ohne die freiwillige Unterstützung des Volkes funktionieren. Man kann nur abwarten, ob sich die von der Seguridad angewandten Polizeimethoden am Ende nicht als ernsthafter Rückschlag für die Republikaner erweisen werden, weil sie jenen Enthusiasmus des Volkes ersticken, der nur in einer Atmosphäre der Freiheit entstehen kann – wenn nicht für jeden, dann zumindest für alle die verschiedenen Meinungsschattierungen, die unter Francos Gegenspielern vorherrschen.

ABSCHIED VON SPANIEN

Über das Wochende blieb unser Schiff außerhalb des Hafens in der neutralen Zone. Es war der erste Tag, an dem die Blokkade gegen Freiwillige in Kraft trat, und jeder erwartete, daß die Aufständischen dies mit einer Bombardierung feiern würden. Dies taten sie jedoch nicht, und so kehrte das Schiff, ohne weitere Gefahren zu erwarten, am Montag in den Hafen zurück. Aber um halb zwei Uhr morgens wurde ich durch den Donner von fünf Bomben, die fast gleichzeitig abgeworfen wurden, und dem gewaltigen Klirren meiner Kabinenfenster aufgeweckt. Als ich hinausrannte, sah ich, daß es sich nicht um eines der üblichen Bombardements der Marine handelte, sondern um einen Luftangriff, den ersten, den Valencia erlebte. Die Vorbereitungen dafür waren alles andere als glänzend. Es gab keine Suchscheinwerfer, nur Leuchtraketen. Drei Flugabwehrkanonen versuchten den Hafen zu verteidigen, hatten aber keinen Einfluß auf die Aktionen des Bombers, der allein, ohne Begleitung von Aufklärern gelassen weiter nach seinem Ziel suchte. Etwa 150 bis 200 Meter von unserem Schiff entfernt stieg aus einem Hafengebäude eine riesige Flamme auf. Es war von einer Brandbombe getroffen worden. Das feindliche Flugzeug dreht ab. Ich sah auf meine Uhr. Die Feuerwehr brauchte 22 Minuten, um hierher zu kommen. Fast zur gleichen Zeit, da sie das Feuer erreichte, wurde Entwarnung gegeben; diese war kaum verklungen, als der feindliche Bomber zurückkam – oder war es ein anderer? Auf jeden Fall wiederholte sich dieselbe Szene von wirkungsloser Flugabwehr und ungestörten Bomberoperationen. Diesmal fielen die Bomben etwas weiter von unserem Schiff entfernt ins Wasser, und wir glaubten, daß der Bomber sein Ziel völlig verfehlt habe. Er hatte es tatsächlich verfehlt, aber viel knapper, als wir zuerst angenommen hatten. Am Morgen erfuhren wir, daß sein Ziel ein Öltanker gewesen war, den er nur um wenige Meter verfehlt hatte. Wäre ihm Erfolg beschieden gewesen, hätte der ganze Hafen in Flammen gestanden. Die Flugabwehrkanonen jedoch hatten die *Royal Oak* getroffen, das größte der englischen Kriegsschiffe in der neutralen Zone, und vier Offiziere einschließlich des Kommandeurs und einen Matrosen verletzt. Ich ging wieder zu Bett und war schnell eingeschlafen, als ich um Viertel nach sieben wieder von Bombendonner aufgeweckt wurde. Jetzt war heller Tag, und der jetzt klar zu erkennende feindliche Bomber kam wieder, ohne von Aufklärern verfolgt zu werden, und wieder mit der gerade nötigen Geschwindigkeit, und warf seine Bomben ab, wo er wollte – diesmal auf ein weiter entfernt liegendes Ziel irgendwo im Hafenviertel. Das war eine äußerst waghalsige Aktion. Und sie wiederholte sich eine halbe Stunde später! Diesmal beteiligten sich neben den Flugabwehrkanonen die Geschütze zweier im Hafen liegender Zerstörer an der Abwehr des Angriffs. Der Lärm der Flugabwehrartillerie, der Kanonen der Zerstörer mit ihrem tiefen Donnern und das dumpfe Krachen der fallenden Bomben vereinigten sich zu einem wahren Pandämonium. Aber der Bomber konnte wieder entkommen, nachdem er alle seine Bomben abgeworfen hatte.

Am Vormittag folgte der Tragödie die Satire. Die Hafenarbeiter gingen statt um neun erst um halb zehn an Bord der Schiffe, weil sie verständlicherweise eine erneute Bombardierung befürchteten. Aber sie rümpften die Nase über die Neutralen, die ihrer Meinung nach wenig Mut bewiesen hätten, indem sie während der Nacht einige ihrer Schiffe aus der Gefahrenzone gebracht hatten. Als ob es Sache von Beobachtern wäre, sich bombardieren zu lassen, nur um ihre »Tapferkeit« zu beweisen. Ich sprach mit einem anarchistischen Transportarbeiter, der lange vor Teruel gekämpft hatte. Sein Urteil über die Ausländer war noch vernichtender. Er bezog die angebliche Feigheit der Neutralen auf den Fall eines deutschen Kommandeurs, der an seiner Front in Teruel wegen Verrats erschossen worden war, und schloß die Unterhaltung mit der freundlichen Bemerkung: »Wenn der Krieg erst einmal zu Ende ist, werden wir diese Ausländer alle rausschmeißen.« Diese Bemerkung aus dem Munde eines aktiven Anarchistern war fast nicht zu glauben. Im August wäre dies wirklich undenkbar gewesen. Aber der Fremdenhaß, der darin zum Ausdruck kam, war weit verbreitet. Ein sehr gebildeter Spanier, in dessen Begleitung ich die deutsche Flüchtlingsbrigade in Murcia besucht hatte, bemerkte hinterher: »Ich mag diese Deutschen nicht«; und als ich ihn fragte warum, antwortete er: »Weil sie heute auf unserer Seit sind und morgen auf Francos«, eine Antwort, die unter den Umständen so gegenstandslos war, daß ich mich darüber wirklich ärgerte. Ich unterdrückte meinen Ärger, mußte aber daran denken, daß jede einzelne Offensive der Aufständischen solange erfolgreich verlaufen war, bis eine der Internationalen Brigaden in den bedrohten Sektor gerufen wurde.

Ein Fluch auf die Ausländer war so ungefähr das letzte Wort, was ich aus spanischem Mund hörte. Es war nicht das Letzte, was ich vom spanischen Bürgerkrieg sah. Ich bekam einen Eindruck von der Wirksamkeit der Blockade des Regierungslagers von der See aus. Wir hatten den Hafen seit etwas mehr als zwei Stunden verlassen, kamen nur langsam voran und waren noch nicht weit von Valencia entfernt, als wir von einem großen modernen Schlachtschiff, entweder der *Canarias* oder der *Baleares*, gesichtet wurden. Es änderte seinen Kurs, um uns zu folgen, holte uns in sehr kurzer Zeit ein, richtete riesige Suchscheinwerfer auf uns, erkannte uns als Engländer, hielt uns zwar nicht ausdrücklich an, aber kam längsseits, richtete seine kleineren Kanonen auf uns und stellte Fragen wie, woher wir kämen, wohin wir fahren würden, was wir geladen hätten und so weiter. Dann kehrte es um. Die Nacht zuvor war ein Dampfer aus Alicante mit Ziel Bilbao, mit großer Fracht und vielen Passagieren an Bord, gestoppt und nach Melilla gebracht worden. Ich erschrak bei dem Gedanken, was einigen der Passagiere wohl passiert sein könnte. Offensichtlich war der Hafen von Valencia so gut bewacht, daß ihn kaum ein Schiff ohne die stillschweigende Einwilligung der aufständischen Flotte verlassen konnte. Wenn ein gutes Stück Handel toleriert wurde, dann weil die Aufständischen sich nicht mangelnden Respekt vor bestimmten ausländischen Flaggen vorwerfen lassen wollten, vor allem der englischen, skandinavischen und holländischen. Aber mit diesem Respekt war es nicht immer so weit her, wie ich bald erfahren sollte. Am nächsten Nachmittag wurden wir auf unserem Kurs von einem aufständischen Flugzeug eingeholt, das zuerst ganz niedrig über uns hinwegflog; ein Vorgehen, gegen das an sich noch nichts einzuwenden ist, das aber deutlich machte, daß wir genau beobachtet wurden. Dann drehte es plötzlich, begann über unseren Köpfen zu kreisen und ging in Sturzflug über, als ob es sich anschicken wollte, uns zu bombardieren. Im letzten Moment ging es in Horizontalflug zurück und flog dicht über unser Heck hinweg. Die Drohung konnte kaum mißverstanden werden.

In dieser Nacht bot sich mir zum ersten Mal seit vielen Wochen ein ungewohnter Anblick: zwei Lichter an jener Küste, an der seit langer Zeit alle Lichter einschließlich der Leuchttürme erloschen waren. Das eine war das Licht von Port Bou, das den Eintritt in spanische Gewässer anzeigte, das andere der Leuchtturm des französischen Hafens Port Vendres. Wir verließen das Territorium Spaniens und das des Krieges. Der Anblick der Lichter berührte mich tief. Ich bedauerte, daß ich Spanien hatte verlassen müssen. Wie so viele Ausländer war ich von diesem Kampf magisch angezogen. Nicht mehr das politische Problem zählte, sondern das Land selbst, die Menschen, die ich, abgesehen von ein paar Politikern, innigst lieben gelernt hatte, wie so viele andere, die in diesen tragischen Monaten sie lieben gelernt hatten. Dieses Land ist schon mehr als einem Freund zum Grab geworden. Was würde aus den anderen werden? Würde ich sie jemals wiedersehen, und wenn, unter welchen Umständen? Jetzt mußte ich alles aus der Ferne betrachten. Es würde mich sicherlich mehr erbittern als die Beobachtung aus nächster Nähe. Mein Herz verkrampfte sich. Aber am nächsten Morgen, am 25. Februar, strahlte in Sète Friede aus den Gesichtern der Leute, als wäre ein paar Kilometer südlich nicht seit Monaten ein schrecklicher Bürgerkrieg im Gange.

IV
DIE SCHLACHT VON GUADALAJARA

Inwiefern sind die Eindrücke, die ich während meiner zweiten Reise sammelte, bestätigt oder durch spätere Eindrücke revidiert worden? Welche neuen Entwicklungstendenzen sind in der spanischen Revolution seit den Katastrophen an der Front von Malaga und am südlichen Flügel der Madrid-Front aufgetaucht? Ich bin nicht in der Lage, diese Fragen aufgrund von Beobachtungen an Ort und Stelle zu diskutieren. Ich kann nur Schlußfolgerungen vorlegen, die ich aus Quellen zu ziehen versuchte, die mir glaubwürdig erschienen. Einige der zu berücksichtigenden Tatsachen sind insoweit offenkundig, als sie von der Presse berichtet wurden; da ich aber durch viele Erfahrungen skeptisch geworden und überzeugt bin, daß unter den in beiden Lagern Spaniens herrschenden Zensurregelungen und unter den gegenwärtigen Bedingungen der internationalen Spannungen Presseberichte viel unzuverlässiger sind, als man annehmen würde, bemühte ich mich, keine einzige Tatsache nur allein aufgrund von Presseberichten zu übernehmen.

Zwei Tatsachen sind offensichtlich: Die Aufständischen haben zugelassen, daß die Republikaner westlich von Almeria rechtzeitig Truppen zusammenziehen, um nach dem Fall von Malaga den faschistischen Vormarsch im Süden aufzuhalten; ähnlich ist am südlichen Flügel der Madrid-Front die Offensive, die für Franco nach dem Durchbruch bei Jarama unter so günstigen Vorzeichen begonnen hatte, in einem frühen Stadium gestoppt worden. So führten die im Februar begonnenen Offensiven zu keinem definitiven Erfolg. Zweitens hat im Februar die Landung bei Sagunto, die Valencia von Barcelona abschneiden und so ein Ende des Krieges herbeiführen sollte, nicht stattgefunden. Die Informationen über die Vorbereitungen für diese Offensive auf den Inseln waren zu eindeutig, um sie anzuzweifeln; wenn die Offensive nicht stattfand, mußte dies auf eine Änderung der strategischen Pläne Francos zurückzuführen sein.

Es ist schwierig zu verstehen, warum die Aufständischen zum gegenwärtigen Zeitpunkt ihre ursprünglichen Landeabsichten aufgegeben haben. Die Küstenverteidigung war unendlich schwächer als irgendwelche anderen Regierungspositionen, aus dem einfachen Grund, daß für diese Aufgabe keine guten Truppen eingeteilt wurden, weil von den entscheidenden Schlachtfeldern keine für eine nur potentiell existierende Front abgezogen werden konnten. Bevor eine der Internationalen Brigaden in die Schlacht an der Küstenfront hätte geworfen werden können, hätten ungefähr vierundzwanzig bis achtundvierzig Stunden vergehen müssen. Diese Verzögerung hätte den Aufständischen einen beträchtlichen Vorteil verschaffen müssen. Außerdem war der Punkt, dem ihr Angriff gelten sollte, offensichtlich viel verwundbarer als jede andere Region im Regierungslager.

Für die Änderung der Pläne im Franco-Lager kann ich keine militärische Erklärung finden. Aber vielleicht gibt es eine politische. Die Landung bei Sagunto sollte von Mallorca aus erfolgen. Sehr wenige spanische Truppen sind auf Mallorca stationiert, und so ohne weiteres konnten keine zusätzlichen als Verstärkung auf diese Insel geworfen werden. Die Kontingente in Malaga, Córdoba und Madrid waren in schwere Gefechte verwickelt; die von Teruel sollten die Landung mit einem flankierenden Angriff vom Westen her unterstützen. Nur die Saragossa-Front wäre möglicherweise in der Lage gewesen, Truppen abzugeben, aber dem standen beträchtliche Transportprobleme im Wege. So wäre die Landung eine fast ausschließlich italienische Angelegenheit geworden. Von Mallorca aus zu beginnen, würde der Welt demonstrieren, daß die Inseln praktisch italienisch geworden sind. Aber sowohl England als auch Frankreich haben viel stärkere strategische Interessen an Mallorca als der Rest Spaniens. Die Landung von Mallorca aus könnte ernste internationale Komplikationen mit sich bringen.

Bis zu diesem Augenblick ist die Intervention der großen faschistischen Mächte nicht über die Stufe zögernder Experimente hinausgekommen. Die Vorbereitungen auf Mallorca waren eines dieser Experimente. Aber die heftigen Reaktionen von Frankreich wie England gegen die ersten Versuche einer deutschen Besetzung Spanisch-Marokkos im Januar hatten demonstriert, daß es Mussolini unmöglich war, zu weit in diese Richtung zu gehen. Die Vorbereitungen auf Mallorca wurden verschoben, etwas, was den Spaniern in allen Angelegenheiten nicht besonders schwerfällt, ja, sich sogar fast automatisch einstellt, solange diese natürliche Neigung des spanischen Nationalcharakters nicht durch äußerst starken Druck überwunden wird.

Ich will nicht so tun, als könnte ich diese Interpretation mit eindeutigen Fakten stützen. Mir scheint sie nur die wahrscheinlichste zu sein. Eine andere Tatsache ist jedoch nicht zu leugnen. Nach dem Stillstand bei Motril und an der Landstraße zwischen Madrid und Valencia Ende Februar wurde ausländische Hilfe für Franco dringend notwendig. Sie wurde nicht in Sagunto, sondern in Guadalajara, dem nördlichen Winkel der Madrid-Front, gewährt. Um die Bedeutung dieses neuen Versuchs zu verstehen, muß man sich im vollen Ausmaß der Kluft bewußt werden, die zwischen den herrschenden Vorstellungen über ausländische Interventionen und deren Realität in Spanien besteht. Die öffentliche Meinung glaubte, daß Tausende von Deutschen und Italienern in den Schützengräben kämpften. In Wirklichkeit waren bis dahin nur Spezialeinheiten wie Luftwaffe, Flugabwehrartillerie, Feldartillerie und Panzer im Franco-Lager beteiligt. Man glaubte, wahrscheinlich zu Recht, daß Tausende von Italienern und möglicherweise Deutschen hinter den Frontlinien in den Garnisonen bereitstünden, um gegebenenfalls auf Befehl in die Kämpfe einzugreifen. Seit Anfang Januar war jeder einzelne Erfolg der Aufständischen den deutschen und italienischen Truppen zugeschrieben worden. Aber in jedem einzelnen Fall, sei es die erste Offensive gegen Malaga, der Angriff auf den Escorial oder die Katastrophe von Jarama, hatten die Republikaner nicht ohne Erfolg zurückgeschlagen. Diese Gegenangriffe hatten ausnahmslos spanische Gefangene in die republikanischen Hauptquartiere gebracht, aber keinen einzigen deutschen oder italienischen; nur die zweite, entscheidende Offensive gegen Malaga war nicht mit einem Gegenangriff beantwortet worden und blieb somit der einzige Fall, in dem die Theorie von der tatsächlichen Beteiligung deutscher und italienischer Infanterieeinheiten nicht widerlegt werden konnte. Aber bewiesen ist sie auch nicht. Im ganzen gesehen scheint es wahr, wenn auch vielleicht unwahrscheinlich zu sein, daß es bis März kaum Interventionen nennenswerter Infanterieeinheiten gab. Gelegentlich scheinen ein paar deutsche und italienische Einheiten an die Front gebracht worden zu sein, um für ein oder zwei Tage an einem Angriff teilzunehmen; aber sie wurden anscheinend wieder zurückgezogen, sobald sie anfingen, sich am Geschehen zu beteiligen. Solch ein Verhalten ist vom militärischen Standpunkt aus unverständlich, aber man darf nicht vergessen, daß es zwischen den faschistischen Parteien und dem Militär in Deutschland wie in Italien Meinungsverschiedenheiten über die Ratsamkeit einer Intervention in Spanien gibt, daß außerdem zwischen Deutschen und Italienern Mißtrauen und Rivalität herrscht, daß nicht zuletzt Francos Kommandos, die sich ja aus spanischen Nationalisten zusammensetzen, die Einmischung der Ausländer zutiefst mißfällt. (Die Situation im republikanischen Lager stellt sich etwas anders dar. Da gibt es die Internationalen Brigaden, aber keine russischen Freiwilligen. Die Brigaden entsprechen den Fremdenlegionen im Franco-Lager.)

Aber bei Guadalajara lagen die Dinge anders; dieses Mal beteiligte sich italienische Infanterie im großen Ausmaß. Folglich gab es nicht nur in Pressemitteilungen italienische Gefangene, sondern in den Straßen von Madrid, was einen großen Unterschied ausmacht. Und sie waren dort in beträchtlicher Zahl vertreten, was der großen Niederlage der italienischen Einheiten zu verdanken war. Wäre der republikanische Erfolg so bescheiden ausgefallen wie bei Motril, beim Escorial oder bei Arganda, wäre die Zahl der Gefangenen entsprechend kleiner gewesen. Doch in diesen anderen Fällen konnte es keine ausländischen Gefangenen geben, weil es kaum ausländische Truppen gab.

Zwei Tatsachen kommen folglich aus den irreführenden und sich widersprechenden Berichten zum Vorschein: Zum ersten Mal haben italienische Einheiten ernsthaft in Spanien gekämpft, und sofort sind sie vernichtend geschlagen worden. Sie sind sogar vernichtender geschlagen worden als jede spanische oder marokkanische Einheit der Franco-Truppen je zuvor. Es ist wichtig, die wirkliche Tragweite dieses Ereignisses zu verstehen.

Beginnen wir mit der Frage: Was für Einheiten waren das? Nach verläßlichen Informationen, die nicht völlig mit der offiziellen spanischen Berichterstattung übereinstimmen, gehörten sie, jedenfalls der größere Teil von ihnen, weder der regulären Armee noch der faschistischen Miliz an. Diese Aussage kollidiert wie jede Skepsis, die hier der ausländischen Intervention in Spanien entgegengebracht wird, zweifellos mit den feierlichen und eindringlichen Erklärungen des Signor Mussolini, der immer wieder den Ruhm der italienischen Truppen in Spanien betont hat. Aber der Signor Mussolini steht in dem Ruf, ein geschickter Propagandist zu sein. Da nun einmal viele italienische Piloten, Panzeroffiziere und andere tatsächlich am Bürgerkrieg beteiligt und italienische Einheiten in Francos Hinterland kaserniert sind, hätte es wenig Sinn, die Tatsache der Intervention zu leugnen. Zaghafte Dementis hätten die wirkliche Situation nur demonstrativ bestätigt. Wenn die Tatsache schon nicht zu leugnen ist, warum dann nicht so viel Propaganda wie möglich damit machen? Dieser Propaganda würde kaum widersprochen werden. Das Franco-Lager muß es mit zusammengebissenen Zähnen hinnehmen, daß die spanischen Erfolge den Italienern zugeschrieben werden; sie könnten es nicht wagen, öffentlich mit Mussolini zu streiten. Niemand würde sich den italienischen Behauptungen entgegenstellen. Jeder würde Francos Erfolge Mussolini zuschreiben. Und Mussolini, der von Francos Erfolg fest überzeugt ist, sah die Welt Francos Erfolge für die seinen halten, noch bevor sie erreicht worden waren. Aber wie Lenin zu sagen pflegte: »Du sollst dich nicht des Sieges rühmen, bevor du das Schlachtfeld nicht verlassen hast.«

An der Guadalajara-Front gab es, ich wiederhole es, italienische Infanterieeinheiten, aber sowohl in der Armee als auch in der Miliz waren es nur wenige. Anscheinend bestand der weit größere Teil der Italiener in Guadalajara aus Freiwilligen, die für Abessinien angeworben worden waren und zum Zeitpunkt ihrer Einschiffung nicht wußten, daß es nach Spanien ging. Aber das waren keine Freiwilligen für den Abessinienkrieg; man hatte sie, wurde mir gesagt, für die abessinische Arbeitsarmee angeworben, die kürzlich gebildet worden war. Sie bildeten ähnliche Einheiten, wie man sie in Deutschland als »freiwilligen Arbeitsdienst« kennt. Kurz gesagt, obwohl alle oder die meisten dieser Männer durch den regulären Militärdienst gegangen sind, waren sie in keinem Sinne reguläre militärische Einheiten, sondern nur in der Absicht, sie in Spanien einzusetzen, zu solchen zusammengestellt worden. Die meisten von ihnen waren während der letzten Tage des Malaga-Feldzugs in Cádiz an Land gebracht worden, hatten aber an der Eroberung von Malaga nicht teilgenommen. Bei weitem der größere Teil stammte aus Süditalien. Die Mehrheit war bäuerlicher Herkunft, wie man das nach alledem erwarten würde. Auf keinen Fall also eine Eliteformation. (Nebenbei: Das ganze Material, das ich hier darlege, stammt von Dokumenten, die Gefangene mit sich trugen. Es war einer der herausragendsten Züge der Schlacht von Guadalajara, daß man im republikanischen Lager zum ersten Mal davon abließ, Gefangene zu töten. Die politischen Vorteile dieses korrekten Verhaltens waren unmittelbar zu erkennen.)

Die Angaben über die Stärke des italienischen Kontingents gehen natürlich weit auseinander. In der verständlichen Absicht, dem republikanischen Erfolg eine möglichst große Bedeutung zu verleihen, sprechen offizielle Quellen aus Valencia von fünf oder sechs italienischen »Divisonen«. Es wäre unklug, solche Behauptungen wörtlich zu nehmen. Der Eindruck eines sorgfältigen Beobachters bringt mich zu dieser Überzeugung. Ihm zufolge beteiligten sich zwei Divisionen de facto an der Schlacht, während eine dritte als Reserve bereitstand und in die abschließende Katastrophe hineingezogen wurde. Diese sogenannten Divisionen sind sehr klein, jeweils etwa 3000 Mann stark. Beide Flügel wurden von je einer spanischen Division gedeckt. 9000 Italiener also und 6000 Spanier zusammen auf faschistischer Seite. Zu Beginn des Kampfes wurde der ganze angegriffene Abschnitt von einer republikanischen Brigade von 2000 bis 3000 Mann verteidigt. Die Aufklärung war wie üblich sehr schlecht. Der Angriff der unendlich überlegenen Infanteriekräfte mit Rückendeckung von Artillerie und Panzern kam überraschend. Die Regierungsfront brach natürlich sofort zusammen.

Nach ihrem Anfangserfolg verloren die Italiener jede Kontrolle über sich. Trunken vom Ruhm ihrer leichten Siege in Äthiopien, wähnten sie den endgültigen Sieg schon in ihren Händen. Sie hatten beschlossen, innerhalb von vier Tagen in Madrid zu sein, und dies auch ihren Truppen aufgetragen. Sie gaben jede Vorsicht auf und drangen mit gänzlich unzureichendem Flankenschutz vor. Auf einen solchen zu warten, hätte sie gezwungen, ihren Vormarsch zu verlangsamen; denn ihre Kampfstärke war trotz allem gering, weniger im Vergleich mit dem ersten republikanischen Kontingent an Ort und Stelle als vielmehr bezogen auf die geographische Ausdehnung des Schlachtfeldes: eine Front von gut 30 Kilometern, die sich mit jeder Stunde ihres Vordringens in Feindesland ausdehnte. Außerdem konzentrierten sie ihre Verstärkungen massenweise auf den Hauptstraßen und zogen ihre Stäbe sehr nahe an die sich vorwärts schiebende Frontlinie heran. Nach allen Regeln vernünftiger Kriegsführung war das Wahnsinn. Aber wenn schon Franco nie in der Lage war, viel aus seinen Erfolgen zu machen, wollten sie wenigstens den Spaniern jetzt zeigen, wie man einen Anfangserfolg bis zur Vernichtung des Feindes zu Ende führt. Sie waren diesem Feind noch nicht einmal begegnet.

Fünf republikanische Brigaden wurden binnen 12 Stunden in das bedrohte Gebiet geworfen. Das Madrider Kommando wußte nur zu gut, daß es jetzt um Sein oder Nichtsein der antifaschistischen Sache ging. Ein weiterer Erfolg für die Italiener, und das republikanische Madrid wäre verloren. Unter den fünf Brigaden waren zwei Internationale, hauptsächlich aus Deutschen und Italienern zusammengesetzt, die besten Brigaden der ganzen spanischen Armee; sie trugen die Namen Thälmann und Garibaldi. Diese beiden Brigaden sind selbst dem militärischen Standard der durchschnittlichen ausländischen Freiwilligen weit überlegen. Sie setzen sich aus Flüchtlingen zusammen, von denen die meisten, nachdem sie sich in Spanien freiwillig gemeldet haben, nicht einmal mehr an ihren ersten Zufluchtsort zurückkehren könnten, sondern keine andere Wahl haben, als in Spanien zu leben oder zu sterben. Eine Maschinengewehrkompanie deutscher Flüchtlinge war sofort, aber ohne genügend Unterstützung in die Schlacht geworfen worden; sie hatte nur die eine Aufgabe, den Vormarsch der Italiener bis zum Eintreffen der Verstärkungen aufzuhalten, und hielt in erfolgreicher Pflichterfüllung ihre Stellungen, bis sie selbst beinahe vollständig ausgelöscht war. Eine der drei spanischen Brigaden setzte sich aus Basken zusammen, deren militärische Fähigkeiten denen des durchschnittlichen Spaniers weit überlegen sind; die beiden anderen waren Elite-Brigaden des Fünften (kommunistischen) Regiments. Wie üblich trugen die ausländischen Freiwilligen die Hauptlast der Schlacht. Die Deutschen müssen die Schande ihres widerstandslosen Rückzugs vor den Kräften Hitlers wieder gutmachen. Die Italiener fanden unvorstellbare Freude daran, nach zehn Jahren Exil mit der Waffe in der Hand faschistische Truppen zu bekämpfen und zu besiegen. Die politisch so bedauernswerte Tatsache, daß trotz zahlloser Erklärungen die Einheiten der politischen Parteien immer noch existierten, erwies all ihren militärischen Vorteil. Die beiden Brigaden des Fünften Regiments, fast ausschließlich kommunistisch oder jedenfalls ausschließlich unter kommunistischen Offizieren, demonstrierten den Wert einer Moral, die sich nicht nur auf militärische Disziplin, sondern auf gemeinsame politische Überzeugung stützt. Mit ihrem Erfolg widerlegten die Kommunisten ihre eigenen Parolen zur Auflösung der politischen Brigaden.

Die Italiener wurden auf ihrem Marsch zuerst gebremst, dann frontal gestoppt, dann an der linken Flanke angegriffen und durch diesen Flankenangriff beträchtlich durcheinandergebracht. Aber die Schlacht wurde letztlich von der russischen Luftwaffe entschieden; 120 Flugzeuge, Bomber und Aufklärer, griffen nicht so sehr die Frontlinien als vielmehr das Hinterland an, bombardierten die Truppenkonzentrationen auf den Straßen, die Stäbe, die Artillerie (die, wie beschrieben, auf ein solches Ereignis alle vollkommen unvorbereitet waren). Die Überlegenheit der russischen über die italienischen Aufklärungsflieger ist während dieser letzten Kriegsmonate entschlossen aufgebaut worden, wenn auch nicht in dem Ausmaß wie ihre Überlegenheit über die Deutschen. Und bis Guadalajara war die Überlegenheit der italienischen Bomber, was sowohl die Schnelligkeit als auch die Genauigkeit des Bombenabwurfs angeht, allgemein bewundert worden. Wahrscheinlich liefert Guadalajara nicht genügend Material für eine Revision dieses Urteils. Aber die Luftschlacht von Guadalajara, die größte, die bisher in Spanien ausgefochten wurde, zeigte, daß anscheinend das Aufklären, nicht die Bombardierung, der entscheidende Faktor ist. Eine beträchtliche Anzahl von Bombern kann auf ihr Ziel losschlagen, wenn sie von Aufklärern gut gedeckt wird. In diesem Falle wirkte sich das für den Feind verhängnisvoll aus. Nach zwei Stunden Bombardierung brach die Front hilflos zusammen, ohne weiteren Versuch des Widerstandes. Erst jetzt kam zum Vorschein, von welch geringem Wert die abessinische Erfahrung war. In Abessinien waren die Italiener keinem Bombardement ausgesetzt gewesen. Jetzt rannten sie vor den Bomben davon, genau wie die ersten roten Milizeinheiten im August und September unter ähnlichen Umständen davongelaufen waren. Jetzt erst offenbarte der Flankenangriff seine ganze Bedeutung. Die italienischen Einheiten wurden bei ihrer Flucht von Regierungseinheiten einzeln angegriffen, deren Gnade sie völlig ausgeliefert waren, da es keinen organisierten Widerstand gab. Alle Informanten sind sich einig, daß die Bombardierung die Entscheidung brachte und daß es davon keine Erholung mehr gab: daß die Regierungseinheiten das Gebiet, das sie am ersten Tag verloren hatten, praktisch ohne Widerstand zurückeroberten und nur deshalb an ihren alten Linien Halt machten, um nicht zu viele Männer zu verlieren.

Es besteht kein Zweifel, daß Guadalajara die Zukunftsaussichten hinsichtlich des Krieges verändert hat, daß in der Folge dieses Ereignisses neue Probleme entstehen. Es lohnt sich, all die Implikationen zu diskutieren. Die Annahme, daß die Italiener immer so davonlaufen wie in Guadalajara, wäre natürlich alles andere als korrekt. Vieles an dieser Niederlage ist zufälliger Natur. Die Italiener verhielten sich, als hätten sie keinen ernstzunehmenden Gegenspieler. Eine Erfahrung dieser Art wird sicherlich ausreichen, sie das Gegenteil zu lehren und die Konsequenzen daraus ziehen zu lassen. Ihre Truppen waren schlecht; ihr Verhalten ist kein verläßlicher Hinweis auf das Verhalten regulärer Armee-Einheiten oder faschistischer Miliz. Doch bleibt es dabei, daß italienische Einheiten, die nach der abessinischen Erfahrung von ihrem Kommando als genügend vorbereitet erachtet wurden, aufgerieben und von weitaus geringeren Kräften über das Land gejagt wurden (eine republikanische Brigade zählt im Durchschnitt 2000 Mann). Wichtiger noch, bereits in einer frühen Phase gab es regelrechte Desertionen in nicht unbeträchtlicher Zahl. Etwa 1000 Gefangene sind bisher gemacht worden (wenn diesen Punkt betreffende Informationen verläßlich sind), von denen die meisten anscheinend sich eifrig zu erklären bemühen, daß sie sich aus eigenem Entschluß ergeben haben. Da beide Seiten in dem Ruf stehen, ihre Gefangenen zu erschießen, kann man solche Erklärungen vielleicht als nicht ganz aufrichtig einschätzen. Aber es steht mit ziemlicher Sicherheit fest, daß ganze Scharen bei der erstbesten Gelegenheit überliefen, sobald die Regierungslinien nicht mehr zurückwichen. Die Italiener seien wütend gewesen, daß man sie in Spanien in den Tod schickte anstatt zum Arbeiten nach Abessinien, erklärten sie; sie hätten im spanischen Hochland stark unter der Kälte gelitten und sich schließlich entschlossen, scharenweise die Seiten zu wechseln – unter Absingen der *Bandiera Rossa*, wie ein Informant berichtete. Einige dieser Deserteure waren vor dem Aufkommen des Faschismus Mitglieder sozialistischer Organisationen gewesen, allerdings die wenigsten. Berücksichtigt man diese Tatsachen, ist man geneigt zu glauben, daß die Überraschung von Guadalajara vielleicht weniger ein Hinweis auf den militärischen Wert der vom Faschismus reorganisierten italienischen Armee als vielmehr auf den Bewußtseinsstand der Massen ist, zumindest im italienischen Süden. Der Propagandawert der Eroberung Abessiniens scheint schließlich nicht so groß gewesen zu sein, wie viele Beobachter angenommen hatten.

Wir wollen uns hier nicht mit den Implikationen dieser Tatsachen für zukünftige Entwicklungen in Italien beschäftigen. Genausowenig wollen wir die möglichen internationalen Konsequenzen diskutieren. Mussolini kann die Niederlage kaum hinnehmen, ohne mit mehr als aggressiven Worten zu reagieren. Der einzige Aspekt, der hier diskutiert werden soll, ist die unvermeidliche Reaktion des Franco-Lagers auf Guadalajara.

Auf den vorausgegangenen Seiten ist die wahre Schwäche des Regierungslagers in jeder möglichen Hinsicht datailliert diskutiert worden. Bis jetzt hat Franco von den Fehlern, sogar von den Dummheiten seiner Feinde gelebt. Er ist vor Toledo erfolgreich gewesen, hat die Außenbezirke von Madrid erreicht, weil weder die Republikaner noch die Sozialisten in der Lage waren, eine Armee zu organisieren. Sobald er in Madrid am 8. November auf so etwas wie organisierten Widerstand stieß, mußte er haltmachen. Er überrannte Malaga, wo keinerlei Vorbereitungen zur Verteidigung getroffen worden waren. Aber jedes einzelne Mal, wenn er ernstem Widerstand begegnete, wurde sein Vormarsch gestoppt. Franco selbst besitzt wenig Antrieb; die Bewegung hinter ihm hat offensichtlich begrenzte offensive Kräfte. Er hat viele Erfolge errungen, weil selbst wenige, zwar mittelmäßig geführte, aber immerhin als reguläre Truppen organisierte Bataillone ausreichten, um solche Erfolge zu sichern. Würde es, um ihn aufzuhalten, genügen, auf republikanischer Seite einfach ein paar Brigaden auf einem ähnlichen Niveau zu organisieren? Wenn dem so ist, dann ist die Aufgabe bereits erfüllt. Wie schon so viele Male vorausgesagt, wird dann die Zeit für die Republikaner arbeiten. Wenn sie überhaupt etwas haben, dann ist es eine fast unbegrenzte Reserve an Menschen. Franco hat das nicht. Zuerst hat er es nicht gewagt, sein Hinterland zu mobilisieren. Er hat sich entschlossen, dies jetzt zu versuchen; die beiden bei Guadalajara beteiligten spanischen Divisionen Francos setzten sich weitgehend aus frischen Rekruten zusammen. Sie haben sogar noch mehr Deserteure zu verzeichnen als die Italiener, keine unpolitischen Bauern, sondern Fabrik- und Landarbeiter, die das Franco-Regime haßten. Wenn Franco jedoch nichts unternimmt, ist seine eigene Existenz bedroht. Seine Kräfte müssen verfallen, wenn sie nicht aufgefrischt werden. Die seiner Gegenspieler müssen zunehmen. Er benötigt mehr materielle Hilfe vom Ausland, als er bisher schon bekommen hat. Es scheint, daß in diesem Augenblick im faschistischen Lager Pessimismus um sich greift, genau wie im Februar im linken Lager.

Aber man muß sich vor voreiligen Schlußfolgerungen hüten, Verteidigung ist unendlich viel einfacher als Angriff. Auch wenn das Regierungslager sich inzwischen Fähigkeiten zur Verteidigung angeeignet hat, besitzt es noch immer wenig Offensivkraft. Und die Politik, der die Regierung in diesen letzten paar Monaten gefolgt ist, hat es ihr sehr schwer gemacht, eine erfolgreiche Offensive zu lancieren. Wie bei jeder Revolution wird letztlich die Politik den Verlauf des Krieges bestimmen. Wohin tendiert die Politik des republikanischen Lagers?

Soweit man das von außerhalb ausmachen kann, ist in den letzten paar Wochen der Aufschwung der kommunistischen Partei gebremst worden. Zwei herausragende Ereignisse symbolisieren eine gewisse Verlagerung der politischen Balance: das Verschwinden von General Kleber und die Abberufung des russischen Botschafters Rosenberg.

Kleber, der eigentliche Oberkommandeur der Madrid-Front, kein Russe, sondern ein Ausländer, der schon viele Jahre in russischen Diensten stand, verschwand bereits Ende Januar. Von einem Tag auf den anderen mußte er nicht nur sein Kommando aufgeben, sondern verschwand regelrecht, versteckte sich aus Angst vor der Rache seiner früheren Untergebenen viele Wochen lang. Es stimmt nicht, daß er – wie von der ausländischen Presse verbreitet wurde – in Malaga von den Rebellen gefangen worden war. Ich sah ihn selbst (obwohl ich keine Gelegenheit hatte, mit ihm zu sprechen), während er angeblich von den Aufständischen gefangengehalten wurde, sich aber in Wirklichkeit im republikanischen Lager verbarg. Daß er sich versteckte, ist allein schon bezeichnend genug. Die Madrid-Front war die einzige, an der die Republikaner ernsthafte Angriffe des Feindes abwehren konnten. Dies geschah unter dem Kommando von General Kleber, und es gibt keinen Zweifel, daß die meisten militärischen Erfolge der Republikaner an der Madrid-Front zwischen November und Januar ihm als Verdienst angerechnet werden müssen, zumindest was die Stabsarbeit angeht. Die militärische Organisation wurde zum größten Teil von anderen Kommunisten vom Fünften Regiment wie »Carlos Contreras« (auch kein Spanier) und Lister auf die Beine gestellt. Was dann folgte, ist nicht so sehr für den spanischen Bürgerkrieg im besonderen als vielmehr für die spanische Politik im allgemeinen charakteristisch.

Durch seine Erfolge zog Kleber eine Menge Neid auf sich. Ein Knäuel von Intrigen, das zu entwirren ich mich nicht in der Lage sehe, folgte darauf in der Junta de Defensa von Madrid. Es sieht so aus, als hätte Kleber, ein Offizier mit der für einen solchen Mann typischen gradlinigen Mentalität, mit all diesen auf persönlichem Neid beruhenden politischen Manövern, die dem spanischen Politiker so sehr am Herzen liegen, nichts anfangen können. Selbst seine Freunde geben zu, daß er sich als schlechter Taktiker erwies. Lange Zeit stellte sich der ganze Konflikt als rein persönlicher dar, und viele Leute neigten dazu, die politischen Argumente, die zur Unterstützung seiner Widersacher vorgebracht wurden, als reine Vorwände für eine persönliche Vendetta zu betrachten. Erst im Licht späterer Ereignisse, besonders in Verbindung mit der Entfernung von Rosenberg, stellt sich die Krise um General Kleber als definitiver Wendepunkt in der Entwicklung der spanischen Politik dar.

Die Kleber-Krise betraf demnach zwei Hauptgesichtspunkte. Der eine war von höchster militärischer Bedeutung: Kleber wollte, daß die Republikaner die Offensive sofort ergriffen, während seine Widersacher entgegenhielten, die republikanischen Kräfte seien dafür noch nicht reif. Es mutet seltsam an, doch bezeichnenderweise war es nicht diese Entscheidung von höchster Bedeutung, die die Krise zum Höhepunkt trieb. Es war eine Frage der Propaganda. Der Ruhm Klebers und der Ruhm der Internationalen Brigaden war über den Rundfunk um die ganze Welt gegangen. General Miaja, dem Namen nach Oberkommandeur und Kopf der Junta de Defensa, und die spanische Miliz blieben bei dieser Propaganda im Hintergrund. Dies ließ Miaja auf Kleber wütend werden. Trotzdem besteht kaum Zweifel, daß die Fakten, selbst wenn sie von Kleber und seinen Freunden verbreitet wurden, im wesentlichen richtig waren; ihre Propaganda ließ sich, was ihre Glaubwürdigkeit anging, durchaus rechtfertigen, was man von den meisten Propagandakampagnen sicherlich nicht behaupten kann. In der Tat hatte nicht Miaja, sondern Kleber, hatten nicht die spanische Miliz, sondern die Internationalen Brigaden Madrid gerettet und tun es immer noch. Aber das war nicht der Punkt. Miaja wollte die öffentliche Aufmerksamkeit auf sich und seine spanischen Landsleute gelenkt haben. Doch Miajas Ärger allein wäre noch nicht so stark ins Gewicht gefallen. Er wurde von den politischen Parteien benutzt, besonders von den Anarchisten. Sie erkannten schnell, daß jetzt ihre Gelegenheit gekommen war, den kommunistischen Vormarsch aufzuhalten und sich für die Schläge zu rächen, unter denen sie in Katalonien, bei den Massakern in Valencia, in Tarancon, in der *Huerta*, an der Teruel-Front und so vielen anderen Orten gelitten hatten. Für Madrid wäre es ebenfalls ein harter Schlag, aber das spielte keine Rolle. Die Anarchisten schlugen sich resolut auf die Seite Miajas und machten Front gegen Kleber und die Internationalen Brigaden. Sie brachten eine ausgesprochen politische Note in die persönlichen Querelen. Kleber könnte, so behaupteten sie, seine Popularität eines Tages, von den Internationalen Brigaden unterstützt, zu einem kommunistischen *Coup d'état* benutzen. Und es ist tatsächlich schwer zu glauben, daß ihre Ängste vollkommen unbegründet waren. Während der zweiten Januarhälfte und selbst während der ersten Hälfte des Februar trieben die Dinge *wirklich* auf einen kommunistischen *Coup d'état* zu (offiziell Regierungskrise genannt), und zweifellos hätten Kleber und die Internationalen Brigaden ihren Teil dazu beigetragen. Nie war der tragische Widerspruch, der seit der Einschaltung der Russen seinen Schatten auf die spanische Revolution wirft, so offen und auffällig: Kleber und seine Internationalen Brigaden gewähren zu lassen, hätte die erfolgreiche Verteidigung Madrids bedeutet und sogar einen ernsthaften Versuch, das Blatt zu wenden und eine Offensive zu starten; aber gleichzeitig hätte das mit fast mathematischer Sicherheit einen *Coup d'état* bedeutet, der nicht bloß gegen die Anarchisten, sondern gegen die Gewerkschaftsbewegung ganz allgemein mit allen weitreichenden Folgen geführt worden wäre. Ohne zu zögern bezogen die Anarchisten in diesem Dilemma Position. Das überrascht wohl kaum.

Etwas anderes war aber wirklich überraschend. Bei dieser Sache war die Unterstützung der Anarchisten nicht nur Miaja willkommen, der schließlich in seinem eigenen Interesse handelte, sondern auch deren bittersten Feinden, den Sozialisten und Republikanern. Plötzlich bildeten alle Parteien eine Einheitsfront gegen Kleber und die Kommunisten. Caballero, soweit überhaupt noch ein aktives Element der Politik, stärkte Miaja mit all seinen Kräften den Rücken. Dasselbe taten, so scheint es, die republikanischen Führer. Das Problem Kleber verschmolz mit dem Versuch, die Regierung umzubilden. Und jene, die in der Regierungsfrage am lautesten in den Ruf nach einer Wende nach rechts einstimmten, verlangten gleichzeitig die Abberufung des Mannes, der mit seinen Bataillonen die stärkste Kraft hinter dieser Rechtswende war. Es wäre untragbar, sagten sie, die Situation Spanien und der Welt so darzustellen, als ob die Spanier von Ausländern gerettet würden. Es ginge nicht an, daß man diesen Ausländern in Kommandoangelegenheiten den Vorrang gegenüber Spaniern einräume. Die Entscheidungsgewalt müsse wieder in die Hände eines rein spanischen Organs gelegt werden, und der Ruhm des Erfolgs sollte den Spaniern gebühren. Persönliche Eifersüchteleien und Nationalismus waren zusammen stärker als der Haß auf die Anarchisten, als der Wunsch, die Sozialrevolte zum Ende zu bringen, und selbst als der einfache und ursprüngliche Wunsch, den Krieg zu gewinnen.

Die Angelegenheit wurde nur teilweise auf formalem Wege bereinigt. Militärisch könnten die Internationalen Brigaden machen, was sie wollten; wenn es ihnen einfiele, könnten sie gegen Valencia marschieren, es einnehmen und ein Kommando und eine Regierung nach ihrem Geschmack einrichten. Aber für solche Aktionen sind die Dinge auf keinen Fall reif. Solch einen Kurs könnte vielleicht ein siegreicher General einschlagen, nachdem er den Krieg beendet hätte, aber nicht mitten in einem unentschiedenen Feldzug. Ein *Coup d'état* der Kommunisten, nicht mit, sondern gegen die Sozialisten und Republikaner, würde das Ende, den endgültigen Erfolg Francos bedeuten. Sie unternahmen den Versuch nicht. Sie zogen es vor, Kleber fallenzulassen und ihn der Rache seiner persönlichen Feinde zu überlassen, denen er nur unter Schwierigkeiten entkam. Es war ein harter Schlag für sie. Die Anarchisten hatten ihr Nahziel erreicht.

Wenn ich richtig informiert bin, spricht man davon, daß nach dem Fall von Malaga unter dem Schock der Niederlage sich die Dinge in Spanien gründlich geändert und eine allgemeine Konzentration der Kräfte stattgefunden habe. Es gibt eine solche Konzentration, aber sie hat wenig mit dem Fall von Malaga zu tun, dessen politische Wirkungen, wie oben beschrieben, überraschend gering waren. In Wirklichkeit ging die Wende von der Krise im Madrider Kommando aus, in deren Folge in Madrid eine rein spanische *Junta de defensa* gebildet wurde. Die Kommunisten hatten nicht genug Kraft, um die Umgruppierung der Regierung durchzusetzen, und gaben daher diesen Gedanken nicht ein paar Tage nach, sondern ein paar Tage vor dem Fall von Malaga auf. Folglich ergab sich das Problem der allgemeinen Stellung der Russen. Verhandlungen über russische Hilfe und russischen Einfluß nach den bisherigen Gepflogenheiten scheiterten, und aufgrund dieses Scheiterns wurde Rosenberg abberufen. Die Zeiten, da die Russen viel Geld und viele politische Zugeständnisse für begrenzte Hilfe erhielten, waren vorbei. Die Kommunisten bleiben eine sehr einflußreiche Partei; aber im Moment sind sie nicht die dominierende.

Die Ergebnisse dieser Umkehrung der Positionen werden in vieler Hinsicht spürbar. Die Sozialisten fühlen sich wieder stärker; sie besitzen wenig eigene Kraft, befehligen aber immer noch die Maschinerie der UGT. Sie haben in der letzten Krise als Kraft mit einer eigenen Politik agiert und wieder zu einem gewissen Selbstvertrauen gefunden. Die Kommunisten haben ihrerseits ihren Groll gegenüber der POUM im Zaum halten müssen. Die Anarchisten hatten angenommen, daß die Vernichtung der POUM den Weg für den Schlußangriff gegen sie selbst hätte ebnen sollen. Sie lehnen die POUM ab und hatten ihr in den ersten Monaten manchen Schlag versetzt. Aber seit der russische und kommunistische Einfluß überwog, stellten sie sich zum eigenen Schutz hinter die POUM. Nachdem die Kommunisten mit den rücksichtslosen Angriffen gegen die POUM aufgehört haben, sagen sie jetzt selbst, daß sie dies um des besseren Verständnisses mit den Anarchisten willen tun. Auf dem gemeinsamen Nenner von alledem wurde eine Art Waffenstillstand zwischen Anarchisten und Kommunisten erreicht. Nicht, daß sie sich nicht gegenseitig hassen oder nicht versuchen würden, sich auf die endgültige Abrechnung mit dem jeweils anderen vorzubereiten, aber im Augenblick haben beide zumindest teilweise darauf verzichtet, durch gewaltsame Aktionen das Gleichgewicht durcheinanderzubringen. Beide sehen ein, daß der Krieg gegen Franco den Vorrang gegenüber einem Bürgerkrieg innerhalb des antifaschistischen Lagers hat. In diesem einen Sinne kann man sagen, daß die Katastrophe von Malaga ihre Wirkung gehabt hat. Ohne sie hätte die Krise des Madrider Kommandos und die Regierungskrise andere Konsequenzen haben können. Das Gesetz, das alle modernen Revolutionen beherrscht, bleibt in Kraft: Niederlagen treiben Revolutionen nach links, Erfolge nach rechts. Diesmal hat Malaga die Kommunisten davon abgehalten, ihre Versuche in Richtung eines *Coup d'état* gegen die linken Elemente des spanischen antifaschistischen Lagers weiter zu verfolgen.

Von diesen Auswirkungen, die im Erfolg von Guadalajara zum Vorschein kamen, scheint das Valencia-Lager zu profitieren. Die Verwaltung, die durch Intrigen und die Vorbereitungen eines Bürgerkrieges im antifaschistischen Lager vollkommen gelähmt war, hat die Arbeit wieder aufgenommen. Die Kohle- und Benzinkrise ist durch adäquate Verwaltungsmaßnahmen gemildert worden. Die Züge verkehren wieder regelmäßig (noch Mitte Februar erzählte jeder Journalist, der von

336

Port Bou nach Valencia reiste, von Mißgeschicken; heute benötigt der Zug von Barcelona nach Valencia wieder nicht mehr als acht Stunden), und die militärischen Operationen bei Guadalajara wurden von keinem Benzinmangel behindert. Selbst die Versorgungssituation scheint sich, besonders in Barcelona, gebessert zu haben, nachdem die Wogen der politischen Differenzen geglättet sind. Die katalanische Regierung kauft Lebensmittel im Ausland.

Das militärische Kommando wurde hektischen Veränderungen unterzogen. Nach dem Fall von Kleber gab es zunächst keine angemessenen Vorkehrungen für das Madrider Kommando. Dies war einer der Gründe für das Jarama-Desaster am südlichen Flügel der Madrid-Front. Aber dann kam die Reorganisation. Nach dem Fall von Malaga wurde General Asensio von seinem Posten als Chef des Generalstabes im Kriegsministerium zu Valencia entfernt. In Madrid brachte man die Kommunisten dazu, ihre technischen Berater einem ausschließlich spanischen Kommando zu unterstellen. *En fin de compte* wurden sie auf diese Weise gezwungen, ihre spezifischen technischen Fähigkeiten zum Kampf beizusteuern, ohne sich als Gegenleistung die vollständige politische Vorherrschaft zu sichern. Maßnahmen zur Vereinigung des katalanischen und spanischen Militärkommandos wurden getroffen. Wie Jarama dem Übergangs-Chaos nach dem Fall Klebers entspricht, so entspricht Guadalajara dem neuformierten Kommando. Im Moment des Durchbruchs der italienischen Divisionen wurde der Junta de Defensa die Macht übertragen, alle Maßnahmen zur Meisterung des Notfalls zu ergreifen, einschließlich der Truppenverlegung aus anderen Abschnitten. Vielleicht gab es hier zum ersten Mal ein wirklich vereintes Kommando, weil sich zu diesem Augenblick niemand vor seinem Erfolg fürchtete. Entsprechend erfolgreich war es.

SCHLUSSFOLGERUNGEN

Die Erhebung Francos wird normalerweise als eine faschistische Revolte beschrieben. Diese Gepflogenheit rührt teilweise daher, daß Franco sich selbst mit dem internationalen Faschismus identifiziert. Im wissenschaftlichen Sinn mag der Begriff angemessen sein, vorausgesetzt, man bezeichnet jede Diktatur als »faschistisch« und gebraucht den Begriff Faschismus einfach im Sinne eines »nicht-demokratischen« Regimes. Aber so vorzugehen, ist unzweckmäßig, weil dies einem Verständnis der einzelnen Diktaturen unserer Zeit, die sich in vieler Hinsicht stark unterscheiden, nicht entgegenkommt. Faschismus – in klassischer Form im gegenwärtigen deutschen und italienischen Regime repräsentiert – bedeutet etwas ganz bestimmtes. Faschismus bedeutet erstens: einen Diktator, der als Führer anerkannt wird; zweitens: ein Einparteiensystem; Faschismus bedeutet drittens den »totalitären Staat« in dem Sinne, daß ein Regime nicht nur die politischen Angelegenheiten im engeren Sinn diktiert, sondern jeden Aspekt öffentlichen und privaten Lebens; an vierter Stelle bedeutet Faschismus, daß keinerlei von der Zentralpartei unabhängige Kraft auf irgendeinem Gebiet – welchem auch immer – toleriert wird; Faschismus heißt viertens, daß die Partei sowohl durch Überzeugung als auch durch Gewalt versucht, den vereinten Konsens der Nation herzustellen, und in hohem Maße Erfolg dabei hat. Faschismus bedeutet schließlich, daß die totalitäre Macht dazu benutzt wird, einen höheren Grad an Koordination und Effizienz in jedem Bereich des öffentlichen Lebens zu erreichen; Faschismus ist der mächtigste politische Träger der »Modernisierung«, den wir kennen.

Kaum eines dieser Merkmale findet sich im Franco-

338

Regime. Franco selbst, der Führer, verdankt seine Rolle keiner echten, langsam entwickelten und gründlich eroberten Überlegenheit über Feinde und Konkurrenten, sondern vielmehr dem glücklichen Umstand, daß die anderen Anwärter auf das höchste Kommando – Calvo Sotelo, Sanjurjo, Goded, José Primo de Rivera – tot sind. Dies ist von vornherein ein Unterschied von nicht geringer Bedeutung. Seine Implikationen werden von der Tatsache unterstrichen, daß Franco keine – wie früher Primo de Rivera – »totalitäre« Partei hat, die sich hinter seine Ziele stellt. Die beiden im Franco-Lager vorherrschenden Parteien, die Falange und die Karlisten (erstere weitaus bedeutender als letztere), sind weit davon entfernt, Francos Parteien zu sein. Die Karlisten, die auf die Restauration einer absolut verfassungsmäßigen Monarchie abzielen, verstehen sich weder mit der Falange noch mit Franco, die beide keine Monarchisten sind. Daneben existiert auch noch – wenn auch nur mit schwachen Kraften – die Renovación Española, die Partei des exilierten Alfonso XIII. Ein Teil der Franco-Bewegung ist demnach nicht faschistisch, sondern monarchistisch. Und diese Divergenz, die das Franco-Lager nicht weniger erschüttert als die Anarchisten-Kommunisten-Kontroverse das republikanische Lager, schließt zumindest gegenwärtig die bloße Vorstellung eines Einparteiensystems aus. Schlimmer sogar, bekanntlich herrscht keine Übereinstimmung zwischen Franco und der Falange, der eigentlichen faschistischen Partei. Die Presse der Falange vermeidet es immer sehr sorgfältig, Franco als »Leiter« oder »Führer« oder ähnliches zu bezeichnen. Sie nennen ihn ganz einfach den »Generalissimo«, den Oberkommandierenden, womit sie signalisieren, daß sie seine zeitweilige Diktatur nur als Kriegsmaßnahme akzeptieren. Die politische Führung beanspruchen sie für sich selbst; sie versuchen nicht ohne Erfolg eine Partei aufzubauen, die sich aus Elementen aller Klassen zusammensetzt, geben sich große Mühe, Elemente der Arbeiterklasse unter ihr Banner zu scharen, und werfen Franco indirekt vor, daß er nicht der Repräsentant einer Volksbewegung nationaler Wiederbelebung ist – was sie selbst zu sein versuchen –, sondern nur der Führer einer militärischen Clique, was letzten Endes auch die Wahrheit ist. Demnach kann es im Franco-Lager keinen echten Faschismus geben, weil die faschistische Partei gegen den Führer-General ist, der wiederum selbst keine politische Partei befehligt. Auch mit der von Franco kürzlich zustande gebrachten oberflächlichen Vereinigung von Karlisten und Falangisten hat sich dies nicht im geringsten geändert. Diese zwei Gruppen bekämpfen sich ständig gegenseitig mit nicht weniger Wut, als sich Anarchisten und Kommunisten im anderen Lager bekämpfen. Keine von ihnen hat ihre politischen Prinzipien aufgegeben, und die Führungsmanschaften bestehen weiterhin auch in der vereinten Partei, genauso wie in den beiden Parteien vor ihrem Zusammenschluß, jede mit ihrer eigenen Anhängerschaft. Das ist nur eines Militärdiktators schlechte Kopie jenes in anderen Ländern verwirklichten faschistischen Einparteiensystems. Es gibt wenige Unterschiede, die größer sind als jene zwischen einer ausschließlich militärischen, unpolitischen Diktatur und einer faschistischen Diktatur, die auf einer breiten politischen Bewegung basiert. Francos Regime ist das erstere, nicht letzteres. Spanien war bereits Zeuge von Primos Untergang, weil er nicht – wie er sich das wünschte – eine breite politische Bewegung schaffen konnte, die seine Militärdiktatur untermauert hätte. Das Franco-Regime findet folglich wenig Unterstützung beim Volk, was seine Hauptschwäche ist und es gleichzeitig vom echten Faschismus gänzlich unterscheidet. Viele Monate lang wagte es Franco nicht, sein Hinterland zu mobilisieren. Unter dem akuten Druck des Mangels an Leuten begann er schließlich damit, mit dem Erfolg, daß die Einberufenen bei der ersten Gelegenheit, in der Schlacht von Guadalajara, *en masse* desertierten. Außerhalb von Navarra (das karlistisch ist), einem Teil von Galizien (das mehr oder weniger Anhänger Alfonsos ist) und Mallorca (der Privatdomäne des Tabakkönigs Juan March) hat Franco keine Unterstützung des Volkes. Schließlich und endlich betreibt das Franco-Regime alles andere als Modernisierung. Ein Regime, das hauptsächlich von der spanischen Kirche und der Armee getragen wird, kann das gar nicht. Trotz aller Anstrengungen, das Gegenteil zu beweisen, ist das Franco-

Regime nichts anderes als eine Wiederholung des Regimes von Robles, das wiederum eine Wiederholung des Cánovas-Regimes ist, des Restaurationsversuches, der am Ende des 19. Jahrhunderts so kläglich scheiterte. Der spanischen Rechten ist es bewußt, daß die alte Clique nicht mehr ausreicht, daß etwas Neues eingeführt werden muß, und versucht den Faschismus als moderne Form der Reaktion zu *imitieren*. Aber das erste, was genuiner Faschismus tun würde, wäre sowohl Kirche als auch Armee der totalitären Partei zu unterwerfen – wie es in Deutschland und Italien geschah – und all die Lebensweisen auszumerzen, die der alten, vorkapitalistischen, traditionalistischen spanischen Oberklasse noch allzusehr am Herzen liegen. Mit einem Wort, um genuin faschistisch zu werden, müßte das Franco-Regime zuerst sich selbst zerstören. So wie es ist, ist es einfach eine reaktionäre Militärdiktatur, wie sie Spanien schon zu Dutzenden gesehen hat, nur mit dem Unterschied, daß sie von ausländischen Mächten unterstützt wird. Der ganze Verlauf des Bürgerkriegs hat gezeigt, daß Franco ohne diese Rückenstärkung, so begrenzt sie auch ist, nicht länger existieren würde. Die grundsätzliche Schwäche des Aufstandes ist für sich selbst schon ein Hinweis, daß es sich um ein Phänomen handelt, das sich zutiefst von den angeblich parallelen Bewegungen seiner deutschen und italienischen Verbündeten unterscheidet, die beide tiefverwurzelte und sehr starke Massengefühle als Basis hatten.

Jede spanische Partei, Regierung oder Bewegung verfing sich zwischen dem Druck der Umstände, die das Land in Richtung Europäisierung treiben, und dem eingefleischten Widerstand des Landes. Und von allen spanischen Klassen ist die alte Oberschicht als letzte in der Lage, sich und das Land zu europäisieren. Franco ist nichts anderes als der Exponent dieser alten Oberschichten, unfähig zur Modernisierung und ebenfalls unfähig, mit den Massen des Volkes in Berührung zu kommen. Die Erfahrungen von 1707 und 1808 haben sich 1936 wiederholt. Das spanische Volk erhob sich gegen seine Oberschicht, und die Oberschicht erwies sich machtlos ohne das Volk. Dies ist soweit das wichtigste Resultat von neun Monaten Bürgerkrieg.

Wenn es nur das wäre, würden sich die Dinge bald wieder legen; Franco wäre besiegt, die Massen würden wahrscheinlich nach einigem Aufruhr in ihre Apathie zurücksinken, und nichts hätte sich geändert; aber da waren die Ausländer. Die spanische Revolution hätte es wahrscheinlich nicht geschafft, Demokratie oder Sozialismus oder irgend etwas anderes herbeizuführen, und es wäre ihr nicht gelungen, das Land zu reorganisieren, wenn nicht Ausländer sich eingeschaltet und tiefgreifende Maßnahmen dem Volk aufgezwungen hätten. Die Geschichte des spanischen Bürgerkriegs, soweit sie das linke Lager betrifft, ist die Geschichte des spontanen Widerstands der Massen gegen zwei Dinge: einerseits gegen die Revolte von Klerus und Armee, andererseits gegen die Notwendigkeit, diesen Aufstand mit modernen Mitteln der Kriegführung und Organisation niederzuschlagen. Die Massen wollten kämpfen, und sie kämpften heroisch, aber sie wollten, daß dieser Krieg nach Art der alten Guerilla von 1707 und 1808 als eine Erhebung von Dorf zu Dorf, von Stadt zu Stadt gegen die Bedrohung der Tyrannei ausgetragen wird. Dies konnte nicht so sein.

Um dies vollständig zu verstehen, muß man sich in Erinnerung rufen, daß Revolutionen im allgemeinen weniger aufgrund von Idealen als aufgrund von Notwendigkeiten vorangetrieben werden. Dies trifft für die französische, die russische und viele andere Revolutionen in einem weit höheren Grad zu, als allgemein angenommen wird. Die Bolschewiki zum Beispiel erreichten ihre Ziele nicht so sehr deshalb, weil ein paar Tausend Intellektuelle und Arbeiter vom bolschewistischen Programm überzeugt waren und dieses Programm in gewissem Maß in bestimmten Schichten des kleinen russischen städtischen Proletariats verbreitet hatten; die Bolschewiki gewannen, weil der Zusammenbruch der im Krieg befindlichen Nation die Frage nach unmittelbarem Frieden in der Vordergrund gedrängt hatte und allein die Bolschewiki darauf vorbereitet waren, dieses Problem zu lösen. Ähnlich ergab sich in Spanien die Vorherrschaft des Proletariats nicht, weil eine begrenzte Schicht von Anarchisten und eine noch begrenztere von Trotzkisten davon träumten (die Kommunisten hatten schon aufgehört zu träumen), sondern weil allein die Arbeiter in der Lage waren, die große Mehrheit des Volkes gegen Armee, Kirche und Großgrundbesitzer zu verteidigen, als die ganze Armee sich zur Rebellion erhob. Jeder einzelne Schritt der Revolution kam demnach nicht durch irgendeine Art von Propaganda, durch die Verbreitung von irgendwelchen abstrakten Überzeugungen, sondern durch zwingende Notwendigkeiten des Augenblicks zustande. Im allgemeinen sind es Niederlagen, die eine Revolution nach links treiben, und nicht die Erfolge, wie meistens angenommen wird. Es sind die Niederlagen, die extreme Verteidigungsmaßnahmen erforderlich machen und die fortgeschrittensten Gruppierungen der Bewegung an die Macht bringen, weil allein sie in der Lage und bereit sind, extreme Maßnahmen zu ergreifen. So besiegten in der Englischen Revolution die Unabhängigen die Presbyterianer, was das Ergebnis der Siege des Königs über das Parlament war. So überwältigten die Jakobiner die Girondisten in Paris als Resultat des durchschlagenden Sieges der Österreicher und Preußen im März 1793. So kamen die Bolschewiki zum Zug, als der russische Staat sich in vollkommener Desintegration aufzulösen drohte. Genauso fiel den revolutionären Komitees in Spanien an dem Tage die Macht in ihre Hände, an dem die Republik unter Francos Schlag zerbrach. Von den extremeren Methoden erhoffte man sich ein höheres Maß an Kampfkraft als von den milderen Maßnahmen, die man bis vor kurzem noch angewandt hatte. Und so, wenn auch mit Verbitterung in ihren Herzen, kooperierten die gemäßigteren Gruppen, Republikaner, Katalanen, rechte Sozialisten, und organisierten diese revolutionäre Macht, die ihre eigene Existenz bedrohte, weil andernfalls Franco auf der Bühne erscheinen und sie sofort vernichten würde. Daß die gemäßigten Elemente im Augenblick des Desasters und des größten Erfolgs der Konterrevolution tatsächlich, wenn auch zögernd, extremen revolutionären Maßnahmen zustimmten, ist ein gemeinsames Merkmal jeder revolutionären Krise. Ohne das könnte eine fortschrittliche Minderheit nie regieren. Wenn die Gefahr erst einmal vorbei ist, versuchen folglich die gemäßigteren Elemente stets – was ihnen im allgemeinen auch immer gelingt –, die fortgeschritteneren Gruppen loszuwerden, deren Hilfe sie benötigten, um die Versuche offener Konterrevolution abzuwehren.

Dies lag dem politischen Wandel von der parlamentarischen Demokratie zum Doppelregime vom 19. Juli zugrunde. Nach diesem Tage gab es einerseits die alten legalen Regierungen in Madrid und Barcelona, an denen keine Sozialisten und Anarchisten teilnahmen und die sehr wenig Macht besaßen, und andererseits die Komitees. Am Anfang hatte dieses System glänzende Erfolge. In fast allen Städten Spaniens wurde der Aufstand niedergeschlagen. Doch dann kam überraschenderweise der völlige Stillstand. Diese Tatsache läßt sich auf zweifache Weise erklären. Zum einen erhielten die Aufständischen nach ein oder zwei Wochen moderne ausländische Waffen, und die Volkskräfte der Miliz konnten den Luftangriffen und dem Artilleriebeschuß eindeutig nichts entgegensetzen; zum anderen konnte sich dieselbe Miliz, die in ihrer eigenen Straße und Stadt, in ihrem eigenen Dorf so heroisch nach alter Guerilla-Art gekämpft hatte, auf dem Feld dem Kampf in geschlossenen Einheiten modernen Typs nicht anpassen. Dieselben Männer, die als Helden aus den Straßen Madrids hervorgegangen waren, wurden auf den Schlachtfeldern von Talavera und Santa Eulalia zu Feiglingen. Es war ihnen unmöglich, den Schritt vom traditionellen nationalen Guerillakrieg zur modernen Kriegführung zu vollziehen. Der einzige Effekt der Bildung moderner Einheiten bestand darin, daß die Milizionäre keine Gelegenheit mehr hatten, ihre Guerillainstinkte zu gebrauchen, sich aber auch nicht die Fertigkeiten eines modernen Soldaten aneignen konnten.

Ein paar Monate lang ging die Revolution dann unter gewisser Selbsttäuschung weiter. Es war offensichtlich, daß zumindest einer der beiden Hebel des »Doppelregimes« defekt war: die legale Regierung. Mit den Katalanen war es nicht so schlimm, aber die Republikaner in Madrid waren in diesen ersten entscheidenden Wochen wirklich wahre Giganten an Inaktivität. Sie also zu beseitigen, das Doppelregime zu überwinden, eine Regierung der revolutionären Parteien zu bilden, die in Geist und Aktion mit den revolutionären Massen eins wäre: so war es beabsichtigt. Also ersetzte man Giral durch Caballero, und später wurden die Anarchisten weitgehend mit in die Regierung hineingezogen. Der Effekt war zu jedermanns Überraschung gleich null. Die neue Regierung scheiterte in jeder Hinsicht, obwohl der Radikalismus ihrer politischen Überzeugung nicht in Zweifel gezogen wurde. Sie scheiterte bei der Reorganisation; die Niederlage von Toledo war genauso jämmerlich wie die von Talavera. Und sie scheiterte, indem sie sich nicht auf eine revolutionäre Sozialpolitik einließ.

In den Städten war wirklich nichts weniger nötig als eine stärkere revolutionäre Entwicklung. In den wichtigsten Industriezentren, Bilbao zum Teil ausgenommen, hatte eine umfassende Enteignung industriellen Eigentums stattgefunden, teilweise aus sozialistischem Idealismus, aber häufiger, weil die Besitzer geflohen oder umgebracht worden waren. Die Arbeiter hatten weitaus mehr Fabriken in ihren Händen, als sie selbst oder die Verwaltung einigermaßen betreiben konnten. Außerdem schien der Versuch einer gründlichen Sozialisierung zu einem Konflikt zwischen Spanien und den großen demokratischen Mächten zu führen. Aber in den Dörfern lagen die Dinge anders. Hier war die Revolution tatsächlich sehr langsam vorwärtsgekommen. In einigen Provinzen, zum Beispiel in der Mancha, hatte es spontane Enteignungen großer Güter durch Bauern und Arbeiter gegeben, aber im größeren Teil des Landes war zunächst die Agrarrevolution durch die Miliz einfach in die Dörfer getragen worden. Wenn die Regierung eine breite Volkserhebung wollte, einen richtigen Volkskrieg, welcher der einzig sichere Weg war, Franco zu besiegen, dann durfte sie nicht mit »sozialistischer« Industrie in den Städten herumspielen, sondern mußte jede Anstrengung machen, um eine breite Bauernbewegung zustandezubringen und Franco in den Wellen revoltierender Dörfer wegzuspülen. Um dies zu schaffen, mußte sie den Bauern etwas Greifbares in die Hand geben, Land an erster Stelle. Ein gutes Stück des vorangegangenen Tagebuchs zeigt, wie dieses Ziel nicht erreicht wurde. Caballero und seine Leute hatten niemals an die sowohl technischen wie politischen Probleme einer Revolution gedacht. Nach einer langen, durch und durch reformistischen Vergangenheit waren sie im fortgeschrittenen Alter aus Enttäuschung Revolutionäre geworden. Die Kommunisten unterdrückten auf Anordnung Moskaus jeden Gedanken nicht nur einer proletarischen, sondern sogar einer Revolution der Dörfer nach dem Beispiel der Französischen Revolution. Die Trotzkisten verloren sich in der Wiederholung von sinnlosen Formeln wie »konstituierende Versammlung«, die sie aus den Büchern über die russischen Revolutionen von 1905 und 1917 übernommen hatten. Die Anarchisten spielten mit der Errichtung des himmlischen Königreiches auf Erden herum, in Form der Abschaffung des Geldes und totaler Kollektivierung in den einzelnen Dörfern. Mit einem Wort, alle Gruppierungen waren bereit, mit der Waffe in der Hand einen gewaltsamen Angriff abzuwehren. Das war es, was einen so gewaltigen Eindruck auf die Linke in Europa machte, die in anderen Ländern so schmählich gescheitert war, dieses relativ einfache Ziel zu erreichen. Aber keine Partei konnte gegen das geringe Maß ausländischer Intervention, mit dem sie konfrontiert war, einen Widerstand organisieren, und keine hatte eine irgendwie geartete konstruktive politische Idee. Die kreative politische Kraft, mit der die Französische und die Russische Revolution so reich gesegnet waren, fehlte in Spanien eindeutig. Wie sich bei den Rechten jede Gruppierung der Franco-Bewegung weigerte oder einfach nicht in der Lage war, etwas wirklich Neues aufzubauen, so war es auch auf der linken Seite in jeder Sektion der Arbeiterbewegung, von den Kommunisten bis zu den Anarchisten.

Und weil die Regierung Caballero politisch und administrativ ein völliger Fehlschlag war, standen die Aufständischen, denen weniger die eigene Tapferkeit als vielmehr italienische Flugzeuge und deutsche Gewehre zu Hilfe kamen, am 7. November vor den Toren Madrids. Die entscheidende Stunde schien der spanischen Republik zu schlagen. In diesem Moment wurde das Ruder der russischen Außenpolitik herumgeworfen. Rußland war zunächst von den spanischen Ereignissen nicht begeistert gewesen und hatte monatelang zur bitteren Enttäuschung der Spanier fast jede Hilfe verweigert. Dann merkte Moskau schließlich, daß eine Niederlage der Linken in Madrid für Moskau, auch wenn es sich aus dem Durcheinander herausgehalten hätte, genauso schlimm wäre wie die Niederlage von Addis Abeba für den Völkerbund. Moskau bot seine Hilfe an, und sie wurde mit Freuden angenommen.

Die Tatsache ausländischer Intervention ist an sich keine Besonderheit des spanischen Bürgerkriegs. Die Französische Revolution mußte gegen unendlich stärkere Feinde kämpfen – oder zumindest warfen diese Feinde unendlich stärkere Kräfte in den Kampf gegen Frankreich –, als es in Spanien der Fall ist. Das Maß der Franco von den faschistischen Staaten gewährten Hilfe war schließlich begrenzt; aber zuviel für Spanien. Es war zuviel gewesen, anfangs wegen der Unerfahrenheit der Volksmiliz und der revolutionären Organisation. Aber die Monate zwischen Juli und November zeigten, daß das Regierungslager sich nur wenig, wenn überhaupt, an moderne Kriegsführung und moderne militärische Notwendigkeiten anpassen konnte. Die Anarchisten als die reinsten Vertreter des spanischen Widerstandes im Arbeiterlager gegen eine Europäisierung waren am wenigsten anpassungsfähig. Aber es wäre falsch zu behaupten, daß diese Unfähigkeit zur Anpassung hauptsächlich anarchistischen Prinzipien zuzuschreiben wäre. Zwar pflegten die Anarchisten in der Tat ihre Ideale einer Guerilla-Miliz, der Herrschaft der Arbeiter in den Fabriken und einer Verwaltung durch mehr oder weniger unabhängige lokale Komitees. Aber die anderen Parteien, Republikaner und Sozialisten, die von Europa ausgeliehene Ideale verkündeten, waren wirklich genausowenig anpassungsfähig wie die Anarchisten. Eine Gruppierung der Bewegung schob die Verantwortung für das Scheitern der anderen zu, aber in Wirklichkeit traf die Schuld des allgemeinen Versagens alle gleichermaßen.

Aber im November wurde klar, daß dies alles nicht genügte und die Republik innerhalb der nächsten paar Wochen untergehen würde, wenn nicht Ausländer zu Hilfe kämen. Sie kamen – russische Spezialisten, Freiwillige der Komintern – und brachten wirksame Hilfe. Sie retteten Madrid, sie schafften es, zumindest für den Augenblick, die Gewichte zu verlagern. Aber gleichzeitig änderten sie die Richtung der Bewegung gründlich.

Und nun entwickelte sich ein auffälliges Phänomen. Jede frühere Revolution, in Großbritannien, Frankreich, Rußland, war von der Herrschaft gemäßigter Gruppen zu der fortgeschrittenerer Gruppen übergegangen und hatte bei diesem Prozeß kontinuierlich an Effizienz gewonnen. Auch die spanische Revolution hatte zunächst diesen Verlauf genommen. Sie war von gemäßigten Formen zu gewaltsameren, von der Herrschaft der Republikaner zu der der revolutionären Komitees und zum Kabinett Caballero fortgeschritten. Aber der Schwenk nach links hatte keine Ergebnisse gezeigt. Mit dem Auftritt der Kommunisten auf der spanischen Bühne übernahm jetzt eine weit weniger fortschrittliche Gruppe das Ruder. Und überraschenderweise gewann die spanische Revolution mit diesem Wechsel an Effizienz. Offensichtlich hat das Zusammenwirken zweier Faktoren dieses Resultat hervorgebracht. Einer davon war das deutliche Scheitern aller Gruppen der radikalen Linken. Als sie von den Ereignissen auf die Probe gestellt wurden, erwiesen sich die Linkssozialisten und die Anarchisten weder als Jakobiner noch als Bolschewiki. Sie zeigten sich unfähig, eine eiserne revolutionäre Diktatur des französischen oder russischen Typs aufzubauen. Genauso wie Franco nur oberflächlich den Faschismus imitierte, ahmten die fortschrittlichen Gruppen der Linken nur die revolutionäre Tradition anderer Länder nach, ohne in der Lage zu sein, dem selbstgewählten Modell wirklich zu folgen. In jedem Lager weigerte sich sogar eine Fraktion, das ausländische Modell auch nur formal zu akzeptieren – die Karlisten bei Franco und die Anarchisten bei den Republikanern. Die anderen Fraktionen stellten sich als unfähig heraus, ihre offiziellen Modelle den Bedingungen des Hier und Jetzt anzupassen. Die spanische Arbeiterbewegung und die spanische Linke ganz allgemein waren in der Lage zu *kämpfen*, waren aber unfähig, einen *effizienten* Kampf zu organisieren. Sie waren so wenig effizient und so wenig den Erfordernissen eines modernen Kriegs gewachsen wie Franco auf der anderen Seite. Spanien und all seine Gruppierungen und verfeindeten Parteien erwiesen sich als grundsätzlich verschieden von Europa und als teilweise unwillig, teilweise unfähig, europäische Beispiele zu übernehmen.

Dies war der eine Aspekt der Niederlage der Linken, die ihr nicht durch Franco, sondern durch deutsche und italienische Flugzeuge, Panzer und Artillerie beigebracht worden war, auch wenn diese Hilfe so gering war, daß eine besser organisierte Bewegung sie leicht hätte überwinden können. Natürlich überwanden auch nicht die spanischen Kommunisten die Schwierigkeiten, sondern die russischen Spezialisten, die ausländischen technischen Berater und die Internationalen Brigaden. Daß die Regierung der Vernichtung entging, war also den Kommunisten nicht deswegen zuzuschreiben, weil sie Kommunisten waren, sondern weil es sich um besser ausgebildete und effizientere Ausländer handelte. Aber vielleicht hat die Sache auch noch einen anderen Aspekt, der vom Kommunismus als solchem geprägt ist. Schließlich hatten auch andere Revolutionen gegen unterlegene Feinde kämpfen müssen. Cromwells Ironsides bildeten eine effizientere Truppe als Prinz Ruperts Kavallerie, die »Kolonnen« der Französischen Revolution waren der preußischen »Linie« überlegen. Eine gewisse Zeit war nötig gewesen, diese eigentliche Überlegenheit zu entfalten, aber die Kräfte waren nie so ungleich verteilt, nie waren sie so zugunsten der Konterrevolution gewichtet wie im Falle Spaniens. Wäre die spanische Revolution nur auf Franco gestoßen, hätte sie wahrscheinlich eine ähnliche Überlegenheit entwickelt, wie sie die Revolutionäre in Frankreich und Großbritannien erreicht hatten. Hier aber traf die Revolution nicht auf ihre eigenen reaktionären Feinde, sondern auf die stärksten Militärmächte der Welt, auch wenn diese nur von drittklassigen und sehr kleinen Kräften repräsentiert wurden. Konnte ein reaktionäres Land wie Spanien sich schnell genug einer solchen Zerreißprobe stellen? Sicherlich nicht. Zugegeben, es hätte viel mehr tun können, unendlich mehr als es tat, was einen enormen Unterschied gemacht hätte. Das hätte die Regierung zwar nicht von der Notwendigkeit entbunden, ausländische Hilfe anzunehmen, aber es hätte die dringendste Not gemildert, hätte die Regierung in die Lage versetzt, zu verhandeln anstatt auf die Gnade der Ausländer angewiesen zu sein. Daß Ausländer gebraucht wurden, ließ sich jedoch nicht vermeiden. Und es mußten Ausländer sein, die eine wirksame Organisation mitbrachten, damit man den Deutschen und Italienern etwas entgegensetzen konnte. Eine solche einsatzbereite Organisation konnten nur der bürokratische russische Staat und seine Kommunistische Internationale bieten. Mit einem Wort, nicht um gegen die Konterrevolutionäre im eigenen Land, sondern um gegen den internationalen Faschismus zu kämpfen, mußte die spanische Revolution sich an eine durchorganisierte, maßgeschneiderte Kraft wenden; an eine Kraft, die sich selbst nicht im Stadium der Revolution befand, an eine nicht-revolutionäre Kraft.

Dieser gewaltige Gegensatz zu früheren Revolutionen spiegelt eine bestimmte Tatsache wider: Bis vor wenigen Jahren hingen Konterrevolutionen von der Unterstützung reaktionärer Mächte ab, die technisch und intellektuell den Kräften der Revolution unterlegen waren. Dies hat sich mit dem Aufkommen des Faschismus geändert. Jede Revolution muß nun damit rechnen, dem Angriff der modernsten, leistungsfähigsten und rücksichtslosesten Maschinerie, die es je gegeben hat, zu begegnen. Das heißt, daß das Zeitalter, in dem sich Revolutionen frei nach ihren eigenen Gesetzen entwickeln konnten, vorbei ist.

Weil das Scheitern der spanischen Linken mit der faschistischen Intervention zusammenfiel, kam alles, wie es kommen mußte, und das republikanische Spanien wurde der Gnade jener Macht ausgeliefert, die Hilfe gewährte. Die Kommunisten konnten gebieten, und sie geboten, wie in den vorangegangenen Kapiteln beschrieben. Denn den Spaniern war eine Macht zu Hilfe gekommen, die eine revolutionäre Vergangenheit, aber keine revolutionäre Gegenwart hat. Die Kommunisten beendeten die sozialrevolutionären Aktivitäten und setzten ihre Ansicht durch, nach der hier keine Revolution stattfinden, sondern ganz einfach eine legale Regierung verteidigt werden sollte.

Die verschiedenen Aspekte dieser Politik sollte man klar voneinander geschieden darstellen, wenn man die daraus folgende sehr komplexe Entwicklung verstehen will. Als allererstes darf man nie vergessen, daß die kommunistische Politik in Spanien weniger von den Notwendigkeiten des spanischen Kampfes als vielmehr von den Interessen der intervenierenden ausländischen Macht bestimmt war; Rußland nahm die spanische Situation und ihre Erfordernisse nur insoweit wahr, wie das zum Gewinn des Krieges notwendig war. Es wäre stark übertrieben zu behaupten, daß der Verlauf der spanischen Revolution durch die russische Intervention zum völligen Stillstand gebracht worden wäre, aber sie ist deformiert und umgeleitet worden – genauso wie der Verlauf der spanischen Konterrevolution im Franco-Lager durch die Intervention von Italien und Deutschland nicht gestoppt, sondern umgeformt wurde. Die Grundelemente der spanischen Verhältnisse spiegeln sich nur indirekt in der gegenwärtigen Politik der spanischen Kommunisten (deren tatsächliche Führer während der entscheidenden Periode nicht Spanier, sondern Ausländer waren – Antonov-Ovseenko, Rosenberg, Kleber, »Carlos«, André Marty etc.). Spanische Bedürfnisse sind durch das Prisma russischer Interessen gebrochen und umgeformt worden. Diese Tatsache ist an sich noch kein Vorwurf. Es wäre unvernünftig, von einem Alliierten zu verlangen, daß er sich nicht zuerst um seine eigenen Interessen, sondern um die seines Verbündeten kümmert. Die Eigentümlichkeiten der Situation entstehen nur durch die Tatsache, daß Rußland in jedem Land eine Partei befehligt, die für sich beansprucht, die Partei des jeweiligen nationalen Proletariats zu sein, in Wirklichkeit aber vollkommen unter der Order der Moskauer Regierung steht. Moskau proklamiert wahrhaftig eine metaphysisch vorherbestimmte Interessenidentität eines jeden Proletariats mit den Interessen der Moskauer Regierung, aber diese Behauptung kann nicht länger ernstgenommen werden.

Die Richtung der spanischen Ereignisse wurde also dadurch umgelenkt, daß sich eine Macht einmischte, deren Hilfe wegen ihres höheren technischen Standards auf militärischem wie administrativem Gebiet gesucht worden war.

Neben Barzahlung für die gelieferten Waffen und andere verkaufte Waren verlangte und erhielt diese Macht einen entscheidenden Einfluß auf die Politik der spanischen Regierung. Die in beiden Lagern festzustellende Unfähigkeit der Spanier, effizient zu kämpfen, ist zum Teil auf ihren allgemeinen Charakter, zum Teil auf ihre tief verwurzelte Abneigung gegen die Anwendung moderner Methoden zurückzuführen; und diese Unfähigkeit hatte dazu geführt, daß in beiden Lagern der Verlauf der Ereignisse in die von den modernen ausländischen Kräften angezeigte Richtung umgelenkt wurde. Die ewige Tragödie Spaniens, Druck von außen ausgesetzt zu sein, ohne sich modernisieren zu wollen, nahm unter den Bedingungen des Bürgerkrieges diese eigenartige Form an.

Was kam dabei im Regierungslager heraus? Betrachtet man die von den Kommunisten eingeführten Veränderungen allein, werden die Meinungen hinsichtlich der Bewertung wahrscheinlich weit auseinandergehen. Eine ganze Reihe dieser Maßnahmen scheint mir vernünftig und unvermeidlich gewesen zu sein. Die russischen Offiziere und die nicht-russischen ausländischen kommunistischen Freiwilligen brachten den militärischen Erfolg; einen zwar nicht unbedingt glänzenden Erfolg, aber er war groß genug, um die Republik zu retten. Außerdem forderten und erreichten die Kommunisten teilweise die Umwandlung der alten Armee in eine halbwegs moderne, womit sie meiner Ansicht nach ebenfalls recht hatten. Die Kommunisten verlangten ferner, eine zentralisierte administrative Macht gegen die chaotische Herrschaft der lokalen Komittees aufzubauen; sicherlich war dies eine Notwendigkeit des Krieges. Sie verhinderten eine Kollektivierung der Bauernparzellen – eine verspätete Einsicht, für die sie während des Desasters der landwirtschaftlichen Kollektivierung in Rußland einen hohen Preis bezahlt hatten, aber trotz allem eine kluge Einsicht. Sie boten der massenweisen Sozialisierung der Industrie Einhalt, die von mehr als einem Standpunkt aus gesehen gefährlich gewesen war. In jeder dieser Beziehungen waren es die Kommunisten, die dem unausweichlichen Gebot der Stunde genügten: der Notwendigkeit, alle Kräfte auf das momentan wesentlichste Ziel zu konzentrieren. Mit all diesen Maßnahmen taten sie genau das, was bei früheren Revolutionen getan worden war. Jede einzelne der großen Revolutionen hatte mit einer Aufweichung zentraler Autorität begonnen, um dann beim Kampf um ihr Überleben in einer gewaltigen Zunahme zentraler Autorität zu enden. Das *Long Parliament* hatte die Zentralverwaltung der Stuarts zerschlagen, mußte aber nach ein paar Jahren Bürgerkrieg die Militärdiktatur der Generale Cromwells tolerieren. Die Französische Revolution hatte zunächst auf lokaler und Departement-Ebene eine weitreichende Verwaltungsautonomie eingeführt, die während der Jahre des Bürgerkrieges und des internationalen Krieges unter der eisernen Zentralisierung von Robespierres Regime zurückgenommen wurde. Die Russische Revolution hatte mit der chaotischen Herrschaft der Räte begonnen und in der eisernen Diktatur der zentralisierten kommunistischen Partei geendet. Zentralisierung und Disziplin sind Elemente des modernen Lebens, die in Augenblicken akuter Krisen am dringendsten gefordert sind. Dies nicht zu verstehen, ist die grundsätzliche Schwäche der Anarchisten; und diese Schwäche hätten sie überwinden müssen, wenn sie die Führung hätten übernehmen wollen. Aber wären sie dazu in der Lage gewesen, wären sie keine spanischen Anarchisten gewesen, jene spezifischen Vertreter der Weigerung der Massen, sich an Zentralismus und Disziplin anzupassen. Der Wechsel von der Herrschaft der Komitees zur Vorherrschaft der kommunistischen Partei entspricht in diesem Sinne genau dem Übergang von den Girondisten zu den Jakobinern in der Französischen Revolution, von den Räten zur Parteidiktatur in der Russischen Revolution. In diesem Sinn war die Richtung der kommunistischen Politik von den Erfordernissen der Stunde bestimmt; das besondere Merkmal dieses Vorgangs bestand nur darin, daß es in Spanien keine nationale Kraft gab, welche die unvermeidliche Änderung hätte bewerkstelligen können, und daß die Ausländer nicht nur Offiziere und Waffen, sondern auch eine neue Politik mitbringen mußten.

Aber mit diesen Veränderungen ist der Einfluß der kommunistischen Politik in Spanien noch nicht erschöpft. Die Kommunisten stellten sich nicht nur gegen eine durchgreifende Sozialisierung, sondern gegen fast jede Art von Sozialisierung. Sie wandten sich nicht nur gegen eine Kollektivierung der Bauernparzellen, sondern verhinderten mit Erfolg jede definitive Politik der Aufteilung des ländlichen Großgrundbesitzes. Sie lehnten nicht nur die kindische Idee, das Geld auf lokaler Ebene abzuschaffen, ab, womit sie sicher recht hatten; sie waren darüber hinaus gegen jegliche staatliche Kontrolle von Märkten, selbst von Märkten, die so leicht zu kontrollieren sind wie der Orangenmarkt. Sie versuchten nicht nur, eine funktionierende Polizei zu organisieren, sondern zeigten eine ausgesprochene Vorliebe für die Polizeikräfte des alten Regimes, die von den Massen so gehaßt wurden. Sie brachen nicht nur die Macht der Komitees; sie mißtrauten auch jeglicher spontaner, »unkontrollierbarer« Massenbewegung. Sie handelten, mit einem Wort, nicht mit dem Ziel, chaotischen Enthusiasmus in einen disziplinierten zu verwandeln, sondern mit dem Ziel, durch diszipliniertes militärisches und administratives Vorgehen die Massenaktionen zu ersetzen und schließlich ganz zu beenden. Bevor Rußland sich eingeschaltet hatte, sagten die Kommunisten: »Dies ist keine proletarische, sondern eine bürgerliche Revolution.« Diese von scholastischer Bücherweisheit geschwängerte Beschreibung mag in einer soziologischen Analyse *a posteriori* einen gewissen Wert haben, für die politische Praxis ist sie jedoch wertlos. Aber kaum hatten sich die Russen eingeschaltet, wurde daraus der Slogan: »Dies ist überhaupt keine Revolution, dies ist ganz einfach die Verteidigung einer legalen Regierung.« Dies beinhaltete eine ausdrückliche Ablehnung jeglicher Unterstützung für die revolutionären Kräfte.

Diese Politik hatte die zu erwartende unausweichliche Konsequenz. Die Politik der kommunistischen Partei richtet sich direkt gegen die Interessen und Forderungen der Massen. Der Bauer bekommt kein klares Versprechen für mehr Land, muß aber für Requisitionen geradestehen. Was wird er wohl empfinden? Der Arbeiter erhält weder Sozialisierung noch höheren Lohn, muß aber höhere Preise hinnehmen. Was wird er wohl empfinden? Die Hausfrauen bekommen nicht mehr

Geld in die Hand, aber die Märkte sind unkontrolliert, ein Rationierungssystem gibt es auch nicht, die Preise steigen ständig, und die Nahrungsmittel werden knapp. Was werden sie wohl empfinden? Sicher ist richtig, daß Franco und die Kräfte des alten Regimes so verhaßt sind, daß keiner von diesen Leuten seine Ergebenheit gegenüber der Regierung aufgibt. Aber sie geben ihre aktive Unterstützung auf. Es gibt keinen Widerstand gegen die allgemeine Wehrpflicht, aber kaum jemand meldet sich freiwillig. Es gibt wenig Bauernrevolten, aber in den Dörfern läßt das Interesse an der Bewegung offensichtlich nach. Nur selten gibt es mal eine Hungerrevolte; aber in den Häusern macht sich eine gedrückte Stimmung breit, und die Frauen in den Schlangen fragen: »Wofür leiden wir? Was hat das alles mit uns zu tun?« Oder ähnliches, was auf dasselbe hinausläuft.

Diese Störung der Balance auf einer Seite hat ihre Gegenreaktion auf der anderen. Was an Unterstützung des Volkes verlorengegangen ist, muß dadurch kompensiert werden, daß man sich neue regierungstreue Anhänger schafft. Während der arme Bauer und der Industriearbeiter sich von der Regierung entfernen, beginnen die alte Beamtenschaft, die alte Polizei, bestimmte Elemente der alten Armee, große Gruppen von Ladenbesitzern, Händlern, wohlhabenden Bauern und Intellektuellen ein aktiveres Interesse an der Regierung zu entwickeln als früher. Sie finden bei einer Verwaltung mit totalitären Tendenzen Rückhalt. Müßten sie die Hauptlast des Kampfes tragen, würden sie noch erbärmlicher scheitern als die Komitees und die Miliz vom Juli. Denn während diese Kräfte vom Juli alle Fehler, aber gleichzeitig auch alle Qualitäten des spanischen Volkes verkörperten – Begeisterung und die Bereitschaft zur Selbstaufopferung zusammen mit der traditionellen Unfähigkeit, einen modernen Krieg zu führen –, sind diese neu emporgekommenen Gruppen auch nicht fähiger, und dazuhin weniger enthusiastisch und selbstaufopfernd. Politisch gesehen leben sie unter der Protektion der Ausländer.

Eine berühmte historische Parallele kann die Bedeutung von alledem vielleicht illustrieren. Die erste Hälfte des Programmes der Kommunisten in Spanien ist schon einmal in die

Tat umgesetzt worden, nämlich in der Französischen Revolution. Die Jakobiner und Robespierre führten ein eisernes Regime revolutionärer Zentralisierung ein. Sie schlugen enthusiastischen Nonsens wie Abschaffung des Geldes und Enteignung der Wohlhabenden nieder. Aber gleichzeitig brachen sie mit der zögernden und zweideutigen Politik ihrer Vorgänger und gaben dem Bauern das Land der Aristokraten. Der Bauernsoldat brachte ihnen als Gegenleistung den Sieg auf den Schlachtfeldern von Belgien. Damit war die Revolution gesichert. Die stärksten Elemente des Landes waren zufrieden, der Bauer hatte bekommen, was er wollte. Die revolutionäre Diktatur war nicht länger nötig. Die Klassen, die von dieser Diktatur teilweise verfolgt, teilweise nur belästigt worden waren, vereinigten sich und zerschlugen sie im Monat Thermidor, im Jahre 1794. Dann folgte das Regime der Verschwörer vom 9. Thermidor, das der Thermidorianer. Sie schafften wieder ab, was im revolutionären Regime als nur vorübergehend beabsichtigt gewesen war: Sie beseitigten die eiserne Diktatur, die Revolutionsgerichte mit ihrer schrecklichen Macht, die Pressezensur, die Einmischung in die politische Meinung des einzelnen. Zur gleichen Zeit schafften sie die Notstandsmaßnahmen zugunsten der Klassen ab, die die Revolution unterstützt hatten: die Kontrolle der Märkte, die Enteignungsmaßnahmen (mit Ausnahme der wichtigsten, der Enteignung des Landes der Aristokratie und der Kirche). In der Politik wie im wirtschaftlichen Leben kehrten sie zu liberalen Prinzipien zurück. Und es ist ganz natürlich, daß sie die Unterstützung jener Klassen erhielten, die die Jakobiner nicht unterstützt hatten, Klassen, die am revolutionären Kampf nicht teilgenommen hatten, aber bereit waren, seine Früchte zu teilen. Und in gewissem Umfang waren die Thermidorianer erfolgreich, weil die Gefahr für die neue Ordnung vorüber war.

Die spanischen Kommunisten von heute verbinden die revolutionäre Zentralisierung von Robespierre mit der Politik der Thermodorianer, seiner Nachfolger. Sie errichten eine Diktatur, aber es ist keine Diktatur zugunsten der revolutionären Klassen. Solch eine Politik könnte sich keine zwei Wochen halten, wenn das republikanische Spanien sich auf den Enthusiasmus des Volkes stützen müßte; sie kann und wird sich halten, weil das spanische Volk seine eigene Revolution nicht zur vollen Entfaltung bringen konnte. Die Trotzkisten beklagten sich bitter darüber, aber sie haben sich dies selbst zuzuschreiben. Sie können wirklich noch stärker dafür zur Verantwortung gezogen werden als irgendeine andere Gruppe. Mit ihren mechanischen Wiederholungen von Formeln aus Büchern über Marxismus und Russische Revolution haben sie keinerlei Massenbewegung aufbauen können. Die Anarchisten und Sozialisten schafften wenigstens das. Aber wahrscheinlich wäre es in diesem Fall wie in so vielen anderen zu oberflächlich, überhaupt einzelne Gruppen und Führer zur Rechenschaft zu ziehen.

Wären die spanischen Trotzkisten keine vom Ausland beeinflußten dogmatischen Marxisten gewesen, hätten sie sich näher an der spanischen Realität bewegt. Aber dann wären sie eine echte spanische Bewegung gewesen, was wiederum heißt, daß sie genauso gewesen wären wie jene Sozialisten und Anarchisten, die so offensichtlich versagt haben. Unter welchem Aspekt die Probleme der spanischen Revolution auch immer gesehen oder von welchem Ausgangspunkt diskutiert werden, das Ergebnis ist immer, daß die Dinge auch anders hätten sein können, vorausgesetzt – Spanien wäre nicht Spanien. Wären die Spanier in der Lage gewesen, eine revolutionäre Bewegung ins Leben zu rufen, die stark genug gewesen wäre, eine mit europäischen Waffen ausgerüstete Konterrevolution zu schlagen, dann wäre die russische Hilfe unnötig gewesen, dann hätten die Dinge einen anderen Lauf genommen, dann wären Sozialisten und Anarchisten allmählich zu einer einzigen revolutionären Partei verschmolzen, die auf den spontanen Enthusiasmus sowohl der Arbeiter als auch der Bauern hätte zählen können; sie hätten den Krieg gewonnen und eine neue Ordnung der Dinge geschaffen, die weniger diktatorisch, aber humaner und fortschrittlicher als das gegenwärtige russische Regime gewesen wäre. Aber das ist alles utopisch. In Wirklichkeit stand als treibende Kraft hinter dem Aufstand der Massen gegen Franco nicht der spezifische

Wunsch, eine neue Ordnung der Dinge nach europäischem Muster zu schaffen, sei sie liberal, demokratisch-republikanisch oder sozialistisch. Wie 1707 und 1808 erhoben sich die Massen ganz einfach, um einen Angriff abzuwehren.

Der Unterschied bestand darin, daß 1707 und 1808 der Angriff von außen gekommen war und im Innern nur die Oberschichten in gewissem Maß kollaboriert hatten, während 1936 der Angriff von innen geführt wurde, aber sehr starke Unterstützung von außen fand. In allen Fällen aber wurde dies als Versuch einer »Tyrannnei« empfunden, der Kampf dagegen als Kampf um »Freiheit«; und jedesmal lag dem Widerstand der Wunsch zugrunde, in Ruhe sein eigenes Leben leben zu können.

Daß dies die stärkste Triebkraft hinter der Bewegung ist, wird nicht in Worten ausgedrückt – die Zeitungen werden von europäisch beeinflußten Redakteuren geschrieben, und die Volksbewegung kann sich hinsichtlich ihrer stärksten Triebkräfte nicht artikulieren; aber die Taten lassen es erkennen. Das hatte sich 1808 gezeigt, als die Bauern ihren Guerillakrieg gewannen, während die Offiziere nicht in der Lage waren, Wellington zu helfen. Es hatte sich im Juli 1936 gezeigt, als die Massen auf den Straßen von Barcelona und Madrid gewannen, sich aber weigerten, auch nur die Grundlagen eines modernen Kriegs im offenen Feld zu lernen. Es zeigte sich von November 1936 an, als das Auftauchen der Internationalen Brigaden niemand dazu bewegen konnte, mit den Ausländern zu wetteifern, mit ihrer Effizienz zu konkurrieren. Der Spanier ist kein moderner Europäer. Der Ausländer ist effizienter; er bringt neue Methoden, die dringend benötigt werden. Deshalb wird der Ausländer toleriert, aber er bleibt herzlich unbeliebt. Der Spanier kennt nämlich nicht die Reaktion, die ein Yankee, ein Brite, ein Deutscher instinktiv zeigen würden und die Stalin nun den Russen beizubringen versucht: die Reaktion, es genausogut oder besser als die Ausländer zu machen, um sie eines Tages loswerden zu können. Nichts dergleichen.

Nur wenige Freiwillige der Internationalen Brigaden hatten bereits im Weltkrieg gekämpft, der Mehrheit fehlte diese

Erfahrung jedoch. Während die Freiwilligen nur vier bis fünf Monate unter den besonderen spanischen Bedingungen gekämpft haben, hat die spanische Miliz andererseits jetzt schon viele Monate Krieg hinter sich. Doch mit Ausnahme einiger baskischer und asturischer Einheiten steht die Überlegenheit der Internationalen Brigaden außer Zweifel; der einzig denkbare Grund dafür ist, daß die Spanier nicht darauf erpicht sind, mit den Ausländern gleichzuziehen. Dasselbe gilt für die Kriegsindustrie. Die ausländischen technischen Spezialisten einerseits und die reichliche Versorgung mit ausländischem Kriegsmaterial andererseits sind weit davon entfernt, den für die Verbesserung der Kriegsindustrie nötigen, freiwilligen Elan auszulösen. Sehr langsam, mit schweren Rückschlägen geht das voran. Weil das ausländische Kriegsmaterial nun da ist, so scheinen die Spanier bis zu einem gewissen Grad zu glauben, könne genausogut alles beim alten bleiben. Man vergleiche die enormen Fortschritte, welche die französische Streitmacht mit Hilfe der besten Physiker und Chemiker ihrer Zeit während der zwei Jahre revolutionärer Diktatur gemacht hatte! Der Spanier will nicht europäisch weren; jetzt, wo man ihm seinen Instinkt für unabhängige Aktion durchkreuzt und ihm Disziplin auferlegt, zieht er sich im Gegenteil von den momentan wichtigsten Aufgaben zurück. Wenn diese Ausländer schon nicht zu vermeiden sind, dann sollen sie auch die Arbeit machen und uns in Ruhe lassen! Eine solche Haltung wird nicht direkt ausgedrückt (der Spanier wäre zu stolz zuzugeben, daß ein Ausländer etwas besser könnte als er selbst), aber die Abneigung gegen die Ausländer, die zu Hilfe gekommen sind, wird sehr offen ausgesprochen, wie man im Tagebuch weiter oben sehen kann. Dies ist kein Nationalismus im europäischen Sinne. Unser hitziger Nationalismus ist etwas spezifisch Modernes, ein Produkt des 20. Jahrunderts, dessen Kern der Wunsch ist, ökonomisch und politisch mächtiger zu sein als unsere Nachbarn. Dieser Wunsch ist dem Spanier unvorstellbar. Sein Nationalismus entspringt nicht dem Wunsch, andere zu besiegen oder dies sich anzumaßen, sondern einfach dem Wunsch, in Ruhe gelassen zu werden. In der Kleber-Rosenberg-Krise fand dieser

Wunsch seinen pathetischen Ausdruck. Die Republik war durch diese Krise gefährdet, nun gut. Sogar die politischen Führer wurden plötzlich in den Sog des Volksempfindens gerissen. Zuerst mal das ausländische Kommando loswerden.

Gewisse Schlüsse können gezogen werden. Sie betreffen nicht die Grundfrage des Kampfes zwischen Franco und der Republik. Dieser Kampf ist so weitgehend eine nicht-spanische Angelegenheit geworden und von ausländischen Kräften abhängig, die nicht durch die Analyse der Entwicklung der spanischen Ereignisse eingeschätzt werden können, daß eine Vorausschau unmöglich ist. Auf dem Schlachtfeld von Zentralspanien treffen heute die Komintern und die Faschintern zu ihrer ersten Militärschlacht aufeinander; der Lauf der Geschichte hat die Spanier mit ins Geschehen gezogen, aber die Spanier sind nur Hilfstruppen. Als Ergebnis dieser ersten Monate steht aber so gut wie fest, daß Spanien weder wirklich faschistisch noch wirklich kommunistisch werden wird (nicht im Sinne des leninistischen Kommunismus von 1917, der nicht zur Debatte steht, sondern im Sinne des Kommunismus von 1937). Genausowenig wird es natürlich eine »parlamentarisch-demokratische Republik« werden, wie es die Kommunisten vorhaben. Sollten die Kommunisten ihre Ziele erreichen, das rechte Lager zu zerschlagen, die Trotzkisten zu zerschlagen und sich mit den Republikanern und Sozialisten zusammenzutun, blieben nur die Anarchisten auf dem Schauplatz übrig. Die Anarchisten jedoch sind prinzipiell antiparlamentarisch. Es wäre eine demokratische Republik mit nur einer Partei. Rußland ist – wie jedermann weiß – seit der neuen Verfassung eine demokratische Republik mit nur einer Partei; eine seltsame Art von Demokratie. Aber die Kleber-Krise hat ein solches Ergebnis ziemlich unwahrscheinlich werden lassen. Um es zusammenzufassen: Wie immer der bewaffnete Kampf enden wird, Spanien wird nicht als ein genuin europäisiertes Land aus ihm hervorgehen, sei es im faschistischen, im liberal-demokratischen oder im kommunistischen Sinn. Es wird bleiben, was es war: ein Land, dessen Entwicklung am Ende des 17. Jahrhunderts gestoppt wurde, das seitdem ein enormes Maß an Widerstand gegen ausländische Eindringlinge gezeigt hat, aber keinerlei Fähigkeit zur Erneuerung. Es mag am Ende ein Regime geben, das liberal-demokratisch oder faschistisch zu sein beansprucht; in Wirklichkeit aber wird es etwas sein, das grundsätzlich verschieden von dem ist, was damit in Europa bezeichnet wird.

Genausowenig hat irgendeine spezifisch spanische Gruppierung wie die Karlisten oder die Anarchisten eine Chance zu gewinnen. Karlismus ist mehr oder weniger eine lokale Angelegenheit von Navarra. Die Anarchisten sind eine halbreligiöse utopische Bewegung, die ihr Ziel verfehlt hat und von Anfang an dazu verurteilt war. Sie hatte außergewöhnliche Kampfkräfte, aber, per definitionem, keine Kraft zur Organisation. Sie hat all ihre Allheilmittel aufgeben müssen: Kampf gegen Disziplin, gegen Politik, gegen die Existenz eines Staates und einer Regierung. Sie mußte Minister ins Kabinett schicken, Disziplin und das Kommando von Offizieren bei den eigenen Einheiten einführen. Der Anarchismus ist heute zutiefst verstört und demoralisiert. Es ist für eine Bewegung nicht dasselbe, einmal in den Tagen der Revolte mit »lumpenproletarischen« Elementen in Verbindung zu sein und zum anderen in dem Augenblick, wenn die Zeit für eine Regierungsbeteiligung reif ist. Hier ist eine weitere Quelle der Desintegration. Es muß der Schluß gezogen werden, daß auch die Anarchisten nicht gewinnen können.

Aber wo wird man am Ende stehen? Man kann das unmöglich sagen. Vielleicht ist es nicht tollkühn, auf einen bestimmten Aspekt der Situation hinzuweisen. Vor der revolutionären Bewegung von 1930/31 lag die wirkliche Macht in den Händen von Generälen. Wenn Spanien unwillig oder unfähig ist, von seiner gegenwärtigen Lebensweise abzugehen, wenn die Revolution scheitern sollte, dann wäre es nur natürlich, wenn das Regime am Ende der Krise dasselbe wäre wie zu Beginn: eine Herrschaft der Armee. Das muß nicht die von Franco sein. Eine republikanische Armee ist im Aufbau begriffen. Und eines kann über die politische Situation in Spanien gesagt werden: ein erfolgreicher republikanischer General hätte gute Chancen. Die politischen Führer hatten bereits Grund, das Prestige Klebers zu fürchten, aber Kleber war ein Ausländer und hätte somit kaum die politische Gefolgschaft des Landes gewinnen können, die er sicherlich auch gar nicht gewinnen wollte. Und kein spanischer General der republikanischen Seite verzeichnete bis jetzt den leisesten, auf einem eigenen Plan beruhenden Erfolg. Ob ein erfolgreicher General im linken Lager auftauchen wird, bleibt abzuwarten. Wenn nicht, hätte die Armee wahrscheinlich sehr viel zu sagen, vorausgesetzt, daß die Republikaner gewinnen. Wenn Franco gewinnt, wird es eine Militärdiktatur geben, welche offizielle Beschreibung sie sich zu Propagandazwecken auch immer geben mag. Die wahrscheinlichste Schlußfolgerung wird dann die sein: Die Komintern und die Faschintern werden in Spanien eine wichtige Runde ausgefochten haben, aber für die Spanier bleibt im wesentlichen alles beim alten, allerdings mit dem Unterschied, daß die ausländische Einmischung viel stärker sein wird als vorher – nicht als ein Modell, sondern als eine die spanische Kultur desintegrierende Kraft.

Diese Kultur steht in diesem Buch nicht zur Diskussion; es ist nur den Problemen des spanischen Bürgerkrieges gewidmet. Doch am Ende dieser Untersuchung lohnt es sich, noch ein Wort über die spanische Lebensauffassung zu verlieren, die gegenüber europäischen Einflüssen derart undurchlässig ist. Der Europäer weiß »Fortschritt«, Veränderung rein instinktiv zu würdigen und verabscheut die Stagnation des spanischen Lebens, das, was er als spanische Ineffizienz bezeichnen muß. Da diese Ineffizienz beinahe den Schlüssel für den gegenwärtigen Verlauf der Ereignisse darstellt, mußte sie auf diesen Seiten ausführlich erörtert werden. Aber der Leser geht in die Irre, wenn er aus all dem zu schließen geneigt ist, Spanien sei ein »kaputtes« Land. Jeder ausländische Beobachter, sei es im rechten oder im linken Lager, hat wirklich eine fast magische Anziehungskraft verspürt. Viele ausländische Spezialisten und technische Berater haben wütend und verzweifelt ihre Arbeit hingeworfen und sich fest entschlossen, »diese elenden Spanier sich selbst zu überlassen«; und dennoch konnten sie sich nicht von ihnen trennen. Leute mit politischer Überzeugung schreiben dies gewöhnlich der hohen Bedeutung des spanischen Kampfes für die Zukunft der Menschheit zu. So wichtig der spanische Bürgerkrieg zweifellos ist, glaube ich doch, daß seine Bedeutung manchmal übertrieben wird; das ist nicht der eigentliche Punkt. Die starke Anziehungskraft Spaniens besteht meiner Meinung nach nicht so sehr in seiner Bedeutung als Land als vielmehr in seinem Nationalcharakter. Das Leben dort ist noch nicht »effizient«, das heißt, daß es noch nicht mechanisiert ist, daß Schönheit für den Spanier immer noch wichtiger ist als praktischer Nutzen, Gefühl wichtiger als die Tat, Ehre sehr oft wichtiger als Erfolg, Liebe und Freundschaft wichtiger als der Beruf. Mit einem Wort, es ist der Zauber einer Kultur, die uns nahesteht, die eng mit der historischen Vergangenheit Europas verbunden ist, aber noch nicht unsere jüngste Entwicklung mit ihrer zunehmenden Mechanisierung, ihrer Verherrlichung der Quantität und utilitaristischen Sicht der Dinge mitmacht. Der Autor diese Buches zählt eindeutig zu jenen, die dieser Anziehungskraft erlegen sind – und bei diesem Zauber, den Spanien auf so viele Fremde ausübt, schwingt, zugegeben sehr oft unbewußt, das Eingeständnis mit, daß letztlich mit unserer eigenen europäischen Kultur etwas nicht zu stimmen scheint und daß der »zurückgebliebene«, stillstehende und ineffiziente Spanier auf dem Gebiet der menschlichen Werte sehr wohl mit dem effizienten, praktischen und fortschrittlichen Europäer sich messen kann. Dem einen scheint es vorherbestimmt zu sein, daß er ungerührt von den Katastrophen der westlichen Welt fortbesteht und nationale Usurpatoren wie ausländische Eroberer überdauert, und dem anderen, dem Fortschrittlichen, daß er bis zu seiner eigenen Zerstörung fortschreitet.

GLOSSAR

Acción Popular, »Aktion des Volkes«, die Partei des katholischen, nicht-»karlistischen« Klerus und seiner Anhänger; ihr Führer ist Gil Robles; wurde unter General Franco aufgelöst.

Afrancesados, »Französisch Gesinnte«, Anhänger des Königs Josef Bonaparte. Meist Angehörige der Oberschicht, die während der Unabhängigkeitskriege gegen Napoleon (1808–1814) mehr oder weniger mit den Franzosen kollaborierten; Gegenspieler aller Patrioten und Verfechter der Verfassung von Cádiz (1812). Die Entstehung dieser Gruppe geht zurück auf den Beginn der Bourbonendynastie in Spanien, die von Frankreich übernommene Reformen in Verwaltung und Gesellschaft einführte.

AIT, Asociación Internacional de los Trabajadores, »Internationale Arbeiter-Assoziation«. Syndikalistische Internationale, die 1922 in Berlin gegründet wurde und den Bruch mit der Kommunistischen Internationale endgültig besiegelte.

Alcalde, das spanische Wort für Bürgermeister; er wird nicht gewählt, sondern von der Regierung ernannt.

Alcázar, »Festung«, »Schloß«, aus dem Arabischen »qasr«.

Asaltos, republikanische Sturmgarde, ein zweites paramilitärisches Polizeikorps, das im ersten Jahr der Republik zu deren Schutz gebildet wurde.

Aufständische, im Text die Bezeichnung für die Träger des nationalen Aufstandes gegen die gewählte, legale Volksfrontregierung. Begrifflich gleichbedeutend mit Nationalisten, Rebellen.

Ayuntamiento, das spanische Wort für »Rathaus«.

Bienio Negro, »Die zwei schwarzen Jahre« zwischen 1933 und 1935, in denen die Rechten ein klerikales Regime errichteten und eine Reihe von Streiks und Erhebungen mit außergewöhnlicher Grausamkeit niederschlugen, darunter den Aufstand der asturischen Minenarbeiter im Oktober 1934, gegen den die Regierung mit Armee, Guardia Civil und Fremdenlegion vorging.

Brazeros, von span. »brazo«, der Arm. Landwirtschaftliche Tagelöhner ohne eigenen Boden, vor allem im Süden Spaniens. Um 1930 machten sie in Andalusien 75 Prozent der Bevölkerung aus.

Cacique, das Wort leitet sich von einem indianischen Ausdruck ab, das soviel wie Häuptling bedeutet. Der Kazike, in der Regel ein Großgrundbesitzer oder dessen Verwalter, übernimmt im Austausch gegen gewisse ungeschriebene Privilegien die politische Organisation der Landdistrikte. Mit der Einführung des Wahlrechts und der konstitutionellen Regierung gewann er seine höchste Bedeutung. Ihm oblag es, die Wahl der richtigen Kandidaten zu überwachen, dafür erhielt er den Schutz des Zivilgouverneurs, der Richter und Magistraten und den aktiven Beistand der Polizei. Der Kazike ernannte den Bürgermeister in den kleinen Städten und Dörfern, kontrollierte die Richter und Staatsbeamten und verteilte mit deren Hilfe die Steuern; die Kaziken bemächtigten sich des Gemeindelandes, ließen ihr Vieh auf anderer Leute Weiden grasen und leiteten das Wasser aus dem Bewässerungssystem auf ihre eigenen Felder. Der »Caciquismo« war jahrhundertelang ein außerlegaler, wenn auch nicht illegaler sozialer Machtfaktor.

Caudillo, »Führer«, militärischer Führer einer durch einen Putsch an die Macht gelangten politischen Gruppe.

CEDA, Confederación Española de Derechas Autónomas (»Spanische Konföderation der autonomen Gruppen der Rechten«), die vereinigte Organisation aller Parteien der Rechten, die unter der Führung von Gil Robles die Wahlen von 1933 gewannen und 1936 wieder verloren.

Centurias, »Hundertschaften«, militärische Untereinheiten einer anarchistischen Milizkolonne (meist vier Centurias).

CNT, Confederación Nacional del Trabajo, »Nationalkonföderation der Arbeit«, das anarcho-syndikalistische

Gewerkschaftszentrum; führende Persönlichkeiten müssen gleichzeitig Mitglieder der FAI sein.

Comandancia Militar, »Militärkommandantur«.

Comité Central de Milicias, »Zentralkomitee der Milizen«, Komitee zur Rekrutierung und Koordination der anarchistischen Milizen.

Comité de Enlace, »Verbindungskomitee« zur Herstellung von Kontakten unter den jeweiligen örtlichen politischen Parteien, trat nach der Novemberkrise von 1936 an die Stelle der ursprünglichen politischen Komitees mit ihren umfangreichen Befugnissen.

Comité Ejecutivo Popular, »Exekutivkomitee des Volkes«, ein in Valencia nach dem Putsch vom Juli 1936 aus CNT, UGT und Republikanern gebildetes Komitee, das mit einer selbst rekrutierten Miliz den Putsch niederschlug, während die Madrider Zentralregierung mit den Militärs zu verhandeln bereit war.

Comité de Investigaciones, »Untersuchungskomitee«.

Comité de Vigilancia, »Bewachungskomitee«.

Comunismo libertario, »Anarchistischer Kommunismus«. Der Begriff »libertario« wurde 1898 von Sebastián Faure geprägt, als die große anarchistische Zeitschrift »Revista blanca« gegründet wurde. Anarchistische Propaganda war damals untersagt und man mußte einen anderen Begriff dafür finden. Drückt die millenaristische Vorstellung der spanischen Anarchisten von einer freien Gesellschaft kleiner selbständiger Kommunen mit voller Gütergemeinschaft nach dem Vorbild der frühmittelalterlichen Gemeinden aus.

Cortes, das spanische Parlament, mit nur einem aus gewählten Mitgliedern bestehenden Haus.

La Cucaracha, »Die Kellerassel«, altes spanisches Volkslied.

Ejército popular, »Volksarmee«.

Esquerra Catalana, die »Katalanische Linke«, ursprünglich von Oberst Maciá gegründet, später von Sr. Companys, dem Präsidenten der katalanischen Generalität, geführt; republikanisch, stark autonomistisch und antisozialistisch.

FAI, Federación Anarquista Ibérica, »Iberische Anarchistenkonföderation«, die politische Organisation der Anarchisten.

Falange Española, die »Spanische Phalanx«, eine faschistische Organisation, die die italienischen Faschisten zu imitieren versucht. Bis zu seiner Hinrichtung war Sr. José Primo de Rivera, der Sohn des Diktators, ihr Führer. General Franco gehört ihr nicht an.

Fomento del Trabajo Nacional, »Förderung der nationalen Arbeit«, die Vereinigung der katalanischen Fabrikbesitzer.

Fonda, »Pension«, »Herberge«.

Frente popular, »Volksfront«. Wahlbündnis aller liberalen republikanischen Parteien und Linksparteien der Arbeiterklasse, das die Wahlen vom Februar 1936 gewann. Gegenstück war die »Frente Nacional«, der Zusammenschluß aller Rechtsparteien (hauptsächlich der CEDA) und der Kräfte des alten Regimes (Monarchisten, Partei der Großgrundbesitzer).

Generalitat de Catalunya, die Regionalregierung Kataloniens, durch Erlasse von 1932 und 1936 eingerichtet, mit einem Präsidenten, einem Premierminister, einem eigenen Ministerium, einer gewählten regionalen Repräsentativkörperschaft verantwortlich und mit besonderen, gesetzlich definierten Rechten.

GPU, Gossudarstwennoje polititscheskoje Uprawlenije, »staatlich-politische Verwaltung«, politische Staatspolizei in Sowjetrußland. Die GPU wurde im Februar 1922 durch Umwandlung der Tscheka (Außerordentliche Kommission für den Kampf gegen Konterrevolution und Sabotage) von 1917 zur Bekämpfung der inneren Konterrevolution und ausländischen Agenten gegründet. Aus ihr ging der heutige KGB hervor.

Guardia Civil, »Zivilgarde«, die Gendarmerie. Ein Polizeikorps, das 1844 von General Narváez, als Nachfolger der politisch unzuverlässigen Miliz, insbesondere zur Bekämpfung des Banditentums gegründet wurde. Es wird weitgehend nach militärischen Prinzipien geführt; wurde kürzlich in *»Guardia Nacional Republicana«* umbenannt.

Hymno de Riego, Hymne des republikanischen Spanien.

Benannt nach General Riego, der 1820 einen erfolglosen Putschversuch unternahm, um Ferdinand VII. die liberale Verfassung von Cádiz aufzuzwingen.

Información de la Seguridad General, »Informationsabteilung der Geheimpolizei«, formell von der Seguridad General zwar aufgelöst, wurde aber mit zunehmendem kommunistischen Einfluß wieder aktiv.

Izquierda Republicana, die »Republikanische Linke«, die Partei, die von 1931 bis 1933 und nochmals vom Februar bis Juli 1936 regierte, unter Führung von Azaña, dem Präsidenten der Republik; republikanisch, zentralistisch, antisozialistisch.

Junta, »Versammlung«, »Rat«, eine traditionelle Form des revolutionären Komitees, zum ersten Mal während des nationalen Krieges gegen Napoleon 1808 gebildet.

Junta de defensa, »Verteidigungsrat«, im Februar 1937 zur Eindämmung des kommunistischen und ausländischen Übergewichts in der militärischen Führung gebildet, setzt sich nur aus Spaniern zusammen. Nicht zu verwechseln mit den

Juntas de defensa, eine Art geheime Offiziersgewerkschaft innerhalb der spanischen Armee, wie sie bis zum Beginn des Bürgerkriegs existierte.

Junta Delegada, eine im Juli 1936 von Madrid nach Valencia entsandte Delegation unter Führung von Martínez Barrio, um dort die Verwaltung zu übernehmen.

Juventud Socialista, JSU – Juventudes Socialistas Unificadas –, »Vereinigte Sozialistische Jugendorganisation«; de facto kommunistisch.

Karlisten, Partisanen der jüngeren Linie des Bourbonen-Königsgeschlechts (Carlos) und einer absoluten Monarchie. Ihre Hochburg ist Navarra, ihre politische Partei die *Partido Tradicionalista* und ihr Wahlspruch: »Der König, Christus und die Heilige Jungfrau«.

Latifundio, »Großgrunddomäne«. Die Latifundios gehen in ihrer jetzigen Form zum Teil auf die Zeiten der Römer zurück, die sie mit Sklaven bewirtschaftet hatten. Die Latifundistas besitzen das ertragreichste Land, produzieren über 70 % des landwirtschaftlichen Einkommens, stellen aber nur 5% aller Grundbesitzer. Ihnen stehen die landlosen Arbeiter (Brazeros) gegenüber, die 75% der Bevölkerung der Latifundio-Regionen (Andalusien, als die klassische Latifundienwirtschaft, Estremadura und La Mancha) ausmachen.

Lliga Catalana, die Partei der katalanischen Industriellen unter der Führung von Sr. Francisco Cambó; regionalistisch, aber auch um die Einheit Spaniens besorgt und stark monarchistisch; heute ist die Partei auf der Seite Francos.

Milicias Confederales, »Konföderierte Milizen«, Zusammenschluß der anarchistischen Milizkolonnen unter einem einheitlichen Kommando.

Mono, overallartige dunkelblaue Uniform der republikanischen Milizen. Mit zunehmender Organisierung der Milizen als reguläre Armee wieder durch Militäruniformen ersetzt.

Mozos de Escuadra, das eigene Polizeikorps der Generalität.

Pistolero, »Pistolenschütze«, »Terrorist«.

Partido Radical, ursprünglich eine antikatalanische, republikanische Partei in Barcelona unter der Führung von Sr. Lerroux, die bei vielen Spaniern im Verdacht stand, im Auftrag der Polizei zu handeln; dehnte sich später auf die meisten Teile Spaniens aus, übernahm 1933 die Regierung und trat 1934 einer Koalition mit der Acción Popular bei, was zum Signal zur Asturien-Erhebung wurde.

POUM, Partido Obrero de Unificación Marxista, »Arbeiterpartei der Marxistischen Einheit«, eine revolutionäre sozialistische Gruppe, hauptsächlich in Katalonien; linksorientiert, unter trotzkistischem Einfluß; Führer: Joaquín Maurín und Andrés Nin.

Pronunciamiento, »Putsch« eines militärischen Führers zur (meist gewaltsamen) Übernahme der politischen Macht. Unterscheidet sich aber vom »Golpe de Estado« (Staatsstreich) darin, daß seine Akteure davon überzeugt sind, Sprachrohr einer schweigenden, unterdrückten Mehrheit zu sein (pronunciar = verkünden, proklamieren).

PSUC, Partido Socialista Unificado de Cataluña, »Vereinigte sozialistische Partei Kataloniens«. Die Vereinigung der katalanischen Marxisten, faktisch die Partei der Kommunisten in Katalonien.

Pueblo, spanische Bezeichnung für »Dorf«, vor allem das dichtbesiedelte Dorf Andalusiens mit bis zu 40.000 Einwohnern. Gleichzeitig und nicht zufällig das spanische Wort für »Volk«, das Dorf als kleines Vaterland, »patria chica«. Das spanische Pueblo führte jahrhundertelang ein vom spanischen Zentralstaat relativ unabhängiges und freies Dasein und ist deshalb für anarchistisches Denken besonders empfänglich.

Rebellen, siehe Aufständische.

Reforma Agraria, eine Abteilung des Landwirtschaftsministeriums, die mit der Parzellierung der Güter nach dem Agrarreformgesetz betraut war, 1932 gesetzlich eingeführt und 1936 erneuert.

Renovación Española, die Partei des Ex-Königs Alphonso; hat seit dem Bürgerkrieg jede praktische Bedeutung verloren.

Seguridad, Cuerpo de Seguridad, die Geheimpolizei.

Septembriseurs, Marat und seine Anhänger, die die Massenmorde vom 2. bis 6. September 1792 in den Gefängnissen von Paris und in einigen Städten des Landes veranlaßten.

Serviles, »Unterwürfige«. Fraktion der Cortes von Cádiz, die die politischen Prinzipien des alten Regimes zu verteidigen versuchten. Sie sperrten sich vor allem gegen die Pressefreiheit.

Sindicatos únicos, Organisation der in der CNT zusammengefaßten Gewerkschaften als Betriebsgewerkschaften. Diese waren taktisch wirkungsvoller als die alten, nach Berufsgruppen organisierten Gewerkschaften. Ihre Streiks verstanden sich nicht nur als einfache Arbeitsniederlegungen, sondern als offener Krieg gegen die Arbeitgeber und die Polizei, die diese unterstützte.

UGT, Unión General de Trabajadores, »Allgemeine Arbeiterunion«, das sozialistische Gewerkschaftszentrum (entspricht der britischen TUC); der Sozialistischen Partei angeschlossen, die ihre Hauptstärke aus der UGT zieht. Die Kommunisten gehören ebenfalls der UGT an. Präsident: Largo Caballero.

UHP, ¡Unid Hermanos del Proletariado! »Vereinigt Euch, Brüder des Proletariats!« Parole der Linksparteien und deren Anhänger, besonders in Barcelona.

Unión Republicana, kleine Splittergruppe links von der Lerroux-Partei angesiedelt, unter der Führung von Sr. Martínez Barrio, jetzt Präsident der Cortes.

Zeitungen:

Fragua Social, »Sozialschmiede«. Anarchistische Zeitung in Valencia.

Verdad, »Wahrheit«. Gemeinsam von Sozialisten und Kommunisten in Valencia herausgegebene Zeitung.

Solidaridad Obrera, »Arbeitersolidarität«. Anarchistische Tageszeitung in Barcelona unter der Leitung von Angel Pestaña.

Claridad, »Licht«, »Klarheit«. Sozialistische Zeitung Largo Caballeros, dem Vertreter des linken Flügels der Sozialistischen Partei.

Informaciones, seit der Aufspaltung der Sozialistischen Partei das persönliche Organ Prietos, dem Führer ihres rechten Flügels. »El Socialista«, die Parteizeitung, verliert damit an Bedeutung.

El Socialista, »Der Sozialist«, Parteizeitung der Sozialistischen Partei, ab März 1936 unter Kontrolle von Prieto, dem Führer des rechten Flügels der Partei.

NACHBEMERKUNG
DES VERLAGS

Franz Borkenau hatte Deutschland nach dem Sieg der Nationalsozialisten verlassen müssen. Seine im Exil um Vor- und Schlußkapitel erweiterten Tagebücher aus dem Spanischen Bürgerkrieg konnte er daher nur in englischer Sprache unter dem Titel *The Spanish Cockpit* veröffentlichen (London: Faber & Faber, 1938). Dieser englischsprachigen Ausgabe war ein internationaler Erfolg beschieden. Nach dem Zweiten Weltkrieg fand sie auch in deutschsprachigen Fachkreisen eine gewisse Verbreitung, dem historisch interessierten Publikum blieb das Werk jedoch weiterhin unbekannt.

Der hier erstmals auf deutsch vorgelegte Text folgt der englischen Erstausgabe. Im Interesse der Authentizität wurde darauf verzichtet, die in einigen Fällen nicht heutigem Gebrauch entsprechende Terminologie anzugleichen. Lediglich das Glossar wurde maßvoll erweitert.

Ausführliche Informationen über Leben und Werk des Verfassers findet der interessierte Leser in: Franz Borkenau, *Ende und Anfang. Von den Generationen der Hochkulturen und von der Entstehung des Abendlandes*, herausgegeben und eingeführt von Richard Löwenthal (Stuttgart: Klett-Cotta, 1984).